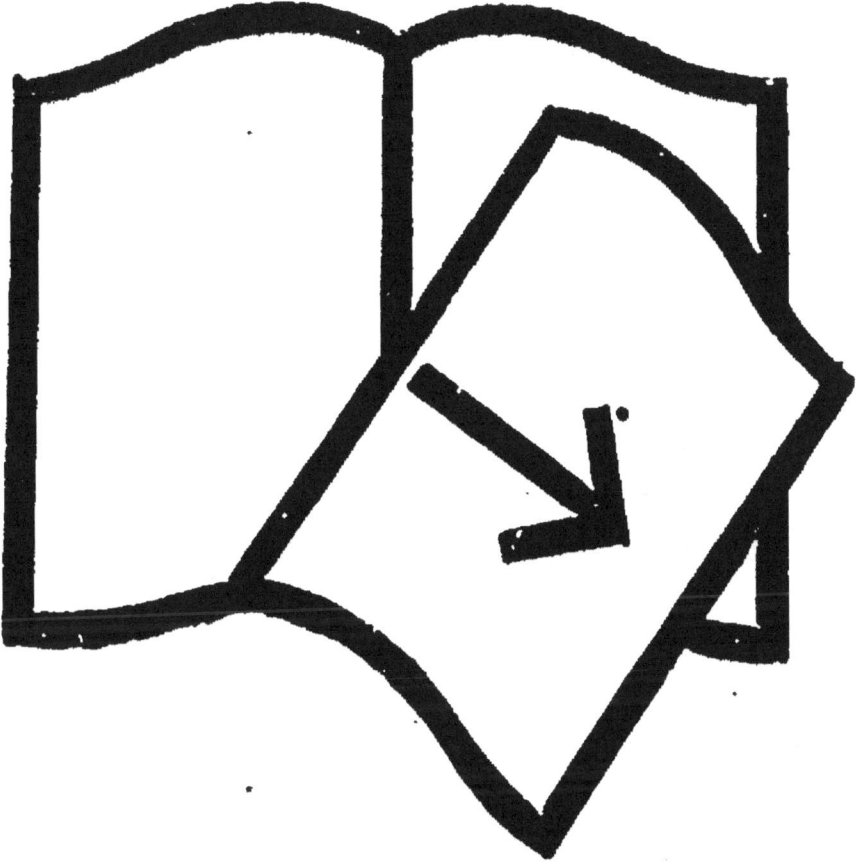

Couvertures supérieure et inférieure
manquantes

COMMENTAIRE ET CRITIQUE

DE LA

CONVENTION INTERNATIONALE

du 20 mars 1883

OUVRAGES DU MÊME AUTEUR

Des Sociétés par actions qui échappent au prescrit des articles 1, 2, 3 et 4 de la loi du 24 juillet 1867.

Paris, COTILLON, éditeur, **3** fr.

Une Agence d'affaires cosmopolite et internationale, son timbre, sa diplomatie, ses fonds secrets, ses dangers.

Paris, MARCHAL & BILLARD, éditeurs, 1888. **2** fr. **50**

Modifications à introduire dans la législation sur les brevets d'invention.

Paris, MARCHAL & BILLARD, éditeurs, 1889. **0,50** cent.

Journal des Procès en contrefaçon, revue bi-mensuelle concernant la propriété industrielle et le nouveau régime international auquel elle est soumise dans les Etats de l'Union.

Abonnements : Paris, **12** fr.; Départements, **14** fr.; Etranger, **16** fr.

Paris, MARCHAL & BILLARD, éditeurs

COMMENTAIRE

DE LA

CONVENTION INTERNATIONALE

signée à Paris le 20 mars 1883

POUR LA PROTECTION

DE LA PROPRIÉTÉ INDUSTRIELLE

applicable aux pays suivants :

Belgique. — Brésil. — Espagne. — États-Unis d'Amérique. — France. — Grande-Bretagne. — Guatemala. — Italie. — Norwège. — Pays-Bas. — Portugal. — Serbie. — Suède. — Suisse. — Tunisie

avec le texte de la Convention de 1883, du Protocole de clôture et des nouvelles propositions votées par la Conférence tenue à Madrid en avril 1890

ET UNE PRÉFACE DE

M. André WEISS

Professeur à la Faculté de Droit de Dijon

PAR

Louis DONZEL

AVOCAT A LA COUR D'APPEL DE PARIS

————————

PARIS

MARCHAL & BILLARD

Libraires de la Cour de Cassation

27, Place Dauphine, 27

ORDRE DES MATIÈRES

PREMIÈRE PARTIE

Points de législations française et étrangère de la propriété industrielle qu'il est utile de rappeler pour l'intelligence de la Convention internationale du 20 mars 1883, et des critiques dont elle est l'objet.

Chapitre I. — Brevets d'invention

Chapitre II. — Marques de fabrique

Chapitre III. — Apposition sur un produit d'un nom de ville, de localité ou de pays

Chapitre. IV — Dénominations de fantaisie

Chapitre V. — Du nom commercial

Chapitre VI. — Dessins et modèles industriels

DEUXIÈME PARTIE

Historique de la Convention internationale du 20 mars 1883

TROISIÈME PARTIE

QUATRIÈME PARTIE

Annexes et documents

Conventions actuellement exécutoires

PRÉFACE

de

M. André WEIS

—

L'organisation et la protection du travail éveillent aujour-
d'hui, au plus haut degré, la sollicitude des gouvernements,
des publicistes, des hommes éclairés de toutes les nations.
A travers les nuages menaçants qui obscurcissent l'avenir,
les masses, et ceux qui les dirigent, comprennent chaque jour
davantage que l'industrie, que le commerce sont les agents
les plus efficaces et les sources les plus fécondes de la prospérité publique ; que c'est à les défendre, à leur ouvrir des
débouchés nouveaux, et non au triomphe à jamais haïssable
de la force brutale, que doivent servir nos forteresses et nos
canons; que les défaites économiques sont les seules dont
on ne se relève pas.

No voit-on pas la question des traités de commerce
passionner l'opinion publique en France, à l'égal des évène-
ments les plus considérables de la politique intérieure, les
Chambres de commerce, consultées par les pouvoirs publics,
seconder leur action, sur tous les points du territoire, par

des études, par des enquêtes, par des avis motivés, et les candidats, qui sollicitent de leurs concitoyens un mandat électif, donner la première place, dans leurs préoccupations, aux questions industrielles, sur lesquelles tous les hommes de bonne volonté, tous les patriotes peuvent s'entendre, sans acception de parti? N'a-t-on pas vu naguère le jeune souverain d'un puissant empire, fondé par les armes, prendre l'initiative d'une législation internationale du travail et inviter les principaux États de l'Europe à collaborer, avec lui, à cette œuvre d'une si haute portée sociale?

Mais, s'il est utile de protéger l'industrie nationale contre la concurrence du dehors, et de ne pas sacrifier à de vaines formules ses intérêts et sa vie, s'il est politique, autant qu'humain, de régler, au mieux des avantages de ceux qui souffrent, les rapports du capital et du travail, des ouvriers et des patrons; il n'importe pas moins de garantir, par des mesures énergiques, les droits de l'inventeur, du fabricant, du commerçant lui-même sur les produits de son invention ou de son industrie, sur les objets de son négoce. Ces droits, dont l'origine est le travail, constituent-ils un *dominium* véritable, empruntant à la propriété son caractère exclusif, absolu, et sa perpétuité? Faut-il au contraire y voir des droits d'une nature toute particulière, des *droits intellectuels*, distincts de la propriété, distincts des droits d'obligation, et soumis à un régime différent? Qu'importe leur nom! Aussi respectables que les autres fruits du travail de l'homme, que les droits du littérateur et de l'artiste sur les créations de leur intelligence et de leur art, à la nature desquels ils participent, ils ont droit à la même protection, et le législateur, personne ne le conteste aujourd'hui, a le devoir impérieux de l'assurer à ceux qui dépendent de lui.

A ce point de vue, sa tâche est singulièrement délicate. A côté de l'intérêt évident de celui qui a mis au jour ou développé une invention nouvelle, créé un produit ou imaginé un procédé nouveau, à en recueillir le bénéfice pécuniaire et à être mis à l'abri de toute usurpation, se place l'intérêt de tous, l'intérêt de la société elle-même, qui demande à entrer en possession de l'invention qui vient de naître, et à en enrichir le patrimoine commun de l'humanité. Si l'inventeur a fait faire un pas à l'industrie ou à la science, c'est à la société, au sein de laquelle il vit, aux moyens de travail et de recherches qu'elle a mis à sa disposition, aux connaissances déjà acquises, aux progrès déjà réalisés, qu'il le doit en grande partie. La société a été, en quelque sorte, sa commanditaire son associée ; il est juste qu'elle ait aussi part aux résultats obtenus, que, si l'inventeur est propriétaire de son invention, elle en soit co-propriétaire avec lui. Le droit de l'inventeur a donc pour limite le droit de la société ; il y a conflit entre eux ; et c'est à la solution de ce conflit, c'est à la conciliation de ces droits rivaux que la loi doit s'appliquer.

La plupart des États civilisés ont cherché cette conciliation dans le système des brevets ou patentes d'invention. La société renonce momentanément à son droit au profit de l'inventeur qui en acquiert l'usage exclusif, mais temporaire, et qui se trouve ainsi soustrait, dans l'exploitation de sa découverte, à une indivision regrettable. La période de validité du brevet expirée, l'invention fait retour au domaine public ; elle appartient désormais à chacun et à tous ; elle est livrée aux inventeurs de demain qui voudront la perfectionner ou l'approprier à des fins nouvelles. Mais, si presque toutes les législations sont d'accord sur le principe, elles se montrent très divisées sur les applications qu'il comporte. Les unes subordonnent la délivrance du brevet à un examen préalable, par des hommes spéciaux, de la réalité de l'invention qu'il doit affirmer et garantir. D'autres veulent que cette délivrance soit précédée d'une publication, dont l'objet est d'avertir ceux qui ont intérêt à contester la nouveauté de l'invention et de les mettre à même de faire valoir leurs droits. D'autres enfin, et tel est

le système de la loi française, se refusent à garantir le mérite
de l'invention et l'exactitude de la description qui en a été
donnée. Les mêmes dissidences apparaissent, lorsqu'il s'agit
de fixer la durée de la protection résultant du brevet. Ici elle
ne peut excéder quinze ans (France, Allemagne, Brésil,
Luxembourg, Suède et Norwège); là, elle est de trois, six ou
neuf ans (Uruguay) ; ailleurs, elle est toujours inférieure à
quatorze (Angleterre); à dix-sept (Etats-Unis d'Amérique);
à vingt ans (Belgique, Espagne). Tel objet, susceptible d'être
breveté en France, les produits chimiques par exemple, n'est
pas brevetable en Allemagne et dans le Grand-Duché du
Luxembourg. D'autre part les lois de ces deux derniers pays
n'attachent aucune déchéance à l'introduction, sur le territoire
qu'elles régissent, d'objets fabriqués à l'étranger.

Parlerons-nous des dessins et modèles industriels? des
marques de fabrique et de commerce? Autant d'Etats, autant
de législations, autant de systèmes différents.

En France, le fabricant peut s'assurer, *pour toujours*, un droit
privatif sur la forme du dessin ou modèle dont il a effectué le
dépôt (loi du 18 mars 1806 et ordonnance du 17 août 1825);
son droit est au contraire limité à deux ans en Italie, à trois
ans en Allemagne et en Autriche, à neuf ans en Suisse, à dix
ans en Russie, à vingt ans en Belgique et en Espagne.

Le régime des marques de fabrique est aussi loin d'être le
même dans tous les pays. D'un côté la durée de la garantie
qui leur est accordée varie sensiblement; tandis que, passé
dix ans, elles tombent, sauf renouvellement, dans le domaine
public en Allemagne, au Danemark, dans le Luxembourg,
en Suède et Norwège, les marques dûment enregistrées appartiennent à celui qui les a déposées, pendant quinze ans
en France et en Suisse, pendant trente ans aux Etats-Unis ;
ailleurs elles confèrent un droit privatif perpétuel. — De l'autre la nature même de la marque n'a pas reçu partout une
définition uniforme. Si la loi française de 1857 reconnaît,

comme marque de fabrique ou de commerce, *tout signe* servant à distinguer les produits d'une fabrique ou les objets d'un commerce, les législations de la Hollande et du Portugal refusent ce caractère aux lettres, chiffres ou mots ordinaires. Enfin les conditions et les effets légaux du *dépôt* de la marque, dont la nécessité est, on peut le dire, universellement admise aujourd'hui, ont trouvé, dans le droit positif, et dans la pratique des divers Etats, des réglementations très différentes. Le dépôt suppose-t-il l'*examen préalable*? Cet examen est de rigueur, sous une forme et dans une mesure plus ou moins restreintes, chez ceux qui réservent le caractère de marques et le bénéfice de l'enregistrement à telle ou telle catégorie déterminée de signes distinctifs ; là où tout signe quelconque peut constituer une marque ayant droit à la protection légale, il devient inutile. Quelle est la portée du dépôt régulièrement effectué, dans les conditions prévues par la loi? est-il déclaratif ou attributif de propriété? Ce dernier système prévaut en Allemagne, en Autriche, aux Etats-Unis, dont les lois font de la priorité d'enregistrement la base du droit lui même. En France, en Belgique, en Italie, la priorité d'usage confère seule la propriété de la marque et le dépôt n'a d'autre utilité que d'en rendre la revendication possible. D'autres législations ont adopté sur ce point une solution intermédiaire.

Nous nous en tiendrons à ces quelques exemples. Ces tâtonnements et les incertitudes qu'ils trahissent en tous lieux, les opinions rivales, dont ils subissent l'influence, et dont chacune compte, dans la doctrine des publicistes, et dans le monde des affaires, des défenseurs ardents et convaincus, témoignent des difficultés, des obstacles sans nombre que rencontre, jusque dans les limites d'un même Etat, la satisfaction des divers intérêts qui sont en présence et en jeu.

Mais ces difficultés et ces obstacles ne sont rien à côté de ceux, auxquels se heurtent la reconnaissance et la garantie internationales des droits que l'on réunit sous le nom de propriété industrielle. Le commerce et l'industrie ont un caractère éminemment cosmopolite; ils constituent l'exercice de facultés naturelles, dont il est juste de ne pas réserver le bénéfice aux seuls nationaux. Comme ces derniers eux-mêmes, l'étranger a le droit de demander à son travail le pain de chaque jour, et l'Etat, dont il a recherché l'hospitalité ou la tolérance, a le devoir de lui en garantir les résultats, et d'empêcher que sa nationalité soit pour lui une cause de spoliation. L'intérêt bien entendu de l'Etat est d'ailleurs ici d'accord avec l'équité; le commerçant ou l'industriel étranger apporte en effet, sur son territoire, son activité, ses capitaux, les qualités propres à ceux de sa race; et, en même temps qu'il contribue à sa prospérité matérielle, il exerce souvent, sur le caractère national, l'influence la plus heureuse; à tous ces titres, il mérite la protection et les encouragements de la loi.

De là les dispositions législatives qui reconnaissent, sous des conditions, et à des degrés divers, aux étrangers qui veulent faire le commerce, ou exercer une industrie en France, le droit d'obtenir un brevet d'invention, de s'assurer l'usage exclusif de leurs dessins et de leurs marques.

Toutefois l'égalité du national et de l'étranger devant les droits industriels et commerciaux établis par la loi française n'est pas absolue.

Si l'article 27 de la loi du 5 juillet 1844 permet, à l'inventeur étranger, de faire breveter son invention en France, en dehors de toute condition de réciprocité diplomatique ou d'admission à domicile, son droit subit, d'autre part, soit en droit, soit en fait, des restrictions assez importantes. La saisie opérée, en vertu de son brevet, des objets prétendus contrefaits, est subordonnée à la prestation d'un cautionnement, qui n'est jamais exigée des Français (L. 1844, art. 47). La

durée du brevet délivré en France à raison d'une invention
déjà brevetée à l'étranger ne peut excéder celle du premier
brevet (L. 1844, art. 29); et cette règle, quoique indépendante en apparence de la nationalité du titulaire du brevet,
se limite presque toujours à l'inventeur étranger, puisqu'il
n'est guère vraisemblable qu'un Français aille porter à l'étranger les prémices de sa découverte. Ne peut-on pas dire d'ailleurs que la délivrance antérieure d'un brevet en pays étranger enlève à l'invention, tout au moins lorsque son objet a
reçu une description complète et détaillée, le caractère d'absolue nouveauté qui lui est nécessaire pour être breveté en
France (L. 1844, art. 31)? En dépit de quelques controverses
doctrinales, la jurisprudence incline à l'admettre. Enfin l'article 32 de la loi de 1844 oblige l'inventeur qui a obtenu un
brevet en France d'y exploiter sa découverte, dans le délai
de deux ans, sous peine de déchéance, et lui interdit même
d'introduire sur le territoire français des objets similaires à
ceux qui font l'objet de son brevet.

Les lois relatives aux dessins et modèles industriels ne
peuvent être invoquées chez nous, par les étrangers, que si,
dans leur pays, la législation ou des traités internationaux
assurent aux Français les mêmes garanties, c'est-à-dire sous
une condition de réciprocité diplomatique ou législative (Loi
du 26 novembre 1873, art. 3); et cette condition se trouve
remplie au regard de nombreux Etats (Allemagne, Angleterre,
Autriche, Belgique, Espagne, Etats-Unis, Italie, Mexique,
Portugal, Suède et Norvège, Suisse). Quant aux marques de
fabrique ou de commerce, leur protection est assurée sur
notre territoire : a) à l'étranger ayant un établissement d'in-
dustrieou de commerce en France (Loi du 23 juin 1857, art. 5);
b) à l'étranger appartenant à un pays où le Français est investi
de droits égaux, soit par un traité international, soit par la législation locale, alors même que cet étranger ne posséderait
aucun établissement industriel en France (Loi du 26 novem-

bre 1873, art. 9). Et tel est le cas pour l'Allemagne, l'Angleterre, l'Autriche, la Belgique, le Brésil, le Chili, le Danemark, l'Espagne, les Etats-Unis, l'Italie, le Japon, le Luxembourg, le Mexique, les Pays-Bas, le Portugal, la République
argentine, la Roumanie, la Russie, la Serbie, la Suède et la
Norwège, la Suisse, la Turquie, l'Urugay, le Vénézuela.

Réciproquement les industriels et commerçants français
trouvent presque partout à l'étranger, soit dans les traités
particuliers que notre gouvernement a conclus, soit dans les
lois internes, des garanties efficaces contre le plagiat et la
contrefaçon, mais ces garanties subissent nécessairement
l'empreinte de la législation de l'Etat qui les accorde ; c'est
dire qu'elles sont essentiellement variables et soumises à
des règles très différentes, suivant sa latitude, suivant le développement, suivant la nature de son industrie et de son
commerce, suivant l'intérêt de ses nationaux.

La *Convention du 20 mars 1883, pour la protection de la propriété industrielle,* à laquelle ont adhéré avec la France, la
Belgique, le Brésil, l'Equateur, l'Espagne, les Etats-Unis
d'Amérique, le Guatémala, l'Italie, les Pays-Bas, le Portugal,
la République Dominicaine, le Salvador, la Serbie, la Suède
et la Norwège, la Suisse, la Tunisie et la Turquie, s'est proposé de substituer, dans les rapports des Puissances contractantes, l'unité à la diversité, de fixer d'une manière uniforme
les droits auxquels peuvent prétendre, sur le territoire de chacune d'elles les ressortissants des autres, en un mot de les
faire considérer, comme ne constituant, au point de vue de
la garantie des brevets d'invention, des dessins et modèles
industriels, des marques de fabrique et de commerce, qu'un
seul et même Etat.

Cet essai de législation internationale, de transaction entre
des lois qui se contredisent, entre des intérêts opposés, a-t-il
réalisé toutes les espérances que ses promoteurs avaient
fondées sur lui? Peut-être est-il encore prématuré de porter à

cet égard un jugement définitif est absolu ; au temps seul
il appartient de le formuler. Mais, si quelques-unes des solutions admises en 1883 sont irréprochables en théorie pure,
s'il peut sembler désirable de les voir un jour prévaloir dans
la législation intérieure des divers Etats qui se sont mis
d'accord sur leur adoption, il n'est que juste d'applaudir aux
courageux efforts des publicistes qui, dégagés de toute préoccupation doctrinale, unis par la seule pensée de défendre l'industrie nationale et de lui conserver les avantages que lui
font aujourd'hui nos lois, ont jeté un cri d'alarme et signalé
à l'attention du gouvernement français les dangers que la
convention fait courir à notre pays, à ses inventeurs, à ses
fabricants.

Ces dangers, il faut le reconnaître, sont réels ; les bienfaits
de l'*Union* trop souvent illusoires.

Il n'est pas, croyons-nous, de pays possédant une législation sur les brevets, où l'assimilation du national et de l'é-
tranger, au point de vue de leur délivrance, ne soit un fait
accompli, comme en France. A quoi sert-il dès lors de la proclamer à nouveau? Mais si l'inventeur français ne gagne rien
à cet hommage platonique à un principe qui n'est attaqué
par personne, on voit bien ce que perdent nos nationaux au
nouveau régime international des brevets. La Convention, en
accordant à l'inventeur qui a fait une demande de brevet
dans l'un des Etats dont l'Union se compose, un délai de priorité, au cours duquel il peut encore se faire breveter dans
un autre Etat, nonobstant la publicité officielle que sa découverte a pu recevoir ailleurs, déroge gravement à la règle
écrite dans l'articl 31 de la loi de 1844 et interprétée par la
jurisprudence; elle dépossède au profit d'un étranger, le domaine public français, les consommateurs français. Le droit
similaire reconnu à l'inventeur français dans les autres pays
compris dans l'Union n'a pas pour lui grande importance,
puisqu'en général la nouveauté de l'invention brevetable

n'est pas exigée d'une manière aussi rigoureuse par les lois étrangères que par la loi française, et qu'un grand nombre d'entre elles consacrent déjà le délai de priorité, dont le principe a trouvé place dans l'accord international de 1883. En fût-il autrement d'ailleurs, l'intérêt éventuel des inventeurs français, après tout peu nombreux, peut-il entrer en balance avec le sacrifice imposé par cet accord à la liberté du travail, c'est-à-dire à l'industrie française elle-même, au profit des ressortissants de tous les Etats de l'Union et ceux qui leur sont assimilés, dont il proclame le monopole ?

Une autre infraction à la loi française des brevets résulte de l'article 5 de la Convention, suivant lequel « l'introduction par le breveté, dans le pays où le brevet a été délivré, d'objets fabriqués dans l'un ou l'autre des Etats de l'Union n'entrainera aucune déchéance ». Cette clause emporte l'abrogation, dans les rapports de la France et des nombreux Etats concordataires, de l'article 32 § 3 de la loi de 1844; elle fait une nouvelle concession à l'étrange. et désarme, sans compensation suffisante, le travail national pour lequel les lois étrangères se montrent moins sévères.

Le besoin d'une Union se faisait-il sentir davantage, en ce qui concerne les dessins industriels et les marques de fabrique? Le doute est assurément permis. La Convention n'ajoute rien aux avantages que les traités en vigueur assuraient à nos nationaux en dehors de nos frontières. D'autre part nos lois relatives à cet objet sont presque toujours plus libérales que celles des autres peuples ; elles permettent par exemple à celui qui dépose un dessin ou modèle de fabrique de s'en assurer l'usage perpétuel, tandis qu'ailleurs, nous l'avons vu, la durée de la protection est rigoureusement limitée; dès lors la Convention de 1883, garantissant aux sujets des Puissances contractantes et assimilés le même traitement qu'aux nationaux eux-mêmes, sur le territoire de chacune d'elles, ne fait que consacrer l'inégalité de leurs conditions: La France sera dupe de sa générosité ; elle donnera plus qu'elle ne recevra en échange. Et l'inégalité s'aggrave encore si l'on suppose — l'hypothèse n'a rien d'imaginaire — que l'un des Etats qui ont accédé au pacte d'Union n'a pas de loi sur telle ou telle branche de la propriété industrielle et se voit ainsi dans l'impossibilité d'accorder aux ressortissants des autres Etats concordataires ce qu'il refuse à ses propres nationaux.

A ces inconvénients, à ces contradictions sans nombre, auxquels deux conférences internationales réunies à Rome en 1886, à Madrid en 1890, n'ont apporté aucun remède, viennent se joindre des difficultés pratiques très sérieuses, lorsqu'il s'agit de concilier les stipulations du traité avec les lois particulières à chacun des contractants, de déterminer si et dans quelle mesure elles ont restreint son autonomie législative, si elles constituent pour l'étranger un *maximum* ou seulement un *minimum* de protection.

Toutes ces questions, et bien d'autres, ont été résolument abordées par M. Louis Donzel, dans l'étude remarquable qu'il livre aujourd'hui au public. Soutenu par les chambres de commerce, fort d'adhésions nombreuses et actives, il a pris en main la cause de l'industrie française, qu'il croit menacée par la Convention de 1883; il en a soumis toutes les clauses à une critique ingénieuse, et dénoncé le péril avec une verve entraînante et spirituelle. On peut ne pas partager toutes les opinions du savant avocat, — comment en serait-il autrement en une matière où les intérêts sont si différents et la vérité elle-même parfois si incertaine? — Mais tout le monde le félicitera d'avoir saisi l'opinion publique de ses revendications, d'avoir ouvert la discussion, et mis au service du travail national l'ardeur éloquente de sa conviction.

André Weiss.

Dijon, 10 juin 1891.

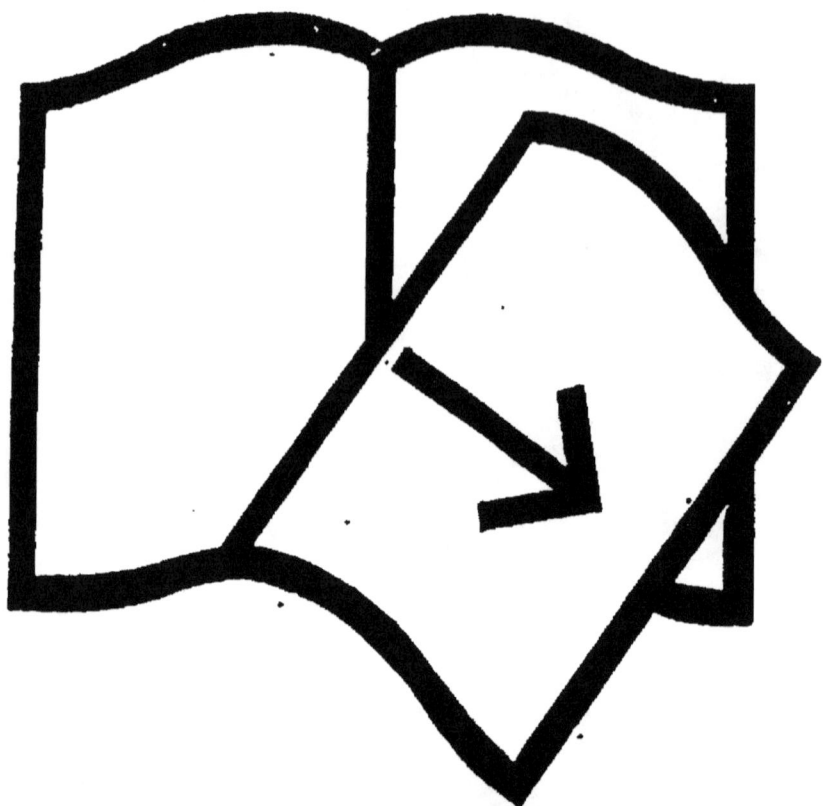

Documents manquants (pages, cahiers...)
NF Z 43-120-13

DE LA PAGE 1
À LA PAGE 6

législations étrangères en matière de brevets, revenons à la question de la nouveauté absolue, nécessaire pour la validité d'un brevet aux termes de la loi du 5 juillet 1844.

Le grand principe fondamental qui domine la matière de la brévétabilité en France est le suivant :

La brévétabilité d'une invention implique aux termes de la loi française une révélation industrielle

Ce grand principe en matière de brevetabilité découle de la loi du 5 juillet 1844 (Article 89) complétée et expliquée par une jurisprudence constante.

Nous essaierons de démontrer qu'en législation ce principe méconnu par la *Convention internationale du 21 mars 1883 pour la protection de la propriété industrielle* est fondamental, et qu'on ne peut s'en écarter sans imposer à la liberté du travail des sacrifices qui ne sont plus commandés par l'intérêt supérieur des progrès de l'industrie, devant lequel elle doit momentanément s'incliner, quand un inventeur demande, comme prix d'une révélation industrielle qu'il serait libre de ne point faire, un privilège temporaire, dont la loi française de 1844 fixe le maximum à 15 ans.

Il découle de ce principe fondamental de la loi du 5 juillet 1844 deux conséquences importantes qui nous permettront d'étayer sur une base solide les critiques que nous formulerons de ce chef contre la Convention internationale.

Conséquence A

Le domaine public ne rend jamais ce qu'il a une fois conquis.

Conséquence B

Les brevets d'importation reconnus par la loi du 17 janvier 1791 sont en fait supprimés en France par la loi du 5 juillet 1844.

Commençons par établir le principe. Nous en ferons ensuite découler les conséquences.

PRINCIPE FONDAMENTAL

La brevétabilité d'une invention implique selon la loi du 5 juillet 1844 une révélation industrielle.

Le brevet d'invention est une transaction entre deux systèmes opposés également inapplicables parce qu'ils sont également absolus. On sait que l'un, dont Michel Chevallier a été le plus ardent défenseur, repousse le privilège temporaire de l'inventeur, admet le droit primordial de la Société sur les inventions, parce que les inventeurs ont emprunté au fonds commun des connaissances humaines les éléments qui leur ont permis de réaliser un progrès nouveau ; tandis que l'autre admet le droit absolu et perpétuel de l'inventeur sur son invention.

Le premier supprime le mobile le plus puissant, l'intérêt particulier, qui a seul pu donner au progrès de l'industrie l'essor merveilleux qu'elle a pris au XIXᵉ siècle.

Le second ne mérite même pas qu'on s'attache à le réfuter. Il tombe de lui-même devant une considération d'utilité publique.

En somme, le brevet (1) est la récompense de celui qui enrichit le fonds industriel commun de l'humanité par un progrès ou un perfectionnement quelconque ayant le caractère d'une invention; c'est le prix d'une révélation industrielle sans laquelle il ne peut y avoir, au sens légal du mot, une invention brevetable.

Il ne suffit donc pas d'avoir fait faire à l'industrie un progrès marqué, d'avoir, par la simplification d'un outillage, augmenté l'effet en diminuant l'effort, d'avoir doté l'humanité d'un produit nouveau, d'avoir trouvé un procédé jusqu'alors inusité qui permette d'obtenir avec moins de frais un produit connu; il faut de plus avoir conservé son secret jusqu'à la demande du brevet.

A ce moment l'inventeur pourrait encore garder ce secret. Mais il doit craindre que si, quelque concurrent indiscret parvient à le surprendre, il n'en perde le bénéfice.

De son côté, l'Etat peut redouter qu'en cas de mort il n'emporte son secret dans la tombe.

Un secret bien gardé pourrait d'ailleurs, en fait, éterniser un monopole dont il a intérêt à limiter la durée.

Alors intervient entre la Société et l'inventeur un contrat dont la formule fixée par l'usage sauvegarde les intérêts réciproques des parties contractantes.

L'Etat dit à « l'inventeur : livre-moi ton secret; apprends-moi quelque chose de nouveau au point de vue pratique et industriel. Je suspendrai à ton profit pendant quinze ans l'application du principe fondamental que chacun a le droit de travailler comme il l'entend.

---

(1) Nous ne parlerons que du brevet valable.

« Si tu n'as pas de secret à me livrer, et si tu as été devancé par quelque autre, ce qui sera vérifié quand tu invoqueras devant les juges ton titre d'inventeur, je te délivrerai quand même, sur ta demande, une feuille de papier appelée « brevet ; » mais je te préviens que tu ne pourras l'en faire en justice une arme contre qui que ce soit. Ta bonne foi sera impuissante à la valider, car elle ne peut faire que ce qui était déjà connu soit nouveau, uniquement parce que tu l'as cru tel. »

Voilà la théorie du brevet consacré par la loi française du 5 juillet 1844, complétée par la jurisprudence.

Elle s'applique difficilement il est vrai, aux futilités auxquelles on l'étend par la prise des brevets, et surtout à ces mille engins brevetés qui divulguent eux-mêmes par leur seul usage le secret de leur organisme, ce qui eut mis l'inventeur dans l'impossibilité de le conserver pour lui. Cette hypothèse qui n'est pas absolument étrangère aux progrès merveilleux de l'industrie que les brevets ont suscités dans notre siècle, est en réalité une hypothèse de second ordre : elle se trouve absorbée par l'autre, la plus importante celle d'un produit d'un procédé nouveau et de la combinaison nouvelle de moyens connus pour l'obtention d'un résultat industriel nouveau, hypothèse cadrant avec le danger éventuel de voir l'inventeur non breveté mourir sans avoir révélé son secret.

Dans le premier cas, le monopole temporaire apparaît plus tôt comme la récompense d'un progrès, d'un agrandissement du marché, que comme le prix d'un secret absolument déprécié par l'impossibilité de le garder. C'est le cas du brevet pris pour les cartes à jouer dont les angles étaient arrondis, brevet reconnu valable par les tribunaux.

C'est qu'il était vraiment impossible, sans perdre en complications de tous genres, le bénéfice de cette distinction, de distinguer selon l'importance de l'invention. Le législateur a dû se résigner à voir la catégorie d'inventions, la moins intéressante peut-être, bénéficier de la faveur et de la reconnaissance de l'État acquises d'avance à ceux qui font les grandes inventions et les grandes découvertes, et profiter de ce qu'il était impossible sans doute aussi, et contraire à l'intérêt de l'industrie de diviser les inventions en brevetables ou non brevetables selon leur importance.

Cette observation était nécessaire pour prévenir une objection qu'on n'eût pas manqué de faire à notre théorie de la brevetabilité reposant uniquement sur une révélation industrielle. Car on aurait pu faire observer, pour contester la nature du contrat entre l'État et l'inventeur, sur lequel repose selon nous la théorie des brevets, que dans le cas des cartes à jouer à coins arrondis, par exemple, comme dans le cas de mille engins brevetés, il n'y avait aucun danger pour l'État à voir l'inventeur du coup de ciseau emporter, à défaut de brevet, son secret dans la tombe, après l'avoir exploité seul toute sa vie sans le livrer à ses concitoyens.

Encore une fois cette hypothèse d'une futilité, d'une création ou d'un perfectionnement simple breveté, livrant aux yeux du public par son fonctionnement même le secret de son organisation simple et visible, s'absorbe dans l'autre, celle d'une véritable divulgation industrielle, la seule qui soit digne de servir de base à une grande loi.

Il suffit au surplus pour étayer la théorie de la brevetabilité sur l'une et l'autre hypothèse, de considérer le monopole temporaire, dans un cas, comme une assurance contre la divulgation qui ferait perdre à l'inventeur le bénéfice de son secret, dans l'autre, comme une prime d'encouragement donné à celui qui a fait faire un progrès nouveau à l'industrie, quelque minime et futile qu'il soit, pourvu qu'il y ait véritablement un résultat industriel nouveau. C'est-à-dire inconnu jusqu'au jour de la demande du brevet.

En application de cette idée qui correspond bien à l'intention du législateur de 1844 consacrée pour la jurisprudence, le brevet pour être valable suppose donc un caractère de nouveauté absolu.

CONSÉQUENCES DU PRINCIPE CI-DESSUS ÉNONCÉ

Conséquence A

Le domaine public ne rend jamais ce qu'il a une fois conquis

Le droit privatif impliquant une révélation industrielle, c'est-à-dire ne pouvant se passer de l'élément « nouveauté, » comme ce qui a cessé d'être nouveau ne peut jamais le redevenir, le domaine public qui s'empare de tout ce qui n'est pas nouveau ne peut plus en être dessaisi.

C'est là encore un principe fondamental trop souvent proclamé par la jurisprudence en matière de propriété industrielle, pour qu'il soit nécessaire d'y insister.

Conséquence B

Les brevets d'importation reconnus autrefois par la loi de 1791 et maintenus aujourd'hui par la plupart des législations étrangères pour des inventions déjà brevetées à l'étranger sont, en fait, supprimés en France par les exigences de la loi de 1844 en matière de nouveauté, comme se rattachant à des inventions déjà divulguées et connues à l'étranger. Ce point demande à être éclairci par certains développements.

On appelle *brevet d'importation*, le brevet pris dans un pays pour une invention déjà brevetée dans un pays voisin. Il est ordinairement réservé au titulaire du brevet étranger, excepté dans certains pays comme l'Espagne où ce brevet est donné au premier importateur et devient pour ainsi dire le prix de la course comme l'ancien brevet d'importation de la loi de 1791.

La loi du 7 janvier 1791, article 16 (5°) déclarait déchu de son brevet français l'inventeur qui après s'être fait breveter en France allait solliciter un brevet à l'étranger.

Par contre elle permettait aux inventeurs étrangers possédant un brevet dans leur pays d'en demander un en France. Elle donnait même un brevet au premier importateur : (1) Certains individus n'avaient

(1) Le brevet d'importation était donc autrefois un brevet délivré au premier

d'autres industries que de se tenir à l'affût des découvertes étrangères et de les faire breveter aussitôt en France à leur profit au détriment du véritable inventeur qu'ils devançaient.

Le législateur de 1844, pour mettre fin à cette bizarrerie qui donnait plus de droit aux inventeurs étrangers qu'aux inventeurs français, et obligeait ceux-ci à se faire breveter d'abord à l'étranger pour demander ensuite un brevet français, à la condition de devancer tous les importateurs, inséra dans la loi un article ainsi conçu :

« L'auteur d'une invention ou d'une découverte déjà brevetée à « l'étranger pourra obtenir un brevet en France. Mais la durée de ce « brevet ne pourra excéder celle des brevets antérieurement pris »

Il semble bien à la lecture de cet article que les anciens brevets d'importation aient été maintenus par la loi du 5 juillet 1844, à la condition cependant qu'ils soient demandés par l'inventeur lui-même ; mais, quand on lit les travaux préparatoires, on reste convaincu que si en principe les brevets d'importation peuvent avoir été maintenus, en fait il n'en est rien. M. Philippe Dupin rapporteur de la loi disait dans la discussion :

« Dans notre rapport nous avons averti les étrangers et dit : On ne « peut dissimuler, et la loyauté fait un devoir d'en donner hautement « avis, que cette règle paralyse le bienfait de la nouvelle loi à l'égard « des industriels qui auraient été brevetés dans les pays où, comme « en Russie, les descriptions jointes aux demandes de brevet sont « publiées. « Et il ajoutait : « il y a des nations chez lesquelles les « spécifications sont publiées : il y en a chez lesquelles elles restent « secrètes. Pour les nations chez lesquelles elles sont publiées il est « évident que les brevetés étrangers ne peuvent venir demander chez « nous un brevet utile : A l'égard des nations chez lesquelles les des- « criptions restent secrètes l'invention peut demeurer secrète et par « conséquent il peut être obtenu un brevet en France.» (Voir la discussion de la loi.)

En réalité il résulte du rapport que nous venons de citer que l'article 29 ne s'applique qu'aux inventions brevetées à l'étranger dans les pays où la loi n'organise pas la publication des demandes de brevets, et qui n'ont encore reçu aucune divulgation.

Si l'on considère que ce qui était alors le cas de la loi russe est aujourd'hui celui de toutes les lois étrangères sur les brevets, sauf de la loi du Guatemala, on est bien obligé de reconnaître que le principe de la nouveauté absolue supprime en fait les brevets d'importation. Le secret dont sont entourés dans le Guatemala les descriptions et les dessins en feraient le seul pays susceptible de profiter de l'article 29 de la loi du 5 juillet 1844, à la condition toutefois que l'invention, dont le secret aurait été gardé dans les bureaux du Ministère, ne soit point entrée, avant la demande du brevet en France, dans cette phase où l'on pourrait dire qu'elle a été divulguée par la mise à exécution ou par tout autre moyen de publicité.

importateur d'une industrie étrangère même non inventeur. C'était la course au brevet. Aujourd'hui le brevet d'importation est celui délivré par les lois de presque toutes les nations à l'étranger déjà breveté dans un autre pays. L'ancien brevet délivré au premier importateur inventeur ou non existe encore en Espagne, au Brésil, au Mexique, au Canada.

Hors ce cas qu'on ne compte guère auquel on peut ajouter celui du *Caveat* organisé par la loi américaine et de la spécification provisoire de la loi anglaise qui permettent de retarder d'un an en Amérique ou de neuf mois dans le Royaume-Uni la divulgation de la demande du brevet, et de conserver par conséquent les conditions de brevetabilité exigées par la loi française, on peut affirmer que les brevets d'importation n'existent plus en France, ils sont inconciliables avec la condition de nouveauté absolue exigée par la loi du 5 juillet 1844, pour la brevetabilité.

Pourquoi auraient-ils survécu à la cause qui les avait fait admettre par la législation de 1791 et pratiquer sous l'Empire, à savoir le besoin d'encourager l'importation des industries étrangères à une époque où les guerres retardaient l'essor de l'industrie nationale ?

On ne saurait les rétablir, sans saper par la base le principe fondamental qui rend une révélation industrielle nécessaire pour légitimer le brevet en France, et la nouveauté absolue de l'invention fait de seule ligne de démarcation très nette entre les inventions brevetables et celles qui sont tombées dans le domaine public.

Car ce n'est vraiment qu'au prix de cette nouveauté qui enrichit le domaine public que la loi ajourne le bénéfice devant en résulter pour tous, en accordant à l'inventeur un droit exclusif pendant un temps donné. *Dura lex !* devant les inventeurs — *Sed lex !* répondront les fabricants et les consommateurs.

Ce système au surplus est le seul rationnel, et le seul qui ne laisse pas de place à l'arbitraire. Si l'on déclarait des inventions brevetables quoique ayant déjà reçu un certain degré de divulgation, ce qu'admettent beaucoup de lois étrangères ; qui fixerait ce degré de divulgation permis ? Où s'arrêterait-on dans cette voie ? Comment admettre qu'une invention soit connue en Belgique et soit inconnue en France ? (1).

SECTION II

Législations étrangères

A. — De la nouveauté relative dont elles se contentent pour la brevetabilité des inventions

AUTRICHE-HONGRIE

(*Loi du 15 août 1852*)

ART. 1. — Les brevets d'invention peuvent être obtenus pour toutes nouvelles découvertes inventions, ou tous nouveaux perfectionnements, tels que :

(1. C'est cependant ce qui est admis par presque toutes les législations étrangères.

a. — Un nouveau produit industriel ;

b. — Un nouveau moyen de production ;

c. — Une nouvelle méthode.

....
....

On entend par nouveau, une découverte, une invention, un perfectionnement qui antérieurement à la délivrance du brevet, n'était pas exploité dans le pays, ni publié dans un ouvrage imprimé.

ART. 3. — Les brevets peuvent être accordés pour de nouvelles découvertes inventions ou perfectionnements qui sont importés en Autriche d'un pays étranger lorsque ces découvertes, inventions ou perfectionnements sont encore protégés à l'étranger par des brevets.

Une telle autorisation ne peut cependant jamais être accordée qu'au possesseur du brevet étranger ou à ses ayant-droit, et encore faut-il que l'objet breveté à l'étranger ne soit pas une découverte, une invention ou un perfectionnement qui ne soit pas brevetable dans le pays.

ART. 29. — Les brevets perdent leur valeur: S'il est prouvé légalement que la découverte, l'invention ou le perfectionnement brevetés n'avaient plus dans le pays au jour et à l'heure de la délivrance du certificat officiel le caractère de nouveauté spécifié dans l'article 1 ou bien, lorsqu'il s'agit d'un brevet étranger, si la découverte, l'invention ou le perfectionnement qui font l'objet du brevet d'importation n'ont pas été breveté au nom du titulaire légal du brevet étranger ou de son ayant-droit.

BELGIQUE

(*Loi du 21 mai 1854.*

ART. 24. — Le brevet sera déclaré nul par les tribunaux pour les causes suivantes :

A. Lorsqu'il sera prouvé que l'objet breveté a été employé, mis en œuvre ou exploité par un tiers *dans le royaume* dans *un but commercial* avant la date légale de l'invention de l'importation ou du perfectionnement.

B. Lorsque. . . . .
. . . .

C. Lorsqu'il sera prouvé que la spécification complète et les dessins exacts de l'objet breveté ont été produits antérieurement à la date du dépôt dans un ouvrage ou recueil imprimé et publié, à moins que, pour ce qui concerne les brevets d'importation, cette publication ne soit exclusivement le fait d'une prescription légale. Art 24 loi du 21 mai 1851.

ART. 25. — Un brevet d'invention sera déclaré nul par les tribunaux, dans le cas où l'objet pour lequel il a été accordé aurait été antérieurement breveté en Belgique ou à l'étranger.

Toutefois si le breveté a la qualité requise par l'article 14 (1) son brevet pourra être maintenu comme brevet d'importation aux termes dudit article.

Art. 14. — L'auteur d'une découverte déjà breveté à l'étranger pourra obtenir par lui-même, ou par ses ayant-droit, un brevet d'importation en Belgique : la durée de ce brevet n'excédera pas celle du brevet antérieurement concédé à l'étranger pour le terme le plus long et dans aucun cas la limite fixée par l'article 3.

Il résulte donc de cette loi Belge, que hormis les deux cas de divulgation prévus par l'article 24 (A. et C.) une invention même brevetée, connue, divulguée, exploitée à l'étranger ne tombera pas dans le domaine public et pourra encore être brevetée valablement en Belgique quoique tombée dans le domaine public en France; il en serait autrement si elle était l'objet d'un brevet et déjà périmé pris à l'étranger. (Art. 15 et 25 combinés) Ainsi, la publicité organisée par les lois étrangère et pour la demande de brevets ne peut faire perdre en Belgique à l'inventeur la brevetabilité de sommation, que la moindre divulgation antérieure au dépôt de la demande le ferait tomber dans le domaine public en France.

BRÉSIL.

(Loi du 14 octobre 1882.)

Art. 2. — Les inventeurs brevetés dans d'autres pays pourront obtenir la confirmation de leurs droits dans l'empire pourvu qu'ils remplissent les formalités et conditions de la présente loi et qu'ils observent les autres dispositions en vigueur applicables à ce cas.

La confirmation donnera les mêmes droits que le brevet concédé dans l'empire.

§ I. — La priorité du droit de propriété de l'inventeur qui, ayant obtenu un brevet à l'étranger, aura fait la même demande au gouvernement impérial dans le délai de sept mois, ne sera pas invalidée pour des faits survenus pendant cette période, par exemple par une autre demande faite pour le même objet, par la publication.

ITALIE

(Lois du 30 janvier 1864 — 16 septembre 1869 — 13 novembre 1870)

. . . .

Art. 4. — Est considérée comme nouvelle une invention ou découverte industrielle qui n'était pas connue antérieurement, ou qui, bien que connue jusqu'à un certain point, laissait ignorer les particularités nécessaires à son exécution.

Art. 5. — Une nouvelle invention ou découverte industrielle déjà privilégiée à l'étranger, bien que publiée à cause du privilège étranger, confère à son auteur ou à ses ayant cause le droit d'en obtenir le privilège dans l'État, pourvu qu'il en fasse la damande avant l'expiration du privilège étranger, et avant que d'autres n'aient librement importé et exécuté dans le royaume la dite invention ou découverte. (Art. 4.)

Art. 12. — La durée d'un brevet pour une invention ou découverte déjà brevetée à l'étranger n'excédera pas celle du privilège étranger concédé pour le terme le plus long, et dans aucun cas, ne pourra dépasser quinze années.

Art. 2. — Lorsqu'un brevet sera demandé par l'auteur d'une invention ou découverte déjà brevetée à l'étranger (brevet d'importation), sa durée étant limitée par celle du brevet étranger, toute fraction d'année sera comptée pour une année entière, quant au paiement de la taxe. (Art. 18.)

ESPAGNE

(Loi du 30 juillet 1878.)

Art. 3. — Peuvent être brevetés : les machines, appareils, instruments, procédés et opérations mécaniques ou chimiques qui, en tout ou en partie, constituent une invention personnelle et nouvelle et qui, en outre, n'ont pas été établies ou pratiquées de la même manière et dans les mêmes conditions, dans le royaume d'Espagne ; ainsi que les produits ou résultats industriels nouveaux, obtenus par des moyens nouveaux ou connus, à la condition que leur exploitation tende à établir une branche d'industrie dans le pays.

Art. 12. — . . . .

Il sera accordé un brevet pour dix années qui ne pourraient pas être prolongées pour tout objet d'invention personnelle, si l'inventeur ayant déjà obtenu un brevet pour le même objet dans un ou plusieurs pays étrangers, le sollicite en Espagne avant l'expiration de deux années à compter du jour où a été obtenu le brevet étranger (1).

GUATEMALA

(Loi du 2 juin 1864)

L'introduction au Guatemala des arts, industries ou machines, inventés en pays étrangers, et qui sont entièrement inconnus et n'ont jamais été mis en usage au Guatemala obtiendront des privilèges exclusifs dans les mêmes termes, et aux mêmes conditions que les inventions ou découvertes nouvelles, mais pour un terme plus court que celles-ci, terme qui ne pourra d'   " huit années et qui sera déterminé en considération de l'utilité   découverte et des difficultés de l'entreprise, selon le jugement à   .inistre et d'après le rapport du comité.

ÉTATS-UNIS D'AMÉRIQUE

(Loi du 22 juin 1874 et 1880)

Sec. 4886. — Toute personne ayant inventé ou découvert une industrie, machine, fabrication ou composition de moyens nouveaux et utiles,

(1) Il est à remarquer qu'en Espagne l'introduction d'objets similaires fabriqués à l'étranger n'est pas comme une atteinte aux droits du breveté qui n'a qu'un monopole de fabrication dans le pays.

ou un perfectionnement quelconque nouveau et utile de ces choses, qui ne sont pas connues ni mises en usage par d'autres, dans la contrée, ni brevetées, ni décrites dans aucune publication imprimée du pays ou de l'étranger, antérieurement à l'invention ou à la découverte dont il s'agit ; et qui n'ont pas été mis en usage public ou en vente depuis plus de deux ans avant la demande, à moins qu'il de soit prouvé qu'elles ont été abandonnées depuis, peuvent, moyennant le paiement des droits exigés par la loi et en se conformant aux autres prescriptions nécessaires, obtenir pour ces objets un brevet d'invention.

Sec. 4887. — Aucune personne ne sera privée du droit d'obtenir un brevet pour son invention ou sa découverte, ni aucun brevet ne sera déclaré nul pour la raison qu'il aurait été primitivement breveté dans un pays étranger, à moins qu'il ne soit tombé, aux États-Unis, dans le domaine public depuis plus de deux ans avant la demande. Mais tout brevet accordé pour une invention qui antérieurement aurait été brevetée à l'étranger, prendra fin en même temps que le brevet étranger, et s'il existe plusieurs brevets étrangers, il prendra fin en même temps que celui qui a la durée la plus courte, et dans aucun cas il ne pourra avoir une durée excédant dix-sept ans.

CANADA

(Loi du 14 juin 1872)

ART. 6. — Toute personne qui a inventé une industrie, une machine, une fabrication ou une composition de matières nouvelles et utiles, ou un perfectionnement utile et nouveau d'une industrie, d'une machine, d'une fabrication ou d'une composition de matières inconnues et qui n'ont pas été mis en usage par d'autres antérieurement à l'invention et *qui n'ont pas été en usage public ni exposés en vente depuis plus d'une année lorsque la demande de brevet a été faite au Canada,* peut en adressant à cet effet une pétition au commissaire (1) et en se conformant aux autres prescriptions du présent acte, obtenir un brevet qui lui accordera la propriété exclusive de son invention.

ART. 7. — Un inventeur ne pourra obtenir un brevet pour une invention lorsque la même invention aura été brevetée dans une autre contrée et y aura été mise en usage depuis plus de douze mois avant que la demande ait été faite au Canada. Et si pendant ces douze mois, une personne quelconque a commencé au Canada la fabrication de l'objet pour lequel un brevet est obtenu ultérieurement, cette personne aura le droit de continuer la fabrication et la vente de cet objet nonobstant ledit brevet.

(A suivre).

(1) C'est le ministre de l'agriculture qui est commissaire des brevets.

Le Gérant : H. DELAGE.

Lons-le-Saunier. — Imprimerie J. Mayet et Cie, rue St-Désiré, — 1881-86.

GRANDE BRETAGNE

(Loi du 1er juillet 1825 complétée par la loi du 25 août 1883)

L'invention, pour être brevetable, doit être utile et nouvelle. Elle est utile, quand elle réalise un progrès industriel ; elle est nouvelle, quand elle n'était ni connue, ni pratiquée, ni décrite dans un ouvrage imprimé en Angleterre avant le dépôt de la spécification. L'importateur d'une découverte connue à l'étranger, mais nouvelle dans le royaume-Uni, peut donc obtenir une patente à moins que cette patente n'ait déjà fait dans un autre pays, l'objet d'un brevet tombé dans le domaine public.

Art. 25. — La durée des patentes d'importation accordées dans le Royaume-Uni est limitée par la durée du brevet étranger. — Lorsque sur une demande faite après la promulgation du présent acte, des lettres patentes sont accordées dans le Royaume-Uni, pour des inventions primitivement faites à l'étranger, ou par un sujet étranger, et qu'une patente ou privilège analogue a été obtenue à l'étranger pour le monopole ou l'usage exclusif de cette invention, avant la délivrance des lettres patentes pour le Royaume-Uni, tous les droits et privilèges inhérents à ces lettres patentes (nonobstant la durée indiquée sur ces patentes) cesseront leurs effets et seront déclarés déchus immédiatement après l'expiration du terme, pour lequel la patente ou privilège analogue a été prise à l'étranger.

JAMAÏQUE

(Loi de 1887)

Art. 15. — Aucun demandeur ne sera privé du droit d'obtenir un brevet dans cette colonie, en raison de ce qu'il a antérieurement obtenu des lettres patentes, pour le même objet, en pays étranger, pourvu que ladite invention n'ait pas été introduite dans le domaine public dans cette colonie, antérieurement au dépôt de la demande de brevet, et que le brevet accordé dans cette colonie ne puisse continuer à être en vigueur après l'expiration du brevet étranger. Et, lorsque plusieurs brevets ou privilèges analogues ont été obtenus à l'étranger, le brevet obtenu dans cette île prendra fin immédiatement après l'expiration où la terminaison du brevet qui, le premier prendra fin. Pourvu, également, qu'aucunes lettres patentes obtenues dans cette colonie, pour une invention brevetée à l'étranger, ne puissent avoir de valeur si le brevet d'importation a été obtenu après l'expiration du brevet étranger.

Si plusieurs brevets ou privilèges ont été obtenus à l'étranger, pour le même objet, aussitôt que le terme de durée d'un de ces brevets expirera, la patente délivrée en Angleterre prendra fin également.

Toute lettre patente sera déclarée nulle si elle est accordée en Angleterre, pour une invention primitivement brevetée à l'étranger mais qui aura cessé ses effets.

Le brevet délivré à l'étranger, l'exploitation, la divulgation en dehors du Royaume-Uni ne détruit pas la brevetabilité en Angleterre. La formule des lettres patentes par la Reine contient cette restriction :

Pourvu toutefois, et c'est seulement à cette condition que nos lettres patentes sont accordées, que dans aucun temps dudit terme déterminé par les présentes, il ne paraisse à nous, nos descendants ou nos successeurs ou à six membres au moins de notre conseil privé, que la présente autorisation est préjudiciable, ou contraire à nos sujets en général, ou *que la dite invention n'est pas nouvelle*, en ce qui concerne son usage pratique et son exercice dans notre royaume-Uni de Grande-Bretagne et d'Irlande, l'Archipel de la Manche et l'île de Man ; ou que ledit (*suit le nom du postulant*) n'en est pas le premier et véritable inventeur dans le royaume ci-dessus désigné. Dans ce cas, nos lettres patentes cesseront, prendront fin et seront déchues de leur but et de leurs effets, si l'une des causes ci-dessus mentionnée, se présentait.....
Pourvu également que nos lettres patentes ou quoi que ce soit de leur contenu ne donnent ou ne soit censées donner aucun privilège audit ses exécuteurs, administrateurs ou ayants-droit, ou l'un d'eux, d'employer ou d'imiter aucune invention ou ouvrage quelconques trouvés antérieurement ou inventés par un autre quelconque de nos sujets, et publiquement mis en usage ou exercés dans l'intérieur de notre Royaume-Uni, et pour lesquels nos mêmes lettres patentes ou privilèges ont déjà été accordés, pour leur unique usage, exercice et bénéfice.

INDES-ORIENTALES

(*Loi du 29 mars 1859*)

ART. 17. — Celui qui importe dans l'Inde une nouvelle invention, ne sera pas considéré comme inventeur, suivant l'interprétation du présent acte, s'il n'est pas le véritable inventeur de l'objet de l'invention.

ART. 19. — Sera considérée comme nouvelle, selon l'interprétation du présent acte, toute invention qui antérieurement à la date de la demande d'autorisation pour le dépôt de sa spécification, n'avait pas été publiquement employée dans l'Inde ou dans une partie quelconque du Royaume-Uni de Grande-Bretagne et d'Irlande, ou qui n'était pas publiquement connue dans ces contrées, soit par des publications imprimées ou manuscrites, ou partiellement imprimées et écrites. L'usage ou la connaissance publique d'une invention antérieurement à la demande d'autorisation de dépôt d'une spécification ne sera pas considéré comme usage ou connaissance publics, selon l'interprétation de la présente section, si cette connaissance a été obtenue subrepticement ou en fraude de l'inventeur, et a été communiquée au public en fraude de l'inventeur ou par abus de confiance. Pourvu que dans les six mois qui suivront cet usage public, l'inventeur demande l'autorisation de déposer sa spécification, et n'ait pas préalablement acquiescé à cet usage public. Pourvu également que l'usage en public d'une invention par l'inventeur ou par ses serviteurs ou agents, ou par toute autre personne possédant une licence écrite, et cela pendant une période qui ne dépassera pas un an ne soit pas considéré comme usage public suivant l'interprétation du présent acte.

ART. 29. — Si antérieurement à la date de sa pétition, ayant pour objet l'autorisation de déposer une spécification, un inventeur a obtenu des lettres patentes de Sa Majesté pour l'usage exclusif de cette invention dans le Royaume-Uni ou pour une quelconque de ses parties, et que, dans les douze mois de la date des dites lettres patentes, il adresse au gouverneur général de l'Inde, en conseil, une pétition pour pouvoir déposer une spécification de son invention (laquelle pétition sera écrite conformément à ou aux mêmes effets que la formule mentionnée dans la cédule ci-annexée) l'invention sera considérée comme nouvelle suivant l'interprétation du présent acte si elle n'avait pas été connue ou employée publiquement dans l'Inde, antérieurement à la date de la demande des dites lettres patentes, bien qu'elle ait pu avoir été publiquement connue ou employée dans une partie quelconque du Royaume-Uni, ou dans l'Inde, antérieurement à la demande de pouvoir déposer la spécification en vertu du présent acte. Pourvu que la demande de pouvoir déposer la spécification indique que ces lettres patentes ont été concédées, à quelle date et pour quelle durée : pourvu également que tout privilège exclusif, obtenu en vertu des dispositions du présent acte, par un inventeur qui possédait des lettres patentes de Sa Majesté pour l'usage exclusif de la même invention, cesse ses effets, si ces lettres patentes sont révoquées ou annulées et qu'un tel privilège exclusif ne puisse se prolonger au-delà du terme accordé par ces lettres patentes à moins que ledit terme soit renouvelé, dans lequel cas le privilège exclusif peut également être renouvelé en vertu du présent acte pour une durée égale ou pour une partie de cette durée.

EMPIRE D'ALLEMAGNE

(Loi du 25 mai 1877.)

ART. 2. — Une invention n'est pas réputée nouvelle si, à l'époque où la déclaration en vertu de la présente loi, est faite, elle a été décrite de telle manière dans des publications, ou si elle se trouve déjà appliquée en Allemagne d'une manière tellement notoire, que des tiers experts en la matière aient pu s'en servir.

ILE MAURICE

(Loi du 22 mai 1875.)

ART. 18. — Aucun brevet ne sera accordé pour une invention qui aurait été breveté à l'étranger et *qui serait tombée dans le domaine public.*

URUGUAY

(Loi du 13 novembre 1885.)

ART. 1. — Le pouvoir exécutif est autorisé à délivrer des patentes de privilège exclusif dans les cas d'invention ou de perfectionnement d'invention.

ART. 2. — La même faculté lui est accordée à l'égard de l'industriel breveté à l'étranger qui solliciterait un privilège pour établir son industrie dans le pays, *pourvu qu'il se trouve dans la première année de l'exploitation privilégiée,* qu'il soit lui-même l'inventeur, le fondé de pouvoirs, ou le cessionnaire de l'inventeur.

CEYLAN

(Loi du 2 novembre 1859)

ART. 16. — Nulle personne n'aura droit à un privilège exclusif d'après les prescriptions de la présente ordonnance :

Si l'invention, au moment de la présentation de la pétition ayant pour objet la demande de dépôt de la spécification, n'était pas, à Ceylan, une invention nouvelle.

ART. 17. — Une invention sera réputée nouvelle, si elle n'a pas été mise publiquement en usage à Ceylan, antérieurement au dépôt de la demande d'autorisation de déposer la spécification.

L'usage public d'une invention, antérieure à la demande d'autorisation de déposer une spécification, ne sera pas censé être l'usage public, conformément à l'interprétation de la présente section, si la connaissance de l'invention a été obtenue frauduleusement, et en fraude de l'inventeur, ou si elle a été communiquée au public en fraude de l'inventeur ou par abus de confiance.

Pourvu que dans les six mois du commencement de cet usage public, l'inventeur fasse la demande de dépôt de sa spécification et n'ait pas, préalablement, acquiescé à cet usage public.

COLOMBIE MÉRIDIONALE

(Loi du 13 mai, 1877)

Les inventeurs, qui sont en possession de brevets obtenus antérieurement à l'étranger, peuvent obtenir en Colombie des brevets pour les mêmes inventions ; dans ce cas, le brevet obtenu en Colombie prendra fin en même temps que le brevet étranger.

NOUVELLE ZÉLANDE

(Acte des patentes du 12 septembre 1870)

Personne ne pourra recevoir des lettres patentes pour une invention

ou découverte pour laquelle des lettres patentes ou une protection analogue auront été concédées *dans la Grande-Bretagne, ou dans toute
autre contrée ou colonie*; mais le gouverneur, s'il le juge convenable,
sur la demande de toute personne en possession ou concessionnaire de
semblables lettres patentes ou protections analogues, et moyennant la
production de preuves que le gouverneur peut juger suffisantes et qui
devront établir qu'une telle personne est, de bonne foi, en possession
ou concessionnaire de ces lettres et que celles-ci sont en vigueur, et
moyennant le paiement, au trésorier colonial, de la somme de dix livres,
le gouverneur pourra accorder à ce demandeur des lettres d'enregistrement. Et ces lettres d'enregistrement seront déposées au bureau du
secrétaire colonial et auront la même force et les mêmes effets que des
lettres patentes qui auraient été concédées en vertu du présent acte; et
elles demeureront, pour le bénéfice du concessionnaire, de ses exécuteurs testamentaires, administrateurs et ayant cause, pendant toute la
durée des lettres patentes ou autres protections originales dans la contrée ou colonie où elles ont été concédées, mais pas pour une durée
plus longue.

GRAND DUCHÉ DE LUXEMBOURG

(Loi du 30 juin 1880)

Art. 2. — Une invention n'est pas considérée comme nouvelle, lorsque au moment de la déclaration faite, sur le fondement de la présente
loi, elle se trouve déjà décrite assez nettement dans des imprimés rendus publics, ou qu'elle est assez notoirement exploitée dans le grand
duché de Luxembourg, soit dans l'un des Etats de l'union douanière
allemande, pour que l'exécution par d'autres personne expertes paraisse
possible.

Art. 5. — L'effet du brevet n'existe pas à l'égard de celui qui, au
moment où le titulaire du brevet a fait sa déclaration, avait déjà mis en
œuvre l'invention dans le Grand-Duché, ou avait déjà pris à cette fin
les dispositions nécessaires.

VENEZUELA

(Loi du 25 mai 1882)

Article premier. — Toute personne qui a inventé ou découvert
quelque industrie nouvelle et utile, machine, manufacture, ou composition de matières; ou bien quelque perfectionnement nouveau et utile de
ces objets, peut obtenir un brevet, moyennant le paiement de la taxe
fixée par cette loi et conformément aux autres dispositions établies par
elle, à la condition que l'invention, la découverte ou le perfectionnement ne soient pas connus déjà, ou employés par d'autres dans ce
pays, n'aient pas été brevetés ou décrits dans une publication imprimée
dans la République ou à l'étranger, ou n'aient été en usage public ou en
vente pendant plus de deux ans antérieurement à la pétition, à moins
de preuve d'abandon.

ART. 12. — Toute personne qui aura obtenu un brevet en pays étranger pour une invention ou une découverte peut l'obtenir en celui-ci, si bien entendu, aucune autre ne l'a obtenu déjà.

En ce cas le brevet ne sera concédé que pour le nombre d'années qui reste à courir jusqu'à l'expiration de celui obtenu dans un autre pays.

Nous pourrions continuer ces citations; mais nous nous en tiendrons là, elles suffisent à démontrer que les brevets d'importation, en appelant de ce nom, non pas les anciens brevets délivrés aux termes de la loi de 1791 aux premiers importateurs, mais les brevets délivrés dans presque toutes les nations aux inventeurs étrangers déjà brevetés dans un autre pays, non reconnus par la loi française du 5 juillet 1844, profitent à l'étranger aux inventeurs français. En effet puisque les législations étrangères, beaucoup moins rigides que la loi française en matière de nouveauté pour la brevetabilité des inventions admettent presque toutes les brevets d'importation, un Français breveté en France pourra néanmoins se faire breveter à l'étranger dans des conditions qui varient selon chaque pays. Nulle part on n'objectera à sa demande de brevet d'importation, quand la nouveauté de son invention sera examinée, que ce soit au moment de la délivrance des brevets dans les pays d'examen préalable, ou au moment où il fera valoir ses droits en justice dans les autres pays, nulle part on ne lui objectera comme en France que son invention a été divulguée par la publication légale de la mention de son brevet au journal officiel de la propriété industrielle, et la communication faite au public de ses descriptions et de ses dessins.

Il pourra lui arriver en Espagne par exemple d'être devancé par un importateur quelconque, mais dans la plupart des autres pays le brevet d'importation est réservé à l'inventeur. D'ailleurs le brevet Espagnol ne confère qu'un monopole de fabrication, n'assimile point l'importation de l'objet breveté à la contrefaçon, ce qui enlève toute valeur à cette exception et confirme d'autant plus le principe général que nous venons d'énoncer.

Il résulte donc de ce qui précède que l'inventeur français est le seul qui en se faisant breveter dans son pays ne compromette pas son monopole à l'étranger puisqu'il a encore la ressource du brevet d'importation dans les nations voisines, et que les étrangers brevetés chez eux n'ont pas cette ressource en France.

Or, si les inventeurs étrangers en se faisant breveter chez eux d'abord perdent leur droit à un brevet utile en France, c'est tout bénéfice pour la liberté du travail.

Pour le breveté français qui veut acquérir un monopole à l'étranger, les brevets d'importation s'offrent comme une ressource que n'ont point chez nous les brevetés étrangers.

Pour celui qui n'a même pas encore été breveté, l'indulgence des législations étrangères en matière de nouveauté d'inventions lui donne encore dans certains pays, pour sauvegarder ses droits, une marge qui varie avec chaque nation.

Voilà ce qui ressort de la comparaison de notre loi française du 5 juillet 1844 avec les lois étrangères sur les brevets. Cela nous servira plus loin à prouver que le droit de priorité établi par la Convention du 21 mars 1883 pour la prise du brevet ne favorise que les inventeurs étrangers, au détriment des fabricants Français.

B. — Interdiction d'importer des objets brevetés

Cette interdiction n'existe à l'état de prohibition impliquant une déchéance du brevet en cas de contravention à la loi que dans les quatre pays dont les noms suivent :

CANADA

(Loi du 14 juin 1872)

Art. 28. — § 2. Le brevet sera nul si au bout de douze mois après qu'il aura été concédé, le breveté ou son concessionnaire pour une partie de la totalité de son intérêt, dans le brevet, importe ou fait importer au Canada l'invention brevetée.

MEXIQUE

(Loi du 3 novembre 1865)

Art. 36. — Sera déchu de tous ses droits : 1° Celui qui.....
2° Celui qui aura introduit dans l'empire des objets semblables à ceux

qui sont garantis par sa patente et qui auraient été fabriqués à l'étranger, sont exceptés de cette disposition les modèles de machines que le breveté peut introduire avec la permission du Ministre.

DANEMARCK

Le privilège accordé à l'inventeur par une sorte de droit coutumier ne garantit pas le breveté contre l'introduction en Danemarck de produits similaires fabriqués à l'étranger.

TURQUIE

La loi turque interdit l'introduction sur le territoire des objets brevetés.

Est-ce à dire que dans les autres pays la faculté d'importer des objets brevetés existe sans que l'on encoure la déchéance? On l'a affirmé maintes fois, sur un ton d'autorité qui n'était point fait pour encourager les recherches sur ce point spécial. Nous avons voulu néanmoins le vérifier pour deux pays, l'Italie et la Belgique dont les lois sur les brevets ne contiennent aucune indication de déchéance.

BELGIQUE

(*Loi du 16 mai 1874*)

Le résultat de nos recherches nous oblige en ce qui concerne la Belgique, à apporter à cette affirmation que l'importation n'est point défendue dans les nations voisines, le tempérament suivant ; sans doute l'introduction n'est pas une cause de déchéance du brevet. Mais dès qu'elle cesse d'être insignifiante, elle en provoque l'annulation par voie administrative. C'est pour cela que la jurisprudence belge ne contient aucune indication d'arrêt annulant un brevet pour cause d'introduction. On s'est donc trop pressé de dire que, puisqu'aucun arrêt belge ne mentionne une déchéance ou annulation du brevet pour introduction d'objets brevetés, c'est que dans la pratique cette introduction est libre. La vérité est que l'importation en Belgique des objets brevetés n'est point libre, tant s'en faut. « L'importation des objets brevetés en Belgique est insignifiante, écrit l'ingénieur Bède (1), pour l'excellente raison que si elle ne l'était pas, les brevets seraient trop exposés à déchéance. »

Le 8 novembre 1880, lors de la première conférence réunie à Paris au Ministère des affaires étrangères pour l'élaboration d'un projet de convention internationale pour la protection de la propriété industrielle, le représentant de la Belgique M. Dujeux fit, à propos de la question de la déchéance des brevets pour cause d'importation une déclaration ainsi relatée dans le compte-rendu officiel :

« M. Dujeux (Belgique) fait observer qu'il n'y a qu'en France que la

(1) Voir *Code général des brevets d'invention*, Picard et Olin, p. 259.
(1) *L'Ingénieur-Conseil*, 31 août 1885, page 10.

législation s'oppose absolument à l'introduction par le breveté d'objets
fabriqués à l'étranger. En Belgique, bien qu'une disposition semblable
n'existe pas, les principes admis en matière d'exploitation s'opposaient
néanmoins à ce que le breveté introduise dans le royaume des objets
fabriqués à l'étranger. Pour exploiter, dans le sens de la loi belge, il
faut fabriquer en Belgique l'objet breveté ; on a voulu par là faire bénéficier l'industrie nationale de la main d'œuvre. Par conséquent le breveté qui se bornerait à introduire des objets fabriqués à l'étranger
pour les mettre en vente en Belgique n'exploiterait pas son invention
dans le sens légal et s'exposerait, par ce fait, à être déchu de ses droits.
Il ne faut pas cependant appliquer ce principe d'une manière trop absolue ; par exemple, si un breveté n'introduit qu'une faible quantité
d'objets et qu'il fabrique en Belgique dans une mesure relativement
considérable, il n'aura contribué que d'une manière bien restreinte à
enlever un bénéfice à l'industrie nationale, et il serait inique de prononcer la déchéance de son brevet. »

ITALIE

En Italie l'importation, sans être interdite, fait encourir au brevet les
mêmes risques d'annulation qu'en Belgique. Le tribunal et la Cour
d'appel de Gênes ont admis en droit et en fait par sentences des 29
février et 13 mai 1864 que le privilége accordé à un inventeur en Italie
n'a pas pour seul effet de l'autoriser à vendre les produits de son invention dans le royaume, mais qu'il l'oblige aussi à y implanter sa
fabrication (1). Il résulte donc de cette jurisprudence que les objets brevetés vendus en Italie doivent y être fabriqués, ce qui ferait une cause
de nullité de toute importation qui, pour employer l'expression de l'ingénieur belge M. Béde, « ne serait pas insignifiante. » Cependant l'interdiction absolue d'importer n'existe pas, et le mot de déchéance ne
menace pas l'inventeur qui voudrait introduire quelques modèles fabriqués à l'étranger. Nous examinerons, quand le moment sera venu, le
parti que la Belgique et l'Italie peuvent tirer depuis la convention de
1883 de cette obligation si absolue de fabriquer dans le pays.

C. — Examen préalable

Presque toutes les nations civilisées ont une loi sur les brevets d'invention. Il faut cependant en excepter la Suisse, la Serbie, la Hollande
et la Roumanie.

Les nations qui ont une loi sur les brevets d'invention se divisent en
deux catégories :

1° Celles qui adoptent le système des brevets sans examen préalable
de la nouveauté de l'invention :

2° Celles qui pratiquent cet examen préalable et n'accordent de brevets qu'aux inventeurs dont les inventions sont reconnues nouvelles
par une commission d'examen.

_____

(1) *La Propriété industrielle*, 1er février 1885, page 16.

A la première catégorie appartiennent la France, l'Italie, l'Espagne, la Belgique, la Turquie, la Suède, la Norwége, le grand duché de Luxembourg, le Paraguay, le Portugal :

Dans la seconde figurent l'Allemagne, la Russie, l'Autriche, les Etats-Unis, le Danemarck, la République Argentine, l'Australie méridionale, l'Australie occidentale, le Cap de Bonne-Espérance, Ceylan, le Chili, l'Angleterre (1) la Guyane britannique, le Honduras, les Indes orientales, la Jamaïque, le Japon, l'Ile Maurice, le Mexique, Natal, la Tasmanie, Terre-Neuve, la Trinité, Victoria, les nouvelles Galles du Sud, la Nouvelle Zélande, les Straits-Settlements.

Notons que dans les pays qui ne délivrent de brevets qu'après examen préalable, ces brevets sont, comme dans les autres, délivrés sans garantie aux risques et périls du breveté. S'il poursuit un contrefacteur il est donc exposé comme dans les pays de la première catégorie à voir contester par le défendeur la nouveauté c'est-à-dire, la brevetabilité de l'invention.

L'examen préalable, tel qu'il se pratique en Allemagne, mérite une mention particulière :

Un bureau de brevets (*Patentam*), dont le siège est à Berlin, comprenant plusieurs divisions, examine la nouveauté des inventions. De la résolution prise par une division on peut interjeter appel devant plusieurs divisions réunies (art. 16, loi du 25 mai 1877). Ce bureau repousse la déclaration d'invention, si cette invention n'est pas reconnue brévetable. C'est ainsi que les allemands ont refusé un brevet à Besmer. En fait, ils se montrent très difficiles pour la délivrance des brevets quand il s'agit d'inventions importantes qu'ils préfèrent voir tomber chez eux dans le domaine public. L'examen préalable leur a souvent servi à refuser des brevets aux étrangers.

La déclaration du demandeur est publiée dans le *Journal officiel* de l'Empire, art. 23; les tiers intéressés à contester la nouveauté de l'invention ont pour cela un délai de huit semaines. Le bureau des brevets peut faire citer et entendre les intéressés, art. 24. L'octroi comme le refus du brevet est publié.

Appel des décisions du bureau des brevets peut être porté devant le Tribunal supérieur de Commerce de l'Empire (art. 32).

---

(1) L'examen a lieu en cas d'opposition à la délivrance de la patente.

CHAPITRE II

Marques de Fabrique

La marque est la signature du commerçant et du fabricant. Elle atteste la provenance du produit au point de vue de la fabrication ou au point de vue du commerce. Tandis que l'inventeur ne peut changer son invention, le fabricant qui adopte une marque peut laisser à sa fantaisie et à son caprice le soin de lui désigner la marque dont il se servira pour caractériser les produits de sa fabrication, et la changer à son gré ; il peut aussi en adopter plusieurs.

D'un autre côté, la prise d'un brevet par un inventeur peut lui assurer un monopole en entravant la liberté de tout le monde, tandis que le dépôt et l'usage d'une marque ne gênent personne à moins que le hasard n'ait fait que deux fabricants aient, à leur insu, adopté le même emblème figuratif comme marque de fabrique. Il en résulte que, tandis que le législateur doit limiter à un temps la protection qu'il accorde à un inventeur, la protection d'une marque peut, sans inconvénient, se continuer d'une façon indéfinie; sans que personne, en dehors de ceux qui ont intérêt à provoquer la confusion de leurs produits avec ceux de leurs concurrents puissent s'en plaindre (I).

(1) « Parmi les droits qui peuvent être accordés aux étrangers, disait M. Dupuis en 1855, il y en a de deux natures : il y en a que les étrangers sont exclusivement intéressés à obtenir pour leur avantage individuel ; il y en a d'autres qu'il est de l'intérêt même de la nation d'accorder aux étrangers. Quand il s'agit des droits de la première espèce, on conçoit qu'on ne le concède aux étrangers que sous la condition qu'ils accorderont les mêmes droits à nos nationaux ; mais quand il s'agit de droits qu'il est de l'intérêt même du pays d'accorder aux étrangers, nous nous frapperions nous-mêmes, si nous n'accordions pas ces droits aux étrangers. C'est dans l'intérêt de l'industrie nationale qu'il faut accorder une protection aux inventeurs, afin de les attirer en plus grand nombre dans le pays. Par conséquent il ne faut pas admettre la condition de réciprocité. — En matière de marques de fabrique, de dessins industriels, de modèles, il n'en est pas de même. Il s'agit de droits qu'il peut être utile aux étrangers d'exercer ; mais ces droits n'intéressent pas le développement de l'industrie nationale ».

SECTION I

Législation française

(Lois du 24 juillet 1824 et du 23 juin 1857)

En France la législation applicable aux marques est la loi de 1824 et celle du 23 juin 1857, qui a servi de base aux lois étrangères sur cette matière.

Si la loi de 1824 a eu pour effet de mesurer la peine au délit en supprimant les pénalités excessives édictées par la loi antérieure du 25 germinal an XI (1), ce n'est vraiment que la loi de 1857 qui a formulé la définition de la marque (2).

La loi et la jurisprudence accordent toute latitude au fabricant pour le choix de sa marque, qui peut consister dans la forme même du produit ou une simple combinaison de couleurs.

Dépôt simplement déclaratif et non attributif de propriété. — Le dépôt prescrit par l'article 2 de la loi de 1857 constate la propriété de la marque; il ne la crée pas. Un fabricant ne compromet donc pas son droit en se servant de la marque avant de l'avoir déposée.

En cas de contestation soulevée pour une question de priorité, c'est l'usage et non le dépôt qu'il faut considérer. Dans le cas où deux fabricants revendiqueraient une marque celui qui établirait la priorité du dépôt devrait être également évincé par celui qui prouverait l'antériorité de l'usage.

Droit des Étrangers. — Au point de vue qui nous occupe, examinons maintenant la situation en France des

(1) L'article 16 de cette loi faisait encourir au contrefacteur d'une marque les peines du faux en écriture privée.

(2) Tout signe servant à distinguer les produits d'une fabrique ou les objets d'un commerce.

fabricants étrangers en ce qui concerne la propriété de leurs marques.

Elle est réglée par les articles 5 et 6 de la loi du 23 juin 1857, ainsi conçus :

ART. 5. — Les étrangers qui possèdent en France des établissements d'industrie ou de commerce, jouissent, pour les produits de leurs établissements, du bénéfice de la présente loi, en remplissant les formalités qu'elle prescrit.

ART. 6. — Les étrangers et les français, dont les établissements sont situés hors de France, jouissent également du bénéfice de la présente loi, pour les produits de ces établissements, si, dans les pays où ils sont situés, des conventions diplomatiques ont établi la réciprocité pour les marques françaises.

Dans ce cas, le dépôt des marques étrangères a lieu au greffe du tribunal de commerce du département de la Seine.

Ainsi la protection de la marque étrangère est assurée en France dans deux cas : 1º Lorsque l'étranger a un établissement industriel en France ; 2º lorsqu'il est sujet ou citoyen d'un Etat avec lequel la France a un traité diplomatique assurant la protection des marques françaises dans ce pays. La condition d'un traité formel est nécessaire pour qu'il y ait la réciprocité diplomatique. Il ne suffirait pas de la simple réciprocité légale qui pourrait exister, si la loi étrangère admettait par exemple le droit des étrangers comme des nationaux à la protection de leurs marques. Il faut que la protection des marques françaises dans ce pays soit assurée par un traité formel.

L'application à la matière des marques du principe que le domaine public ne reprend jamais ce qu'il a une fois conquis, rendrait impossible la revendication par un étranger en France d'une marque créée, exploitée dans un pays voisin antérieurement au traité diplomatique de réciprocité : car puisqu'elle ne pouvait à cette époque être revendiquée en France, elle y était tombée dans le domaine public (1).

_____

(1) V. Une affaire Vauthier c. Naze trib. correctionnel de la Seine. *Journal des Procès en Contrefaçons.*

SECTION II

Législations étrangères

La protection des marques de fabrique est organisée à l'étranger par les lois suivantes :

Allemagne. — Loi du 30 novembre 1874 ;

Angleterre. — Loi du 7 août 1862 ;

Autriche. — Loi du 7 décembre 1858 :

Belgique.. — Loi du 26 avril 1879 ;

Brésil. — Loi du 23 octobre 1875 ;

Canada. — Acte de 1868 ;

Cap. — Acte n° 22, 1877 ;

Chili. — Loi du 12 novembre 1874 ;

Espagne. — Par l'art. 217 Code pénal ;

États-Unis d'Amérique. — Loi des 8 juillet 1870 et 14 août 1876 ; dans les

États-Unis de Venezuela. — Loi du 14 août 1876 ;

Italie. — Loi sarde du 12 mars 1855 et loi italienne du 30 août 1878 ; aux

Pays-Bas. — La loi du 22 germinal an XI ;

Portugal. — Code pénal portugais ;

République Argentine. — Loi du 14 août 1876 ;

République Orientale. — Du 1er mars 1877 :

en *Russie.* — Loi Russe ;

Suède et Norwège. — Loi pénale du 16 février 1864 ;

Turquie. — Loi de décembre 1878.

Examen préalable.

L'examen préalable, qui a ses partisans, en matière de brevet d'invention a aussi les siens en matière de marques ; mais si, même après avoir examiné une convention au point de vue de la nouveauté, il ne peut être question de délivrer au postulant autre chose qu'un brevet *sans garantie*, dans la matière de marques au contraire, la conséquence logique de l'examen préalable est que le dépôt d'une marque contrôlée et acceptée soit attributif de propriété.

Les États-Unis sont cependant le seul pays d'examen préalable ou le dépôt soit attributif de propriété. L'examen de la marque prend alors les proportions d'une véritable instance.

En Angleterre, le dépôt n'est qu'une simple présomption de propriété qui peut-être combattue par la preuve contraire. Le dépôt admis par le greffier y est, en principe inattaquable pour vice de forme.

Les lois étrangères qui n'admettent, comme marques, que certaines catégories de signes distinctifs impliquent dans une certaine mesure le fonctionnement de l'examen préalable avec les inconvénients inséparables de ce système.

Effet du dépôt.

A la différence de ce qui a lieu en France, la priorité du dépôt constitue l'appropriation de la marque, nonobstant l'usage antérieur de cette marque par un tiers, dans les pays suivants :

Allemagne, Australie, Etats-Unis d'Amérique, République Argentine, République Orientale, Chili, Etats-Unis de Venezuela ('), Suisse.

Au contraire, la priorité de l'emploi est décisive, quant à l'appropriation de la marque, dans les pays suivants : France, Belgique, Brésil, Italie, Russie, Dannemarck, Hollande, Suède et Norwège, Turquie, Canada.

Un système mixte adopté par l'Angleterre, le Cap, Victoria et l'Espagne consiste dans une mise en demeure à qui de droit faite par le déposant, d'avoir à produire un titre dans le délai réglementaire, après l'expiration duquel, et faute d'opposition, le dépôt devient attributif de propriété. Cette procédure, dit M. Maillard de Marafy, a le mérite de rendre toute surprise impossible lorsque le délai est suffisant (').

SECTION III

Caractère de la marque. -- Droit international.

La protection des marques françaises est assurée dans tous les pays qui reconnaissent la propriété de ces marques par des traités conclus sur la base du traitement accordé au national.

La Suisse qui n'avait point, avant 1881, de législation sur les marques, protégeait exceptionnellement chez elle la propriété des marques françaises. Depuis le 23 février 1882, les Suisses reçoivent en France et accordent aux Français en Suisse le traitement du national.

---

(1) Dans ce dernier pays on fait exception a principe en cas de mauvaise foi du déposant.

(2) Rapport présenté au nom de la section des marques de fabrique au Congrès international de la propriété industrielle tenu à Paris en 1878 (page 11.)

Convention Franco-Suisse du 23 février 1882

Les citoyens de l'un des deux Etats contractants jouiront également dans l'autre de la même protection que les nationaux, pour tout ce qui concerne la propriété du nom commercial ou raison de commerce, *sans être soumis à l'obligation d'en faire le dépôt, que le nom commercial ou la raison de commerce fasse ou non partie d'une marque de fabrique ou de commerce.*

ITALIE.

(Loi Sarde du 12 mai 1835 et loi Italienne du 30 août 1868)

La marque peut consister simplement dans la signature sociale apposée sur le produit ; mais avec indication plus ou moins générale du lieu d'origine de la fabrique du commerce dont il s'agit. L'indication du nom de la personne, de la raison sociale ou de l'établissement est obligatoire pour la validité de la marque.

La protection de la marque étrangère est soumise aux mêmes conditions en Italie qu'en France.

Conventions Franco-Italienne du 29 juin 1862 et du 5 juillet 1874.

ART. 13. — Les sujets de l'un des Etats jouissent dans l'autre, de la même protection que les nationaux pour tout ce qui concerne la propriété des marques de fabrique ou de commerce, ainsi que des dessins ou modèles industriels et de fabrique de toute espèce.

Ces droits des sujets d'un des pays dans l'autre Etat, ne sont pas subordonnés à l'obligation d'y exploiter les modèles ou dessins industriels ou de fabrique.

Une convention du 5 juillet 1876 stipule en outre que le caractère d'une marque française doit être apprécié d'après la loi française de même que celui d'une marque italienne d'après la loi italienne.

C'est en quelque sorte le statut personnel de la marque. Il en résulte qu'une marque pourrait être annulée en France comme ne comprenant pas le nom de la personne qui l'a déposée, si c'est en Italie qu'elle a été créée et déposée à l'origine, tandis qu'une semblable marque adoptée et déposée en France par un Français serait valable.

Traité de commerce Franco-Italien du 3 novembre 1871

L'article 15 de ce traité est ainsi conçu :

ART. 15. — Le dépôt prescrit par l'article 13 de la Convention conclue le 29 juin 1862 entre la France et l'Italie étant déclaratif et non attributif de propriété (1) la contrefaçon qui serait faite d'une marque de fabrique ou de commerce, ainsi que des dessins ou modèles industriels et de fabrique avant que le dépôt en eût été opéré conformément aux dispositions de l'article 13 précité n'infirme pas les droits du propriétaire des dites marques ou dessins contre les auteurs de cette contrefaçon (2).

BRÉSIL

Décret : 682 du 23 octobre 1875

La marque peut consister dans le nom du fabricant ou du négociant sous une forme spéciale, dans la forme ou la raison sociale, ou dans toutes autres dénonciations, emblèmes, dessins, sceaux, timbres, cachets, reliefs, enveloppes de toute espèce, qui peuvent faire distinguer les produits de fabrique ou les objets de commerce. On n'admet pas comme marques celles qui se composent simplement de chiffres ou lettres, ni les images, ni représentations d'objets de nature à causer du scandale (3).

Déclaration échangée avec la France le 12 avril 1876

Cet arrangement accorde le traitement du national pour la protection de leurs marques aux Français au Brésil et aux Brésiliens en France.

(1) En matière de marques, le principe énoncé est exact ; mais en matière de dessins et modèles, comme le dépôt n'est efficace qu'autant qu'il est antérieur à la mise en vente, ce traité relève les Italiens en France d'une cause de nullité de dépôt, qui serait encourue par des industriels français, si le dépôt de leurs dessins n'était antérieur à la mise en vente, condition de validité dont le traité du 3 novembre 1881 affranchit en France les Italiens.

(2) La place naturelle de cet article serait dans le traité du 29 juin 1862 pour la protection de la propriété littéraire, artistique et industrielle, plutôt que dans un traité de commerce, d'ordre purement économique avec lequel elle serait anéantie en cas de dénonciation de ce traité de commerce.

(3) Cette dernière rectification a été insérée dans toutes les lois sur les marques.

EMPIRE D'ALLEMAGNE

(*Loi du 30 novembre 1874*)

Le signe emblématique est de l'essence de la marque Allemande. Une marque composée de nombres de lettres, de mots non combinés avec des signes emblématiques serait donc nulle.

Les étrangers résidant en Allemagne jouissent du bénéfice de la loi. — Un traité de réciprocité peut seul les dispenser de remplir cette condition.

La marque étrangère doit être mentionnée dans les registres de l'Empire : le propriétaire doit élire domicile auprès du siège du tribunal impérial de commerce ; il a à prouver que sa marque a été enregistrée dans son propre pays et qu'elle n'y est point tombée dans le domaine public.

Art. 3. — L'enrégistrement d'une marque doit être refusé lorsque les marques se composent exclusivement de chiffres, lettres ou mots, ou si elles contiennent des armoiries publiques ou des images et représentations d'objets pouvant susciter du scandale.

Art. 10. — L'enregistrement d'une marque de fabrique contenant des lettres et des mots ne met nul obstacle à ce que le propriétaire fasse usage de son nom ou de sa raison sociale, soit même abrégés, pour distinguer ses marchandises.

Convention Franco-Prussienne concernant les dessins ou modèles et les marques de fabrique (2 août 1862) (1)

Elle a été signée sur la base du traitement du national. — Renouvelée par le traité de Francfort. — Aucune protection n'est accordée dans un des deux pays pour une marque dont la création dans le pays de provenance est antérieure à son appropriation par dépôt ou usage dans le pays d'importation. La priorité de l'enregistrement est donc en Allemagne la base de tout droit.

L'adhésion de l'Allemagne à la Convention Internationale

(1) La Prusse agissait au nom des États composant l'Union des douanes allemandes.

du 20 mars 1883 tempèrerait l'application de ce principe en la limitant aux cas où une marque enregistrée dans un des pays contractants ne l'aurait pas été en Allemagne dans les trois mois (art. 6 de la Convention).

ART. 28. — En ce qui concerne les marques ou étiquettes de marchandises ou de leurs emballages, les dessins et marques de fabrique ou de commerce, les sujets de chacun des États contractants jouiront respectivement dans l'autre de la même protection que les nationaux.

Il n'y aura lieu à aucune poursuite à raison de l'emploi dans l'un des deux pays des marques de fabrique de l'autre, lorsque la création de ces marques dans le pays de provenance des produits remontera à une époque antérieure à l'appropriation de ces marques par dépôt ou autrement dans le pays d'importation (1).

Traité de Francfort du 10 mai 1871

(Extrait de l'article 11)

Les traités de commerce avec les différents États ayant été annulés par la guerre, le gouvernement français et le gouvernement allemand prendront pour base de leurs relations commerciales le régime du traitement réciproque sur le pied de la nation la plus favorisée.

Sont compris dans cette règle les droits d'entrée et de sortie, le transit, les formalités douanières, l'admission et le traitement des sujets des deux nations ainsi que de leurs agents.

Toutefois, seront exceptées de la règle sus-dite les faveurs qu'une des parties contractantes, par des traités de commerce, a accordées ou accordera à des États autres que ceux qui suivent : l'Angleterre, la Belgique, les Pays-Bas, la Suisse, l'Autriche, la Russie (2).

Convention additionnelle au traité de paix entre la France et l'Allemagne du 12 octobre 1871

ART. 11. — Les deux hautes parties contractantes sont convenues de remettre en vigueur l'article 28 du traité conclu le 2 août 1862 entre la France et le Zollvérein concernant les marques et dessins de fabrique.

Déclaration échangée entre la France et l'Empire d'Allemagne le 8 octobre 1873. (Approuvée par décret du 12 octobre 1873)

Des doutes s'étant élevés sur la partie de l'article 11 de la convention additionnelle au traité de paix du 10 mai 1871 entre la France et

(1) Declercq. Recueil des traités de la France, t. 8, p. 416.
(2) Duvergier, collection des lois et décrets année 1871. p. 92.

l'Allemagne conclue à Berlin le 12 octobre 1871. Les soussignés dûment autorisés à cet effet, sont convenus de ce qui suit : Il est entendu que toutes les dispositions stipulées par les traités conclus avant la guerre entre la France d'une part et un ou plusieurs états allemands, d'autre part, re ativement à a protection des marques de fabrique ou de commerce ont été remises en vigueur par l'article 11 de la convention susmentionnée.

En foi de quoi les soussignés ont signé la présente déclaration et y ont apposé le sceau de leurs armes.

Fait en double à Paris, le 8 octobre 1873.

(L. S.) *Signé* : Broglie.

(L. S.) *Signe* : Arnim.

AUTRICHE-HONGRIE

(*Loi du* 7 *décembre* 1858)

On entend par *marques*, les signes particuliers, tels qu'emblèmes, chiffres, vignettes, etc., servant à distinguer dans le commerce les produits et les marchandises d'un industriel, ainsi que les enveloppes qui les contiennent.

Ne sont pas considérées comme marques les lettres, mots, chiffres qui ne sont pas accompagnés d'autres emblèmes, les armes de l'Etat ou des provinces, et les signes généralement en usage dans le commerce pour certaines espèces de marchandises.

(*Traités Franco-Autrichien du* 11 *décembre* 1866 *et du* 22 *novembre* 1879)

Le premier est signé sur la base du traitement du national. C'est un traité de commerce ; signé le 11 décembre 1866, il a pris fin le 31 décembre 1878. Son article 11 traitait la question des marques qui fut oubliée complètement dans le nouveau traité du 20 janvier 1879. Cette lacune fut réparée par une note échangée entre les ministères des affaires étrangères des deux pays dès le mois de mars 1879. Le 22 novembre de la même année le traité a été prorogé jusqu'à dénonciation par une convention nouvelle garantissant le *traitement de la nation la plus favorisée* aux sujets des deux puissances contractantes pour la protection de leurs marques et dessins de fabrique. C'est la première fois que nous voyons cette expression consacrée par les traités de commerce aux questions douanières formellement appliquée à la propriété industrielle.

C'est un précédent dangereux qui devrait suffire à lui seul, en dehors de toute autre considération, à faire rejeter absolument l'idée d'une *Union internationale pour la protection de la propriété industrielle*, avantages spéciaux et exceptionnels concédés aux pays de l'*Union* devant profiter à l'Autriche qui n'est point obligée d'en faire partie pour en recueillir les fruits, et cela en vertu de cette clause de la nation la plus favorisée. La même question se pose vis à vis de l'Allemagne ; mais elle ne se présente pas tout-à-fait dans les mêmes termes. Nous traiterons ce point important plus loin en rapprochant l'article 11 du traité de Francfort de la déclaration relative à la protection des marques de fabriques et de commerce signée à Paris entre la France et l'Allemagne le 8 octobre 1873, et approuvée par la Chambre le 13 du même mois dont nous avons publié le texte plus haut (1).

ESPAGNE

(*Loi du 20 novembre 1850 et article 217 du code pénal*)

Toute désignation peut servir de marque à l'exception des armes royales, des insignes et décorations espagnoles qui ne peuvent être employées sans autorisation spéciale, et des marques de fabrique antérieurement enregistrées.

(*Déclaration signée entre la France et l'Espagne le 30 juin 1876, et traité du 6 février 1882*) (2)

Un arrêté ministériel du 14 août 1873 déclare : « que les étrangers dont le pays n'a pas de traité de réciprocité sont soumis néanmoins à la législation ordinaire. Il faut donc, pour que les marques étrangères soient protégées en Espagne y obtenir du gouvernement de la province un titre de propriété

(1) Dalloz, 1874, 4. 15.
(2) Dalloz. 1876. 1ᵉ partie, p. 116.

après avoir inséré dans la demande le nom du propriétaire avec description de la marque et indication de la matière ou produit sur lequel elle doit être appliquée.

Une déclaration du 30 juin 1876 entre la France et l'Espagne approuvée par décret du 19 juillet 1876, réglait les rapports internationaux des deux pays (1).

Un traité plus récent conclu avec l'Espagne le 6 février 1882 contient un article ainsi conçu :

ART. 7. — Les Français en Espagne et réciproquement les Espagnols en France pourront de la même protection que les nationaux pour tout ce qui concerne la propriété des marques de fabrique ou de commerce ainsi que les dessins ou modèles industriels de fabrique et de toutes espèces.

PORTUGAL

(Loi du 4 juillet 1883. — Traité Franco-Portugais du 11 juillet 1866)

La propriété des marques était protégée par le code pénal. Elle l'est maintenant par la loi du 4 juillet 1883.

ART. 4. — Sont considérés comme marques de fabrique ou de commerce tous signes servant à distinguer les produits d'une industrie ou les objets d'un commerce; et peuvent être adoptées comme telles toutes dénonciations ou désignations spéciales, toutes empreintes, timbres, cachets, vignettes, dessins, reliefs, chiffres, et sous une forme distinctive les signatures ou raisons sociales elles-mêmes.

Néanmoins ne peuvent être considérés comme marques de fabrique ou de commerce les simples mots, lettres ou chiffres tracés sous forme distinctive : et ne seront point admises les marques qui contiendraient des mots ou dessins contraires à la morale ou aux bonnes mœurs.

Un traité conclu avec la France le 11 juillet 1866 contient dans son article 7 la clause suivante relative aux marques de fabrique :

« En ce qui concerne les marchandises ou leur emballage, les dessins et les marques de fabrique ou de commerce, les sujets de chacun des Etats respectifs jouissent dans l'autre de la même protection que les nationaux (2). »

(1) Dalloz, 1876, 4e partie, p. 116.
(2) Cet article a été reproduit dans le nouveau traité de navigation et de commerce, signé entre la France et le Portugal le 19 décembre 1881, approuvé par une loi promulguée le 13 mai 1882. (Journal Officiel du 15 mai 1882). Ce traité est exécutoire jusqu'au 1er février 1892.

SUÈDE ET NORWÈGE

En Suède la marque du fabricant est obligatoire. La contrefaçon est réprimée en Suède et en Norwège par la loi du 16 mai 1864.

Le traité conclu entre ces deux pays et la France le 14 juin 1865, (article 12) accorde aux sujets de chacun des Etats dans l'autre le traitement du national, en déclarant applicable aux Royaumes-Unis de Suède et de Norwège l'art. 13 de la convention Franco-Prussienne du 2 août 1862.

DANEMARCK

(Ordonnance du 11 avril 1840)

Cette ordonnance réprime sévèrement la fabrication des marchandises et la contrefaçon des marques. L'article 47 de l'ordonnance ne semble point distinguer pour la poursuite de la contrefaçon entre les marques Danoises et les marques étrangères.

Il n'existait aucune convention particulière entre la France et le Danemarck relativement à la propriété industrielle. Les marques Danoises ne pouvaient donc être protégées par la loi du 23 juin 1857 que dans le premier cas, par l'article 19, c'est-à-dire, s'il y a un établissement industriel en France.

PAYS-BAS

(Loi du 22 germinal an XI)

Les marques sont protégées par cette loi complétée par l'article 42 du code pénal Néherlandais. La contrefaçon donne donc lieu à l'application des peines prononcées contre le faux en écritures privées. Cette loi dépasse donc le but. L'expérience de ce système faite par la France jusqu'en 1824 prouve que l'exagération de la peine en rend l'application difficile.

Traité Franco-Hollandais du 19 avril 1881

Ce traité que nous avons publié (1) règle les droits réciproques des commerçants des deux pays concernant les marques
de fabrique.

Il fait revivre un ancien traité conclu le 7 juillet 1865. Il est
conclu sur la base du traitement du national mais il est subordonné à l'ajournement ou à l'échec des négociations en
vue de la convention internationale projetée. Si donc la convention était dénoncée, il faudrait revenir au traité de 1865,
celui de 1882 ayant été abrogé par la convention de 1883.

RUSSIE

(Loi du 11 juillet 1864)

Les marques de fabrique sont réglementées par la loi du 11
juillet 1864, les ordonnances de police de 1832 (liv. 1 tit. 1)
et les articles 1665 à 1669, 1671 à 1675 du code pénal Russe,
édition de 1866 (2).

La marque doit consister en vignettes, étiquettes ou empreintes, ou en tout autre signe distinctif ou emblématique.
Le dépôt peut en être refusé s'il ressemble à une autre marque.

Le traité de commerce Franço-Russe du 1er avril 1874 (art.
20) qui continue à être en vigueur d'année en année depuis le
10 août 1877 jusqu'à ce qu'il ait été dénoncé un an d'avance
règle la relation des deux pays relativement à la protection réciproque des marques.

Une déclaration signée entre les deux pays les 16-18 mai
1870 relativement à cet objet avait été approuvée par décret
du 11 juin 1870 (3).

Le traité du 1er avril 1874, organise dans les deux nations
coutractantes la protection réciproque des marques de fabrique ou de commerce que dans chacun des deux états sont

(1) *Journal des Procès en Contrefaçons*, 2e année, p. 271.
(2) *La Propriété industrielle et la propriété littéraire et artistique en France et à
l'Etranger* par Ch. Fliniaux, avocat au Conseil d'Etat et à la Cour de cassation (Librairie Delagrave) p. 320.
(3) Dalloz, 1870, 4e partie, p. 50.

légitimement acquises, conformément à la législation de leur pays, aux industriels et négociants qui en usent.

ÉTATS-UNIS

(Actes des congrès des 8 juillet 1870, 10 juin 1874 et 14 août 1876)

Tout signe distinctif ou emblématique peut être considéré comme une marque. Le nom du fabricant où la raison sociale ne constituent une marque que s'ils sont accompagnés de signes distinctifs.

L'examen préalable est pratiqué pour l'admission des marques. Les marques étrangères sont protégées si elles appartiennent à des sujets ou citoyens d'une nation qui ait un traité de réciprocité avec les Etats-Unis.

(Convention Franco-Américaine du 16 avril 1869) (1)

Cette convention promulguée le 28 juillet suivant assimile les citoyens de chaque Etat aux nationaux.

Une décision rendue le 18 novembre 1879 par la cour supérieure des Etats-Unis a déclaré inconstitutionnelle la loi du 8 juillet 1870 et invalidé complètement les lois postérieures qui servent de sanction à la première. Les dépôts continuent à être reçus au *Patent Office* de Washington sous la seule condition que les déposants déclarent avoir connaissance de l'arrêt précité. Il en résulte que la réciprocité nécessaire pour la protection des marques des Etat-Unis en France fait absolument défaut.

GRANDE-BRETAGNE

(Loi du 25 août 1883)

Art. 62 (§ 4). — Le contrôleur pourra, s'il le juge convenable, refuser d'enregistrer une marque de fabrique ; mais tout refus de ce genre sera susceptible d'appel au *Board of trade*, qui entendra, s'il y a lieu, le demandeur et le contrôleur et pourra rendre une ordonnance décidant si l'enregistrement doit être effectué et indiquant à quelles conditions, s'il y a lieu d'en fixer.

(1) Nous empruntons ce détail à l'excellent traité de M. Alexandre Braun, avocat à la cour de Bruxelles, p. 712.

ART. 61. — (1) Pour que la présente loi lui soit applicable, une marque de fabrique devra comprendre au moins un des éléments essentiels suivants, savoir :

(a) Un nom patronymique ou une raison sociale, reproduits par les procédés de l'imprimerie, de l'impression du tissage ou de toute autre manière spéciale et distinctive ;

(b) La signature autographe ou reproduite de l'individu ou de la maison qui demande l'enregistrement de cette signature comme marque de fabrique ;

(c) Un emblème, marque, marque à feu, en-tête ou étiquette, le tout présentant un caractère distinctif; un ou plusieurs mots de fantaisie n'appartenant pas au langage usuel.

(2) A un ou plusieurs de ces éléments, on pourra ajouter tous mots, lettres ou chiffres, ou toutes combinaisons de mots, lettres ou chiffres.

Convention concernant les relations commerciales et maritimes entre la France et la Grande-Bretagne, conclu le 28 février 1882, promulgué le 11 mai 1882.

ART. 10. — Les ressortissants de chacune des hautes parties contractantes jouiront, dans les Etats de l'autre, de la même protection que les nationaux, pour tout ce qui concerne la propriété, soit des marques de fabrique ou de commerce, des noms commerciaux ou d'autres marques particulières indiquant l'origine ou la qualité des marchandises, soit des modèles et dessins industriels.

Cette convention confirme un traité précédent, signé le 12 juillet 1873, renouvelant celui du 23 janvier 1860, qui, le premier, a inauguré le régime international basé sur le traitement du national ; mais cette convention de 1882, à la différence des traités précédents, parle du nom commercial et proscrit implicitement l'indication mensongère d'un lieu de provenance, en tant qu'elle résulterait d'une marque particulière.

En Angleterre, la jurisprudence admet que la tolérance du propriétaire d'une marque, pendant un certain nombre d'années, à l'égard des contrefacteurs, sans conférer à ces derniers aucun droit exclusif, crée à leur profit une fin de non-recevoir pour les poursuites en contrefaçon exercées ultérieurement contre eux au sujet de cette marque. Le résultat de cette jurisprudence des commissaires des patentes a été souvent très préjudiciable aux marques françaises, dont les propriétaires se sont trouvés dépouillés sans le savoir, pour n'avoir point poursuivi des contrefacteurs qu'ils ne pouvaient poursuivre, d'ailleurs, puisqu'ils ignoraient la contrefaçon.

BELGIQUE

(*Loi du 1er avril 1879*)

ART. 1. — Est considéré comme marque de fabrique ou de commerce, tout signe servant à distinguer les produits d'une industrie ou les objets d'un commerce.

Peut servir de marque dans la forme distinctive qui lui est donnée par l'intéressé, le nom d'une personne, ainsi que la raison sociale d'une maison de commerce ou d'industrie.

Traité Franco-Belge du 31 octobre 1851 pour la protection de la propriété littéraire artistique et industrielle.

Un premier traité conclu le 1er mai 1861 sur la base du traitement du national, pour tout ce qui concerne la propriété des marques de fabrique ou de commerce, ainsi que des dessins ou modèles industriels et de fabrique de toute espèce, avait été complété par un acte additionnel signé le 7 février 1874 comprenant cet article unique dont la disposition a été reproduite par la convention internationale du 20 mars 1883 :

Les marques de fabrique auxquelles s'appliquent les articles 15 et 16 de la convention précitée du 1er mai 1861 sont celles qui, dans les deux pays, sont légitimement acquises aux négociants ou industriels qui en usent, c'est-à-dire que le caractère d'une marque de fabrique belge doit être jugé d'après la loi belge, de même que celui d'une marque française doit être apprécié d'après la loi française.

Un deuxième article additionnel fut signé le 29 septembre 1879, dans les termes suivants :

Les nationaux de l'un des deux pays qui voudront s'assurer dans l'autre la propriété d'une marque devront remplir les formalités prescrites à cet effet par la législation respective des deux pays.

Le présent article additionnel aura la même force, valeur et durée que s'il était inséré mot pour mot dans la convention du 1er mai 1861.

Mais les deux conventions étaient frappées d'une nullité radicale : la première comme ayant été conclue par un incapable, sous un régime où le seul souverain qui gouvernât la France était l'Assemblée nationale ; la seconde comme n'ayant pas reçu l'exequatur légal, que la constitution de 1875 rendait indispensable (1).

Le traité qui règle aujourd'hui les rapports de la France et de la Belgique, pour les marques de fabrique, a été signé le 31 octobre 1881. Les articles 14 et 15 reproduisent les articles 15 et 16 du traité de 1861.

Ce traité est entré en vigueur en même temps que le traité de commerce conclu le même jour entre les deux États ; mais les deux conventions sont indépendantes, quant à la durée. Celle relative aux marques, modèles et dessins industriels restera exécutoire jusqu'au 1er février 1892 et continuera ses effets jusqu'à ce que l'une des hautes parties contractantes l'ait dénoncée un an d'avance.

VÉNÉZUÉLA

(Déclaration échangée avec la France le 3 mai 1879 pour la protection des marques de fabrique).

Cette convention obligatoire pour trois années est applicable aux modèles et dessins industriels de toute espèce.

Cette déclaration a été promulguée le 30 juin 1881. Au-delà du terme de trois années, elle demeurera exécutoire par toute reconduction avec faculté de la dénoncer un an d'avance.

La propriété des marques est reconnue au Vénézuéla par une loi du 24 mai 1877.

LUXEMBOURG

(Déclaration échangée avec la France pour la protection des marques de fabrique le 27 mars 1880).

Doit continuer ses effets pendant une année après que l'arrangement aura été dénoncé par l'une ou l'autre des parties contractantes.

(1) V. *Propriété industrielle*, 1880, 1er partie, p. 111.
V. *Nouveau traité des marques de fabrique et de commerce*, par Alexandre Braux, avocat à la Cour d'appel de Bruxelles, page 618.

GRÈCE

Bien que la Grèce n'ait pas de loi sur les marques, une convention diplomatique signée avec la France le 22 mars 1872 assure en Grèce aux Français et en France aux Grecs le même traitement qu'aux nationaux.

Au Canada et dans l'Uruguay, la loi du pays sur les marques assimile l'étranger au national sans condition de réciprocité.

En dehors du Brésil, des États-Unis d'Amérique et du Vénézuéla, il n'existe aucun traité entre la France et les pays d'Amérique au sujet des marques de fabrique.

D'ailleurs, en ajoutant aux pays que nous venons de citer le Chili, qui a une loi sur la matière depuis le 12 novembre 1874, on épuise la liste des pays d'Amérique qui ont une législation sur les marques.

Il n'y a donc plus qu'avec le Chili que la France ait à traiter pour avoir conclu sur la base de la réciprocité des arrangements internationaux avec toutes les nations où la protection des marques est organisée dans la législation.

Cela serait d'autant plus facile que le Chili a contracté un arrangement de ce genre avec la Belgique, arrangement signé à Santiago le 5 juin 1875, servant de complément à un traité du 31 août 1858 auquel il doit emprunter sa durée. (*Nouveau traité des marques de commerce* par ALEXANDRE BRAUN avocat à la Cour d'appel de Bruxelles, page 708).

Il résulte de toutes ces citations que la protection des marques de fabrique au point de vue international était bien antérieure à la Convention du 20 mars 1883; qu'elle ne laissait rien à désirer pour les esprits qui ne sont pas hantés par des rêves de cosmopolitisme et de fraternité internationale. Nous disions aux étrangers : si vous avez un établissement industriel en France, nous protégerons votre marque pour les produits de cet établissement. Si vous n'en avez pas, nous ne vous protégerons que si dans votre pays vous protégez les marques françaises. Quoi de plus juste ?

A ce système équitable et rationnel, la Convention substitue le traitement national qui nous oblige à protéger les mar-

ques des pays qui ne reconnaissent pas cette branche de
la propriété industrielle, de telle sorte que nous n'avons plus
rien à leur offrir pour les amener à adopter une loi sur la
matière ? Est-ce adroit quand on veut échanger avec un voisin
un hectare de vigne contre un hectare de pré de lui donner
d'abord la vigne sans condition et de lui permettre ainsi de
conserver l'un et l'autre s'il n'est pas honnête, au lieu de lui
dire : *donnant donnant*. Or au point de vue international
l'honnêteté est essentiellement relative et contingente. Il n'y
a que des intérêts. Encore si nous savions défendre les nôtres! Citons un exemple : La Californie n'a pas de loi sur les
marques de fabrique. Les marques des autres nations leur
suffisent. C'est ainsi que malgré une grande étendue de vi-
gnes, productions d'un excellent vin, le vin de Californie y
est introuvable au dire d'un voyageur qui revient de ce pays.
La raison en est curieuse à noter, et fort instructive pour
nos Lycurgues internationaux. Tout le vin de Californie se
débite sous le titre fallacieux de *vin de Bordeaux*. Que demain ce pays adhère à la convention, et nous serons obligés
de respecter les marques californiennes alors que les marques françaises y sont impunément contrefaites. Cela peut
être généreux; mais au point de vue international la générosité est une pure duperie.

On a pu remarquer que le traité avec la Suisse et la loi
anglaise parlent du *nom commercial* au sujet duquel tous les
autres traités gardent le silence.

Enfin il résulte des citations que nous avons faites, que
certaines lois sur les marques ne reconnaissent pas la validité de celles consistant dans une dénomination de fantaisie, genre de marques très fréquemment employé.

Dans certains traités ces dénominations capricieuses se
trouvaient englobées dans cette clause que chaque pays devrait protéger les marques de fabrique légitimement acquises
aux industriels d'après la loi de leur pays, ce qui obligeait
les pays avec lesquels nous traitions à apprécier le caractère
d'une marque de fabrique d'après la loi française et réciproquement. Aussi ces marques françaises étaient protégées
en Belgique, en Espagne, en Italie, en Suède et Norwège, en
Suisse. Il en était différemment en Angleterre et en Autriche.

La loi anglaise du 25 août 1883 (art. 64 C) a remédié à cela.

Dans le pays où ce genre de marque n'est pas reconnu, même au point de vue international, il suffit de donner à cette expression de fantaisie un aspect quelconque caractéristique, pour acquérir sur cette marque ainsi individualisée un droit privatif absolument valable. Le produit ainsi baptisé capricieusement étant dans le domaine public, une fois qu'il est connu sous ce nom pourquoi priver de cette dénomination tous ceux qui peuvent trouver commode de s'en servir? Pourquoi ne pas permettre à tous ceux qui ont le droit de fabriquer et de vendre ce produit, de l'appeler du nom qui sert vraiment à le désig... la seule condition de respecter la marque déposée? C'est du moins ce qui a lieu dans certains pays, où le dépôt d'une marque distinctive comprenant le nom de fantaisie en question nous paraît une garantie parfaitement suffisante.

CHAPITRE III

Apposition sur un produit d'un nom de ville, de localité ou de pays

Cette apposition peut avoir lieu de plusieurs façons différentes :

1er Cas. — *Le nom de lieu ou d'une ville qui primitivement indiquait la provenance d'un produit pour lequel telle ville ou telle localité était réputée est devenu l'indication générique, la désignation nécessaire du produit.*

Citons à titre d'exemples, *les pâtes d'Italie, le taffetas d'Angleterre, les gants de Suède, l'eau de Cologne*, etc. Dans ce cas le nom de localité n'est pas employé pour indiquer la provenance, mais seulement pour désigner le produit. Aucun fabricant de cette localité ne peut se dire lésé, par une concurrence déloyale. Il n'y a pas de délit, partant pas de saisie possible à l'importation.

2ᵉ Cas. — *Le nom d'une localité ou d'une ville ne rentrant pas dans la catégorie ci-dessus dont la jurisprudence fixera les limites, est apposé seul sur un produit ou sur son enveloppe.*

Ce nom ne peut constituer qu'une indication de provenance, c'est-à-dire de fabrique. Si l'indication de provenance est française alors que le produit est étranger, il pourra y avoir saisie à l'importation en France, car il s'agit bien d'un nom de lieu français destiné à induire le public en erreur. (Art. 19 de la loi du 23 juin 1857). Tous produits étrangers, dit cet article, portant soit la marque, soit le nom d'un fabricant résidant en France, soit l'indication du nom *ou du lieu d'une fabrique française*, sont prohibés à l'entrée et exclus du transit ou de l'entrepôt, et peuvent être saisis en quelque lieu que ce soit, soit à la diligence de l'administration des douanes, soit à la requête du ministère public ou de la partie lésée. »

L'indication de la localité constituerait à *fortiori* une indication de provenance, c'est-à-dire d'origine, au point de vue de la production, et pourrait légitimer une saisie, s'il s'agissait du nom d'une ville ou d'une localité réputée spécialement pour le produit qui circule avec cette indication, comme par exemple *vin de Champagne, draps de Sedan, armes de St-Étienne, soieries Lyonnaises, vins de Bordeaux, articles de Paris, eau-de-vie de Cognac, coutellerie de Langres, savon de Marseille.* Il s'agirait dans ce cas en effet d'une véritable marque de fabrique collective au respect de laquelle tous ceux qui exploitent le vieux renom de cette localité sont directement et solidairement intéressés.

Il en serait de même si la mention *Reims* figurait sur des vins blancs mousseux, celle de *Lyon* sur des soieries, celles de *Cognac* sur des eaux-de-vie, etc., sans aucune autre mention et sans l'emploi d'aucun autre mot pouvant faire partie d'une dénomination générique.

On peut soutenir à quelques égards qu'il y a deux sortes de marques, en élargissant le sens strictement légal de ce mot: la marque individuelle qui peut consister dans *tout signe quel qu'il soit, servant à distinguer la personnalité d'un commerçant ou d'un fabricant,* marque protégée par la loi du 23 juin 1857, et la marque collective des fabricants d'une contrée ou d'une ville réputée spécialement pour un produit déterminé : cette dernière consiste, à défaut d'un signe conventionnel adopté par tous les fabricants d'une localité, à accoler au nom individuel du fabricant le nom de lieu indiquant la provenance. Cette marque collective dont l'un des éléments est constant pour une localité déterminée, tandis que l'autre varie, ne rentre pas, en tant que marque, dans le cadre de la loi précitée ; mais elle est protégée par la loi du 24 juillet 1824 qui la comprend avec le *nom industriel* et la *raison sociale* dans l'appellation de *nom commercial,* et l'exempte comme telle de la formalité du dépôt.

Comme nom commercial, elle est justifiable de la loi du 24 juillet 1824, mais comme indication d'une fabrique française, de l'article 19 de la loi du 23 juin 1857. C'est pour cela que nous disons qu'on peut en quelque sorte qualifier le nom d'une ville réputée pour un produit de *marque de fabrique collective,* expression dont nous nous servirons plus d'une fois dans le cours de cette étude.

3ᵉ CAS. — *Un produit fabriqué à l'étranger a été revêtu de la marque d'un fabricant français*

A. — Si c'est à l'insu de ce fabricant, c'est un cas de contrefaçon de marque. Le droit commun s'applique. Il pourra y avoir saisie, confiscation, condamnation (*Vide infra* 9° cas).

B. — Si c'est sur l'ordre du destinataire, il ne peut pas y avoir dans les rapports du fabricant et de celui qui a fait la commande le moindre délit : car il n'y a pas trace de fraude entre eux; mais le droit de poursuite accordé, soit au Parquet, soit à l'Administration des douanes par l'art. 19 de la loi de 1857, prouve que cette loi prend sous sa protection tout à la fois un intérêt individuel et un intérêt collectif national. De ce que l'entente entre l'expéditeur et le destinataire désarme ce dernier, qui cesse d'être *partie lésée*, il ne s'ensuit pas que le ministère public et l'Administration de la douane soient contraints de tolérer une fraude commise à l'égard de la fabrique française dont la loi de 1857 a en vue précisément de protéger les intérêts. Il devra donc y avoir saisie et confiscation, sans distinguer si c'est ou non sur l'ordre du fabricant français que sa marque a été apposée à l'étranger (1).

En ce qui concerne cette deuxième hypothèse, il ne faut pas perdre de vue que la loi sur les marques étant étrangère à toute question de douane, on ne peut songer à mettre en mouvement l'action organisée par l'article 19 de la loi du 23 juin 1857 uniquement pour protéger le travail national contre la concurrence étrangère, mais seulement pour faire respecter le renom de la fabrication française, et empêcher les produits étrangers de se vendre en France en usurpant frauduleusement la réputation d'articles français pour lesquels on voudrait les faire passer. La loi de 1857 n'a pas d'autre portée. Nous supposons que c'est la marque d'un fabricant français qui a été apposée à l'étranger. C'est donc d'une marque de fabrique et non d'une marque de commerce qu'il s'agit. Il faut supposer en outre que le produit revêtu à l'étranger d'une véritable marque de fabrique, avec le consentement

---

(1) Sans la fraude signalée, il est permis de supposer que l'un d'eux aurait eu la commande. D'autre part tous ceux qui ont intérêt à maintenir le bon renom industriel de leur localité sont lésés par une fraude qui tend à le compromettre. Il serait donc plus exact de dire que l'entente entre le destinataire et l'expéditeur supprime l'*individu lésé*, mais non la *partie lésée* qui est tous les fabricants de la contrée privés d'une commande éventuelle et subissant un préjudice réel par la dépréciation de leurs produits.

ou sur l'ordre du propriétaire de cette marque, empruntera à cette supercherie une valeur fictive, en d'autres termes, que la fraude aura pour but d'attribuer au produit la plus-value que lui donne l'ancienne renommée d'une localité spécialement réputée pour ce produit. Sans cela, la fraude spéciale qu'a voulu réprimer le législateur de 1857 ne se rencontrerait pas dans l'espèce. Ce n'est point par sollicitude pour l'acheteur trompé qui pourra d'ailleurs invoquer la loi de 1824 sur le nom commercial, mais pour protéger, sinon un fabricant qui autorise la contrefaçon de sa propre marque, du moins ses concurrents établis dans la même localité qui représentent véritablement la partie lésée (1).

Il semble donc qu'une distinction s'impose logiquement.

Y a-t-il un produit local spécialement réputé comme le *drap de Sedan,* les *soieries lyonnaises,* les *eaux-de-vie de Cognac?* Le fait que c'est le destinataire français qui a fait apposer sa marque à l'étranger n'empêche pas la fraude d'exister au point de vue de l'intérêt collectif que le législateur a voulu sauvegarder à savoir : l'intérêt d'une localité industrielle.

Au contraire le nom de la localité faisant partie de la marque ne peut-il donner au produit une plus-value quelconque comme si l'on met la mention : *Martin à Sedan* sur des couteaux, ou : *Bernard à Langres* sur des draps. Il semble difficile, dans ce cas, d'apercevoir un préjudice quelconque au point de vue des intérêts que la loi de 1857 a voulu protéger, intérêts qui n'ont rien de commun avec la question générale de l'importation des produits étrangers. Cependant, comme c'est bien d'une marque de fabrique qu'il s'agit, et que l'article 19 de la loi du 23 juin 1857 ne fait pas de distinction, nous pensons que le Parquet et l'Administration de la douane pourraient saisir le produit, sans s'arrêter à cette considération que, puisque c'est le fabricant français qui a commandé d'apposer sur le produit étranger sa marque de fabrique, le lieu de provenance français faussement attribué au produit par la marque ne lui donnant aucune plus-value spéciale, il est difficile de concevoir une *partie lésée,* en donnant à ce mot son acception la plus vaste.

(1) Nous supposons que c'est bien la marque qui a été contrefaite ou imitée, et non pas seulement le nom commercial qui a été usurpé.

Cependant on pourrait, en laissant de côté la question économique de la concurrence étrangère, qui ne regarde point le Parquet ni l'Administration de la douane, quand elle n'est pas déloyale, baser l'intervention de l'un ou de l'autre sur le préjudice causé à l'industrie française par la mise en vente de produits étrangers de mauvaise qualité qui compromettent, par la fraude signalée, la réputation de la fabrique française. Cette considération pourrait autoriser, selon nous, la saisie des produits étrangers portant une marque de fabrique française, alors même que cette marque aurait été apposé , à la demande du fabricant français qui en est propropriétaire, sur un produit pour lequel la localité où est situé son établissement industriel n'a aucune renommée particulière. Mais si les produits étaient de bonne qualité, et que la seule différence de la main-d'œuvre fût la raison d'une pareille commande, il serait difficile de justifier l'action du Parquet. Il est probable qu'en fait, il s'abstiendrait dans ce cas, n'étant pas chargé de poursuivre autre chose que la fraude qui dans ces conditions ferait totalement défaut.

4° Cas. - – *Un nom de ville ou de localité française suivi du nom d'un négociant français a été apposé à l'étranger par un fabricant sur des objets expédiés sur son ordre à ce négociant.*

S'il s'agissait un fabricant, nous rentrerions dans l'hypothèse précédente. L'article 19 de la loi du 23 juin 1857 s'appliquerait. a la requête du Parquet ou de la Douane ; car nous serions en présence d'une marque de fabrique, ou plutôt d'une indication mensongère de provenance.

Mais, comme il s'agit d'un négociant, c'est-à-dire d'un homme qui ne fait qu'acheter pour revendre, sans affirmer à ses acheteurs la provenance ni la nationalité du produit, on ne peut lui reprocher légalement d'apposer sa marque de commerce sur des produits étrangers, ou de l'avoir fait apposer par son expéditeur. C'est là tout simplement une réclame de bon aloi qui a pour but de faire connaître à ceux qui voudraient acheter cet objet ou ce produit qu'ils pourront s'adresser à cette maison de commerce.

On comprend dès lors que cette indication est utile alors même que le produit serait d'origine étrangère.

Un produit étranger ne doit rien à personne quand l'importateur a acquitté les droits de douane à la frontière. Le commerce en est absolument licite puisque les traités de commerce ont pour but de le développer.

La juxta-position sur commande d'un nom de négociant français au nom d'une ville ou localité française sur un produit étranger expédié à ce négociant n'a donc rien d'illicite, puisqu'elle constitue l'emploi d'une marque de commerce qui ne certifie nullement la provenance, mais seulement la présomption de bonne qualité qui s'attache à la réputation de la maison du vendeur, quelle que soit la nationalité du produit.

Cela résulte d'ailleurs de ce que l'article 19 de la loi de 1857 ne se réfère qu'aux marques de fabrique, ou aux noms de lieux employés comme indication de provenance au point de vue de la fabrication.

On ne saurait d'autre part s'opposer à l'introduction des objets étrangers revêtus d'une marque de commerce française quand elle a été apposée sur la commande d'un négociant français sans exposer à des représailles les produits français exportés avec une marque de commerce étrangère, condition *sine qua non* de la commande faite à nos fabricants par des négociants ou des fabricants étrangers, qui s'adresseraient à des industriels d'un autre pays, si leurs marques de commerce étaient saisies par représailles à l'importation de France. (1)

5ᵐᵉ CAS. — *Un fabricant, habitant une localité réputée spécialement pour un produit, fabrique en France une partie des commandes qui lui sont faites, mais commande à l'étranger ce qu'il ne peut ou ne veut fabriquer dans son établissement industriel français. Il appose, indistinctement, sur tous les produits, soit sa marque de fabrique, soit son nom accompagné de celui de la localité qu'il habite.*

Pour tout ce qui dépasse sa propre fabrication, il usurpe le nom de la ville qui donne aux produits, revêtus de sa marque, une plus-value

(1) On sait que la coutellerie française exporte beaucoup de couteaux portant la marque de commerce des négociants étrangers qui a fait la commande et qui ne donneraient plus cette commande aux fabricants français le jour où des représailles exercées dans leur pays feraient saisir à l'importation les produits venant de France portant l'indication du nom de la ville où ils doivent être vendus. A ce point de vue

dont la réputation de sa maison ne fournit qu'une quote-part. Les industriels qui fabriquent le même produit, dans la même localité ou la même région qui jouit de cette renommée, peuvent, comme partie lésée, le Parquet et l'administration de la douane, comme protecteurs du travail national, faire saisir à l'importation, en transit et en entrepôt des marchandises arrivant de l'étranger dans ces conditions (1).

6e Cas. — *Un négociant français faisant un commerce de produits pour lesquels sa localité est spécialement réputée, fait apposer par un fabricant étranger sa marque de commerce contenant l'indication de la ville ou simplement son nom accolé à celui de cette ville, sur des produits qu'il se fait expédier par la fabrique étrangère.*

Si le négociant qui trafique, selon son droit, avec les produits étrangers, fait un commerce de produits pour lesquels la ville ou la contrée où il a son établissement commercial est spécialement réputée, en fait, il exploite la plus-value que donne à ces produits le nom de ville et de localité. Quoique n'étant pas fabricant, il exploite en réalité une marque de fabrique collective, il usurpe un nom de ville. La bonne réputation de sa marque de commerce pâlit à côté de celle de la ville. Il serait malvenu à dire qu'achetant pour revendre il ne fait apposer le nom de la ville à côté de son nom que pour faire de ces deux noms juxta-posés une marque de commerce.

Cette hypothèse se confond en réalité avec la deuxième. Il y a, dans ce cas, usurpation frauduleuse d'un nom de ville, pouvant porter préjudice à l'industrie nationale. La fraude n'existe pas dans les rapports entre le fabricant étranger et le négociant qui a commandé d'apposer son nom à côté de celui de sa ville, car il s'est fait le complice du fabricant étranger ; mais elle existe vis-à-vis de ses concurrents pour lesquels ce nom est une sorte de marque collective. Chacun de ces concurrents pourrait intervenir comme *partie lésée*. A défaut de cette partie lésée, le Parquet ou l'Administration des douanes pourrait agir (2).

7me Cas. — *Les produits sont importés sans être revêtus d'une marque. C'est le destinataire qui appose cette marque chez lui avant de les livrer au commerce.*

Il ne peut, dans ce cas, être question de fraude au point de vue inter-

la récente circulaire adressée aux agents de la douane par M. Lockroy, Ministre du commerce n'est pas sans présenter de graves inconvénients pour nos exportateurs.
M. le Ministre du commerce y confond la marque de fabrique avec la marque de commerce et viole ouvertement l'art. 10 de la convention du 20 mars 1883.
(1) Ce fait tombe sous le coup de l'article 1 de la loi du 28 juillet 1824, et de l'article 19 de la loi du 23 juin 1857 parce que le nom de la ville est une véritable indication d'une fabrique française, et que d'autre part l'usurpation d'un nom de ville peut être qualifiée d'usurpation d'un nom commercial. (*Vide supra* 3e cas § B.)
(2) Dalloz, 1874, 4e partie, p. 62.
(3) Ce qui indique bien que le législateur de 1857 a eu en vue non seulement l'intérêt de la partie lésée, mais aussi l'intérêt général du travail national, c'est qu'il donne le droit de poursuite au Parquet et à l'administration des douanes.

national, car il n'y a pas l'élément essentiel de la fraude, à savoir l'indication mensongère d'un lieu de provenance français. Ce n'est que plus tard que cette indication existera par suite d'une fraude purement française.

Qu'il s'agisse d'un commerçant ou d'un fabricant, si le produit est réputé à cause de la provenance qui lui est attribuée par l'apposition de la marque, cette apposition constitue, de la part de l'un comme de l'autre, l'usurpation d'une marque collective, d'un nom de localité qui est la propriété commune de tous les fabricants qui ont un établissement industriel dans cette localité ou dans un certain rayon. Il y a dans l'un et l'autre cas fausse indication de provenance.

La loi de 1824 sur le nom commercial donnera aux acheteurs le moyen de réprimer cette fraude, car cette loi s'applique à la fois au nom commercial patronymique, à la raison sociale et au nom des villes ou localités industrielles (1). Le parquet, la douane et les autres fabricants de la localité pourront invoquer l'article 19 de la loi de 1857.

Si le pays n'est pas spécialement réputé pour le produit, un négociant ne saurait être inquiété parce qu'il appose sa marque de commerce sur des produits étrangers qui ont acquitté les droits de douane et ont été importés dans les conditions de tarifs réglés par les traités de commerce. Un fabricant lui-même ne pourrait donner prise à des poursuites quelconques de la part de ses concurrents, à qui l'apposition de sa marque sur des produits étrangers ne fait aucun tort. L'acheteur seul aurait le droit de se plaindre, s'il donnait la preuve qu'il a entendu n'acheter que des produits fabriqués en France. Pourrait-il se dire lésé, dans le sens légal du mot, s'il ne prouve pas que le produit français a une valeur intrinsèque supérieure à celle des produits étrangers? Question délicate, entre toutes, qui se traduit par une question de fait. Nous pensons cependant qu'en droit une distinction est nécessaires, selon que c'est une marque de fabrique ou un nom commercial français qui a été apposé sur le produit étranger. La loi de 1857 sur les marques ayant en vue la protection exclusive des intérêts des fabricants ne saurait être invoquée par l'acheteur que cette marque a induite en erreur. Si, au contraire, il s'agit d'un nom commercial, l'acheteur peut invoquer la loi de 1824 qui protège les consommateurs comme les fabricants.

Si le nom commercial est encarté dans la marque, l'acheteur pourrait-il, laissant la marque de côté, c'est-à-dire la loi de 1857 qui ne peut le protéger, invoquer celle de 1824, en se plaçant exclusivement sur le terrain du nom commercial? Il faudrait, pour lui contester ce droit, prouver que ce n'est pas le nom commercial seul qui l'a déterminé à acheter, mais bien la marque elle-même, abstraction faite de l'indication de provenance qui rentre dans le nom commercial. Or cela sera toujours impossible à prouver quand cela serait vrai. L'acheteur trompé pourra donc invoquer la loi du 24 juillet 1824. (V. *Supra* 3e cas § B.)

Il est bien certain que si l'acheteur était adjudicataire de travaux à faire pour le compte de l'Etat, d'une compagnie, ou d'une municipalité, et que l'obligation de ne fournir que des matériaux français fut insérée dans le cahier des charges, le maître de forges français qui lui fournirait des pièces de tôle ou de fer forgé revêtues de sa marque de fabrique, mais en réalité provenant d'usines allemandes, lui causerait un préju-

---

(1) *Ruben de Couder.* Dictionnaire de droit commercial V° nom commercial.

dice éventuel qui pourrait donner lieu, soit à une action récursoire, en
cas d'action en dommages intentée contre l'adjudicataire pour inexécu-
tion du cahier des charges, soit peut-être une demande en dommages et
intérêts pour tromperie sur la qualité de la chose vendue.

Remarquons que pour qu'il soit question d'une marque de commerce
n'indiquant point la provenance mais, seulement le nom de celui qui
achète pour revendre, il faut que le nom de ce négociant soit inséré en
toutes lettres à côté de celui de la ville, ou au moins que ses initiales
suffisent à le faire connaître en raison d'une notoriété considérable. Car
la seule chose qui distingue réellement la marque de commerce de la
marque de fabrique, c'est que la marque de commerce n'a d'autre but
que de faire connaître le nom du vendeur sans attacher d'importance au
lieu de fabrication. On comprend dès lors que toute désignation de localité non suivie d'une désignation précise d'un négociant ne peut être
utilisée que comme indication de provenance au point de vue de la fabrication, et tomberait dès lors sous le coup de l'article 19 de la loi de 1857
si elle était apposée sur des produits étrangers, (la ville indiquée étant
d'ailleurs une ville française). (V. *Infra* 9e cas).

8me CAS. — *Un négociant français qui n'avait encore jamais fait jusqu'à présent qu'acheter pour revendre, installe une usine à l'étranger
pour fabriquer lui-même les produits qu'il écoule dans son commerce.
Il appose sur ces produits son nom commercial à côté de celui de la
ville où il est établi avec ou sans les figures emblématiques qui constituent sa marque de commerce.*

Y a-t-il fausse indication de provenance française, au regard de l'acheteur ou des tiers?

Le Parquet, la Douane, la partie lésée pourra-t-elle faire faire saisir
ces produits à la frontière en transit ou en entrepôt, aux termes de l'art.
17 de la loi du 23 juin 1857?

Le fait que la fabrique étrangère appartient à un négociant français
qui se livre à ce trafic ne change rien à la solution que nous avons indiquée pour le cas d'importation de marchandises provenant de l'étranger
avec l'indication d'un nom de ville française. Nous n'avons donc qu'à
nous en référer à ce que nous avons dit plus haut : par conséquent il y
aura ou il n'y aura pas fausse indication de provenance, selon que la
ville en question sera ou ne sera pas réputée pour le produit en question.

Dans le premier cas, nous savons déjà qu'il n'y a pas à distinguer
entre la marque de commerce et la marque de fabrique, l'une et l'autre
ayant également le caractère bien défini d'une indication de provenance
au moins à l'égard des acheteurs étrangers à la localité. N'ont-ils pas
été déterminés à l'achat par la renommée spéciale de cette localité?
N'ont-ils pas le droit d'ignorer que celui dont la marque sollicite la
clientèle est un simple négociant, qui en cette qualité achète pour
les revendre des produits étrangers?

Dans le deuxième cas, c'est-à-dire, s'il s'agit d'un nom de localité qui
n'a aucune valeur commerciale au point de vue de l'écoulement de la
marchandise, le négociant français, qui fait fabriquer à l'étranger des

produits sur lesquels il appose sa marque, rentre dans un cas déjà examiné (1) Nous ne voyons pas pourquoi il ne pourrait se réclamer en
France de sa qualité exclusive de négociant, s'il n'y a point de fabrique,
de son droit d'acheter où bon lui semble des produits qu'il vend sans
aucune indication de provenance, une simple marque de commerce
ne pouvant avoir de signification à ce sujet? Il ne peut être question
dans ce cas d'invoquer contre lui la loi de 1824 et de lui reprocher une
usurpation de nom commercial, cette qualification ne pouvant rationnellement s'adapter qu'au nom d'une ville ayant pour le produit dont il
s'agit une réputation, c'est-à-dire une valeur spéciale.

Dira-t-on qu'en fabricant à l'étranger il imprime à sa marque le caractère de marque de fabrique et que dès lors il est coupable d'apposer une
marque de fabrique française sur des produits étrangers? Cela nous paraîtrait insoutenable; car, en réalité, sa marque en tant que marque de
fabrique, est une marque étrangère la nationalité de la marque étant
déterminée par la situation de l'établissement : dès lors on ne pourrait invoquer contre lui une loi qui n'a en vue exclusivement que de prohiber l'application de marques de fabrique françaises sur des produits provenant
de l'étranger. Comme négociant, il achète des produits étrangers pour
les revendre : c'est son droit. La circonstance que c'est lui qui les fabrique à l'étranger ne peut en rien diminuer la légalité de ce trafic. Ne
vaut-il pas mieux, alors qu'une industrie est florissante à l'étranger et
qu'elle périclite en France, que l'établissement étranger qui profite d'une
situation économique favorable soit alimenté par des capitaux français
alors que l'industriel quien profite réside en France et peut agrandir
d'autant le cercle de ses opérations commerciales dans son propre pays?

9me CAS. — *Un fabricant étranger introduit en France des produits
étrangers sous un nom commercial destiné à faire croire à une provenance française. Par exemple un allemand introduit des produits
portant cette marque :* MARTIN A SEDAN.

Une distinction et une sous-distinction sont nécessaires.

A *Il y a un Martin négociant ou industriel à Sedan dont le commerce
ou l'industrie comprend le produit dont il s'agit.*

Cette hypothèse se subdivise en deux.

I. Martin ignore l'usage que l'on fait de son nom.

En ce cas il est victime d'une contrefaçon de marque de commerce ou
de fabrique qui tombe directement sous le coup de la loi pénale. Le fait
que cette contrefaçon provient d'un étranger ne modifie en rien son
droit qui serait exactement le même vis-à-vis d'un contrefacteur regnicole ; mais il autorise en plus l'intervention du Parquet et de l'Administration de la douane en raison de l'indication mensongère d'un lieu de
fabrique française, si Martin est fabricant, ou si, étant négociant, il vend
des produits pour lesquels sa ville est spécialement réputée; car alors
le mot *Sedan* apposé sur des draps, par exemple, est dans tous les cas
une indication de provenance et une véritable marque de fabrique col-

(1) V. 7me cas, page 71.

lective, dont l'usage par un étranger entre directement dans le cas de l'article 19 de la loi du 23 juin 1857 et de l'article 1 de la loi du 21 juillet 1824. (V. *Supra* 3e cas, § A).

Si, au contraire, Martin faisait à Sédan un commerce de couteaux, la mention *Martin à Sedan* apposée à l'étranger sur ces couteaux ne serait pas une marque de fabrique individuelle puisque nous supposons que Martin n'est pas fabricant. Ce ne serait pas davantage une indication de provenance ou une de ces sortes de marques de fabrique collectives, dont nous avons parlé plus haut, puisque Sedan est spécialement renommé pour les draps, mais non pour les couteaux, et que cette mention ne peut donner aucune plus value au produit. Dès lors y aurait contrefaçon de marque de commerce. Martin pourrait faire saisir les objets revêtus de sa marque de commerce contrefaite conformément à l'article 7 de la loi du 23 juin 1857 qui prévoit le cas le plus commun de la contrefaçon, et sans qu'il y ait lieu d'invoquer l'article 19 spécialement consacré à la contrefaçon des étrangers, parce qu'il suppose l'élément du nom de leur fabrique, élément absent dans l'espèce.

Il se peut que Martin ait déposé une marque figurative. En ce cas la seule mention de son nom a côté de celui de Sédan n'est point une contrefaçon de marque pouvant être de la compétence des tribunaux correctionnels qui ne peuvent être saisis que dans le cas d'une contrefaçon ou imitation frauduleuse d'une marque régulièrement déposé.e Il n'en est pas moins vrai que, au point de vue d'une action civile, le nom seul fait office de marque même sans dépôt. Son usurpation peut donner lieu a une action en dommage basée sur l'article 1882 du code civil, c'est-à-dire sur la concurence déloyale.

L'article 19 de loi de 1857 pourrait néanmoins être invoqué par le Parquet et la Douane dont l'intervention serait justifiée par une indication mensongère de provenance française. Martin lui-même pourrait agir en vertu de la loi de 1857 comme partie lésée au même titre, mais pas à un autre titre que tous fabricants de la localité exploitant la même spécialité (1) Mais il n'y aurait de partie lésée au sens que l'article 19 de la loi du 23 juin 1857 attache à ce mot, que s'il s'agissait de la spécialité pour laquelle la ville est réputée. Qu'importe en effet aux fabricants de couteaux de Sédan ou aux fabricants de draps de Reims que des couteaux Anglais portent la mention : *Martin à Sedan*, ou des draps Allemands la mention : *Lacroix à Reims* ? Il n'y a pas de lésion appréciable dans cette hypothèse.

Nous la comprenons dans notre énumération pour être complet. Car en fait il s'agira presque toujours d'un nom de ville spécialement réputée pour l'article en question.

II. Martin n'ignore pas l'usage qu'un fabricant étranger fait de sa marque ou de son nom commercial apposé sur un produit à côté du nom de Sedan mais il lui cède le droit de s'en servir (2)

Il faut distinguer comme dans le cas précédent, selon qu'il s'agit d'une

(1) Voir plus bas le 7me cas page 78.
(2) Si c'était sur l'ordre de Martin pour les besoins de son commerce nous rentrerions dans un cas déjà examiné V. 3e cas B.

simple marque de commerce, ou d'une marque de fabrique soit individuelle soit collective consistant dans la juxta position sur un article
d'un nom industriel et d'un nom de ville ou de localité spécialement réputée pour ce genre de produit.

a. Il s'agit d'une simple marque de commerce. La mention : *Martin-
Sedan* n'est point apposée sur du drap que l'on puisse ainsi faire passer pour du drap de Sedan, mais sur des couteaux auxquels le nom de
cette ville ne peut donner aucune plus-value. On peut affirmer dans ce
cas que sur les trois personnalités que l'article 19 de la loi du 23 juin
1857 a armées du droit de faire saisir les produits étrangers revêtus de marques de fabrique françaises, (le Parquet, la Douane, la partie lésée) les
deux premières se trouveront désarmées et la troisième fera complètement défaut.

En effet le Parquet et la Douane, comme protecteurs du travail national, les autres fabricants ou négociants de la région, pour le produit
en question, comme *partie lésée*, qui auraient fait saisir légitimement des
draps étrangers marqués : *Martin à Sedan*, ne pourraient faire saisir
des couteaux portant cette marque, parce que comme elle n'emprunte
au nom d'une ville réputée spécialement pour les draps, mais non pour
les couteaux, aucune valeur ni plusvalue particulière, elle n'altère point
l'origine du produit au point de vue de la fabrication, le seul dont s'occupe l'article 19 précité. Un français qui a le droit de faire apposer sur
des produits étrangers sa marque de commerce non indicative de provenance au point de vue du lieu de fabrication, peut bien céder ce droit
à un étranger.

b. Il s'agit d'un nom de lieu de fabrique. Si Martin est fabricant
de draps ou simplement négociant en draps à Sedan, et que la mention : *Martin-Sedan* qui constitue sa marque ait été apposée de son
consentement sur des draps fabriqués hors de nos frontières, il n'y
a plus à se méprendre sur la nature du trafic auquel il se livre de
complicité avec le fabricant étranger avec lequel on doit le supposer
associé. Le préjudice porté à l'intérêt national et à l'intérêt particulier
du fabricant de drap de Sedan est certain. Le Parquet, l'Administration de la douane, et un ou plusieurs fabricants représentant la partie
lésée pourront saisir ces produits partout où besoin sera comme
portant une fausse indication de provenance française.

B. *Il n'existe pas de Martin à Sedan, ou, s'il en existe un, il n'a
jamais fait le commerce des produits en question ou n'a jamais
eu d'industrie de ce genre.*

Nous sommes alors dans le cas d'un nom purement fictif.
Or on ne comprend pas comment un nom fictif serait employé
par un étranger si ce n'est pour faire croire à une provenance
mensongère.

L'article 19 de la loi du 23 juin 1857 s'appliquera donc, il y
aurait à la fois, en ce qui concerne le nom de Martin, emploi

d'un nom fictif, et en ce qui concerne le nom de Sedan, indication mensongère de provenance et usurpation de nom
commercial (1). Le fabricant étranger qui importerait en
France dans ces conditions des produits revêtus de cette
marque : *Martin, Sedan* serait donc justiciable, soit de la loi
de 1857, soit de celle de 1824. Cette dernière pourrait à la
différence de l'autre être invoquée même par un acheteur,
tandis que celle du 23 juin 1857 ne pourrait l'être que par le
Parquet, la Douane, ou la partie lésée. C'est-à-dire par un ou
plusieurs fabricants.

10° Cas. — *Un étranger résidant hors de France dépose une
marque de commerce ou de fabrique au Tribunal de commerce
de la Seine avec indication d'une ville française où il se fait
expédier sa correspondance: il appose frauduleusement sur des
eaux-de-vie étrangères, par exemple, les noms suivants* : Jules
Vincent (Cognac) *et il ajoute* : marque déposée.

Sans cette dernière circonstance, ce cas rentrerait dans les
hypothèses déjà examinées, mais le dépôt et l'enrégistrement
de la *marque* lui assignent une place à part dans notre énumération.

Le fabricant étranger accusé d'employer pour ses produits
une indication de provenance mensongère pourrait se retrancher derrière la réalité d'un dépôt de la marque incriminée,
et de son insertion au *Journal officiel de la Propriété industrielle*. Le dépôt de la marque n'étant pas attributif mais simplement déclaratif de propriété, cette exception ne devrait
arrêter ni le Parquet, ni la Douane, ni les juges requis d'appliquer l'article 19 de la loi de 1857. Néanmoins on fera bien
de demander en même temps que la validité de la saisie et de
la confiscation, la nullité du dépôt et la radiation de la marque
du registre.

Cette hypothèse, comme la précédente, se subdivise en
deux.

<hr />

(1) V. Ruben de Couder. Dictionnaire de droit commercial. V° Nom commercial.

A. Il n'y a pas de Vincent à Cognac: c'est un nom fictif. Comme dans le cas précédent, il y a à la fois l'indication mensongère de provenance et le nom fictif.

Le dépôt de la marque est une manœuvre de plus qui aggrave la déloyauté de cette manœuvre. Si le greffier du tribunal de commerce de la Seine qui a seul qualité pour recevoir le dépôt des marques étrangères fait son devoir, il refusera d'enregistrer cette marque en vertu de l'article 7 du décret du 26 juillet 1858 portant règlement d'administration publique pour l'exécution de la loi du 23 juin 1857 sur les marques de fabrique et de commerce. Cet article, en effet, oblige le greffier à mentionner sur un registre spécial le pays où est situé l'établissement industriel commercial ou agricole du propriétaire de la marque, ainsi que la convention diplomatique par laquelle la réciprocité a été établie.

Si le propriétaire de la marque s'adresse pour le dépôt au Tribunal de commerce de la Seine c'est qu'il n'a pas d'établissement à Cognac, sans quoi il effectuerait le dépôt au greffe du tribunal de commerce de cette ville, car ce serait alors une marque française.

La marque est donc frauduleuse puisqu'elle se réfère par les noms dont elle se compose, à un établissement industriel français purement fictif. Elle perd d'ailleurs son caractère de marque de commerce à raison de la réputation de la ville de Cognac pour les eaux-de-vie de cette provenance. Si elle a été enregistrée par erreur, il appartient au ministère public de la faire rayer d'office comme telle. Les parties intéressées peuvent également la faire annuler sans préjudice de la saisie des produits sur lesquels elle aura été apposée, en vertu de l'article 19 de la loi de 1857, saisie qui aura lieu à l'importation en transit ou en entrepôt en quelque lieu que ce soit.

En ce qui concerne la correspondance que le propriétaire de cette marque se fait adresser dans la ville indiquée, s'il y a réellement un commis ou associé qui dépouille cette correspondance, ce fait échappe à l'administration des postes : il n'a rien d'illicite et constitue un dol civil que la loi pénale ne frappe ni ne peut atteindre.

Si la correspondance était expédiée à une adresse purement
fictive, avec l'ordre donné par le destinataire de lui retourner
ses lettres à sa véritable adresse, le Ministre des postes et
télégraphes pourrait donner des ordres pour que le Directeur
du bureau de poste ne se fasse point l'instrument inconscient
de cette fraude, et cessât de renvoyer la correspondance au
destinataire véritable résidant à l'étranger.Nous entrons alors
dans un ordre d'idées purement administratif.

**B. : Il existe bien un Jules Vincent à Cognac ; mais la marque a été
déposée par un homonyme étranger qui veut exploiter la confusion résultant de cette homonymie.**

La marque devra être annulée si elle a été acceptée par
erreur par le greffier et inscrite sur le registre spécial tenu
au greffe en exécution de l'article 7 du décret du 26 juillet
1858.

La marque étant annulée on retombe dans une des hypothèses déjà examinées.

Il pourrait y avoir le délit de contrefaçon ou celui d'imitation
frauduleuse de marque qui serait réprimé à la requête de la
partie intéressée. Dans tous les cas, il y a concurrence déloyale. Cette hypothèse se confond pour ainsi dire avec la
suivante :

**11me Cas. — *Un fabricant étranger importe en France des produits
revêtus d'une marque emblématique dans laquelle figure son nom à
coté de celui d'une ville française où il existe un fabricant français
du même nom, mais dont la marque n'est pas imitée.***

Si la marque était imitée il y aurait contrefaçon ou imitation frauduleuse. On appliquerait les principes ordinaires en matière de contrefaçon. Mais pour échapper à la répression, tout en exploitant une confusion entre les deux fabriques nous supposons que le fabricant étranger
a adopté une marque figurative différente. Sans cette dernière circonstance, on rentrerait dans un cas déjà examiné plus haut. (V. 9me cas § A.)
La réunion d'un nom de ville et d'un nom de fabricant déjà apposés
simultanément par un industriel français sur des produits identiques
ou analogues fabriqués dans la ville en question, est évidemment, quand
cette réunion de noms provient de la supercherie d'un étranger qui
veut faire naître une confusion dans l'esprit de l'acheteur, une indication mensongère de provenance au point de vue de la fabrication. C'est
là exactement la fraude que le législateur de 1857 a voulu réprimer.
L'article 19 s'appliquerait donc. Peu importe que la marque figurative

de l'étranger soit complètement différente de la marque figurative de l'industriel français. La concurrence déloyale qui consiste à tromper par cette réunion de noms le public qui connait de réputation l'industriel français, sans connaitre toutefois sa marque figurative, et peut ainsi acheter le produit étranger quand il croit acheter en réalité le produit français, prend les proportions d'une sorte de contrefaçon de cette marque de fabrique collective dont nous avons déjà parlé plus haut et qui consiste dans l'usage frauduleux d'un nom de ville française.

La dissemblance des marques ne permet pas de qualifier légalement cette supercherie de contrefaçon, puisqu'il n'y a en réalité ni contrefaçon ni imitation frauduleuse d'une marque déposée. Néanmoins l'article 19 de la loi du 23 juin 1857 donnera à la partie lésée au Parquet et à la douane les moyens de faire cesser correctionnellement cette exploitation déloyale d'un lieu de fabrique française.

L'industriel français lésé par la confusion qui pourra s'établir entre ses produits et ceux de son homonyme étranger pourra lui intenter une action en concurrence déloyale et l'obliger à adjoindre à son nom un prénom ou un nom du pays qui puisse empêcher la confusion. L'étranger étant, au même titre que lui, propriétaire de son nom, il ne saurait pas plus être question d'usurpation de nom commercial que de contrefaçon de marque : d'ailleurs la marque emblématique de l'étranger n'ayant d'autre raison d'être que de provoquer une confusion entre les produits français et ceux exportés il n'aura pas eu besoin de la déposer pour se livrer à ce trafic. En cas de dépôt l'enregistrement de sa marque aurait pu être refusé au tribunal de commerce de la Seine à moins de traité de réciprocité.

Si l'industriel étranger avait un établissement industriel dans la même localité que son homonyme français, il ne saurait être condamné pas plus qu'un concurrent français, à autre chose qu'à joindre son prénom à son nom. En fait, son établissement en France pourra être surtout un moyen de tromper sur l'origine véritable des produits revêtus de sa marque de fabrique française. En cas de fraude ce cas rentrerait dans un cas déjà examiné (V. *supra* 3' cas).

L'article 19 de la loi de 1857 donnerait en outre au Parquet à la Douane et la partie lésée le droit d'intervenir correctionnellement en plaçant la question sur le terrain de la fausse indication de provenance. Les fabricants de la localité pourraient agir comme partie lésée ; à ce titre l'industriel français pourrait intervenir et provoquer la saisie; mais il ferait bien, pour obtenir des dommages en rapport avec le préjudice, de choisir plutôt l'action en concurrence déloyale qui met en mouvement un droit individuel, que l'action de l'article 19 qui étant commune à tous ceux qui fabriquent dans la localité le produit en question, ne lui permettrait d'agir qu'au même titre que tout autre fabricant lésé, sans pouvoir arguer du préjudice personnel résultant de l'usage de son nom commercial, auquel l'article 19 est étranger, puisqu'il ne se réfère qu'à l'indication mensongère de provenance française apposée sur des produits étrangers, et que sous ce rapport tous les fabricants de la localité doivent être traités sur le même pied.

Si l'étranger avait un dépôt en France dans la ville dont le nom figure à côté du sien, pourrait-il objecter que la marque est une simple marque de commerce et n'a point pour but de tromper le public sur la véritable provenance? S'il s'agissait d'une ville réputée spécialement pour

le produit d'après notre théorie il n'y aurait pas de question : il est évident qu'il y aurait fausse indication de provenance.

Dans le cas contraire, ce moyen de défense nous paraîtrait devoir être
repoussé, l'établissement de commerce n'étant, en réalité, qu'une annexe de la fabrique étrangère, et le choix de l'emplacement commercial dans une ville où il y a un fabricants de ce nom, ne pouvant avoir
d'autre but qu'une confusion de noms destinée à tromper le public
sur la véritable provenance au point de vue de la fabrication. L'article
19 devrait donc dans ce cas s'appliquer.

12ᵐᵉ Cas. — *Des produits étrangers sont importés en France avec l'indication de provenance d'une ville ou localité étrangère portant le même
nom qu'une localité française. L'importateur exploite la confusion
pouvant résulter de cette similitude de noms.*

Ce cas qui peut paraître théorique a été prévu par une loi anglaise
de 1872 sur les droits de douane. Il faut donc croire qu'il s'est réalisé,
dans la pratique. On peut admettre par exemple la création d'une usine
en Suisse ou en Belgique portant le même nom qu'une usine française
déjà réputée et important des produits étrangers vendus comme provenant de la fabrique française. Dans ce cas nous pensons que le seul
moyen pour l'importateur d'échapper à l'article 19 de la loi de 1857 serait de joindre le nom du pays d'origine à celui de la ville. Il s'exposerait tout au moins, sans cela, à une action en concurrence déloyale.
Cette indication du nom du pays d'origine est absolument nécessaire
en Angleterre pour échapper à la saisie même en transit (1). Nos voisins d'outre-Manche ne plaisantent pas sur ce chapitre, et saisissent im-
pitoyablement tout produit portant une dénomination ou une indication
pouvant donner lieu sous ce rapport à la moindre confusion.

En résumé, on peut condenser toutes ces hypothèses dans
la formule suivante qui les résume et les comprend
toutes en généralisant la question :

*L'indication mensongère d'un lieu de provenance est toujours
un délit sans qu'il y ait lieu de distinguer si cette indication a
été apposée sur le produit avec ou sans l'ordre ou la connivence
d'un fabricant ou d'un négociant français.*

(1) *De la loi anglaise au point de vue pratique et commercial* par *Alphonse* Smith sol-
liciton près la cour suprême d'Angleterre Marchal et Billard éditeurs. Paris, p. 202.

Ce délit peut motiver, aux termes de l'article 19 de la loi du 23 juin 1857, l'action soit du Parquet, soit de la Douane, soit de la partie lésée; sans que l'acheteur trompé puisse cependant trouver dans cette loi le principe d'une action quelconque, et agir comme partie lésée, cette loi n'ayant en vue que la protection de la fabrique française.

En cas de préjudice établi, l'acheteur trompé peut invoquer la loi du 26 juillet 1824, en alléguant l'usurpation de nom commercial, cette dernière loi qui peut être invoquée par l'acheteur, s'appliquant à l'usurpation aussi bien du nom d'une localité, que de celui d'un négociant ou industriel (1). Le préjudice pourrait résulter uniquement de l'ancienne renommée pour un produit spécial de la localité à laquelle on a attribué faussement la provenance de ce produit.

Il se peut qu'un nom de ville soit apposé sur un produit à côté du nom d'un négociant sans être une indication de provenance, au point de vue de la production, mais seulement une marque de commerce dont l'usage est légitime.

Cependant un nom de ville ou de localité apposé, sur un produit, même à côté du nom d'un négociant, avec ou sans l'intervention ou la commande de ce négociant, est une véritable indication de provenance et non une marque de commerce, si la ville ou la localité est spécialement réputée pour ce produit; il doit donner lieu

(1) V. Ruben de Couder, *loc. citat.*
Les Annales de Pataille, dirigées par MM. Bozérian et Pouillet font suivre cet arrêt de l'appréciation suivante :
« Ni la loi de 1824 ni celle de 1857 n'est applicable au commerçant qui ayant le siège de son négoce en France, commande et fait fabriquer au delà de la frontière des produits sur lesquels il appose et fait apposer un nom de localité dont il a le droit de faire usage puisqu'il en est en quelque sorte co-propriétaire. On ne saurait admettre que des lois incontestablement destinées à le protéger puissent se tourner contre lui. Il en serait autrement si le négociant n'avait en France qu'un semblant de fabrication, une apparence de domicile industriel ayant pour but de favoriser et de couvrir une concurrence étrangère. Mais quand cette fraude n'existe pas, et que le négociant possède en France un domicile commercial réel et sérieux, rien ne l'empêche, s'il lui convient, de faire fabriquer des produits à l'étranger et de les introduire sur le territoire français avec l'indication de son domicile. Annales de la propriété industrielle, année 1884, p. 217. »
Les Annales, comme on le voit, confondent le négociant et le fabricant et considèrent comme une quantité négligeable l'ancienne renommée d'une ville ou d'une localité, lorsque c'est un négociant qui cherche à l'exploiter en faisant apposer le nom de cette ville sur des objets commandés par lui à une manufacture étrangère; MM. Pouillet et Bozérian vont jusqu'à admettre qu'un négociant et co-propriétaire du nom d'une ville qui peut donner une valeur à un produit pour lequel elle est spécialement réputée. Nous ne pouvons admettre cette théorie un seul instant.

6

à *l'application, soit de la loi de 1857 sur le nom de lieu de fabrique, soit de celle du 24 juillet 1824 sur les noms commerciaux cette dernière pouvant seule être invoquée par l'acheteur.*

Nous proposons également cette autre formule :

L'indication d'un nom de lieu français apposé, en France ou à l'étranger, sur des produits provenant de l'étranger, tombe sous l'application de l'art. 19 de la loi du 23 juin 1857, chaque fois que ce nom accompagné d'un nom commercial constitue, soit l'usage d'une marque de fabrique individuelle, soit l'usage d'une sorte de marque collective régionale ou locale, consistant dans un nom de lieu spécialement connu et réputé pour un produit déterminé.

Cet emploi d'un nom de lieu français n'est licite, que si l'on s'en sert comme marque de commerce, parce qu'alors il n'indique pas le lieu de fabrication, mais seulement le nom du négociant où on peut acheter le produit.

Mais ce n'est une marque de commerce, qu'autant que le nom de lieu est suivi d'un nom de négociant réel écrit en toutes lettres, avec ou sans sa marque figurative, apposé sur le produit, soit par lui-même, soit par son ordre, et que ce lieu n'est point spécialement réputé pour le produit en question.

Si l'une seule de ces deux conditions fait défaut, il y a l'indication d'une provenance française qui légitimerait la saisie en douane, en transit, en entrepôt ou dans n'importe quelque autre lieu que ce soit, si cette indication était inexacte.

L'action intentée à la requête d'une partie lésée ne serait recevable, que si elle justifiait d'un intérêt certain, c'est-à-dire d'une lésion véritable.

Au cas d'une localité spécialement réputée pour le produit en question, tous les fabricants de la localité et des environs ont un intérêt certain à la répression de la fraude visée par l'article 19 de la loi du 23 juin 1857 et peuvent se dire partie lésée.

L'acheteur trompé ne peut invoquer l'article 19 de la loi du 23 juin 1857 qui ne protège que la fabrique française ; en revanche il peut, s'il y a intérêt, intenter l'action de la loi du 24 juillet 1824 en alléguant l'usurpation d'un nom commercial, celle loi ayant en vue le respect de la réputation commerciale des villes ou localités comme des individus.

La théorie que nous venons d'exposer repose sur la distinction nécessaire des marques de fabrique et des marques de commerce, résultant de ce que l'article 19 de la loi du 23 juin 1857 ne parle que des premières, et de ce que l'usage des marques de commerce bénéficie de la liberté du trafic et des conventions. Elle résulte encore de ce que c'est à l'indication de provenance ou de fabrique française que le législateur de 1857 a voulu s'en prendre, et de ce que cette indication ne résulte jamais de la marque de commerce, en dehors du cas où la localité est spécialement réputée.

On voit par là quelles complications engendre forcément, dans la pratique, le conflit qui s'élève entre la liberté du commerce international, la liberté des transactions, et le respect, soit des marques, soit des anciennes renommées industrielles, et aussi de la loyauté des transactions commerciales.

Voyons maintenant comment la jurisprudence interprète la loi de 1857.

JURISPRUDENCE

La jurisprudence de la Cour de cassation a eu à se prononcer sur la fraude consistant à expédier en France des produits étrangers en les faisant passer, grâce à des indications mensongères, pour des produits français. Deux arrêts rendus, l'un le 9 avril 1864, l'autre le 23 février 1884, ont servi de prétexte à deux circulaires ministérielles diamétralement opposées.

Comme on le verra, la théorie que nous venons de développer permet de concilier les deux arrêts que M. Lockroy, Ministre du commerce déclare, dans sa circulaire du 26 février 1886 (¹), contradictoires et inconciliables.

COUR DE PARIS (ARRÊT DU 9 AVRIL 1864)
Affaire Schmitt et Navarre, c. Ministère public

Il s'agissait de deux fabricants de nécessaires de voyage, do-

---

(1) Nous reproduisons plus loin cette circulaire.

miciliés à Paris, MM. Schmitt et Navarre, qui avaient commandé à une maison de Sheffield des rasoirs de qualité inférieure, sur lequels ils avaient donné l'ordre d'apposer leur marque : L. S. H., Paris. Ces rasoirs furent saisis à Dieppe par l'administration des douanes, et le tribunal de cette ville appliquant dans toute la rigueur l'art. 19 de la loi de 1857, condamna MM. Schmitt et Navarre comme ayant commis un délit tombant sous l'application de cet article.

La Cour de Rouen infirma le jugement. C'est alors que la Cour de cassation, saisie d'un pourvoi formé par le procureur général de Rouen sur ce moyen unique : fausse interprétation et par suite de violation de l'article 19 de la loi du 23 juin 1857, rejeta ce pourvoi. Voici quels en sont les principaux motifs de cet arrêt rendu le 9 avril 1864 :

Attendu, dit la Cour de Cassation, qu'il est impossible de voir dans l'art. 19 de la loi du 23 juin 1857 une simple disposition de loi de douanes qui n'aurait envisagé qu'un fait purement matériel ;

Attendu qu'au point de vue où s'est placé le législateur, l'usurpation frauduleuse est l'élément essentiel de l'infraction qu'il a voulu réprimer ;

Attendu que cet élément disparaît lorsque c'est du consentement et par l'ordre du commerçant français que sa marque, ou son nom, ou son lieu de résidence ont été apposés.

Sans doute, on ne peut pas considérer comme *partie lésée* le fabricant dont le nom, joint à celui de *Paris* a été apposé sur les rasoirs, par suite de l'ordre en vertu duquel a été mise cette mention L. S. H. Paris ; mais ce n'est pas, comme l'admettent les motifs de l'arrêt, parce que cette commande est incompatible avec l'idée de fraude. La fraude pourrait en effet subsister nonobstant la commande, s'il y avait autre chose qu'une marque de commerce indiquant seulement qu'on peut trouver ces rasoirs chez MM. Schmitt et Navarre, c'est-à-dire s'il y avait une indication inexacte de provenance au point de vue de la fabrication. La *partie lésée* serait, dans ce cas, les autres fabricants de rasoirs de Paris. Mais il faudrait pour cela que Paris fût spécialement renommé pour la fabrication des rasoirs, comme par exemple, Langres et Chatellerault. Or, on sait qu'il n'en est pas ainsi ; c'est donc une simple marque de commerce, et voilà pourquoi il n'y a pas de partie lésée. Le dispositif de l'arrêt nous semble donc être à l'abri de toute critique, tandis que les motifs ont le tort, selon nous, de ne considérer comme *partie lésée* possible que le fabricant dont on a imité frauduleusement la marque ou usurpé le nom commercial, sans tenir le moindre compte de l'intérêt des autres fabricants qui peut être lésé par la connivence d'un concurrent avec un fabricant étranger.

Attendu, aurait pu dire la Cour suprème, qu'il s'agit d'une marque de commerce n'indiquant pas le lieu de fabrication, mais l'établissement commercial où on peut se procurer des rasoirs semblables ; que dans ces conditions, il ne saurait y avoir de partie lésée pouvant invoquer l'article 19 de la loi du 23 juin 1857 qui se réfère uniquement à l'indication du lieu de provenance au point de vue de la fabrication, etc.

Il est vrai qu'en se reportant à l'époque où la loi de 1857 fut présentée au vote des Chambres, on semblait se préoccuper plutôt du transit que de l'importation des produits revêtus du nom de villes françaises. Les traités de commerce de 1860 n'avaient point encore ouvert le marché national à la concurrence des produits étrangers : l'industrie française exportait ses produits dans le monde entier. L'industrie étrangère n'avait point encore l'outillage formidable qu'elle possède aujourd'hui. Il ne pouvait être question que du transit ainsi que le prouve ce passage du rapport présenté par M. Busson, le 25 avril 1857, relatif à l'article 29 déjà cité :

Parmi les fraudes dirigées contre notre industrie et notre commerce il en est une qu'il est urgent de signaler.

On fabrique à l'étranger des produits portant la marque ou le nom d'un fabricant français, ou bien l'*indication d'un lieu de fabrique française.*

« On les présente en France pour le transit, et ils en sortent, emportant avec eux l'estampille d'un séjour en France qui, semble justifier leurs indications mensongères ; ces fraudes portent le plus grand préjudice à ceux dont on usurpe les marques.

Le projet a donc fait sagement en prohibant ces produits à l'entrée et en autorisant leur saisie à la requête du Ministère public ou de la partie lésée. Nous avons cru qu'il fallait aller plus loin et conférer le *même droit à l'administration des douanes, qui seule peut connaître ces fraudes, les constater, les saisir ;* et contre la fraude, la rapidité de la poursuite est la condition du succès.

Tout en ne paraissant se préoccuper que du transit, le législateur de 1857 n'en a pas moins élargi, peut-être par intuition, la portée de l'article 19 qui s'applique à cette autre fraude, dont nous avons déjà longuement parlé, et qui consiste à faire passer, même en France, des produits étrangers pour des produits français. Les traités de commerce devaient lui permettre de se développer quelques années après ; car ce n'est plus seulement sur les marchés extérieurs que nos fabricants sont obligés de se défendre aujourd'hui, mais bien principalement sur le marché français.

On comprend que la distinction que nous avons faite, entre la marque de fabrique et la marque de commerce, non reconnue par l'arrêt du 9 avril 1864, ne pouvait trouver place dans la circulaire suivante, adressée par le Ministre du commerce, à la date du 8 juin 1864, aux présidents des chambres de commerce, puisque cette circulaire empruntait ses motifs à l'arrêt, et avait pour but de déférer, peut-être un peu trop précipitamment, à cette nouvelle jurisprudence.

La Cour de Cassation, est-il dit dans cette circulaire, a décidé, par un arrêt du 9 avril 1864, que l'article 19 de la loi du 23 juin 1857 n'est applicable qu'à l'usurpation frauduleuse, faite à l'étranger, soit de la marque, soit du nom d'un fabricant français, et, par suite, qu'il n'y a aucun délit, quand c'est du consentement et par ordre de celui-ci que son nom et sa marque ont été apposés sur des produits fabriqués à l'étranger. (¹)

Conformément à cette jurisprudence, le Ministre a décidé, d'accord avec le département des finances, que l'importation et le transit de produits portant la marque ou le nom d'un fabricant français peuvent s'effectuer dans les conditions du tarif, pourvu que la déclaration d'entrée soit accompagnée d'un certificat spécial signé de ce fabricant et constatant que ces produits ont été fabriqués sur sa demande et qu'ils lui sont destinés. Ce certificat mentionnera en outre : 1° la nature et la quantité des produits importés ; 2° la description de la marque ou du nom dont ils sont revêtus. La signature devra être légalisée par l'autorité municipale au domicile du négociant français.

_____

(1) Cette circulaire confond donc la marque de fabrique avec la marque de commerce : mais elle ne fait que suivre les errements de l'arrêt du 9 avril 1861. Elle entrava pendant vingt ans l'application de la loi de 1857 en faisant bénéficier la marque de fabrique française apposée illicitement à l'étranger de la tolérance qui n'a de raison d'être que pour la marque de commerce.

I

COUR DE CHAMBÉRY (ARRÊT DU 30 DÉCEMBRE 1882)

Ministère public, C. Potié

Des caisses de boutons fabriqués à Verceil en Italie et fixés
sur des cartons portant l'indication *Nouveautés de Paris, Modes
Parisiennes* avaient été saisies par les agents de la douane à
la gare de Modane, en vertu de la loi du 23 juin 1857. Le procureur de la République de St-Jean de Maurienne poursuivit
les fabricants expéditeurs et les négociants destinataires devant la police correctionnelle. Plusieurs condamnations par
défaut ayant été prononcées, le sieur Potié seul fit opposition.

Un jugement acquittant ce dernier, sous prétexte que la loi
ne pouvait s'appliquer aux produits étrangers commandés
par un négociant français (¹), fut déféré à la Cour de Chambéry par le procureur général.

La Cour, par arrêt du 30 décembre 1882, réforma ce jugement. L'arrêt infirmatif mérite d'être produit.

Attendu qu'en se reportant au texte même de la loi du 28 juillet 1824,
aussi bien qu'en s'inspirant de l'esprit de cette loi, il apparaît clairement que le législateur a voulu réprimer soit usurpation frauduleuse
de nom ou de lieu, soit une manœuvre susceptible, tout à la fois, et
de tromper l'acheteur sur la véritable nature de la marchandise offerte,
et de porter préjudice au commerce national ; — que c'est dans ce double but qu'il a voulu interdire l'entrée en France de marchandises étrangères, marquées faussement d'un nom ou d'un lieu de fabrication française ; — que cette intention résulte notamment de ce que pour la péna-
lité applicable, le Juge est renvoyé aux dispositions de l'article 424 du C.
pén., lequel vise précisément les tromperies sur la nature de la marchandise vendue ;

Attendu que ces mots : *nature de la marchandise vendue* doivent
s'entendre, non pas seulement des éléments intrinsèques et constitutifs
de la marchandise, mais encore de l'ensemble des qualités qu'elle peut
présenter et qui, garanties par une marque d'origine, sont de nature à
déterminer le choix de l'acheteur ;

Attendu, d'autre part, que le commerce national souffrirait évidemment dans sa réputation, et par conséquent dans ses intérêts, si une
marchandise fabriquée à l'étranger, mais portant la marque d'une fabrication française, venait à manquer des qualités désirables et qu'une

(1) Ce jugement était donc conforme à la jurisprudence de l'arrêt du 9 avril 1861
cité plus haut.

longue expérience de la consommation attribue justement à la fabrication française;

Attendu que la loi du 23 juin 1857, bien loin d'abroger celle de 1824, n'a fait que la continuer, la corroborer et la compléter;

Attendu, en fait, que le prévenu a fait apposer sur les cartes portant des boutons en corne, fabriqués en Italie, la marque suivante : *Nouveautés de Paris*, et qu'il a ensuite introduit cette marchandise en France pour la mettre en vente dans les magasins de Paris;

Attendu que, ce faisant, Potié a : 1° contrevenu aux dispositions de l'art. 1er de la loi du 28 juillet 1824, en apposant ou faisant apposer sur les boutons, objet de son commerce, une marque indiquant que ces objets ont été fabriqués à Paris, alors qu'ils avaient été fabriqués en Italie par les soins d'un fabricant italien, et en mettant en circulation en France ces boutons revêtus d'une fausse marque d'origine ; 2° contrevenu à l'art 8 § 2 de la loi du 23 juin 1857, en faisant usage d'une marque portant des indications propres à tromper l'acheteur sur la nature du produit de l'industrie parisienne, alors qu'il s'agit de boutons fabriqués en Italie ;

Attendu que le sens de ces mots : *Nouveautés de Paris* ne peut avoir tout d'abord pour l'acheteur que cette signfication : c'est que l'objet a été fabriqué à Paris ; que s'il est vrai que ces mots ne constituent pas une marque déposée, mais une marque générale tombée dans le domaine de tous, c'est pourtant à la condition que l'objet fabriqué sorte effectivement de l'industrie parisienne ; que si des articles notoirement inféodés par leur nature à un nom de lieu tels que : *eau de Cologne*, *savon de Marseille*, peuvent impunément être fabriqués ailleurs qu'à Cologne et à Marseille, il n'en est pas de même des boutons qui ne s'appellent jamais que boutons, quel que soit le lieu de leur fabrication; qu'il résulte d'ailleurs, soit des pièces du dossier, soit des délibérations et manifestations de la Chambre de commerce de Paris, que la fabrication des boutons compte sérieusement au nombre des industries parisiennes, et que cette industrie peut éprouver un véritable dommage par la fausse marque d'origine apposée sur des boutons de fabrication étrangère ;

Attendu enfin que la loi de 1824 vise le lieu de la fabrication elle-même, laquelle se compose de tout l'attirail de la main-d'œuvre et qui est le résultat d'un grand nombre, et non pas seulement celui de la création de moules ou modèles ; que l'envoi de ceux-ci aux fabricants par le client ne suffit pas pour intervertir les rôles ; qu'il résulte de toute la correspondance ou dossier, que Potié n'a jamais été qu'un simple client ordonnant sa commande au fabricant italien qui lui vendait à tant la grosse les boutons fabriqués dans son usine ; que ce cas ne saurait se confondre avec celui du fabricant parisien, dirigeant par lui-même à son compte, à ses périls et risques, mais hors Paris une partie des travaux de sa fabrication ;

Attendu que les premiers juges ont considéré la loi de 1857 comme visant exclusivement les fabricants étrangers, usurpant des marques françaises pour répandre sous leur couvert, à l'aide du transit et de l'entrepôt sur le territoire français, leurs marchandises dans le commerce européen, au grand préjudice de l'industrie française;

Mais attendu que cette appréciation restreint à tort le sens et la portée de cette loi qui, faisant suite à celle de 1824, interdit tout d'abord, et en principe, non pas seulement le transit et l'entrepôt, mais l'entrée en France de produits étrangers portant mensongèrement la marque d'un lieu de fabrication française, ce qui résulte d'ailleurs nettement du texte même de l'art. 19 qui est ainsi conçu : « Seront prohibés à l'entrée et exclus du transit et de l'entrepôt » ; qu'on comprendrait difficilement, d'ailleurs, ainsi que semblent l'admettre les premiers juges, qu'une tromperie à l'égard de l'acheteur et un préjudice à l'industrie nationale, qui demeurent interdits aux fabricants étrangers, puissent devenir licites pour le fait qu'un négociant français ou établi en France, consentirait à s'en rendre complice, en donnant des instructions ou des moyens pour les commettre et en partageant les bénéfices ;

Attendu, dès lors, que le délit reproché à Potié demeure suffisamment établi, mais qu'il y a dans la cause des circonstances atténuantes.

PAR CES MOTIFS,

Reçoit le ministère public en son appel interjeté à l'encontre du jugement rendu le 27 mai dernier, par le tribunal correctionnel de St-Jean de Maurienne ; infirme ledit jugement et, faisant ce que les premiers juges auraient dû faire, déclare Potié coupable du délit qui lui est reproché et lui faisant application des articles 1er de la loi du 28 juillet 1824, 8 et 10 de celle du 23 juin 1857, 423, 463 du code pénal, 194 du code d'instruction criminelle et 9 de la loi du 22 juillet 1867. — Condamne ledit Potié à 50 francs d'amende et aux dépens de 1re instance et d'appel ;

Prononce la confiscation de la caisse de boutons saisis ; etc.

On remarquera que l'arrêt de la Cour de Chambéry juge en fait que les mots *Modes de Paris, Nouveautés de Paris* sont une indication de provenance au point de vue de la fabrication et que d'autre part l'industrie des boutons est une industrie essentiellement parisienne. Cette double constatation met l'arrêt d'accord avec notre théorie. Elle était nécessaire pour justifier ce que l'on a pris, à tort, pour un revirement de jurisprudence, et ce qui n'est que l'application de la théorie dont nous avons donné une double formule. Mais, s'il est nécessaire de souligner cette double constatation, et de la prendre comme point de départ, pour adapter notre théorie à l'arrêt *Potié*, il faut reconnaître que ce point de fait pouvait être jugé en sens contraire, comme il l'a été du reste par un arrêt de la Cour de Paris du 23 février 1883 que nous citons plus loin (1).

Si l'on veut bien considérer que, dans l'espèce de 1864, *Schmitt et Navarre*, qui avaient fait apposer le mot PARIS sur

(1) Ce jugement était conforme à la jurisprudence de 1864.
(1) Affaire Van Gindertaele. V. la *Loi* du 20 avril 1883.

des rasoirs, étaient simplement négociants, et que, d'autre part, il ne s'agissait pas d'un article pour lequel l'industrie parisienne est spécialement réputée, on demeure convaincu que, dans la première espèce, il s'agissait d'une simple marque de commerce, étrangère à toute idée d'indication de la provenance industrielle, et que c'est à bon droit qu'on a déclaré que l'article 19 de la loi du 23 juin 1857 était inapplicable.

Au contraire la Cour de Chambéry admettant une indication de provenance, et de plus une spécialité industrielle, ne pouvait se dispenser de faire aux parties l'application de cet article.

L'arrêt du 9 avril 1864 et celui du 21 février 1882 se trouvent ainsi parfaitement d'accord, au fond, sur la distinction à faire entre les marques de commerce et les marques de fabrique. — S'ils rendent des décisions différentes dans le même litige, c'est que l'un traite une question de marque de commerce et l'autre une question de marque de fabrique.

Il résulte de cette conciliation, sur le terrain du droit, de ces deux arrêts, que la circulaire adressée par le Ministre du commerce, aux agents de la douane le 8 juin 1864, pour l'exécution de l'arrêt précité du 9 avril, procédait d'une interprétation personnelle au Ministre d'alors, interprétation dont il convenait peut-être d'attendre la confirmation par un autre arrêt de cassation, avant de lancer une pareille circulaire.

Cette circulaire datée du 8 juin 1864 jeta le désarroi dans l'administration des douanes en entravant pendant vingt ans l'exécution complète de la loi de 1857. Elle avait le tort grave de ne pas distinguer entre les marques de commerce et les marques de fabrique, et d'encourager un genre de fraude qui prit plus tard de grandes proportions. L'arrêt du 21 février 1883 acheva de dérouter les agents de la douane. Il ne fut suivi d'aucune circulaire ministérielle, malgré sa contradiction, plus apparente que réelle, avec celle de 1864. Dans le doute, on préféra s'abstenir au ministère. On attendit l'arrêt de la Cour suprême.

COUR DE PARIS (ARRÊT DU 2 FÉVRIER 1883)
Van Ginterdael, Grellou, Schindler et autres c. Ministère public

Dans cette affaire, il s'agissait de caisses de boutons fabriqués en Allemagne et fixés sur des cartes portant les indications : *Paris, Paris dernières nouveautés, Paris déposé.*

Le ministère public poursuivit les négociants destinataires, pour avoir contrevenu aux lois de 1857 et de 1824, à l'article 423 du Code pénal, en apposant sur des produits fabriqués un nom de lieu autre que celui de la fabrication.

C'est donc la même espèce que celle tranchée par l'arrêt de Chambéry.

Le 10 août 1882, la huitième chambre du tribunal correctionnel de la Seine rendit un jugement contraire à la jurisprudence de 1864. Elle condamna les importateurs aux dépens et à des insertions du jugement. La chambre de commerce de Paris était intervenue au procès comme partie civile. Sa demande fut déclarée non recevable, attendu que les chambres, instituées pour donner leur avis sur les questions qui intéressent le commerce en général, sont sans qualité pour défendre en justice les intérêts commerciaux des commerçants de leur ressort. La chambre de commerce accepta ce jugement ; mais la partie condamnée ayant interjeté appel, la Cour de Paris réforma ce jugement. L'arrêt rendu, à ce sujet, le 21 février 1883 décida qu'il n'y avait pas lieu à condamnation, en raison de l'entente entre l'expéditeur et le destinataire, entente qui excluait la fraude. C'était revenir à la jurisprudence de 1864.

Quelques-uns des considérants méritent d'être cités :

> Considérant qu'il n'est pas établi que Paris soit, pour les boutons, un lieu particulièrement renommé de fabrication, comme le seraient Elbœuf et Sedan pour les draps.
> Que le mot « Paris, » tracé sur les cartes saisies, indiquait seulement que ces objets devraient être débités comme articles de Paris, qualification que Persent a le droit d'imprimer sur ses marchandises, par cela seul que le siège de son commerce est à Paris.

Si la Cour de Paris arrive à une conclusion diamétralement opposée à celle de la Cour de Chambéry, malgré l'identité des deux espèces, c'est que les deux Cours sont en complet désaccord sur le point de fait, à savoir s'il s'agit d'une marque de commerce ou d'un indication de provenance industrielle. On comprend à la lecture des deux arrêts que c'est là le seul point qui les divise.

Le principe de la distinction nécessaire entre les marques de commerce et les marques de fabrique, que nous avons établi plus haut, se trouve donc fortifié par ces deux arrêts qui s'adaptent également à notre théorie, et qui ne consacrent des solutions opposées, que parce que les deux cours ne peuvent tomber d'accord sur le point de savoir, si le mot *Paris* indique un lieu de fabrication, ou simplement un lieu de vente. Si la Cour de Chambéry avait cru à une marque de commerce, il ressort de ses considérants qu'elle aurait jugé dans le même sens que celle de Paris. Si cette dernière avait admis au contraire une indication de provenance industrielle, elle eut certainement jugé comme celle de Chambéry.

Ces deux arrêts sont donc des arrêts d'espèce qu'il est impossible, quand on les examine de près, d'opposer l'un à l'autre, parce qu'ils font l'application des mêmes principes à des cas qu'il apprécient différemment au point de vue de la concurrence étrangère à l'industrie nationale : ils démontrent la nécessité de refondre la législation sur les marques, en y annexant le tableau des spécialités de la production française, et notamment la liste des articles que l'on peut avec certitude qualifier : *articles de Paris.*

Si on se reporte à l'année 1883, il faut convenir que la fluctuation, tout au moins apparente, de la jurisprudence était bien faite pour encourager la fraude. La Cour suprême se trouvait saisie des pourvois contre l'arrêt du 30 décembre 1882 et celui du 2 février 1883. C'est à elle qu'il appartenait de décider qui avait raison, de la Cour d'appel de Chambéry ou de celle de Paris.

Il semble qu'il n'y avait qu'à attendre sa décision; mais de nombreuses plaintes adressées au ministre du Commerce, depuis 1880, attestaient l'urgence d'une mesure destinée à rassurer l'industrie parisienne. La chambre de commerce de Paris saisie de ces plaintes, après avoir entendu la lecture d'un rapport remarquable de M. Piault, adressa aux chambres un projet de loi destiné à remplacer l'article 19 de la loi du 23 juin 1857, que l'on rendait bien à tort responsable des

---

(1) À cette époque déjà le projet de convention internationale n'était pas fait pour rassurer l'industrie, mais il avait passé inaperçu dans le monde des affaires qui ne devait s'en émouvoir qu'en 1883.

hésitations de la jurisprudence provenant, en réalité, de la difficulté qu'il y a à distinguer ce qui est une industrie parisienne, de ce qui n'en est pas, en un mot, les articles auxquels la mention *Paris* peut donner une valeur particulière, de ceux sur lesquels elle constitue simplement un des éléments de l'adresse d'un négociant.

Le vœu exprimé par la chambre de commerce, tendant à réformer un article dont la Cour suprème, saisie de deux pourvois, était sur le point de fixer le sens, aurait pu paraître au moins prématuré, s'il n'attestait surtout, de la part des représentants autorisés de l'industrie parisienne, le désir de remuer l'opinion à ce sujet. Peut-être espéraient-ils exercer une sorte de pression morale sur la Cour de cassation, et la faire descendre, pour un jour, des régions sereines où règne la suprématie du Droit sur l'Equité. Peut-être aussi désirait-on, quelque dût être à ce moment l'arrèt à intervenir, soustraire, une fois pour toutes, une question d'intérêt national aux vicissitudes d'une jurisprudence, trop variable pour donner à l'industrie, même par un arrêt fortement motivé, la sécurité sur laquelle elle avait besoin de compter à l'avenir. On ne s'expliquerait point, sans cela, le vœu de la chambre de commerce précédant l'arrêt de la Cour suprème.

Si la cour de cassation *ne veut pas revenir* sur la jurisprudence qu'elle a inaugurée en 1864, disait le rapporteur M. Piault, les lois de 1824 et de 1856 deviennent tout à fait insuffisantes pour réprimer l'usurpation qui nous occupe.

Plus loin, parlant des fraudes commises au préjudice de l'industrie nationale, le rapport ajoute :

Nous repoussons, *avec un vif sentiment d'indignation*, une jurisprudence qui permet, qu'une tromperie à l'égard de l'acheteur et un préjudice à l'industrie nationale, qui demeurent interdits aux fabricants étrangers, puissent devenir licites, par le fait qu'un négociant français ou un négociant étranger, établi en France, consentirait à s'en rendre complice, en donnant des instructions ou des moyens pour les commettre et en partageant les bénéfices.

Bien plus, cette jurisprudence permettrait aux fabricants étrangers, en installant des représentants dans les villes manufacturières de France, d'introduire et de livrer à la consommation intérieure des pièces de draps, portant sur la lisère *Martin à Sedan*, ou la simple lettre M. *à Sedan* ; des pièces de soierie avec la mention *Dupont à Lyon*. etc.

Il faut de toute nécessité, modifier l'article 19 de la loi du 23 juin 1857 dans le sens d'une simple disposition de loi de douane, n'envisageant que le fait purement matériel, et interdisant, à l'entrée, au transit et à l'entrepôt, tous articles venant de l'étranger, et portant, soit sur eux-mêmes, soit sur des enveloppes, bandes ou étiquettes, le nom d'une ville française, que ce nom de lieu soit suivi, ou non, précédé, ou non, de la raison sociale du négociant établi en France, de ses initiales ou de sa marque.

Le rapport concluait à modifier ainsi l'article 19 de la loi .. 13 juin 1857 :

ART. 19. — Tous produits étrangers portant sur eux-mêmes, soit sur des enveloppes, bandes ou étiquettes, la marque ou le nom d'un fabricant résidant en France, ou bien l'indication d'un nom de ville ou d'un lieu d'une fabrique française, même sous forme d'adjectif ou de complément (MODE *parisienne*, BOUTON *parisien*, MODE *de Paris*, NOUVEAUTÉ *de Paris*, etc.) ou sous forme d'adresse, sans qu'il y ait lieu de rechercher s'il y a intention frauduleuse, ou non, *sont absolument prohibés* à l'entrée, et exclus du transit et de l'entrepôt, et peuvent être saisis, en quelque lieu que ce soit, soit à la diligence de l'administration des douanes, soit à la requête du ministère public ou de la partie lésée.

Si le produit portant l'indication d'un nom de ville ou du lieu d'une fabrique française a été fabriqué dans une ville ayant un nom semblable à la ville de France ou à un lieu de fabrique française, il ne pourra être importé qu'à la condition expresse de faire suivre le nom de la ville ou le nom de fabrique du lieu d'origine.

Dans le cas où la saisie est faite à la diligence de l'administration des douanes, le procès-verbal de saisie est immédiatement adressé au ministère public.

Le délai dans lequel l'action, prévue par l'article 18, devra être intentée sous peine de la nullité de la saisie, soit par la partie lésée, soit par le ministère public, est porté à deux mois.

Les dispositions de l'article 14 sont applicables aux produits saisis en vertu du présent article.

La délibération de la Chambre de commerce fut prise le 29 février 1883, quelques jours seulement après que la Cour de Paris avait rendu dans l'affaire *Van Ginderlaele* un arrêt ne donnant point satisfaction aux plaintes de l'industrie parisienne.

Il est juste de reconnaître que dès le 27 mai 1870, M. le Sénateur Bozérian avait déposé sur le bureau du Sénat une proposition de loi relative aux *fraudes tendant à faire passer pour français des produits fabriqués à l'étranger ou en provenant.*

Une commission spéciale avait été nommée à l'effet d'examiner cette proposition.

Dans le courant de l'année 1881, une enquête avait été ordonnée par M. Tirard, alors Ministre du commerce, qui avait demandé l'avis des chambres de commerce, des Sociétés industrielles, des tribunaux civils, des Cours d'appel, de la Cour de cassation elle-même.

L'enquête terminée, la proposition qui n'avait point abouti fut reprise au Sénat par MM. Bozérian, Dietz-Monnin, Arbel, Claude des Vosges, Noblot, George, Gailly, Viellard-Migeon.

Le dépôt eût lieu sur le bureau du Sénat le 29 février 1884.

Cette question, disait l'exposé de motifs, est relative aux manœuvres employées par certains industriels pour faire croire que des produits fabriqués hors de France ont été fabriqués en France, et pour faire bénéficier frauduleusement des produits étrangers de la notoriété dont jouissent les produits similaires français.

L'exposé cite la loi anglaise sévère pour ce genre de fraude.

Cet exemple ne doit pas être perdu pour nous surtout à une époque où notre industrie et notre commerce se débattent si péniblement contre la concurrence étrangère, non seulement sur les marchés étrangers mais encore sur le marché national.

Si la lutte est inévitable, encore faut-il qu'elle soit loyale. Si en l'absence de conventions internationales, nous ne pouvons atteindre la fraude sur les marchés autre que le nôtre, tachons du moins de l'atteindre par tous les moyens, quand elle s'exerce sur celui-ci, et quand les fraudeurs sont, non-seulement des étrangers, mais encore, il est honteux de le dire, quand ils sont des nationaux.

Ainsi s'exprimait le rédacteur M. Bozérian dans un langage qu'on ne peut qu'approuver sans réserve.

Tel était le zèle, avec lequel l'honorable sénateur voulait poursuivre les fraudeurs dans leurs derniers retranchements, qu'il déposa ce projet de loi au Sénat le 29 février 1884, quoiqu'un arrêt de la Cour suprême, rendu le 23 du même mois, arrêt qu'il n'ignorait certainement pas, eût confirmé celui de la Cour de Chambéry du 30 décembre 1882, et par conséquent eût donné toute satisfaction à ceux qui craignaient de voir se perpétuer la jurisprudence de 1804, interprétée, par eux, dans le sens d'un encouragement donné à la fraude. Ainsi, tandis que la chambre de commerce de Paris n'avait pas attendu l'arrêt de cassation pour demander une réforme législative, M. Bozérian, plus ardent encore, ne se déclarait pas satisfait par cet arrêt rendu conformément à son ancienne proposition.

Pourquoi faut-il que le même sénateur, qui déposait, en 1879, un projet de loi pour empêcher la fraude dont nous nous occupons, se fasse le défenseur officiel d'une convention internationale, dont l'article 10 a pour effet d'ouvrir la brèche toute large aux abus que sa proposition de 1879 avait pour but d'empêcher?

Dès 1879, M. Bozérian apercevait nettement le danger de la jurisprudence de 1864, mal interprétée par la circulaire ministérielle du 8 juin suivant. Son patriotisme s'alarmait à la pensée que des marques de fabrique françaises seraient impunément apposées sur des produits étrangers. Mais alors pourquoi a-t-il accepté la Convention du 23 mars 1883, dont il a été l'un des plus ardents promoteurs, et qui a été élaborée par une commission présidée par lui?

C'est déjà beaucoup de se mettre en contradiction avec soi-même. M. Bozérian aurait donc pu s'en tenir là et se contenter d'avoir enterré son ancien projet de 1879 dans l'article 10 de la Convention. Mais, comme s'il avait voulu manifester son repentir, il revient à son idée première, et dépose sur le bureau du Sénat le projet de loi tendant à empêcher l'apposition des marques de fabrique françaises sur les produits étrangers, le 29 février 1884, près d'un an après la signature de la Convention internationale du 20 mars 1883, dont l'article 10 frappe d'avance de stérilité les efforts que semble faire ensuite M. Bozérian pour réparer le mal.

L'arrêt de Cassation du 23 février 1884, en lui donnant l'occasion de paraître s'incliner devant une jurisprudence qu'il appelait en réalité, de tous ses vœux, depuis la proposition de 1879, sans se mettre de nouveau en contradiction avec lui même, semblait donc intervenir fort à propos, pour permettre, au promoteur de la Convention internationale du 20 mars 1883, de clore la série des variations, dans lesquelles l'avait entraîné une fécondité législative, peut-être sans précédent dans les annales parlementaires.

Mais l'arrêt de la Cour suprême, rendu le 23 février 1884, n'était pas une garantie suffisante pour M. le sénateur Bozérian. Rien qu'un bon projet de loi était capable d'affirmer son horreur pour la fraude, et de fermer la brèche ouverte aux abus par l'article 10 de la Convention. Il déposa donc à nouveau son ancien projet de loi de 1879 sur le bureau du Sénat, le 29 février 1884, six jours après l'arrêt de cassation qui confirmait celui rendu par la cour de Chambéry, dans le sens du projet en question, et le rendait par conséquent inutile. L'intarissable législateur, véritable Lycurgue des temps modernes, voulait ainsi renforcer une jurisprudence que le ministre du Commerce ne peut, depuis que le traité international du 20 mars 1883 est devenu officiellement exécutoire, faire respecter des étrangers, sans qu'on l'accuse de violer la *Convention internationale du 23 mars* 1883 *pour la protection de la propriété industrielle* (¹), dont M. Bozérian a été l'un des promoteurs les plus ardents.

L'ancien président de la conférence internationale de 1880, au lieu de laisser le monde du droit et de l'industrie avec cette impression qu'il a reconnu son erreur de 1878 et de 1883, et qu'il essaie de la réparer par des projets de loi protégeant l'industrie nationale, contre la fraude étrangère, s'applique à l'effacer, en défendant aujourd'hui l'article 10 de la Convention qui organise véritablement cette fraude, en assurant l'impunité à ceux qui pourront aisément tourner cet article dangereux.

L'article 19 de la loi du 23 juin 1857 sur les marques est général ; il s'applique à toutes les fraudes, parce qu'il n'en spécifie aucune. Toute indication mensongère de provenance française, apposée sur des produits étrangers, est un délit. Au contraire l'article 10 de la Convention, en autorisant la saisie, lorsque l'indication mensongère se complique d'un nom fictif ou d'un nom emprunté dans une intention frauduleuse, laisse passer, à travers les mailles, les nombreux cas de fraude qui ne rentrent point dans ces deux cas particuliers, et qui échappent, dès lors, à l'article 19 de la loi de 1857.

(1) Voir nᵒˢ 38, 39, 40, 11, 12 et 14.
(2) Monzilli, directeur du commerce au ministère de l'agriculture et du commerce d'Italie. *La propriété industrielle devant la conférence de Rome, page* 86.

7

C'est ainsi que le fait d'adresser à Lyon des *soieries de Lyon* provenant d'Allemagne, pour les réexpédier comme telles, cesse d'être un délit, si celui qui se livre à ce trafic déloyal peut invoquer la Convention internationale en vertu de l'article 3, pourvu qu'il se livre à cette fraude sous son propre nom.

Que penser dès lors de l'avenir de notre industrie, qui devient le jouet des combinaisons plus ou moins heureuses de M. le sénateur Bozérian, et qui a besoin, pour soutenir la lutte contre l'étranger, que l'infatiguable législateur ne se trompe pas ?

COUR DE CASSATION. — *Arrêt du 23 février 1884, confirmant l'arrêt de la Cour de Chambéry. — (Affaire Potié).*

Le texte de l'arrêt de la Cour suprême, intervenu dans l'affaire POTIÉ, confirme pleinement celui de la cour de Chambéry, et se concilie d'ailleurs avec l'arrêt de cassation du 9 avril 1864, auquel on a eu, ainsi que nous l'avons déjà démontré pour l'arrêt de la cour de Chambéry qu'il confirme, le tort de l'opposer.

Voici le texte de cet arrêt :

La Cour : Sur le moyen tiré de la violation de l'art. 1er de la loi du 28 juillet 1824 :

Attendu que l'art. Ier de la loi du 28 juillet 1824, édicté en vue de maintenir et de protéger la loyauté du commerce, prohibe d'une manière absolue, et punit l'apposition, sur un produit industriel, du nom d'un lieu autre que celui de la fabrication, ou son apparition par suite d'une altération quelconque ; que cette disposition ne s'applique pas seulement au fabricant, qu'elle atteint le marchand, commissionnaire ou débitant quelconque qui, sciemment, expose en vente ou met en circulation les objets marqués de noms supposés ou altérés ; que les principes posés par cette loi ont été maintenus et confirmés par l'art. 19 de la loi du 23 juin 1857, aux termes duquel tous produits étrangers portant soit la marque, soit le nom d'un fabricant résidant en France, soit l'indication du nom ou du lieu d'une fabrique française sont prohibés à l'entrée, exclus du transit et de l'entrepôt, et peuvent être saisis en quelque lieu que ce soit, soit à la diligence de l'administration des Douanes, soit à la requête du ministère public ou de la partie lésée ;

Attendu qu'il est constaté, en fait, par les arrêts attaqués, que le demandeur, en décembre 1881 et en avril 1882, a introduit en France, par la gare de Modane, huit caisses de boutons fabriqués en Italie et appliqués sur des cartons revêtus de la mention : *Nouveautés de Paris* ou *Modes parisiennes*, et portant ainsi la fausse indication du nom de Paris comme lieu de fabrication ; que cette indication déloyale était de nature à porter préjudice à l'industrie parisienne et à tromper l'acheteur ; que ces appréciations et constatations ont été faites souverainement ;

Attendu que la circonstance que les boutons auraient été fabriqués en Italie, avec des modèles envoyés de Paris, ne saurait avoir pour effet d'enlever à l'indication mensongère son caractère frauduleux ;

Attendu que, si ce fait n'est pas compris, ainsi que les arrêts attaqués l'ont à tort supposé, dans les prévisions de l'art. 8 de la loi du 23 juin 1857, qui réprime une autre espèce d'infraction, il est certain, du moins, qu'il rentre dans les termes de l'art. Ier de la loi du 28 juillet 1824, et que les arrêts attaqués, en appliquant dans l'espèce des peines prononcées par cette dernière disposition de la loi, loin de l'avoir violée, en ont fait, au contraire, une saine application.

Par ces motifs, rejette.

C'est sur cette jurisprudence que s'est appuyé le ministre du Commerce pour lancer sa circulaire du 26 février, dont nous publions le texte plus loin.

Ainsi, cet arrêt donnait pleine satisfaction à la Chambre de Commerce de Paris, et aux auteurs du projet de loi de 1879 repris par M. Bozérian, postérieurement à l'arrêt du 23 février 1884.

Il ne fut suivi d'aucune circulaire, quoique celle de 1864 fût en opposition avec cette nouvelle jurisprudence. Ce fut M. Lockroy, ministre du Commerce qui, le 26 février 1886, fit passer cette jurisprudence dans la pratique, en adressant aux chambres de Commerce la circulaire suivante, très bien accueillie de l'opinion, mais qui ne fait pas la moindre mention du nouveau régime international de la propriété industrielle, et à laquelle il ne manque, pour être applicable, que de ne pas être en contradiction avec l'article 10 de la Convention.

Monsieur,

L'attention du gouvernement a été appelée sur le préjudice que cause à notre industrie la pratique qui consiste à introduire en France des objets fabriqués à l'étranger, et qui portent, soit la désignation d'une localité française, soit le nom véritable ou simulé d'un fabricant français. Quelquefois ces produits, après avoir été importés sous le régime de l'entrepôt réel, sont réexpédiés avec une apparence d'origine française, sur les marchés étrangers, où ils font aux produits vraiment français une concurrence déloyale.

Après une étude approfondie de la question, mon département, d'accord avec ceux des Finances et de la Justice, a reconnu que la jurisprudence établie par un arrêt de la cour de cassation, en date du 23 février 1884, fournit les moyens de défendre notre industrie contre les abus signalés plus haut.

Cet arrêt a décidé que le fait d'apposer, sur des produits fabriqués à l'étranger, des mentions telles que *Nouveautés de Paris*, *Modes parisiennes*, tombe sous l'application de l'article 1er de la loi du 28 juillet 1824 et l'article 19 de la loi du 28 juin 1857 [1].

Il résulte, en outre, de cet arrêt, que la prohibition de la loi est absolue, et qu'il n'y a pas lieu de distinguer si l'apposition, sur un produit industriel, de noms supposés ou altérés a lieu ou non, sur l'ordre d'un commerçant français : cette jurisprudence infirme ainsi celle qui avait été consacrée, par l'arrêt de la même cour en date d'avril 1864, et par lequel elle avait déclaré que l'article 19 de la loi du 27 juillet n'était applicable qu'à l'usurpation frauduleuse, soit à l'étranger, soit de la marque, soit du nom d'un fabricant français, et que, par suite, il n'y avait aucun délit, quand c'était du consentement et par l'ordre de celui-ci que son nom et sa marque étaient apposés sur des produits fabriqués à l'étranger.

Il m'a donc paru, ainsi qu'à MM. les ministres des Finances et de la Justice, qu'il y avait lieu de rapporter les dispositions contenues dans la circulaire ministérielle adressée le 8 juin 1864, aux chambres de commerce, à la suite de l'arrêt précité de la Cour de cassation, en date du 9 avril précédent. Nous avons, en conséquence, décidé qu'à l'avenir tous les produits venant de l'étranger, et portant, soit la marque, soit le nom d'un fabricant français, soit enfin une mention quelconque pouvant faire supposer que lesdits produits seraient de provenance française, seront saisis, conformément à l'article 19 de la loi du 24 juin 1857.

J'ajoute que certaines maisons françaises se font adresser de l'étranger, en entrepôt, des produits revêtus de leurs marques de fabrique, et qu'elles expédient ensuite comme étant de fabrication française : je ne doute pas que ces maisons ne cessent d'employer des procédés qui, en dehors de toute autre considération, les exposeraient à la saisie de leurs produits et à des poursuites judiciaires.

Je vous serai obligé de vouloir bien m'accuser réception de la présente circulaire, que vous vous empresserez, je n'en doute pas, de porter à la connaissance des industriels et commerçants de la circonscription de votre chambre.

Recevez, monsieur, l'assurance de ma considération très distinguée.

*Le ministre du Commerce et
de l'Industrie,*

Édouard LOCKROY.

Cette circulaire, qui a pour but de donner satisfaction aux plaintes du commerce et de l'industrie, qui voyaient monter sans cesse le flot de la contrefaçon étrangère, abroge la circulaire du 8 juin 1864, rédigée en conformité d'une consultation

---

[1] C'est une erreur. L'arrêt dont nous publions le texte plus loin ne parle que de l'article 1 de la loi du 28 juillet 1824 et non de l'article 19 de la loi de 1857.

donnée par M. Rouher en 1863, et de l'arrêt de cassation intervenu dans l'affaire Schmitt et Navarre. Elle tranche une question de droit, jusque là controversée, dans le sens adopté par cet arrêt du 23 février 1884, qui décide que l'entente, entre le propriétaire d'une marque française et le fabricant étranger qui l'appose sur des produits non français, est toujours frauduleuse. M. le ministre du Commerce a donc été poussé par une sollicitude toute patriotique à l'égard du travail national, Mais on ne peut pas, au moyen d'une circulaire, même visant un arrêt de cassation, éluder le grand principe que les arrêts sont bons pour ceux qui les obtiennent. La circulaire n'a de valeur que parce qu'elle invoque, au point de vue doctrinal, un arrêt tout récent. Si la Cour de cassation changeait sa jurisprudence, la circulaire deviendrait caduque, ou, du moins devrait être rapportée.

En prescrivant des saisies et des poursuites dans tel ou tel cas, le ministre se borne purement et simplement à soumettre ce cas aux tribunaux, sans que l'on puisse tirer aucun argument de sa circulaire, qui n'a aucune valeur législative ni même interprétative d'une loi, dont les tribunaux seuls, saisis en vertu de la circulaire, pourront fixer le sens. Une bonne loi vaudrait donc mieux qu'une excellente circulaire : elle aurait, du moins, l'avantage de lier le juge.

Ce n'est pas la seule observation que suggère la circulaire ministérielle du 26 février 1886. Elle ne parle que des marques de fabrique : elle oppose l'arrêt de 1864 à celui de 1884, l'affaire *Schmitt et Navarre* à l'affaire *Polié*, en affirmant que la jurisprudence la plus récente infirme l'ancienne, cela tend à prouver que cette jurisprudence n'a pas été comprise au ministère du Commerce, et qu'on n'y a point fait la distinction fondamentale entre les marques de commerce, qui constituent de simples adresses de vendeurs, et les marques de fabrique, régionales ou locales, consistant dans la juxtaposition d'un nom de fabricant et d'un nom de lieu français, le plus souvent réputé pour le produit sur lequel ces deux noms sont apposés, avec ou sans figure emblématique régulièrement déposée, conformément à la loi de 1857.

Cette confusion, qui résulte plutôt de l'esprit, que du texte de la circulaire, puisqu'elle ne prescrit pas positivement la saisie des marques de commerce, et surtout, de ce qu'elle considère les deux arrêts précités comme impliquant un revirement de jurisprudence, alors qu'en réalité ils font l'application du même principe à deux espèces différentes, cette confusion entraînera comme conséquence la saisie, par la douane, de tous les produits expédiés en France avec des noms de villes françaises, alors même que ces noms feront partie d'une simple adresse de négociant. Comment veut-on que les douaniers engagent leur responsabilité, en faisant la distinction entre les indications mensongères de provenance industrielle, et les indications exactes du lieu de la vente? Il est évident qu'ils saisiront dans tous les cas. Quand il s'agira d'une marque de fabrique française, il n'auront fait que se conformer à la circulaire et à la loi de 1857. Cela est évident. Mais, quand ce sera une marque de commerce, ils l'auront outrepassée. C'est du moins ce que pourra prétendre le ministre du Commerce, qui ne leur a pas donné la clef de cette distinction, le jour où il se sera aperçu qu'il a oublié lui-même de la faire dans sa circulaire, mais voudra, peut-être, tirer parti de ce que rien n'indique, dans le texte, qu'il ait fait une confusion, et qu'il ait parlé d'autre chose que de la marque de fabrique, c'est-à-dire se soit occupé, en quoi que ce soit, de la marque de commerce.

Il pourra dire à la tribune: je ne confonds nullement la marque de fabrique et la marque de commerce. Ma circulaire ne concerne que la première. Si on saisit de simples marques de commerce, ce n'est pas en vertu de ma circulaire, et ça ne peut se faire que par erreur, en outrepassant mes ordres. » En attendant, la situation des agents de la douane demande un tact tout particulier. S'ils laissent passer une marque de fabrique française, les journaux les dénoncent comme ne faisant pas leur devoir: s'ils saisissent une marque de commerce, ils s'exposent à des plaintes des particuliers, et peut-être à un désaveu du ministre qui ne leur a pas indiqué le criterium leur permettant de sauvegarder la propriété industrielle, sans compromettre la liberté du commerce.

Il en sera ainsi, tant que la législation sur les marques n'établira pas elle-même les bases de cette distinction, en la rendant facile, et tant qu'on laissera des congrès internationaux, et des commissions de gens délégués par eux-mêmes, disposer à leur guise du sort de l'industrie nationale.

Enfin, on peut adresser à la circulaire de M. Lockroy une critique plus grave : elle ne tient aucun compte de l'article 10 de la convention du 23 mars 1883, qui devient lettre morte non seulement pour tous les fabricants des pays de l'Union, mais même pour ceux des pays étrangers à l'Union qui peuvent réclamer le bénéfice de l'article 3. Mieux vaut cent fois, à notre avis, réformer une loi défectueuse, et dénoncer une convention désavantageuse, que de remplacer cette dénonciation par la violation flagrante d'un traité, ce qui peut avoir des inconvénients sur la nature desquels il est inutile d'insister.

SECTION II

Législations étrangères

Les lois étrangères, sur les marques de fabrique, n'ont pas, en général, de disposition correspondante à l'article 19 de la loi 23 juin 1857 relatif aux produits étrangers importés avec une fausse indication de provenance nationale. Pour qu'une semblable disposition soit utile, il faut que le prix de revient soit plus élevé qu'à l'étranger, et qu'il y ait, dans le pays, des localités ou villes spécialement réputées pour certains articles. Des industriels peu scrupuleux des pays voisins sont alors tentés d'attribuer faussement à leurs produits la provenance des villes ou localités étrangères, qui jouissent d'une ancienne renommée, pour mettre dans leur jeu deux atouts, qui, séparés, peuvent s'annuler l'un l'autre : le bon marché et la marque régionale réputée. Avec cette manœuvre déloyale, ils discréditent les marques de leurs voisins, en vendant à leur clientèle des produits à bon marché que la marque fait passer pour ceux qui opposent la bonne qualité au bon marché. Telle est la situation de la France. L'Angleterre est dans le même cas vis-à-vis de l'Allemagne, pour certains articles, tels que ses couteaux de Sheffield. Aussi, a-t-elle une disposition de loi protectrice équivalente à l'article 19 de la loi française du 24 mai 1857. Il en est de même de la loi Portugaise (¹).

Grande Bretagne

L'acte de consolidation des douanes du 24 juillet 1876 (art. 42, 43) porte dans son tableau A, différentes dispositions à relater.

Sont prohibés d'une manière absolue : tous les livres sur lesquels subsiste encore le droit d'auteur, primitivement composés, écrits ou imprimés ou réimprimés dans un autre pays pour lesquels le propriétaire du droit d'auteur ou son agent aura donné aux commissaires des douanes avis, par écrit, que le droit d'auteur subsiste encore. »

« Tout nom ou marque indiquant ou tendant à faire croire que lesdits produits ont été fabriqués dans une ville ou localité du Royaume-Uni, s'il n'est pas accompagné du nom du pays dans lequel est située ladite ville ou localité, sera réputé, pour l'application du présent article indiquer ou tendre à faire croire que lesdits produits ont été fabriqués dans le Royaume-Uni. (§ 6) » ¹

En résumé, les paragraphes 6 et 7 de ce document prohibent d'une façon absolue l'importation des produits de l'industrie étrangère, que l'on voudrait faire passer pour des produits nationaux.

Portugal

La loi Portugaise comprend un article 30 ainsi conçu :

Les produits d'origine étrangère qui, à leur entrée au Portugal, porteront une marque portugaise ou une marque contenant le nom ou la raison sociale d'un industriel ou commerçant résidant au Portugal, ou d'un établissement de commerce ou d'industrie ayant son siège au Portugal, ou l'indication d'une localité de ce pays, seront saisis, dès leur arrivée, dans l'une des douanes Portugaises. La saisie sera ordonnée par le Directeur de la Douane, etc. »

Nous ne connaissons pas d'autre législation étrangère qui proscrive l'importation des marques nationales apposées dans un pays voisin sur des produits non nationaux. Cela s'explique par la situation économique de la France. Qui, donc

___
(1) Cette partie de notre traité a été imprimée avant la loi anglaise de 1887 dont nous parlons assez longuement dans les annexes.
(2) Cette loi se trouve complétée et généralisée par le Merchandises marck's, act. (V. la table analytique).

serait tenté de faire passer des articles français, belges, suisses, italiens, anglais pour des articles allemands, puisque l'Allemagne les produirait à meilleur compte? Le cas de l'Allemagne est celui de tous les pays de production à bon marché; ils ont intérêt à exploiter, au moyen d'une fausse indication de provenance, la renommée industrielle de certaines villes étrangères, où le prix de revient est plus élevé. S'ils ne redoutent aucune concurrence déloyale, c'est précisément parce qu'ils sont favorisés par une situation économique privilégiée, et que cette concurrence déloyale ne s'attaque qu'aux pays qui, comme la France, veulent opposer la qualité de la fabrication et la réputation de la marque au bon marché des pays voisins. C'est ce qui arrive en Angleterre, pour les couteaux de Sheffield, depuis que le nom de cette ville célèbre s'étale impudemment sur des couteaux allemands. Si quelque article spécial d'un pays de production à bon marché fait exception, et y jouit d'une renommé particulière, comme les *fleurets de Solingen*, il est protégé tout à la fois par le bon marché, et par la réputation de la localité industrielle, deux préservatifs contre la concurrence déloyale étrangère : car cette concurrence déloyale est obligée de désarmer, quand ils se prêtent un mutuel appui, parce que le bon marché du produit national enlève toute espèce d'intérêt à l'importation d'articles étrangers que l'on voudrait faire passer comme provenant d'un autre pays où ils n'ont pas été fabriqués. Le pays que la réputation de ses marques expose le plus à la concurrence déloyale des autres nations, qui cherchent à dissimuler la fabrication à bon marché d'un produit industriel derrière une bonne marque étrangère, ou l'indication mensongère d'une localité industrielle réputée, est donc celui qui soigne sa fabrication, pour sauvegarder la bonne renommée de ses marques. Il ne peut-être que lésé par une convention internationale qui entraverait, dans une mesure quelconque, la répression de cette fraude. Car il est clair qu'une convention de ce genre ne peut que favoriser le développement de cette fraude à son préjudice, dans les pays voisins, et même sur son propre territoire, tandis que sa situation économique et le prix de revient plus élevé de ses produits nationaux, lui enlèvent, pour les raisons que nous venons d'expliquer, la possibilité d'exercer des représailles.

Tel est le cas de la France. C'est même l'impossibilité où elle est, comme pays de fabrication soignée, de faire une concurrence déloyale aux pays de production à bon marché, par la contrefaçon des marques étrangères, qui peut expliquer l'absence, dans presque toutes les législations étrangères d'une disposition analogue à l'article 19 de notre loi du 23 juin 1857. N'est-elle pas entourée de pays de production à bon marché qui ont tout intérêt à faire passer les produits fabriqués chez eux pour des produits français ?

CHAPITRE IV

Dénominations de fantaisie

SECTION I

Législation française

D'après la législation française, on peut adopter pour marque tout signe quelconque, servant à distinguer le produit. La marque peut donc consister dans la forme elle-même du produit ; dans une combinaison de couleurs nouvelle ; dans une dénomination particulière, jusque là inconnue, à la condition qu'elle soit capricieuse et de fantaisie, c'est à-dire n'ait aucun rapport avec la nature de la chose elle-même. A cette condition là seulement, un fabricant pourra s'approprier une dénomination, sans entraver, pour les autres; l'usage du vocabulaire français.

Les unes, dit M. Braun, en parlant de ces dénominations, sont de fantaisie et présentent soit par leur combinaison soit par leur application, le degré de nouveauté requis pour servir de signes distinctifs, mais les autres sont tirées de l'origine ou de la qualité, ou de la destination du produit, ou encore de la localité dans laquelle s'exerce une industrie ou un commerce. Dans ces derniers cas, elles ont besoin d'être, en quelque sorte, matérialisées par leur configuration et leur aspect, pour sortir du domaine public, auquel elles appartiennent (¹).

C'est ainsi que l'on a imaginé les dénominations suivantes : *Mondamime, Valroline, Byrih, Picotin, Bénédictine, Encre de la petite vertu*, la *Veloutine*, la *Revalescière*, etc. Il est prudent de choisir ces dénominations de telle sorte qu'elles ne puissent éveiller dans l'esprit aucun rapprochement avec les objets qu'elles désignent.

SECTION II

Législations étrangères

Les législations étrangères ne sont pas toutes aussi favorables pour le choix de la marque : cependant, comme on va le voir, la France n'est pas le seul pays où la dénomination arbitraire puisse servir de marque de fabrique.

La loi anglaise du 25 août 1883 sur les patentes d'invention les marques et les dessins, dans son article 64, considère comme faisant partie des éléments essentiels d'une marque, dont la loi exige qu'il y en ait au moins un :

c : Un emblème, marque, marque à feu, entête ou étiquette, le tout présentant un caractère distinctif, *un ou plusieurs mots de fantaisie n'appartenant pas au langage usuel* (¹).

La loi belge du 1er avril 1879 ne parle pas des dénominations spéciales ; mais la jurisprudence a reconnu depuis longtemps ce genre de marques.

La loi suisse de 1879 sur les marques de fabrique promulguée, par l'arrêté du Conseil fédéral du 4 janvier 1884 l'admet également. Il en est de même de la loi portugaise du 4 juillet 1883 (¹).

----

(1) Nouveau traité des marques de fabrique et de commerce par Alexandre Braux avocat à la cour d'appel de Bruxelles, n° 39.
(2) (*Vide supra*, page 54).

Les traités qui accordent aux Français, dans ces pays, le traitement du national, impliquent donc le respect de la propriété industrielle française, reposant sur une dénomination spéciale. Toute stipulation particulière était inutile à ce sujet. Cependant le traité franco-belge contient, à cet égard, une disposition formelle, aux termes de laquelle les marques de fabrique, protégées par la Convention, sont celles qui, dans les deux pays, sont légitimement acquises aux industriels ou négociants qui en usent, c'est-à-dire que le caractère d'une marque de fabrique française doit être apprécié d'après la loi française et réciproquement. La même disposition se retrouve dans la convention franco-suisse, où elle était également inutile.

Dans les traités franco-autrichien et franco-anglais, où pareille stipulation eût été utile, puisqu'elle aurait comblé une lacune de la législation, on a oublié de l'insérer.

Ainsi, quand c'était absolument inutile on a stipulé formellement que ce serait la loi française qui réglerait la validité de la marque, et quand au contraire c'eût été nécessaire de le stipuler, on ne s'en est pas toujours expliqué.

La nouvelle loi anglaise du 25 août 1883 a réparé cette lacune dans un article que nous avons cité plus haut.

Les traités de commerce passés, avec l'Espagne le 30 juin 1876, avec la Russie les 1er avril et 20 mars 1874, et avec l'Italie le 10 juin 1874, ont inséré une réserve identique à celle contenue dans le traité franco-belge.

Au point de vue où nous nous plaçons, il y a donc quatre catégories de pays :

I. *Les nations dont la loi sur les marques de fabrique reconnaît la propriété industrielle des dénominations arbitraires inventées pour désigner un produit.* Ce sont les suivantes : Belgique, Brésil ([1]), Portugal, Suisse, Roumanie ([2]), Victoria ([3]),

---

([1]) La loi en vigueur est celle du 23 octobre 1875 interprétée par un décret du 2 novembre 1877.

([2]) Les marques y sont réglementées par une loi spéciale du 14 août 1876. La marque peut consister dans *tout signe quelconque* et notamment dans une dénomination d'objets.

([3]) Acte du 19 septembre 1876.

Turquie (¹), Cap de Bonne Espérance (²), Angleterre, République Argentine, Canada (³), Uruguay (⁴).

Dans les quatre derniers pays, on ne subordonne même pas,
comme dans les autres, la protection des marques étrangères
à l'existence d'un traité de réciprocité, s'il n'y a pas d'établissement industriel dans ce pays. L'accomplissement des formalités prescrites pour la protection des marques nationales suffit.
Cette protection continuerait, même en cas de dénonciation
ou de défaut de renouvellement du traité de réciprocité, s'il
en existe un, avec la France.

II. *Les pays qui ne reconnaissent pas ce genre spécial de propriété industrielle, mais qui sont engagés, par la clause citée plus
haut, à respecter néanmoins celle des fabricants français.* Ce sont
l'Espagne, l'Italie, la Hollande (⁵) et la Russie.

III. *Ceux où l'on peut impunément se livrer à la contrefaçon
de ces sortes de marques, en employant les dénominations de fantaisie créées par d'autres, mais à la condition de ne pas reproduire
cependant la combinaison distinctive des accessoires, l'aspect
caractéristique et la configuration particulière qui auraient été
donnés à cette marque, et qui en feraient une de ces marques figu-
ratives, sinon emblématiques, protégées par toutes les législations
sur la matière.*

Dans ces pays, on ne peut priver le domaine public d'une
combinaison de consonnes et de voyelles formant un mot,
même nouveau, même jusqu'alors inusité, en l'adoptant pour
désigner et distinguer le produit d'une maison ; cependant on
peut s'y approprier par le dépôt (⁶) une marque figurative

(1) Traité du 23 Haziran 1288, (1871).
(2) Acte n° 22 du 8 août 1877.
(3) Les marques de fabrique sont régies par l'acte de 1868 complété par celui du 14
juin 1872. On peut prendre au Canada comme marque tout nom, signature, mot, lettre
devise emblème: figure, signe, sceau, timbre diagramme, étiquette, carte, ou combinaison quelconque.
(4) Acte du 19 septembre 1876.
(5) Déclaration échangée entre la France et la Hollande le 16 avril 1884. *Journal des
Procès en Contrefaçons*, II° année p. 271. Il semble que cette déclaration n'est que provisoire en attendant l'application de la Convention de 1883, de telle sorte qu'il y ait
par le fait de cette convention novation avec la Hollande. C'est une question de savoir
si en cas de dénonciation, l'ancienne déclaration revivrait.
(6) C'est le moyen pour les fabricants qui exploitent ce genre de marques d'obtenir
dans ces pays le respect de leur propriété industrielle.

dans la composition de laquelle on ferait entrer le mot en question. Ces pays sont : l'Allemagne, l'Autriche, le Chili, les Etats-Unis (¹), la Suède (²) et la Norwège (³).

IV. *Les pays dans lesquels l'absence de législation sur les marques permet de copier même une marque figurative, et, à fortiori, d'employer des dénominations arbitraires et de fantaisie quelconques, même enregistrées dans d'autres pays.*

Il est à remarquer que, tant que ces nations n'auront pas adopté une législation sur les marques de fabrique, ce serait pour la France jouer un rôle de dupe que d'échanger avec elles la clause réciproque du traitement du national ; car elle procurerait à leurs industriels en France la protection dont nos nationaux continueraient à être privés dans ces pays.

A cette catégorie appartiennent, entre autres nations, la Turquie, l'Egypte, le Mexique, le Paraguay, le Pérou, la Serbie, le Salvador, le Guatemala, l'équateur, l'Illinois (⁴).

CHAPITRE V

Du Nom commercial

Quand un commerçant ou un fabricant veut s'approprier pour désigner les produits de son commerce, ou de son industrie,

(1) Il est à remarquer qu'aucun de ces quatre Etats n'ont adhéré à la convention internationale de 1883.
(2) Loi du 5 juillet 1884.
La Suède et la Norwège sont les seuls pays de cette catégorie ayant adhéré à la convention de 1883, et devant, dès lors, depuis leur adhésion à l'Union, figurer dans la deuxième catégorie.
(3) Loi du 26 mai 1884.
(4) La Grèce et le Danemarck, reconnaissent la propriété des marques sans avoir une législation spéciale à ce sujet, et punissent la contrefaçon : nous manquons des renseignements nécessaires pour leur assigner une place dans l'une ou l'autre des deux premières catégories.

un signe caractéristique nouveau, en tant que marque, un nom, un emblème, un objet, il faut, pour cela, qu'il en opère le dépôt à un moment quelconque, pour manifester publiquement sa prise de possession de cette marque par le dépôt, si cette formalité est constitutive de propriété, ou faire savoir qu'il prétend à un droit privatif sur cette marque, en vertu d'une possession antérieure, si le dépôt est simplement déclaratif de propriété. Cela est absolument nécessaire pour que les tiers sachent à quoi s'en tenir.

En ce qui concerne le nom commercial, on ne comprend pas que la propriété de ce nom, qui est du droit naturel, soit assujettie à aucune formalité de dépôt. Est-il besoin de prévenir les tiers qu'on entend se réserver exclusivement l'usage de son propre nom ?

Voilà pourquoi il est protégé partout, en principe, sans obligation de dépôt, en vertu du droit naturel, et presque partout, s'il s'agit du nom d'un étranger, en vertu du droit des gens. Pour ne parler que de l'Allemagne, un arrêt de la cour de Leipzig en date du 16 avril 1878 confirme ce principe que le nom commercial est une propriété de droit commun.

Cependant, l'article 9 de la loi française du 26 novembre 1873, par une anomalie singulière, subordonne, à l'existence d'un traité de réciprocité, la protection en France du nom commercial de l'étranger, sans admettre, comme la loi du 23 juin 1857 le fait pour les marques de fabrique, une exception pour l'étranger qui a un établissement industriel en France. Celui qui se trouverait dans cette situation n'aurait d'ailleurs qu'à opérer le dépôt de son nom pour le transformer en marque, et invoquer le bénéfice de la loi de 1857 sur les marques. Il est à remarquer que la législation française ne pousse cependant pas la rigueur jusqu'à soumettre les étrangers à la formalité d'un dépôt pour la protection de leur nom commercial.

Certains pays, comme la France, la Suisse, l'Allemagne, ont une législation sur le nom commercial. De ce qu'ils ont éprouvé le besoin de réglementer avec détail ce qui a trait au nom commercial, il ne s'ensuit point qu'ils aient entendu créer de toutes pièces cette branche importante de la pro-

priété industrielle, qui est bien antérieure à la réglementation
dont elle a été l'objet, dans ces pays, parce qu'elle a sa racine
dans le droit naturel.

Si le fait, que la propriété du nom commercial est une
propriété de droit commun, n'a pas empêché les nations d'organiser la protection du nom commercial, c'est qu'elles ont
voulu guider la jurisprudence, et combler une lacune de la
loi positive, par une réglementation minutieuse, à laquelle la
jurisprudence ne pouvait suppléer, sans tomber dans l'arbitraire.

Législation française

En France, la protection du nom commercial est réglemen-
tée par la loi du 24 juillet 1824, comme celle des marques
par celle du 23 juin 1857 ([1]). Cette dernière protège aussi bien le
commerçant que le fabricant, tandis que celle de 1824 ne peut
être invoquée que par les fabricants. L'usurpation du nom
n'est d'ailleurs punie par la loi de 1824, que s'il est apposé sur
un produit manufacturé, ce qui permet à des contrefacteurs
d'expédier hors de France, en toute sécurité, l'étiquette portant
le nom contrefait et le produit lui-même, pourvu que ce soit
par colis séparé.

([1]) M. Alexandre Braun, avocat à la Cour d'appel de Bruxelles s'exprime ainsi au sujet
de la différence qui sépare le nom de la marque dans son excellent ouvrage sur les
marques de fabriques et de commerce.
« En principe le nom et la raison sociale ne constituent pas une marque. Le légis-
« lateur les exclut, non pas qu'ils excitent à un moindre degré son intérêt et sa sol-
« licitude, mais parce que le droit exercé par une personne sur son nom ou sa firme
« est radicalement distinct du droit qu'elle exerce sur sa marque, et régi par des
« dispositions spéciales. C'est seulement dans le cas où ce nom et cette forme affec-
« tent une forme distinctive, que l'article 1er de la loi belge du 1er avril 1879 leur re-
« connait le caractère de marques, et en cela, il est en harmonie avec la théorie des
« droits intellectuels. Toute marque implique en effet un élément inventionnel, une
« conception propre, quelque rudimentaire qu'on la suppose, de l'agent industriel
« ou commercial, la prise de possession et la mise en circulation d'un signe nou-
« vellement imaginé. « Nouveau traité des marques de fabrique et de commerce.
« Bruxelles 1880, page 183) ».
L'article 1 de la loi belge du 1er avril 1879, auquel M. Braun fait allusion est ainsi
conçu :
« Peut servir de marque dans la forme distinctive qui lui est donnée par l'intéressé, le nom d'une personne ainsi que la raison sociale d'une maison de commerce
ou d'industrie. »

L'imperfection de la loi 1824 nous laisse assez indifférent, puisque le commerçant qui peut invoquer la législation positive pour faire respecter son nom, n'a qu'à invoquer le droit naturel et assigner l'usurpateur pour concurrence déloyale devant les tribunaux de commerce. Préfère-t-il la juridiction répressive? Il n'a qu'à faire inscrire son nom sur le régistre des marques antérieurement aux poursuites, pour transformer ce nom commercial en une véritable marque dont la contrefaçon ou l'imitation tombe alors sous le coup de la loi répressive du 23 juin 1587. Car aux termes de cette loi, le nom peut être choisi comme marque, sans même qu'on soit obligé à lui donner une disposition, un aspect caractéristique, comme dans certains pays.

Législations étrangères

SUISSE

La Suisse possède une législation complète sur le nom commercial. Elle emprunte ses motifs au désir du législateur de réglementer d'une façon minutieuse, comme en Allemagne, l'usage des *firmes* et raisons sociales, en rendant obligatoire, dans l'intérêt des tiers leur inscription au registre du commerce. Sur ce registre sont indiquées les raisons individuelles, les sociétés en nom collectif et en commandite, les sociétés par actions et associations, les sociétés non commerciales les autorisations et procurations, les succursales. Cette législation entrée en vigueur le 1er janvier 1883, en même temps que le code fédéral Suisse des obligations, se trouve complétée, en ce qui concerne le registre du commerce, par un réglement du conseil fédéral du 13 mars 1883. Ce registre, a reçu pendant les années 1883 et 1884, 41.283 inscriptions.

L'inscription est obligatoire pour les personnes, sociétés et associations qui font un commerce ou exercent une industrie de la forme commerciale, ainsi que pour les sociétés anonymes, quel que soit leur but.

Elle est facultative pour toutes les personnes capables de s'obliger par contrat, ainsi que pour les sociétés ayant un but intellectuel ou moral. Elle leur procure alors la personnalité civile avec les droits et les obligations qui en découlent.

Cette réglementation minutieuse du nom commercial s'explique par le besoin de combler une lacune de la législation sur les sociétés en matière de publicité légale : elle est, on le voit du reste, exclusive de toute prétention de faire reconnaître comme une chose nouvelle, de créer en un mot la propriété du nom commercial, qui était reconnue en Suisse comme dans tous les pays civilisés, avant la législation nouvelle de 1883.

ITALIE

La loi du 30 juin 1868 sur les marques de fabrique et de commerce (art. 5) défend l'appropriation de la *raison commerciale* ou de l'enseigne d'un magasin, de l'emblème caractéristique, de la dénomination ou du titre d'une association nationale ou étrangère, et défend aussi de les apposer sur des magasins, sur des objets d'industrie ou de commerce, sur des dessins, gravures ou autres ouvrages d'art, même lorsqu'il ne font pas partie d'une marque. Pour la protection dont il s'agit, il ne faut ni dépôt, ni aucune autre formalité.

La propriété du nom commercial pris dans le sens purement nominal est protégée par le droit commun contre toute usurpation illégitime. Pour la protection dont il s'agit, dit M. Monzilli (1), il ne faut ni dépôt, ni aucune autre formalité.

ALLEMAGNE. — AUTRICHE. — PORTUGAL

Le nom commercial est régi en Allemagne par une loi de 1865, appelée *loi des firmes* (2). Ces firmes sont publiées dans

---

(1) Monzilli loco-citato. p. 18.

(2) On appelle *firmes* une raison de commerce transmissible comme une marque et soumise à l'enregistrement lors de sa création et lors de transmissions ou des modifications. — de Maillard de Marafy. *Rapport présenté au nom de la section des marques de fabrique au Congrès international de la propriété industrielle* (page 26).

le *Moniteur de l'Empire* au fur et à mesure de leur inscription sur un registre spécial qui fait partie du registre de commerce. En entrant dans les affaires, dit M. de Maillard de Marafy, l'industriel, le négociant, est tenu de se faire inscrire sous une raison de commerce suffisamment différente de toute autre. » Toute firme naissante doit être différenciée de toutes celles qui l'ont précédée.

La jurisprudence Allemande s'appuyant sur les déclarations réitérées de la Chancellerie impériale exempte les étrangers de l'enregistrement de leur nom dans les registres du commerce. Ce n'est qu'au cas où une maison étrangère a une succursale en Allemagne qu'elle est tenue de se soumettre à la loi des firmes. En dehors de ce cas elle ne pourrait même pas, si elle y trouvait avantage, être admise à réclamer l'enregistrement de sa firme.

Le respect du nom commercial étranger, quoique exclu, en principe, du régime légal ordinaire des firmes, prouve donc qu'en Allemagne, comme ailleurs, la propriété du nom commercial est reconnue en dehors de la loi positive qui fixe les détails de la réglementation de cette propriété antérieure à elle, puisqu'elle rayonne en dehors de la sphère d'application de cette loi spéciale, quand il s'agit notamment des étrangers.

Les législations Autrichienne et Portugaise sur le nom commercial se rapprochent plus ou moins de la législation Allemande.

ANGLETERRE

M. de Marafy, dans un travail sur la protection du nom commercial à l'étranger (1) mentionne l'obligation d'en effectuer le dépôt en Angleterre lorsqu'il est imprimé, marqué ou tissé d'une manière particulière. N'est-il pas évident que c'est là une exception confirmant la règle, et provenant de ce que, dans ce cas, le nom est une vraie marque ? cela est si vrai

(1) V. le rapport cité plus bas.

que la Jurisprudence assimile, en Angleterre comme en France,
le nom à la marque, puisque le nom servant à marquer des
marchandises fait office de marque.

BRÉSIL

Au Brésil, dit le même auteur, le nom doit être déposé sous une forme
distinctive c'est-à-dire, soit avec addition de mots qui le rendent dissem-
blable de tout homonyme, soit accompagné de signes figuratifs.

Il est probable que ce dépôt est exigé dans ce pays, en
raison de ce que le nom devient aussi, dans ce cas, une marque, et pour pouvoir enrégistrer, aux termes des prescriptions
formelles de la loi Brésilienne, les mutations qui pourraient
survenir dans la propriété de cette marque. Cela ne prouve
pas que le nom commercial n'est pas protégé au Brésil indépendamment de tout dépôt, lorsqu'étant seul, il ne cherche
pas à se placer sous la protection de la loi sur les marques,
mais invoque le droit commun.

RÉPUBLIQUES ARGENTINE ET ORIENTALE

Dans les deux Républiques Argentine et Orientale, la protection du nom commercial est subordonnée à une condition
qui est de le différencier de celui de tout homonyme, à
l'aide de prénoms ou de qualifications bien distinctes. Les
nationaux ou étrangers ayant un établissement dans l'Etat,
deviennent propriétaires exclusifs d'un nom commercial
dont ils se sont servis pendant un an sans trouble. Il est
à remarquer que cette législation, loin d'amoindrir la protection du nom commercial indépendamment de tout dépôt, ne
fait que la fortifier, puisqu'elle présume propriétaire d'un
nom celui qui s'en est servi pendant un an même sans l'avoir
déposé, et que, d'un autre côté, elle le protège éventuellement contre la concurrence déloyale d'un homonyme sans se
reposer, comme la loi française, sur la jurisprudence, du soin
de prescrire l'emploi de prénoms distincts, afin d'éviter une
confusion entre deux négociants.

Opinion de M. de Maillard de Marafy

M. de Maillard de Marafy, dans une brochure annexée au compte-rendu du congrès de la propriété industrielle tenu au Trocadéro en 1878, fait remarquer (page 27) que les dispositions, qui protègent aujourd'hui le nom commercial, ne laissent que très peu de place aux cas dans lesquels il pourrait tomber dans le domaine public.

« On convient toutefois, ajoute l'auteur qu'il peut en être ainsi en deux circonstances, par la volonté explicite de l'intéressé, ou par sa volonté implicite, lorsqu'ayant attaché son nom à un brevet d'invention il en a fait la désignation nécessaire de l'objet breveté. En dehors de ces deux cas, la jurisprudence ne semble reconnaître aucun droit au domaine public sur un nom commercial ».

Ce passage est en contradiction formelle avec la théorie que soutient aujourd'hui l'*Union des fabricants*, dans un travail sinon dû à la plume de M. de Marafy (1), au moins rédigé avec sa collaboration. On y lit le passage suivant dont l'inexactitude manifeste résulte de ce qui précède :

Cette propriété, précieuse entre toutes (celle du nom commercial), n'est protégée par aucun traité (sauf avec un seul pays) en dehors de l'Union de la propriété industrielle. Sans doute il est des nations qui tiennent à l'honneur de protéger le nom commercial de l'étranger, même sans réciprocité ; mais outre que ce sont là de nobles exceptions qui confirment la règle, elles reposent uniquement sur des lois intérieures, ou une jurisprudence qui peuvent changer.

Et plus loin :

L'union de la propriété industrielle a imposé à tous ses adhérents le respect égal du nom commercial, et dans des conditions de sécurité qui n'existaient nulle part (2).

---

(1) M. de Maillard de Marafy est président du Comité consultatif de législation étrangère de l'Union des fabricants. Cela ne peut donc être qu'avec son approbation que la brochure en question a été adressée aux chambres de commerce pour la défense de la convention de 1883. Cette brochure est intitulée : *Convention internationale pour la protection de la propriété industrielle, commentée par l'Union des fabricants.*

(2) *La convention internationale relative à l'Union de la propriété industrielle commentée par l'Union des fabricants*, p. 6 et 7.

A cette assertion, dont nous avons démontré par avance l'inexactitude nous opposons le passage que nous avons extrait du mémoire d'un homme compétent, qui, par une coïncidence fâcheuse, change d'opinion, précisément au moment où celle qu'il professait en 1878 entrave la défense de la convention, sur laquelle l'*Union des fabricants* fonde un espoir spécial de propagande personnelle. Ajoutons que l'*Union* à engagé sa responsabilité morale dans la rédaction de l'art. 10, le plus dangereux pour les intérêts français, article dont elle a fourni elle-même la formule.

CHAPITRE VI

Dessins et modèles industriels

Législation française

Un décret-loi spécial à la région lyonnaise connu sous la désignation de « *loi du 18 mars 1806*, créa à cette date un conseil de Prud'hommes à Lyon. La section II, du titre II porte que ce conseil sera spécialement chargé de constater les contraventions aux lois et réglements nouveaux ou remis en vigueur. La Section III tout entière, comprenant les articles 14 à 19, a trait à la conservation de la propriété des dessins.

« Art. 15. — Tout fabricant qui voudra pouvoir revendiquer, par la suite, devant le tribunal de commerce, la propriété d'un dessin de son invention, sera tenu d'en déposer aux archives du Conseil des prud'hommes un échantillon plié sous enveloppe revêtu de ses cachet et signature, sur laquelle sera également apposé le cachet du Conseil des prud'hommes

« Art. 16. — Les dépôts de dessins seront inscrits sur un registre tenu *ad hoc* par le Conseil des prud'hommes, lequel delivrera aux fabricants, un certificat, rappelant le numero d'ordre du paquet déposé et constatant la date du dépôt.

« Art. 17. — En cas de contestation entre deux ou plusieurs fabricants sur la propriété d'un dessin, le Conseil des prud'hommes procédera à l'ouverture des paquets qui lui auront été déposés par les parties : il fournira un certificat indiquant le nom du fabricant qui aura la priorité de date.

« ART. 18. — En déposant son échantillon, le fabricant déclarera s'il entend se réserver la propriété exclusive pendant une, trois ou cinq années, ou à perpétuité, il sera tenu note de cette déclaration. A l'expiration du délai fixé par ladite déclaration, si la réserve est temporaire, tout paquet d'échantillon déposé sous cachet dans les archives du Conseil devra être transmis au conservatoire des arts de la ville de Lyon, et les échantillons y contenus être joints à la collection du conservatoire.

Le droit à payer est de 10 francs pour la propriété à perpétuité, de 1 franc pour chacune des années de protection, si on ne se réserve qu'un droit privatif temporaire.

Les articles 34 et 35 disposent :

« ART. 34. — Il pourra être établi par un réglement d'administration publique, délibéré au Conseil d'Etat, un Conseil de prud'hommes dans les villes de fabrique où le gouvernement le jugera convenable.

ART. 35. — La composition pourra être différente selon les lieux, mais ses attributions seront les mêmes ».

La loi du 18 mars 1806, quoique spéciale à la région lyonnaise, contient donc en elle-même le principe d'une application générale. Un avis du Conseil d'Etat du 30 mai 1823 étendit aux papiers de tenture les dispositions de cette loi, qui n'avait en vue primitivement que les dessins d'étoffes.

Une ordonnance royale du 17 août 1825 décide, sur l'avis conforme de la chancellerie et des comités réunis du contentieux et du commerce, que, dans les villes où il n'y aurait pas de conseil de prud'hommes, les fabricants devraient déposer leurs dessins de fabrique, non pas aux archives du Conseil de prud'hommes le plus voisin, comme l'avait pensé le comité de l'intérieur et du commerce, dans la séance tenue à ce sujet par le Conseil d'Etat le 18 mars 1825, mais bien au greffe du tribunal de commerce de leur arrondissement.

La jurisprudence, après quelques variations, a étendu définitivement aux modèles en relief les dispositions d'une loi primitivement faite pour les dessins d'étoffes : elle a estimé qu'un modèle est un dessin en relief. On peut donc déposer soit un dessin, soit un modèle.

Cette loi de 1806 soulève deux graves critiques.

1° La perpétuité du droit privatif n'existe dans aucune autre législation. La protection doit être temporaire.

2° Le dépôt se fait à couvert, c'est-à-dire, reste secret. La publicité donnée aux demandes de brevets et aux dépôts de marques de fabrique, devrait également être donnée aux dessins et modèles déposés, pour justifier l'action en dommages et intérêts qui peut être intentée, à défaut de l'action correctionnelle, contre le contrefacteur de bonne foi. On ne peut lui reprocher d'avoir ignoré le dépôt, puisqu'il reste secret. Cette publication aurait, pour le propriétaire du dessin ou modèle déposé l'avantage d'établir, comme en matière de brevets ou de marques, une présomption de mauvaise foi pouvant autoriser dans tous les cas une poursuite correctionnelle, avec la garantie de la contrainte par corps.

La loi de 1806 n'édicte aucune déchéance pour défaut d'exploitation, aucune obligation de fabriquer en France.

La matière réglée par la loi de 1806, fait l'objet d'un projet de la loi déposé par M. Bozérian au Sénat, à la suite des congrès de la propriété industrielle réuni en 1878 dans le palais du Trocadéro. Ce projet voté par le Sénat le 29 mars 1879, est à l'étude dans une Commission de Députés, présidée par M. Lepoutre, député du Nord, devant laquelle il rencontre une vive opposition (1).

Législations étrangères

ALLEMAGNE

La matière est réglée par la loi du 11 janvier 1876. Le dépôt du dessin ou du modèle est enregistré au tribunal de commerce dans le ressort duquel se trouve le principal établissement de celui pour le compte duquel il est effectué. Le dépôt a lieu à découvert; mais le déposant à la faculté de réclamer le secret pendant une période de temps qui ne peut dépasser trois années. La durée du droit privatif varie de trois à quinze ans.

(1) Ce projet réduit à 15 ans la durée du droit privatif.

Le dessin ou l'objet exécuté conformément au spécimen déposé doit porter la mention « *Eingetragen* ».

La déchéance est encourue si le modèle n'est pas fabriqué en Allemagne (1).

Les dépôts sont publiés tous les mois, dans le *Journal Officiel* de l'Empire.

La déchéance du droit est la conséquence, pour les Allemands comme pour les étrangers, du défaut d'exploitation.

Le dépôt est nul en outre, si le dessin ou modèle n'est pas fabriqué, ou même inventé en Allemagne (2), quelque soit, d'ailleurs, l'endroit où il se vend. (Loi du 11 janvier 1876, art. 16, § 1).

Droit international. — Les étrangers qui ont un établissement industriel en Allemagne y jouissent, pour les dessins et modèles, du traitement du national. Quant aux autres, ils ne peuvent acquérir par le dépôt un droit privatif sur un dessin ou modèle qu'en vertu des traités internationaux assurant dans leur pays la réciprocité diplomatique aux Allemands. La réciprocité purement légale ne produirait donc aucun effet (3). Dans ce cas, ils doivent effectuer leur déclaration et leur dépôt au tribunal de commerce de Leipzig. (Art. 16, p. 2 et 3) Dans les autres cas, le dépôt, avant toute sorte de publica-

(1) Un fabricant de Leipzig avait commandé à un dessinateur Viennois un projet pour un nouveau modèle industriel. Le dessinateur se mit immédiatement à l'œuvre, et envoya à son commettant un dessin que ce dernier approuva entièrement et qu'il fit enregistrer dans le registre des modèles industriels. Malgré l'accomplissement de cette formalité, le fabricant de Leipzig vit son modèle contrefait, sans autre forme de procès par un concurrent Berlinois. Il dénonça le contrefacteur, et le Ministère public intenta à ce dernier une action en contravention à la loi sur les modèles industriels. Dans l'audience relative à cette affaire le défenseur de l'accusé plaida que les dispositions de la loi précitée ne pouvaient être invoquées dans l'espèce, vu que la loi ne protégeait que les modèles inventés dans le pays, tandis que le modèle en question avait été créé à Vienne. Pour ce motif, il demandait l'acquittement de son client. Le tribunal admit dans son entier, la manière de voir du défenseur, et le président fit ressortir, en prononçant le jugement, l'intérêt qu'il y avait pour le fabricant de commander leurs modèles dans l'intérieur du pays. » (*La Propriété Industrielle* organe officiel du bureau international de l'Union. 1re année, page 96).

(2) Voir la jurisprudence citée à la note précédente.

(3) En France le système de la réciprocité diplomatique strictement exigée par la loi de 1857 pour les marques étrangères, a fait place, au système de la réciprocité diplomatique ou seulement légale depuis la loi du 26 novembre 1873, (art. 9). Cette loi assimile, sous ce rapport, les dessins aux marques, tandis qu'en Allemagne on exige des étrangers qui n'ont pas d'établissement industriel dans l'empire, la réciprocité diplomatique pour la validité des dépôts de marques et de dessins ou modèles, (V. art. 28 du traité conclu entre la France et le Zollverein le 2 août 1862, remis en vigueur après la guerre, par la Convention du 12 octobre 1871 *Journ. des Procès en Contr.*, no 10, page 91.

tion de l'œuvre nouvelle, est enregistré sur un registre spécial au tribunal de commerce, dans le ressort duquel se trouve
l'établissement principal du dessinateur.

ANGLETERRE

La nouvelle loi anglaise du 25 août 1883 sur la propriété industrielle donne la définition suivante du dessin de fabrique :

ART. 60. — Tout dessin applicable à un article de manufacture ou à
toute substance artificielle, ou naturelle ou en partie artificielle et en
partie naturelle, que ce dessin soit applicable au modèle ou à la forme, ou
à la conformation de l'objet, ou encore à l'ornementation de ce dernier,
ou qu'il soit, d'ailleurs, le moyen par lequel il est appliqué, que ce soit
par l'impression, la peinture, la broderie, le tissage, la couture, le mo-
delage, le coulage, le repoussé, la teinture en diverses couleurs, ou par
tous autres moyens manuels, mécaniques ou chimiques, employés séparément ou combinés, pourvu qu'il ne s'agisse pas d'un dessin pour une
sculpture on pour un autre objet, tombant sous l'application de la loi
de 1814 (au § 4 de Georges III, chapitre 56) sur le droit d'auteur en
matière d'œuvres de sculpture.»

La durée du droit d'auteur est de cinq ans, (art. 50). Le con-
troleur chargé d'enregistrer les dessins peut se refuser à l'enregistrement. En ce cas le département du Commerce rend
une ordonnance déterminant si l'enregistrement doit avoir
lieu.

ART. 51. — Si un dessin enregistré est utilisé industriellement dans
un pays étranger, et qu'il ne soit pas utilisé dans la Grande Bretagne,
dans les six mois à partir de son enregistrement le droit d'auteur sur
ce dessin cessera d'exister.

Droit international. — (Voir l'article 10 de la convention conclue entre la France et l'Angleterre, le 28 février 1882.
Jour. des proc. en contr. n° 40 p. 58), Echange du traitement
du national.

AUTRICHE-HONGRIE

La matière des dessins et modèles de fabrique est réglée

(1) Annales de Pataille, 59 197.

dans ce pays par la loi du 7 décembre 1858, et la loi du 23 mai
1865 (1). Le dépôt est communiqué au public. On peut le faire
sous pli cacheté; mais, dans ce cas, le secret ne peut durer
plus d'un an (2). Il est fait à la Chambre de commerce ou d'industrie dans le district de laquelle se trouve l'établissement
de l'inventeur. La déchéance est encourue, en cas de non exploitation en Autriche dans l'année qui suit le dépôt, comme
en Allemagne. Mais la loi Autrichienne renchérit encore sur
la loi Allemande, au point de vue des dispositions protectrices
de son industrie nationale, car la déchéance du droit privatif
sur un dessin résulte en outre de l'introduction en Autriche
de produits confectionnés à l'étranger, d'après le même dessin.
Une loi du 20 décembre 1879, a étendu les dispositions de
cette loi a la Bosnie et à l'Herzégovine (3).

Droit international. — Une convention de commerce
conclue avec la France le 7 novembre 1881 approuvée par la
Chambre des Députés, le 31 mars 1882 reproduit les articles
11 et 12 d'un traité conclu le 11 décembre 1866 et qui prit fin
le 31 décembre 1878 : aux termes de cet article 11, c'est la loi
du pays qui fixe la durée du droit de l'étranger sur les dessins
ou modèles, et non pas la loi du pays de cet étranger. En
d'autres termes, le droit privatif ne peut avoir, au profit des
sujets d'un Etat contractant dans l'autre Etat, une durée plus
longue que celle fixée par la loi du pays à l'égard de ses nationaux.

C'est là une formule abstraite et courante, devenue pour ainsi
dire de style, dans toutes les conventions relatives aux dessins
et modèles et, qui ne fait que reproduire, d'ailleurs, ce qu'il y
a dans l'échange du traitement du national, base de tous les
traités. Elle a été inventée par la diplomatie française, qui n'aurait jamais accepté la rédaction suivante, cependant équivalente au fond, et beaucoup plus claire que l'autre, rédaction
qui aurait, du moins, jeté un jour plus lumineux sur la situa-

(1) Aucune prolongation ne peut-être accordée.
(2) Annuaire de législation comparée 1881, page 257.
(3) C'est une anomalie provenant sans doute de ce que le rédacteur du traité ne
s'est pas rappelé que ce n'est pas au Tribunal de Commerce mais au Conseil de pru-
d'hommes que se font les dépôts de modèles.

tion faite à la France par ces sortes de traités, en permettant aux chambres, invitées à les ratifier, de doser la duperie et l'incapacité de nos diplomates, ou plutôt des bureaux où s'élaborent ces formules :

Il est, et reste bien entendu, entre les hautes parties contractantes, que les Autrichiens, en France, jouiront, en vertu de la loi de 1806, d'un droit privatif perpétuel sur leurs dessins et modèles déposés par eux au tribunal de commerce de la Seine, sans être astreints à exploiter en France, ni soumis à aucune déchéance pour introduction sur le sol des modèles fabriqués à l'étranger d'après le type déposé ; et que, de leur côté, les Français n'auront, en Autriche, qu'un privilège de trois ans sur les dessins et modèles déposés par eux, en double exemplaire à la Chambre de commerce de Vienne : ils seront tenus d'exploiter dans l'année qui suit le dépôt, sous peine d'une déchéance, qui serait également encourue, au cas d'introduction d'objets fabriqués en France, ou dans un pays étranger à l'Empire conformément au modèle déposé.

Cette traduction exacte de la formule reproduite plus haut donne une idée assez nette de la manière, toute généreuse et chevaleresque, dont la France pratique ce qu'elle appelle la réciprocité diplomatique. Ce qu'il y a de plus grave c'est que cette formule qui n'est pas aussi banale qu'elle en a l'air, et qui a pour l'Autriche-Hongrie une valeur réelle et toute spéciale, est insérée dans un traité de commerce et participera à sa durée, sans qu'on puisse rien y modifier avant le renouvellement de ce traité.

BELGIQUE

La propriété des dessins et modèles est encore réglée en Belgique par la loi du 18 mars 1806 et l'article 425 du Code pénal.

Droit international. --Un traité de commerce et de navigation, conclu avec la France le 1er mai 1861, consacrait deux articles (15 et 16) à la propriété des dessins. Successivement prorogé en 1873, en 1879, en 1881, il a été remplacé, en ce qui concerne la garantie des dessins et modèles, par une *conven-*

tion sur la propriété littéraire artistique et industrielle signée
le même jour que le nouveau traité de commerce, c'est-à-
dire, le 31 octobre 1881 (1), et promulguée en France le 13
mai 1882 (2).

Cette convention admet, en matière de propriété littéraire
et artistique, une véritable clause de la nation la plus favorisée. C'est une question de savoir si cette clause doit être
étendue à propriété des dessins et modèles industriels.

L'article 14 de la Convention du 13 mai 1882, contient ce
paragraphe qu'il faut noter :

> Les droits des Français en Belgique et réciproquement les droits des
> Belges en France, ne sont pas subordonnés à l'obligation d'y exploiter
> les modèles ou dessins de fabrique (3).

Cette stipulation était inutile puisqu'elle délie les contractants d'une obligation qui n'existe dans aucun des deux
Etats. Mais elle a eu pour résultat de lier la France, et de
l'empêcher d'établir cette déchéance, si elle le croit opportun, dans l'avenir, du moins jusqu'au 1er février 1892, date
avant laquelle la Convention ne peut être dénoncée (4).

Il est encore stipulé dans le traité du 31 octobre 1882,
que :

> Le droit exclusif d'exploiter un dessin ou modèle industriel ou de
> fabrique ne peut avoir, au profit des Belges en France, et réciproque-
> ment, au profit des Français en Belgique, une durée plus longue que
> celle fixée par la loi du pays à l'égard des nationaux.

Cela signifie que, si les lois des deux pays n'admettent pas,
la même durée pour les droits d'auteurs, sur les dessins et modèles un étranger ne pourra invoquer la durée la plus longue,
en se réclamant de sa propre loi, dans le pays voisin dont la

(1) Voir *Journ. Proc. en contref.*, p. 60, IIe année.
(2) *Journal officiel* du 13 mai 1882.
(3) Cette clause a été également insérée dans la Convention du 29 Juin 1882 avec
l'Italie.
(4) Projet de loi sur les dessins et modèles déposé par M. Bozérian le 11 Janvier
1877 et voté par le Sénat le 29 Mars 1879, contient justement une disposition relative
à la déchéance pour non-exploitation dans les deux années qui auront suivi la publication. Si cette disposition est maintenue, elle sera sans application possible aux Belges comme aux Italiens, en vertu du traité ci-dessus. La Suisse, représentée par une
diplomatie de premier ordre, se réserve dans les traités la faculté de modifier sa loi
intérieure comme il lui plaira. Au contraire la France n'a jamais fait cette réserve.

loi admettrait une durée plus courte pour ses nationaux. En d'autres termes, si la loi Belge réduisait à 10 ans la durée de ce droit, cela n'empêcherait pas les Belges, en France, de réclamer une protection perpétuelle, tandis que les Français en Belgique n'auraient jamais plus de dix ans pour exploiter leur dessin. M. Fauchille voit dans cette stipulation l'application du principe de la solidarité des dépôts de dessins fait dans les deux pays (1). Cela signifie donc pour lui, en reprenant l'hypothèse que nous venons d'examiner qu'un dessin déposé en Belgique et en France par un Belge, tomberait dans le domaine public en France à l'expiration du droit privatif en Belgique. Nous ne pouvons admettre cela un seul instant. Il suffit de relire le texte, pour constater l'erreur de M. Fauchille.

De ce que nous ne pensons pas que la solidarité des deux dépôts résulte du texte invoqué, ni qu'elle puisse se concilier avec l'échange du traitement du national, il ne faudrait pas conclure que cette solidarité nous paraisse critiquable. Nous pensons, au contraire, qu'il faudra l'établir, le jour où l'on se préoccupera de rendre la réciprocité diplomatique réelle et effective. C'est parce que cette solidarité n'existe pas, qu'un Italien peut se faire protéger à perpétuité en France, tandis qu'il ne jouit dans son pays, et les Français comme lui, que d'un droit de deux ans. Avec le système de la solidarité des dépôts, ses droits d'auteur dureraient en France le même temps qu'en Italie, c'est-à-dire, pas plus longtemps que les droits d'auteurs des Français dans ce pays (2).

ESPAGNE

L'Espagne n'a pas de loi sur la matière des dessins et modèles. Du moins, M. Pouillet l'affirme (3). De son côté, M. Fauchille prétend que la loi espagnole du 30 juillet 1878 sur les brevets d'invention, étend les brevets aux dessins de fabri-

---

(1) P. 353.
(2) Le traitement du national est tout à l'avantage du pays où le droit privatif est le plus court. Sous ce rapport la France est dupe de cette réciprocité illusoire.
(3) *Traité thorique et pratique des dessins et modèles de fabrique*, p. 193.

que et que cette loi exige pour la protection des dessins de fabrique la prise d'un brevet (Art. 1 et 2).

Droit international. — Le traité conclu avec la France le 6 février 1882, applique l'échange du traitement du national aux dessins ou modèles industriels (Art 7). Si M. Pouillet a raison, s'il n'y a pas de législation sur la matière en Espagne, on voit combien il eût été préférable de ne pas parler des dessins. La duperie française atteindrait dans ce cas, son maximum d'intensité. L'article 7 du traité, comme le traité Franco-Belge, décide que c'est la loi étrangère, et non celle de son propre pays, qui fixe la durée du droit d'un étranger sur un dessin. Même dispense d'exploiter pour conserver son droit, que dans le traité Belge.

CANADA

Un acte de 1868, complété par un acte de 1876, règlemente la matière. Les dessins et modèles sont enregistrés sur un registre spécial tenu au Ministère de l'Agriculture et du Commerce à Ottawa. Le ministre exerce un droit d'examen préalable portant sur la nouveauté. Son refus d'enregistrement donne lieu à un appel au gouverneur en son conseil.

Un acte voté en 1879 a réglementé l'enregistrement du dessin et l'exercice du droit d'examen préalable.

Le refus d'enregistrement peut avoir lieu, si le dessin n'est pas nouveau, s'il est de nature à tromper le public, s'il représente quelques immoralités ou figures scandaleuses, s'il ne renferme pas les caractères essentiels d'un dessin (art. 5 et 20) (1). Le dépôt ne peut être fait à couvert. Le nom du déposant et le titre du dessin est publié par la *Gazette du Canada.*

Droit international. — L'acte de 1868 accorde aux étrangers résidant au Canada le droit d'y faire enregistrer leurs dessins de fabrique (art. 19) ; à la condition, cependant, que le dessin ou modèle s'appliquera à des matières fabriquées au Canada.

(1) Annuaire de législation comparée, année 1880, page 893.

C'est le seul pays, avec l'Allemagne, depuis 1876, dit M. Fauchille (1) où l'on exige cette condition. M. Fauchille oublie l'Autriche dans son énumération (2).

De ce que les étrangers résidant au Canada peuvent y acquérir un droit privatif sur des dessins ou modèles, il en résulte en vertu de la réciprocité légale admise par l'article 9 de la loi du 26 juillet 1873, que les Canadiens résidant en France auront le même droit. La condition de la résidence au Canada étant imposée aux Français, celle de la résidence de France en découle pour les Canadiens.

DANEMARCK

Il n'y a pas de loi relative aux dessins et modèles.

Droit international. — Un traité signé en avril 1880 avec la France accorde aux Français sur le territoire Danois, la protection de leurs marques sur la base du traitement du national. Il ne parle ni des dessins ni des modèles (3).

Jusqu'à ce que cette lacune soit comblée, le principe de la réciprocité légale prive les Danois, en France, de toute protection pour leurs modèles ou dessins.

ÉTATS-UNIS

La législation des États-Unis sur les modèles et dessins est très diffuse. On y délivre des patentes pour les dessins comme pour les inventions. La durée du droit privatif est de 3 ans 1/2, 7 ans, ou 14 ans au gré du déposant. Le dépôt se fait à découvert : il doit être accompagné d'une description explicative. Il se fait au *Patent office de Washington*, et reçoit la publicité d'un journal officiel (4).

(1) P. 33.
(2) *Vide supra* : Ce que nous avons dit de la législation Autrichienne. Un arrêt de la cour de Paris du 13 février 1880. admet, malgré le silence de la loi, la même condition, pour la conservation du droit privatif en France (Sirey 80, 2 129).
(3) C'est donc par erreur que nous avons écrit qu'il n'y avait aucun traité Franco-Danois sur la propriété industrielle (p. 55).
(4) *Journ. des Proc. en contref.*, p. 51.

Droit international. — La loi des Etats-Unis assimile les étrangers aux nationaux. Les citoyens de ce pays jouissent donc en France de la réciprocité, en vertu de l'article 9 de la loi du 26 novembre 1873 qui admet la réciprocité légale au même titre que la réciprocité diplomatique pour l'admission des étrangers au bénéfice de nos lois touchant le nom commercial, les marques, *dessins* ou marques de fabrique (1).

ITALIE

Les dessins et modèles sont protégés dans ce pays par un brevet, comme les inventions.

Ils tombent donc sous l'application de la loi du 30 août 1868 et du décret du 7 février 1869.

Le droit privatif est limité à deux ans depuis la publication du brevet au *Journal Officiel*.

Le défaut d'exploitation dans l'année entraine la déchéance.

Droit international. — Une convention littéraire et artistique, a été conclue avec l'Italie le 29 juin 1862 (2). Les articles 13 et 15 de cette convention,(dit M. Fauchille), (3) décident que la durée du brevet Italien dépend de celle du brevet étranger et réciproquement. C'est là une erreur que nous avons déjà relevée à propos du traité conclu le 31 octobre 1882, avec la Belgique, au sujet d'une clause identique.

Même dispense d'exploiter que celle déjà signalée dans le traité Franco-Belge. Seulement cette dispense n'étant pas contenue dans un traité dont la durée est fixée d'avance, comme le traité de commerce Franco-Belge, si la nouvelle loi française édicte la déchéance du droit privatif portant sur les dessins et modèles pour défaut d'exploitation, cette loi pourra devenir applicable aux Italiens, par la dénonciation du traité du 29 juin 1862 qui pourra toujours avoir lieu.

(1) Comp. Renault *Journal de droit international*, 1878, p. 130.
(2) Quelque singulier que soit cet amalgame des questions de dessins avec les questions littéraires, il est bien préférable a cet amalgame trop fréquent des questions de propriété industrielle avec celles de tarifs des douanes.
(3) P. 319.

8

Même anomalie que dans le traité Franco-Autrichien pour le dépôt des dessins Italiens en double exemplaire au greffe du tribunal de la Seine, au lieu du secrétariat du conseil des Prudhommes.

PAYS-BAS

Il n'y a pas aux Pays-Bas de lois sur les dessins et modèles.

Droit international. — L'article 24 du traité de commerce du 7 juillet 1865, stipulant que la réciprocité diplomatique serait établie entre la France et les Pays-Bas, *lorsqu'il conviendrait au gouvernement de ce pays d'adopter une loi pour la protection des dessins et modèles* : cette disposition fort sage a été reproduite par le nouveau traité de commerce du 26 novembre 1881 (1), puis par une déclaration échangée entre la France et les Pays-Bas, pour la garantie réciproque des marques de fabrique et de commerce, le 19 avril 1884 (2), déclaration provisoire, destinée à disparaître devant la convention du 20 mars 1883, dès qu'elle deviendrait exécutoire, c'est-à-dire à partir du 6 juillet 1884. Cette convention ne garantit point, à l'égard des Pays-Bas, pas plus qu'à l'égard de l'Espagne, de la Serbie, du Salvador, du Guatemala, du Brésil, qui font partie de l'Union sans avoir de loi sur les dessins et modèles, et des autres pays qui, n'ayant pas non plus de loi sur la matière, adhéreraient dans la suite à la convention ne garantit point, disons-nous, à nos nationaux le bénéfice de la réciprocité légale.

PORTUGAL

La propriété des dessins et modèles est régie par le code pénal. — Les dépôts sont faits au greffe du tribunal civil de Lisbonne et peuvent être effectués par mandataire (3).

(1) *Journal Officiel*, 1881, p. 1883. — Fauchille, 318.
(2) *Journal des Proc. en contref.*, 1re année, p. 271
(3) Thirios. (*Dessins et modèles de fabrique*), 1877, p. 51.

Droit international. — L'article 7 du traité conclu avec la France le 11 juillet 1866 admet la réciprocité sur la base du traitement du national (1).

RUSSIE

Une loi du 11 juillet 1864 garantit la propriété des dessins et modèles industriels contre toute reproduction par les tiers « dans les fabriques, usines, et autres ateliers industriels (2).

Le conseil des manufactures de Moscou et de St-Pétersbourg reçoit le dépôt en double exemplaire, dont l'un est envoyé au dépôt central à Moscou.

Le dépôt reste secret pendant une année au moins. La durée du droit varie de un an à dix ans.

Droit international. — Les étrangers sont assimilés aux nationaux. La réciprocité de traitement, se trouve ainsi établie par la loi Russe du 11 juillet 1864 et l'article 9 de la loi du 26 juillet 1873 déjà cité.

SUISSE

La Suisse n'a actuellement aucune loi fédérale sur les dessins et modèles industriels. Seul le canton d'Appenzel reconnaît cette propriété industrielle protégée par une loi cantonale du 28 octobre 1860.

Droit international. — Les Suisses se trouvant privés en France du bénéfice de la loi de 1806, parce qu'ils ne pouvaient invoquer le principe de la réciprocité légale, le gouvernement fédéral conclut avec la France le 23 février 1882 une convention qui pour faire bénéficier les Suisses en France du principe de la réciprocité légale, donne aux Français en Suisse dans cette matière, des droits qui n'existent pas pour les nationaux. — Cette convention qui comprend 24 articles, constitue, en ce qui concerne les dispositions applicables en Suisse, où elle tient lieu de loi, une législation complète qui fait grand honneur à ses rédacteurs.

(1) Voir le texte de l'article (p. 51).
(2) Dessins et modèles de fabriques en France et à l'étranger par Thirion, p. 57.

Dispositions applicables en France.

Le dépôt des dessins suisses se fera au secrétariat du conseil des prudhommes des tissus à Paris.

Les droits des ressortissants Suisses ne sont pas subordonnés à l'obligation d'y exploiter les dessins et modèles industriels.

Dispositions applicables en Suisse

Le dépôt a lieu *au département fédéral du commerce à Berne.* Il confère un droit privatif de un, deux ou trois ans. On peut le renouveler trois fois, ce qui peut porter la durée totale du droit à neuf années.

Le dépôt peut être fait à découvert ou sous enveloppe. Le secret ne peut durer plus d'un an.

Les dispositions applicables en France le sont aussi en Suisse ; avec cette différence que la Suisse se réserve de les remplacer par celles de la législation qu'elle adoptera, à la seule condition de sauvegarder le principe de l'assimilation des étrangers aux nationaux (art. 8).

Au cas où une nouvelle législation serait adoptée dans l'un ou l'autre des deux pays, ou dans les deux, les hautes parties contractantes sont convenues de réviser la convention internationale du 23 février 1882 ; mais cette révision ne *pourrait être modifiée que d'un commun accord.* L'article 24 ajoute :

  « Si les garanties accordées actuellement en France à la protection de la propriété des dessins ou modèles industriels venaient à être modifiées pendant la durée de la présente convention, le gouvernement fédéral Suisse serait *autorisé* à remplacer les dispositions des articles 4 à 23 ci-dessus par les nouvelles dispositions édictées par la législation française. »

  Il résulte de là que, si une nouvelle législation française sur les dessins favorisait les étrangers, la Suisse ne serait point tenue de traiter les Français sur le pied de la réciprocité légale. Si au contraire notre loi est modifiée dans un sens national, par exemple, si elle établit l'obligation d'exploiter en France et la déchéance pour introduction, comme en Autriche, la Suisse pourrait, appliquer aux Français non plus le

traitement du national, stipulé dans la convention, mais la
réciprocité légale. Il est à noter qu'elle ne pourrait qualifier
ce nouveau régime de « représailles » ; car, s'il convenait à la
France d'entrer dans cette voie nouvelle de dispositions protectrices du travail national, elles seraient sans application
possible aux Suisses, la convention de 1882 qui contient la
dispense d'exploiter, restant obligatoire pour les deux pays
jusqu'à ce qu'elles soient modifiées d'un commun accord.
Elles ne seraient pas d'avantage opposables aux Espagnols,
aux Belges et aux Italiens, à cause de la dispense expresse
d'exploiter, contenue dans un traité qui devrait prévaloir sur
une loi postérieure. Seulement cette dispense d'exploiter est
acquise, quoi qu'il arrive, et nonobstant toute modification
ultérieure de notre législation, aux Espagnols (art. 7 du traité
de commerce du 6 février 1883) pour toute la durée du traité
de commerce qui contient cette dispense ; tandis que pour
les Suisses, les Belges et les Italiens la question des modèles
et dessins étant réglée dans des conventions spéciales, la dispense d'exploiter cesserait pour eux en France, un an après
la dénonciation de ces conventions qui ne sont pas des traités de commerce auxquels on assigne toujours une durée précise.

Cette convention Franco-Suisse est donc, en réalité, au point
de vue Suisse, un modèle du genre. Elle est due à M. Numa
Droz conseiller fédéral, diplomate de premier ordre.

Si on a prévu l'éventualité d'une législation nouvelle soit en
France, soit en Suisse, c'est que la Chambre française est
saisie du projet de M. Bozérian, tandis qu'un avant projet de
la Suisse sur la matière a été accepté par le Conseil fédéral le
11 octobre 1877.

· Les deux projets admettent la déchéance pour non-exploitation dans les deux ans. Celui, qui est dû à la rédaction de
M. Numa Droz, soumet les étrangers, établis dans d'autres
pays, qui déposent des dessins en Suisse, à l'obligation de
prouver que leurs dessins sont déjà protégés au lieu de leur
domicile (art. 4).

SUÈDE ET NORWÈGE

Il n'existe pas de loi qui protège la propriété des dessins
et des modèles de fabrique en Suède et en Norwège.

Droit international. — Une convention du 12 mai 1882
signée avec la France s'occupe de la protection des marques : on a ajouté ; *ainsi que des dessins et modèles industriels*
en considérant, comme vis-à-vis de la Hollande et de l'Espagne la réciprocité légale comme une quantité négligeable.
Même dispense d'exploiter que vis-à-vis de la Belgique, de
l'Italie, de l'Espagne et de la Suisse.

Non seulement nous protégeons à perpétuité les dessins et
modèles des Suédois, qui ne protégeront les dessins français,
que quand il leur plaira, et, s'il leur plait d'adopter une loi sur
la matière ; mais, (ce qui est plus fort) s'il convenait à la
France d'établir la déchéance du droit sur les dessins pour
défaut d'exploitation, contenue dans le projet Bozérian, les
Suédois jouiraient quand même de la dispense contenue dans
la convention du 12 mai 1882, et pour toute la durée de ce
traité de commerce. Nos diplomates ont donc été aussi généreux à l'égard de la Suède, qu'à l'égard de la Suisse.

Inutilité et inconvénients d'une Union internationale

Pour la protection de la propriété industrielle

L'exposé que nous venons de faire du droit commun français
en matière de propriété industrielle et de la législation internationale qui nous régissait en 1878, avant le Congrès du Trocadéro, qui a été, comme on le sait, le point de départ du
nouveau régime, prouve déjà que le besoin d'une convention
internationale ne se faisait nullement sentir.

I. — Brevets

Traitement du national. — En ce qui concerne les brevets,

toutes les législations assimilant, pour la prise des brevets, l'étranger au national, sans condition de résidence ni de domicile, il n'y avait pas, à ce premier point de vue, matière à convention internationale, toute tentative d'unification internationale ne pouvant avoir pour résultat immédiat que d'obliger la France à renoncer au bénéfice de l'article 32 de la loi du 5 juillet 1844 sur les brevets (1).

Délai de priorité. — Un délai de priorité quelconque pour faire breveter à l'étranger une invention déjà brevetée dans un pays d'origine, a pour résultat d'empêcher que des articles de journaux, ou des faits d'exploitation antérieurs à la prise du brevet d'importation, ne fassent perdre à l'inventeur tout droit privatif dans le pays étranger, par la divulgation qui en est la conséquence. Il emprunte donc ses motifs au désir de protéger l'inventeur contre les effets de la divulgation qui résulte de la communication au public de ses dessins et de ses spécifications dans les bureaux du ministère. Ce droit de priorité donne aussi satisfaction, en France, à des théoriciens, qui refusent d'envisager exclusivement le point de vue national, et ne veulent pas tenir compte ce ce fait, que le droit de priorité servira plus les inventeurs étrangers, en France, que les inventeurs français à l'étranger. Nous avons déjà prouvé par des documents législatifs que la divulgation administrative des inventions à l'étranger la fait tomber dans le domaine public en France, tandis que la simple divulgation administrative en France ne fait pas perdre à l'inventeur son droit à un brevet efficace à l'étranger, si des articles de journaux, ou une exploitation antérieure de l'invention dans le pays, n'y a pas devancé la prise du brevet d'importation. Les théoriciens affectent d'ailleurs de ne pas apercevoir les accrocs que le droit de priorité, réclamé par eux, fait à la vraie théorie des brevets, qui veut que le domaine public ne restitue jamais, en matière d'inventions brevetées, ce qu'il a une fois conquis par une divulgation antérieure. Peu leur importe la multiplicité déjà trop grande des brevets, qui s'en trouvera encore

(1) Cet arti le 32 qui n'a pas d'équivalent dans les législations étrangères édicte, comme on le sait, la déchéance des brevets en cas d'importation pour le breveté, en France, d'articles similaires à ceux brevetés.

accrue au profit des étrangers, au détriment de la liberté industrielle des manufacturiers français. Peu leur importe qu'on puisse procurer aux inventeurs français l'équivalent de ce droit de priorité, ce qui rendrait toute convention internationale inutile, quant aux brevets, et ce qui fait que la dénonciation de la convention de 1883 n'amènerait, de ce chef, aucun changement dans la situation des inventeurs brevetés originairement en France. Si l'administration, qui laisse dormir les demandes de brevets dans les cartons du ministère pendant un intervalle moyen de cinq à six mois, avant de communiquer au public les dessins et les descriptions, voulait prolonger une fois pour toutes, en vertu d'une décision s'appliquant à tous, cette gestation administrative des brevets jusqu'au sixième mois, il n'y aurait presque rien de changé à la pratique habituelle. En revanche, l'administration donnerait ainsi aux inventeurs, originairement brevetés en France, la certitude que, pendant six mois, aucun étranger, journaliste ou industriel, ne pourra divulguer par la presse ou commencer à exploiter dans son pays l'invention brevetée en France, pour l'y faire tomber dans le domaine public du pays étranger, antérieurement à la prise du brevet d'importation par le breveté originaire. Or, c'est là le résultat qu'on aurait pu atteindre, au point de vue français, sans convention internationale, et sans se départir, à l'égard des étrangers, des rigueurs de la loi de 1844 en matière de brevetabilité, rigueurs que les inventeurs français doivent subir, tant que la loi de 1844 n'aura pas été corrigée sur ce point. Tel est l'ascendant qu'exerce, sur les promoteurs et les défenseurs de la convention de 1883, la théorie pure de tout alliage avec la pratique, qu'il semble que l'on soit trop exigeant en demandant que l'on n'exempte pas, en France, les inventeurs étrangers des conditions rigoureuses auxquelles les inventeurs français sont soumis dans leur propre pays.

II. — Marques de fabrique

La protection des marques françaises à l'étranger est subordonnée à deux conditions :

1° Existence de traités de réciprocité avec les pays étrangers;

2º Impartialité des magistrats dans un procès où figure un national assigné par un français, impartialité qui leur permet de résister à l'envie d'éluder l'application de la loi et du traité de réciprocité par des considérations de fait, qu'il est toujours facile d'introduire dans les motifs d'un jugement (1).

A. La première condition regarde la diplomatie, c'est-à-dire le gouvernement français. Sous ce rapport nous avons prouvé qu'il avait fait le nécessaire, en concluant des traités de réciprocité avec tous les pays qui ont une législation sur la matière, sauf le Chili avec lequel nous pourrons conclure, quand nous voudrons, un traité semblable à celui qu'il a signé avec la Belgique en 1875. L'inutilité d'une convention internationale spéciale ressort de ces traités que l'on aurait pu se contenter de réviser pour les améliorer, s'il y avait lieu.

B. Il ne dépend pas de nous de pouvoir réaliser la seconde condition à l'étranger où elle nous fait défaut dans la plupart des pays. La France conclut des traités qu'elle exécute loyalement avec des pays étrangers qui ne les respectent pas. C'est un fait dont il faut tenir compte, pour calculer la somme d'avantages que nous pouvons retirer d'une convention internationale.

Une convention de cette sorte en matière de marques, ne peut se conclure qu'au préjudice du pays qui est le plus sévère pour l'importation des produits étrangers revêtus de la marque d'un national, parce qu'il est obligé de faire des concessions au détriment de la protection de ses marques. C'est le cas de la France. Nous verrons plus loin ce qu'elle a dû sacrifier pour arriver à une entente avec les autres nations.

Un traité de réciprocité pour la protection des marques ne se conclut qu'avec un pays dont la législation reconnait cette propriété industrielle Au contraire, une convention internationale peut créer une Union dans laquelle il est à craindre que des pays qui n'ont pas de lois sur les marques ou sur les brevets ne puissent se faufiler subrepticement. La réciprocité ne portant que sur l'échange du traitement national, ce trai-

---

(1) Cette impartialité fait l'honneur des magistrats français. Il faut reconnaître que la cour de Leipzig en a fait preuve dans l'arrêt *Armstrong*. Est-ce un fait isolé? Il est bien certain qu'il y a des pays comme l'Espagne ou les Etats-Unis où un étranger ne peut jamais obtenir la condamnation d'un contrefacteur.

tement accordé à un français, en vertu de la convention, devient une dérision quand le national lui-même n'a aucun droit.

C'est ce qui devait arriver dans l'*Union pour la protection de la propriété industrielle*, en ce qui concerne la Suisse, la Hollande et la Serbie pour les brevets, les pays d'Amérique, hormis le Brésil, pour les marques de fabrique, l'Espagne, la Hollande, la Suède et la Norwège pour les dessins et modèles industriels, et presque toutes les autres nations, pour la durée de la protection accordée pour ces dessins et modèles comme nous le verrons plus loin.

III. — Dessins et modèles industriels

Dans cette matière, l'inutilité d'une convention internationale apparait plus clairement peut-être que dans la matière des brevets et des marques de fabrique. La France se trouve dans un état d'infériorité notoire, au point de vue de la protection accordée par elle aux étrangers. Ainsi le décret de 1806 protège, sans limite de durée le modèle ou dessin déposé au secrétariat du Conseil des prud'hommes, sous pli cacheté. Nous protégeons donc à perpétuité les modèles et dessins étrangers, tandis qu'en vertu de cet échange du traitement du national, les modèles et les dessins français ne sont respectés, quand ils le sont, à l'étranger, que pendant un temps qui varie selon les pays.

Outre l'inégalité de traitement résultant de la durée du droit privatif accordé à l'étranger, la protection des dessins et modèles français est particulièrement illusoire, malgré l'échange du traitement du national qui est tout à notre détriment, en Allemagne, où l'on ne protège que les dessins et modèles inventés dans le pays même; en Autriche, où la même disposition se trouve renforcée de l'obligation d'exploiter dans l'année et de la déchéance encourue par le propriétaire du dessin ou modèle déposé, qui aurait introduit des produits fabriqués à l'étranger d'après ce même dessin.

Une Union pour la protection de la propriété industrielle qui amalgamerait les brevets, les marques et les dessins, sans admettre que les dispositions relatives à une de ces trois branches de la propriété industrielle ne seraient applicables qu'aux citoyens ou sujets des Etats dont la législation reconnaît cette branche de la propriété industrielle, aurait l'inconvénient grave d'assurer en France des droits aux nationaux du pays qui n'en reconnaîtraient aucun aux Français.

Cela se produirait pour les dessins comme pour les marques. Ainsi l'Espagne, la Suède et la Norwège, les Pays-Bas, le Guatemala, la Serbie, le Brésil, le Salvador, la République ce Saint-Domingue et tous les pays d'Amérique, qui ne font pas partie des Etats-Unis, la Grèce, l'Egypte, la Turquie, la Roumanie, le Danemark, les Indes, l'Australie, en entrant dans l'Union ne s'engageraient à rien pour la protection des dessins et modèles français, tandis que leurs nationaux pourraient jouir chez nous d'une protection perpétuelle, en vertu de la loi de 1806 et du traitement du national.

En ce qui concerne les dessins, comme en ce qui concerne les marques et les brevets, une Union ne serait pas seulement inutile : elle lèserait gravement les intérêts français.

IIIᵉ PARTIE

Historique de la Convention internationale

du 20 mars 1883 pour la protection de la propriété industrielle

CONGRÈS DU TROCADÉRO

En 1873 un congrès s'était réuni à Vienne pour étudier les bases d'une loi internationale, uniforme sur les brevets d'invention. Cette première tentative avait être renouvelée en

1878 à Paris pendant l'Exposition. A la demande de la section
de la Propriété industrielle de 1878, la Commission des Congrès et conférences décida qu'un Congrès international de la
Propriété industrielle aurait lieu au Palais du Trocadéro, du
5 au 16 septembre 1878. ce Congrès fut autorisé officiellement
Un comité d'organisation présidé par M. Bozérian prépara un
programme détaillé comprenant : 1° les brevets d'invention,
2° les dessins et modèles industriels, 3° les marques de fabrique ou de commerce, le nom commercial, les récompenses
et médailles industrielles. L'étude en fut répartie entre trois
sections. Ce programme soulevait toutes les questions de législation que la matière de la Propriété industrielle comporte.
La législation internationale y tenait une place modeste: mais
elle devait bientôt occuper le premier rang dans la discussion, en attendant que les réformes contenues en germe dans
les vœux du Congrès portassent exclusivement sur elle.

Le programme des travaux fut envoyé aux chambres de
commerce et aux chambres syndicales françaises et étrangères
dont quelques-unes se firent représenter par des délégués.
Les travaux du Congrès durèrent du 5 au 16 septembre 1878.
Tout d'abord, la discussion s'engagea sur la nature du droit
de l'inventeur. Comme au Congrès de Vienne, on insista sur
ce que le droit de l'inventeur est un droit préexistant, antérieur à la loi civile, qui n'intervient que pour le réglementer.
En un mot, le droit de l'inventeur fut défini un droit de propriété et non pas, comme d'aucuns le soutiennent, un privilège temporaire. C'était là une question oiseuse, s'il en fut,
puisqu'un inventeur qui aurait un droit privatif, un privilège
temporaire de 20 ans serait mieux loti que celui qui aurait un
droit de propriété, quelque absolu qu'il fût, pendant 15 ans
seulement.

On devait cependant au cours de la discussion s'appuyer sur
cette définition, pour justifier le droit de priorité de six mois
accordé pour la prise des brevets d'importation dans les pays
de l'Union.

Après cette incursion inutile dans le domaine de la théorie
pure, le Congrès affirme par son vote ce principe: *les étrangers doivent être assimilés aux nationaux*, principe quelque peu entaché
d'internationalisme: car le Congrès, pour le consacrer, repousse

une proposition qui admet l'assimilation pour les brevets, sans
condition de réciprocité, mais la soumet à cette condition
pour les marques. Un orateur Belge se fait applaudir en faisant
remarquer que, dans un Congrès international, le mot : *étranger*
ne devait pas être prononcé. Ne s'agit-il pas, ajoutait un orateur
français, de poser ici les règles d'une *législation universelle.*

Cette déclaration de principe indique bien la chimère qui
hantait l'esprit des organisateurs du Congrès de 1878, et qu'il
ne s'agissait de rien moins que d'une loi internationale sur la
propriété industrielle, pour la rédaction de laquelle il restait
sous-entendu que les nations rivaliseraient entre elles de générosité de désintéressement et d'abnégation. En procédant par
voie d'union internationale, on rêvait de créer un enchêvê-
trement d'intérêts internationaux tel que la guerre ne serait plus
possible, et que les nations seraient obligées d'être heureuses
malgré elles. Le Congrès de Paris, disait un délégué Suisse,
dans un accès de lyrisme international sera le point de départ
d'une période féconde dans la voie de cette entente entre les
nations que nous sommes venus poursuivre de tous nos efforts
et nous espérons ainsi assurer les bases de la paix et du bonheur du monde. Commencer à fonder le bonheur univer-
sel par une entente, au sujet de la durée des brevets, du montant
des taxes, de l'examen ou du non examen préalable ! Pour
procéder de cette façon il faut être, en vérité, bien convaincu
qu'il y a commencement à tout. Ceux qui soulignèrent cette
déclaration du délégué, suivie de leurs applaudissements,
croyaient-ils tous travailler à la paix universelle ? Il est permis
d'en douter. En gens avisés, ils savaient bien que leurs propositions concernant la déchéance des brevets, et la suppression
de l'examen préalable des marques n'avanceraient pas d'une
minute l'heure du désarmement général, qui ne sonnera à
l'horloge du Temps, d'après une opinion très répandue, que
quand il n'y aura plus personne ici-bas pour en profiter. Ils
se doutaient bien que ces propositions n'étaient pas de nature
à décourager les chercheurs de fusils à répétition. Mais ils
pouvaient apprécier que leur temps ne serait pas complètement
perdu. En effet, une déclaration de M. Clunet, tendant à élaborer
les bases d'une législation internationale universelle appelait

comme corollaires les propositions suivantes qui furent successivement votées :

> Il sera créé une Commission permanente chargée d'assurer, dans les
> limites du possible, la réalisation des résolutions adoptées par le Congrès
> de la Propriété industrielle.
> Un des buts de la Commission permanente créé par l'initiative privée
> sera d'obtenir de l'un des gouvernements la réunion d'une Conférence
> internationale officielle, à l'effet de déterminer les bases d'une législa-
> tion uniforme, sur la propriété industrielle.
> Une délégation du Congrès se présentera chez M. le Ministre du Com-
> merce et de l'agriculture de France afin de le prier de prendre l'initiative
> pour qu'une Commission internationale soit appelée a traiter officielle-
> ment les questions relatives à une législation uniforme sur la Propriété
> industrielle.

Ces propositions avaient été adoptées par le Congrès le 11
septembre 1878. Or la discussion de la veille, au sujet de
l'examen préalable en matière de brevets d'invention, avait
mis en relief d'une façon saisissante la divergence de vues
qui séparait, sur ce point la France de l'Angleterre, de l'Allemagne, de l'Autriche, des Etats-Unis, de la Russie, en un mot
de tous les grands Etats, sans lesquels il est impossible de rien
créer de sérieux dans le sphère d'idées où le Congrès s'agi-
tait. Si vous n'admettez pas l'examen préalable, avait dit M.
Schreyer, délégué Suisse, vous n'aurez pas de législation internationale. Un autre orateur faisant appel à la conciliation
et proposant un système transactionnel, posait la question en
ces termes : il s'agit ici de la solution d'une question de laquelle dépend l'œuvre tout entière du Congrès. Il s'agit de
savoir si, oui ou non, nous pourrons arriver à cette entente
internationale sans laquelle le Congrès restera lettre morte. »
    Le principe que le brevet est accordé à tous ceux qui en
font la demande a leurs risques et périls avec ce correctif, qu'il
est utile qu'ils reçoivent un avis préalable et secret, notamment sur la question de nouveauté, fut voté grâce à la supériorité numérique, dans le Congrès, de l'élément français
hostile à toute espèce d'examen préalable (2).
    Le nature d'un congrès qui n'est qu'un lieu d'étude et de

----

(1) Compte-rendu sténographique du Congrès international pour la protection de
la Propriété industrielle.
(2) Séance du 10 septembre 1876.

discussion platonique, ne permettait pas d'espérer le moins du monde que des pays, comme l'Allemagne, l'Autriche, les États-Unis, se croiraient liés par le vote d'une réunion composée pour les neuf dixièmes de Français.

Il apparaissait donc clairement dès le 10 septembre qu'aucun pays d'examen préalable ne voudrait entrer dans l'Union projetée. Et l'on sait que ces pays sont en grande majorité :

L'accord se fit cependant sur certains points. Ainsi il fut convenu que la déchéance des brevets pour cause d'introduction sur le territoire d'objets brevetés, ne serait plus une cause de déchéance du brevet.

La question de l'examen préalable pour les marques était aussi un écueil que l'on crut éviter en ne la soulevant pas, de crainte de voir surgir de nouveau, sur la route parcourue par le Congrès un obstacle infranchissable et pour ne pas perdre, au sujet de l'entente internationale, des illusions que l'on tenait à conserver.

Il n'y a pas jusqu'au principe que le dépôt de la marque de fabrique est, non pas constitutif, mais simplement déclaratif de propriété, qui devait susciter des divergences d'opinion irrémédiables, au point de vue d'une entente internationale vraiment efficace pour les marques ; car dans un grand nombre de pays, notamment aux États-Unis et en Allemagne, le dépôt de la marque est constitutif de propriété.

La question des marques souleva donc des discussions aussi vives que celle des brevets et révéla aussi des divergences de vues entre les délégués des différents pays représentés au Congrès, divergences trop accusées pour comporter une unification quelconque des législations sur la propriété industrielle.

La suppression de l'examen préalable des marques et son remplacement dans certains pays par l'enregistrement pur et simple, était la pierre d'achoppement de l'Union projetée. La discussion qui s'était produite pour les brevets se serait évidemment renouvelée pour les marques. La majorité française eût remporté le même succès sans faire pour cela avancer d'un pas la question de l'unification. Mais pour ne pas indisposer les délégués étrangers on ne souleva pas directement cette question. On n'aborda point de front la position et on

préféra la tourner. On feignit de laisser de côté cette grosse
question qui tenait au cœur des membres de l'*Union des
Fabricants*, promoteurs du Congrès. On lui substitua une
autre question conçue en termes vagues et qui permettrait
un jour de soutenir qu'elle recelait dans les replis tortueux
d'une formule peu claire, la suppression de l'examen préalable des marques, qui se trouverait ainsi votée par surprise
et acquérir, en tant que vœu du Congrès du Trocadéro, la force
du fait accompli.

Telle paraît du moins avoir été l'intention des représentants lésés à l'étranger par l'examen préalable des marques,
lorsqu'ils proposèrent au vote du Congrès la formule suivante
qui fut acceptée sans discussion, et contenait en germe un
article de la convention signée plus tard en 1883 :

*Toute marque déposée dans un pays doit être également admise
telle quelle, dans tous les pays concordataires.*

Il importe de faire remarquer que dans l'exposé des motifs
développé par M. de Maillard de Marafy, il n'est pas question
des inconvénients de l'examen préalable des marques de fabrique, mais seulement de dispenser les marques déposées
à l'étranger, dans un pays concordataire, des conditions ma-
térielles autres que celles prescrites par la loi du pays d'origine. Ainsi, la loi Portugaise exigeait autant de dépôts qu'il y
avait dans la marque d'éléments distinctifs, ce qui augmen-
tait les frais du dépôt. D'un autre côté, certaines lois sur les
marques n'admettent pas qu'on puisse adopter, comme signe
distinctif, une lettre, un mot de fantaisie. Enfin, la dimension de la marque peut être un obstacle au dépôt. Ces divergences dans les législation des différents pays sont fort gênan-
tes pour les fabricants français. La proposition citée plus
haut tendait à les faire disparaître, mais elle ne visait pas à
autre chose qu'à supprimer les fins de non recevoir opposées
à l'étranger aux fabricants qui veulent y faire déposer leurs
marques. Un membre du Congrès prit la peine de l'expliquer,
et fit intercaler, pour qu'il n'y eût pas le moindre doute à cet
égard, les mots *au dépôt* après ceux de *telle quelle*, ce qui
fixait ainsi le texte de la proposition qui fut votée :

« *Toute marque déposée dans un pays doit être également admise telle quelle,* AU DÉPOT, *dans tous les pays concordataires.* »

Cela signifie que l'on n'exigera pas plusieurs dépôts, et qu'on n'opposera point une fin de non recevoir tirée de la loi du pays étranger, (quand on établira que la marque a été déposée dans un pays d'origine), par exemple, parce que la dimension du dessin dépasserait la dimension légale, ou parce que la marque consisterait en lettres, en chiffres, ou en une dénomination de fantaisie, genre de marque admis par la législation du pays d'origine, mais non par celle du pays étranger.

Quant au refus d'accepter le dépôt, motivé sur une antériorité, c'est-à-dire une marque identique déposée déjà, rien ne dit qu'il serait incompatible avec la proposition votée, le jour où celle-ci serait insérée dans une convention internationale. Il faudrait cependant que cette incompatibilité existât pour que la suppression de l'examen préalable des marques pût en découler [1].

En résumé, le Congrès du Trocadéro, en votant la proposition de l'*Union des Fabricants*, exprima donc un vœu, tendant à ce que la marque d'un fabricant traine, après elle, dans les pays voisins, les conditions de validité du pays d'origine, lorsque la loi de ce pays d'origine est moins exigeante que celle du pays étranger.

[1] Cependant l'*Union des fabricants* persiste à soutenir que l'examen préalable des marques est supprimé par la formule en question, qui a passé dans la Convention. Prenant ses désirs pour des réalités, elle considère cette suppression comme une conséquence indirecte de l'admission forcée, au dehors, d'une marque de fabrique *telle qu'elle a été déposée originairement.* Cependant, elle reconnaît que cette conséquence indirecte a passé presque inaperçue. C'est précisément parce qu'elle a passé inaperçue, malgré la présence des représentants de l'*Union des fabricants* dans le Congrès, ils se sont bien gardés de soulever cette grosse question, qu'il est impossible d'admettre que l'examen préalable des marques, qui n'est pas visé dans le texte, se trouve supprimé comme par surprise. « L'Union des fabricants, (dit un mémoire rédigé par ses conseils), qui a fait tant d'efforts pour arriver à la réalisation de cette réforme, et qui a fourni la formule adoptée par les plénipotentiaires, manquerait à ses devoirs, et oublierait ses droits, si elle omettait de signaler à ceux qui inclineraient à conseiller la dénonciation de la Convention, quelle responsabilité redoutable ils assumeraient, en contribuant à courber les Français devant l'arbitraire et les exigences intolérables des bureaux d'examens étrangers. » *La Convention internationale relative à l'Union de la propriété industrielle,* commentée par l'*Union des fabricants page 7.* Nous reviendrons plus tard sur cette interprétation personnelle à l'Union des fabricants, et incompatible avec le respect des législations existantes qui devait servir de base à la rédaction de la Convention. Si le but de l'Union, en faisant adopter la formule proposée par elle, avait été de supprimer l'examen préalable des marques, dont nous ne reconnaissons pas les inconvénients, comment se fait-il que, lorsque la formule a été discutée dans le Congrès de 1878, M. de Maillard de Marafy n'ait pas dit un seul mot de la suppression de l'examen préalable? Comme c'est aujourd'hui le seul argument sérieux pour défendre la Convention, l'Union des fabricants s'y cramponne. V.

Quant à la question de l'examen préalable des marques, elle ne fût même pas abordée. Si nous insistons, sur ce point, c'est qu'on prétend faire découler la suppression de cet examen préalable de la proposition relatée plus haut, qui est devenue l'article 5 de la Convention internationale du 20 mars 1883.

Après la question du dépôt, le Congrès examina celle de l'importation d'objets revêtus d'une marque tendant à dissimuler l'origine étrangère du produit.

M. de Marafy, président du comité consultatif de l'*Union des fabricants*, avait demandé qu'on votât la proposition suivante :

Tous les produits étrangers portant la marque d'un fabricant résidant dans le pays d'importation, ou une indication de provenance du dit pays, sont prohibés à l'entrée, et exclus du transit et de l'entrepôt, et peuvent être saisis, en quelque lieu que ce soit, soit à la diligence de l'administration des douanes, à la requête soit du ministère public, soit de la partie lésée.

Cette formule qui reproduit l'article 19 de la loi du 23 juin 1857, était une base d'entente irréprochable si l'on avait mis de côté toute arrière pensée d'égoïsme, et si le respect des marques, la loyauté commerciale avaient été la seule préoccupation des congressistes. M. Bodenheimer, délégué Suisse proposa de dire : TOUS LES PRODUITS ÉTRANGERS PORTANT ILLICITEMENT... Cette modification, mise aux voix, fut adoptée sans discussion. Elle avait pour but évidemment de sauvegarder les intérêts étrangers, opposés aux intérêts français, en laissant une porte toujours ouverte à la fraude. Il y aurait des cas où l'indication mensongère de provenance serait illicite, d'autres où elle serait licite. C'était entraver d'avance la répression de la fraude.

Ce mot « *illicitement* » devait plus tard être maintenu dans le texte de la Convention de 1883. Nous tenons à faire remarquer qu'il avait été, non pas inséré par mégarde, par suite d'une inadvertance du législateur, mais intercalé sciemment, dans un but déterminé, à la demande d'un délégué étranger, obéissant en cela aux instructions détaillées d'un diplomate habile, tenant peut-être à conserver à son pays, dans une très large mesure, le droit d'apposer des marques ou modifications de provenance française sur des produits d'origine étrangère. L'origine de ce mot *illicitement* méritait d'être notée : il devait, plus tard, profiter aux contrefacteurs étrangers, principalement aux Suisses, aux Allemands, aux Belges, aux Anglais et aux Italiens.

On remarquera que, dans le texte de la proposition de M. de Maillard de Marafy, le transit des marques illicites était prohibé, au même titre que l'entrée et l'entrepôt. Plus tard on devait consentir à laisser le transit en dehors de cette prohibition, pour donner satisfaction à la Suisse.

Telles sont les principales questions qui furent abordées dans le Congrès, au point de vue du régime international de la propriété industrielle.

Il est certain que l'unification des lois étrangères, relatives à certains points spéciaux de la législation, amènerait, dans les rapports internationaux, des améliorations fort utiles. Mais il faut reconnaître, pour rester dans le vrai, que la matière des brevets et des marques est peut-être celle qui se prête le moins à une tentative d'uniformisation.

Plusieurs raisons s'y opposent : 1° *a. En matière de brevets*, la variété des taxes. *b.* Le défaut d'uniformité dans les conditions de brevetabilité qui varient avec chaque loi ; *c.* L'examen préalable admis par l'Angleterre et l'Allemagne, les Etats-Unis. *d.* La licence obligatoire admise par certains pays; 2° *En matière de marques*, l'examen préalable et l'enregistrement constitutif de la propriété de la marque dans certains pays, tandis qu'en France il n'est que déclaratif.

Ces différents obstacles tiennent à la diversité des lois : ils ne sont donc pas absolus, et c'est à les faire disparaître que devraient d'abord se borner l'activité et la propagande des réformateurs. Ces obstacles étant supprimés, on rechercherait alors les bases d'une législation uniforme. Toutefois l'impossibilité d'obtenir, par une loi internationale, des avantages aux inventeurs français, sans les payer au prix peut-être excessif de sacrifices imposés à la liberté du travail, au profit d'inventeurs étrangers beaucoup plus nombreux, commande dans cette matière toute spéciale une réserve et une prudence particulières.

En ce qui concerne les brevets, l'examen préalable admis par les Etats-Unis, l'Allemagne et, dans une certaine mesure l'Angleterre infirmera à elle seule, toute tentative d'unification internationale des lois sur les brevets d'invention. Comment en effet, peut-on songer à agrandir, par de nouvelles concessions faites aux inventeurs étrangers en France, une inégalité de situation qui est déjà toute à leur avantage.

En ce qui concerne les marques, l'examen préalable et l'appropriation de la marque, dans certains pays par la création et l'usage, dans d'autres par l'enregistrement, apporteront à l'unification des lois, la même entrave, tant que l'entente ne se fera pas sur ces points spéciaux en dehors desquels toute entente est inutile.

En résumé, après avoir inséré, en tête du programme du Congrès la recherche des bases d'une loi internationale uniforme en matière de propriété industrielle, il fallut se rabattre, faute de loi internationale possible, sur un minimum d'unification que l'on devait faire passer dans les législations des pays adhérents, tout en laissant subsister pour le reste, ces législations. Mais ce minimum d'unification devait précisément porter, si l'on voulait faire de la besogne sérieuse, sur les points importants, au sujet desquels toute entente avait été reconnue, nous le répétons, impossible et impraticable.

Ces deux positions perdues, il fallut, pour ne pas s'avouer vaincu, en reconnaissant l'impossibilité de rien faire d'utile et de pratique. au point de vue international, se replier en bon ordre, comme à la guerre, sur une troisième position. Alors, on convint de ne pas toucher aux législations des divers pays, et d'arrêter les bases d'une convention internationale, qui, sous prétexte de respecter les législations existantes, devait avoir nécessairement pour effet d'entrer en conflit avec elles, d'une façon permanente. Sa seule utilité n'était-elle pas, en fait, de réformer les législations sur certains points fondamentaux, tels que l'examen préalable, la brevetabilité, etc... dont l'ensemble constituait la pierre d'achoppement de l'union projetée? Cette réforme internationale n'avait-elle pas été reconnue impraticable?

L'impossibilité de la réforme internationale, dans l'état actuel des législations, ayant été ainsi constatée, la convention projetée n'avait pas de raison d'être. Cette impossibilité frappait d'avance de stérilité l'œuvre du Congrès de 1878, qui devait, dès lors, prendre rang à côté du Congrès de la paix, parmi ceux où l'on se borne à échanger des vues, à constater les progrès d'une idée, en ajournant à des temps meilleurs la réalisation de vœux encore prématurés. Mais le Congrès du Trocadéro avait été organisé par des hommes décidés à le faire aboutir.

Il avait duré du 6 au 16 septembre 1878. Les 18 et 19 s'était réunie la *Commission permanente internationale du Congrès de Paris pour la propriété industrielle*[1]. Elle avait reçu mandat du Congrès d'obtenir du gouvernement la réunion d'une *Conférence internationale officielle*, chargée de prendre les mesures nécessaires pour arriver, dans les limites du possible, à l'unification des lois sur la propriété industrielle.

La Commission, dans ces deux séances, jeta les bases d'un traité qui devait prendre le nom d'*Union pour la protection de la propriété industrielle*. Elle décida qu'on présenterait à M. le Ministre du commerce : 1° Officiellement les résolutions votées par le Congrès : 2° officieusement l'avant-projet d'une Convention internationale.

Cet avant-projet contenait ce que l'on considérait comme le minimum d'unification le plus facilement réalisable; car il est à noter, que c'était bien d'un minimum qu'il était alors question.

En fait, ce prétendu minimum constituait un projet de loi internationale complet. La suppression de l'examen préalable

[1] Cette Commission comprenait autant de sections nationales qu'il y avait de pays adhérents, il va sans dire que la section française était la plus nombreuse; elle était composée de : MM. J. Bozérian, sénateur, président ; Tranchant; ancien conseiller d'État, vice-président ; Dumoustier de Frédilly, chef du bureau de la propriété industrielle ; Albert Grodet, sous-directeur au Ministère de la Marine ; Ch. Lyon-Caen, professeur à la Faculté de droit de Paris, secrétaires ; Barbedienne, fabricant de bronzes d'art ; Émile Barrault, solliciteur de brevets d'invention ; Christofle, fabricant d'orfèvrerie ; Clunet, avocat à la Cour d'appel de Paris, rédacteur en chef du *Journal de droit international privé*; Famouze (Victor), juge au Tribunal de commerce de la Seine ; Huard (A.), avocat à la Cour d'appel de Paris ; Maillard (de) de Marafy, président du comité consultatif de l'Union des fabricants pour la protection internationale de la propriété industrielle ; Meurand, ancien directeur des Consulats ; Girard, directeur du commerce intérieur ; Pouillet (E.), avocat à la Cour d'appel de Paris; Rendu (Ambroise), avocat à la Cour d'appel de Paris; Roger-Marvaise, sénateur, avocat à la Cour de cassation ; Thirion (Ch.), ingénieur civil, conseil en matière de propriété industrielle.

en matière de brevets et de marques, imposée aux congressistes
étrangers par une majorité d'adhérents français, suppression
dont la seule proposition avait soulevé au Trocadéro des discussions orageuses, était inscrite dans ce projet de convention, sans aucun souci de l'impossibilité déjà constatée de
pouvoir conclure un accord international sur de pareilles
bases.

Nous avons tenu à analyser l'œuvre du Congrès, parce que
c'est dans cette réunion que furent jetées les bases de la future *Union internationale pour la protection de la propriété
industrielle*. Le compte-rendu en est donc utile à consulter,
pour l'interprétation du texte de la Convention.

Au point de vue de l'entente internationale un Congrès libre comme celui du Trocadéro, n'a pas la moindre portée.
Les réunions internationales de ce genre sont envahies par
les nationaux, qui sont toujours en énorme majorité. Que peut-
on conclure d'un vote par tête, au point de vue international?
Parmi les Congressistes, qui votèrent en 1878 dans le Congrès de la propriété industrielle, il y avait plus de Parisiens
que de représentants des pays étrangers. Aussi, quand les
délégués des États d'accord pour rechercher la base d'une
entente internationale, se trouvèrent réunis, en 1880, autour
d'un tapis vert, au ministère des affaires étrangères, il fallut
tailler dans l'avant-projet arrêté par la commission permanente, nommée par le Congrès de 1878, pour grouper quelques
articles pouvant au moins supporter l'épreuve d'un premier
examen.

Le rédacteur du contre-projet officiel, M. Jagerschmidt,
avait compris la nécessité de ne point heurter, dans son
travail, les législations du pays que l'on voulait grouper dans
l'Union.

Aussi ce projet, qui fut soumis à deux conférences internationales officielles, en 1880 et en 1883, et qui devait, après
quelques modifications de détail, devenir le texte de la future
Convention, n'était-il qu'un pâle reflet de celui de la *Commission permanente de la propriété industrielle*, ou pour parler
plus exactement, de la section française de cette commission.
Elle avait eu le tort de ne tenir aucun compte des divergences fondamentales des législations sur la propriété indus-

trielle, et de vouloir imposer aux étrangers la loi française comme type de loi uniforme.

Pour ne pas se heurter, dès le début de la discussion, à des difficultés insurmontables, il fallait réduire au *minimum* l'œuvre d'unification, c'est à cela que s'appliquèrent les deux conférences internationales officielles dont le gouvernement Français, prit l'initiative.

Conférence internationale de 1880

La première conférence se réunit au Ministère des affaires étrangères à Paris le 4 novembre 1880, sous la présidence de MM. Barthélemy St Hilaire, ministre des affaires étrangères, et Tirard ministre de l'agriculture et du commerce. Après les discours d'usage, les ministres se retirèrent, et la conférence donna la présidence effective à M. Bozérian sénateur, qui avait présidé le Congrès et la Commission internationale permanente.

Les pays représentés étaient les suivants :

Confédération Argentine, *Autriche-Hongrie*, Belgique, Brésil. *États-Unis*, France. Grande-Bretagne, Guatémala, Italie, *Luxembourg*. Pays-Bas, Portugal, *Russie*, Salvador, *Suède*, *Norwège*, Suisse, *Turquie*, *Uruguay*, *Vénézuela* [1].

Le Président déclare que la France désire poser les bases d'une Union internationale, et prie les délégués de vouloir bien faire connaître si, en principe, leurs gouvernements sont dans les mêmes dispositions. A cette question, les délégués des pays suivants : Autriche-Hongrie, Belgique, Brésil, Italie, Portugal, Suède, Norwège, Vénézuela répondent affirmativement; ceux des États-Unis, de la grande Bretagne, de la Russie, de l'Uruguay, déclarent qu'ils n'ont pas reçu d'instructions spéciales.

---

[1] Les noms en lettres italiques sont ceux des pays qui n'ont point signé la convention le 20 mars 1883. Parmi eux la Turquie, la Suède et la Norwège devaient faire leur adhésion plus tard.

Les délégués Suisse et Néerlandais font des réserves. M. Bozerian explique que la participation à la Conférence n'engage à rien les pays représentés, et qu'il ne s'agit que de préparer un avant-projet de traité à soumettre aux divers gouvernements qui seront libres de l'accepter, ou de le rejeter.

M. Jagerschmidt, délégué Français, dépose sur le bureau un avant-projet préparé par lui pour servir de base à la discussion. La conférence décide qu'il sera distribué et imprimé, et s'ajourne au samedi 6 novembre à 2 heures pour le discuter.

Dans cette seconde séance, qui eut lieu le 6 novembre 1880, M. Jagerschmidt lit son avant-projet. Au sujet de l'article 2, qui accorde aux étrangers dans l'Union le traitement du national, le délégué français va au devant des objections que pourrait soulever cette disposition, de la part de la Suisse et de la Hollande, qui ne veulent s'engager à rien. « Les Etats qui, comme ces deux pays, ne protègent pas les brevets d'invention, dit M. Jagerschmidt, accepteront l'article 2, puisque, les étrangers, ne pouvant réclamer que la protection accordée aux nationaux ne sauraient, dès lors, obtenir une protection dont ces derniers ne jouiraient pas » [1]. On ne saurait être plus accomodant.

Le délégué Suisse se déclare satisfait de cette largeur de vues, Il donne lecture à la Conférence d'une déclaration du Conseil fédéral en réponse à une lettre de l'ambassade française, déclaration attestant un mouvement d'opinion important en Suisse au sujet de l'établissement des brevets d'invention. (2)

Les délégués de l'Italie et de l'Uruguay font chacun une observation qui met en relief l'inutilité de l'article 2 : En déclarant que leur gouvernement ne saurait accepter un article qui n'accorderait le traitement national qu'aux étrangers faisant partie de l'Union, ils mettent l'auteur de l'avant-projet dans le cas d'expliquer qu'on accorde indistinctement le traitement du national à tous les étrangers, ce qui enlève à l'article 2 toute espèce de signification et de portée en le rendant absolument inutile. (Article 27 de la loi du 5 juillet 1844).

Une discussion s'engage sur l'obligation, pour les états con-

[1] Compte-rendu officiel de la Conférence internationale tenue en novembre 1880, p. 33.

tractants, de la réciprocité. Cette réciprocité gêne la Suisse qui n'a pas encore de loi sur les brevets, et la Hollande qui n'en a plus. Les délégués de ces deux pays s'en expliquent ouvertement. M. le Président Bozérian les rassure, en répondant que le mot *réciproquement* n'est pas indispensable. La suppression de ce mot est votée dans la séance suivante, au cours de laquelle, le délégué Suisse (Dr Kern) affirme que la Suisse n'accorderait jamais le privilège (sic) de saisir en transit des objets argués de contrefaçon. Ainsi, non seulement la Suisse se faufilait dans une Union pour la protection des inventions brevetées, mais encore elle affirmait par son représentant, elle qui ne protège pas les inventeurs, que, si elle avait jamais une loi sur les brevets, les objets contrefaits pourraient librement transiter sur son territoire. A propos du droit de priorité pour le dépôt des brevets, des dessins et des marques de fabrique, le Président soutient cette thèse que le dépôt aura pour effet : 1e d'empêcher pendant six mois un dépôt utile fait par un tiers dans un des pays de l'Union ; 2e d'empêcher le domaine public d'être saisi. C'est le renversement de tous les principes de droit, et une entrave très grave apportée à la liberté de l'industrie ; car c'est l'impossibilité, pour celui qui veut fabriquer, de s'assurer s'il est exposé a des poursuites correctionnelles. On trouve un brevet en se donnant la peine de chercher. Pour être à l'abri de poursuites, d'après la théorie de M. Bozérian, il faudrait pouvoir lire dans l'avenir, car cela dépend du point de savoir, si un inventeur, qui a demandé un brevet dans un des pays de l'Union, en demandera un en France dans les six mois. Les recherches de brevets antérieurs devraient ainsi s'étendre à tous les pays contractants, ce qui les rend impossibles.

A une observation du délégué Suédois que le droit de priorité nécessitera des modifications dans la législation de son pays. M. le Président Bozerian ajoute qu'il *en sera de même pour la France*. Cela tend à prouver que, dans sa pensée, une Convention internationale ne peut faire echec à une loi.

Au sujet de l'obligation d'exploiter à laquelle la loi de 1844 comme toutes les lois étrangères oblige le breveté, M. Bozerian affirme que le mot « *exploiter* » ne veut pas dire *fabriquer* mais *vendre*[1].

---

[1] Compte-rendu officiel, page 56.

M. Dujeux, délégué Belge, défend la proposition suivante :

Le titulaire d'un brevet qui exploite son invention dans l'un des États de l'Union, ne pourra être déclaré déchu de ses droits dans les autres pour défaut d'exploitation [1].

Elle est repoussée sur les observations de MM. Indelli, délégué de l'Italie, Woerz (Autriche), Lagerheim (Suède), Herich (Hongrie), le colonel Diaz (Uruguay), qui demandent que l'on respecte les législations intérieures de chaque pays. Ils insistent sur ce que, partout, le breveté est tenu d'exploiter dans le pays où il a sollicité et obtenu un privilège. M. le Président Bozérian, confondant l'obligation d'exploiter dans le pays du brevet, avec la défense absolue d'introduire, sous peine de déchéance du droit privatif, des objets similaires à ceux brevetés, fabriqués hors du territoire, n'hésite pas à déclarer qu'il considère cette disposition de la loi française [2], *comme barbare* (sic) et de plus *comme inutile*. [3]

On passe à la suppression de la déchéance pour cause d'introduction, proposée par l'article 4. Le délégué Suisse fait observer que, si l'obligation d'exploiter doit être limitée à l'obligation de vendre, son gouvernement ne pourrait accepter une disposition qui ouvrirait la Suisse à l'importation libre des objets brevetés fabriqués à l'étranger, tandis que ses voisins malgré le sens libéral de l'article 4, (?) et en vertu de leurs tarifs douaniers, continueraient à se protéger contre l'introduction des objets brevetés que la Suisse pourrait avoir intérêt à produire sur son territoire.

Au cours de la discussion M. Weibel, délégué Suisse, dé-

[1] Compte rendu page 17.
[2] Art. 32 de la loi du 7 juillet 1844.
[3] Le compte-rendu des travaux préparatoires nous montre le *Président de la Conférence internationale de* 1880 ne manquant aucune occasion d'affirmer sa sollicitude pour l'union projetée, en faisant aux étrangers toutes les concessions possibles et imaginables. Il affirme que la réciprocité est inutile pour les brevets ; que l'exploitation exigée par la loi française consiste dans la mise en vente et non dans la fabrication ; que l'article 32 qui interdit l'introduction des objets brevetés, pour ne pas laisser l'inventeur conférer un monopole de fabrication à un État étranger, est barbare et, de plus inutile (sic). Dans sa brochure sur la Convention, on lit (page 42) : « Plusieurs membres, dont je faisais partie, voulaient qu'au point de vue de la fabrication, on considérait tous les pays de l'Union, comme formant un seul et même territoire ; qu'on n'astreignit pas le breveté à avoir un centre de fabrication dans chacun d'eux, qu'on le laissât libre d'installer cette fabrication dans celui qu'il jugerait le plus convenable. » C'est là, il faut le reconnaître, une conséquence logique de l'Union, qui consiste à supprimer les frontières, en vertu d'une fiction légale. C'est pour cela que l'Union est une utopie, dans l'état actuel de l'économie Européenne, pour ceux qui veulent, avant tout, que les intérêts de la France ne soient pas sacrifiés.

clare ne pouvoir se rallier à la suppression de la déchéance du brevet pour cause d'introduction d'objets brevetés, si cette suppression n'est tempérée par la nécessité d'exploiter dans tous les pays où l'inventeur a été breveté, nécessité que chaque état doit conserver le droit d'imposer.

Ainsi à la conférence de 1880, comme au congrès de 1878, la Suisse à qui sa situation particulière aurait du imposer une attitude plus réservée, traite d'égale à égale avec les nations qui protègent les inventeurs. Au congrès du Trocadéro son représentant avait énoncé cette proposition étonnante:

« Nous voulons que l'inventeur soit protégé, et il ne le sera que quand nous aurons une législation uniforme, que le jour où il trouvera protection au-delà et en deça du Rhin. » *Il faut pour cela dépouiller les idées exclusivement françaises!* » [1]

Ainsi le délégué de la Suisse, qui pille impunément les inventeurs français, tandis que les inventeurs Suisses poursuivent les Français qui ne respectent pas leurs brevets, en police correctionnelle, prétendait en 1878, que pour protéger les inventeurs, il faut *dépouiller les idées exclusivement françaises.*

M. Demeur délégué Belge proposait l'amendement suivant, réclamé par l'intérêt particulier d'un pays de production à bon marché comme la Belgique.

« Le titulaire d'un brevet qui exploite son invention dans un des Etats de l'Union ne pourra être déclaré déchu de ses droits dans les autres pour défaut d'exploitation. »

Cet amendement qui devait être plus tard représenté à nouveau et sans plus de succès à la conférence de Rome par le même délégué, fut rejeté, et remplacé par cet autre qui respecte les législations des pays adhérents :

---

[1] Compte-rendu du *Congrès de la Propriété industrielle* de 1878, page 215. Chaque fois que la Suisse a pris part, dans des congrès ou des conférences, à des discussions sur les brevets, elle a payé d'audace, en tenant ce même langage, ou en faisant ressortir le mouvement d'opinion croissant qui rend, selon ses délégués, l'adoption d'une loi sur les brevets imminente. Au Trocadéro, en 1878, dans les conférences de 1880 et 1883, cette année encore à Rome, la Suisse s'en est tirée de cette façon là. Cependant, d'après sa constitution, la question des brevets devant être résolue par le peuple Suisse, il y aura probablement pendant longtemps encore une majorité contre les brevets.

Toutefois le breveté restera soumis à l'obligation d'exploiter son brevet conformément aux lois du pays où il introduit des objets brevetés.

Ce paragraphe devait plus tard compléter, dans la Convention de 1883, le texte de l'article 5 conforme à l'article 4 de l'avant-projet soumis à la conférence de 1880, et qui se trouvait ainsi rédigé :

Le propriétaire d'un brevet d'invention aura la faculté d'introduire, dans le pays où le brevet aura été délivré, des objets fabriqués dans l'un ou l'autre des pays contrac ants sans que cette introduction puisse être une déchéance du brevet.

La discussion de l'article 5 relatif à ce qu'on pourrait appeler *le statut personnel de la marque*, remet sur le tapis la question discutée, en 1878, dans le congrès du Trocadéro. Elle donne au Président l'occasion de confirmer ce que nous avons dit, à propos de la discussion de cette question dans le Congrès de 1878, à savoir qu'il ne s'agit point de supprimer l'examen préalable des marques dans le pays où la législation l'organise, mais seulement d'obtenir que les conditions de validité d'une marque, d'après la loi du pays où elle a été créée, la suivent dans les pays d'importation, sans qu'on puisse lui opposer une nullité qui ne serait point reconnue par la loi du pays d'origine [1]. Cet article avait pour but de généraliser une clause contenue, ainsi que nous l'avons expliqué plus haut, dans un certain nombre de traités.

L'article 6, relatif à l'indication mensongère de provenance française, et qui devait passer tout entier dans la Convention de 1883, donne lieu à une discussion qui met en relief l'impossibilité de concilier, sur ce terrain, des intérêts opposés des pays qui veulent réprimer sincèrement les contrefaçons des marques, et de ceux qui veulent vendre leurs produits comme produits français, avec une indication mensongère de provenance française. Cet article 6 est ainsi libellé : *tout produit portant* ILLICITEMENT, etc... (Suit le texte adopté par le congrès de 1878). Cet adverbe, nous l'avons déjà dit, n'est pas une simple redondance. Il a une origine que nous avons expli-

[1] Compte rendu officiel de la conférence internationale de 1880 page 73.

quée. En commentant le texte de la Convention internationale
ds 20 mars 1883, nous reviendrons sur les conséquences
qu'il entraine après soi, au point de vue de la fraude internationale.

On passe à la discussion de l'article 8, ainsi conçu :

« Les dispositions de l'article 6 sont applicables à tout produit portant
comme fausse indication de provenance le nom d'une localité déterminée, lorsque cette indication est jointe à un nom commercial fictif.

Le délégué Belge fait observer qu'il sera facile au contrefacteur d'éluder la loi, en se livrant à la fraude avec un nom
réel emprunté. L'article est renvoyé à la commission qui
substitue aux mots : *lorsque cette indication est jointe à un nom
commercial fictif*, ce membre de phrase plus complet : *lorsque
cette indication est jointe à un nom commercial fictif* OU MEN-
SONGER.

Le délégué Suisse déclare qu'il fait, au nom de son gouvernement, toutes réserves pour le transit des marques étrangères. Il pense que ce serait accorder une protection exagérée
que d'autoriser une saisie pour des marchandises en transit.
Il fait observer que le propriétaire de la marque contrefaite
peut poursuivre, soit dans le pays de provenance, soit dans
le pays de destination. Mais il déclare qu'il faut absolument
respecter la liberté du transit. Le délégué Hollandais appuie
cette observation. M. le président Bozérian avait soutenu
d'abord que les mots à *l'entrée* de l'article 6 ont un sens
général, et peuvent être appliqués au transit; on saisira,
disait-il, une marque contrefaite, sans se préoccuper de la
destination de la marchandise sur laquelle elle sera apposée [1]. En présence de la résistance de la Suisse et de la
Hollande. il n'hésite pas à revenir sur cette opinion, en déclarant qu'il *s'est mépris sur le sentiment de la commission*. M. Kern
délégué Suisse le remercie de cette déclaration [2]. M. Jagerschmidt, autre délégué français, avait lui-même soutenu
qu'il convenait d'écarter absolument la question du transit
et de n'en point faire mention dans l'article 6, uniquement

[1] Compte-rendu officiel de la conférence de 1880 p. 92.
[2] Loc. cit. 96.

parce que la conférence, disait-il, se trouve en face d'une
résistance formelle de la Suisse, et qu'il est nécessaire de tenir
compte de cette résistance pour obtenir son adhésion [1].

La conférence passe ensuite à la discussion des articles
concernant le dépôt des marques, et le nom commercial.

Dans sa séance finale, elle déclare soumettre ce projet aux
gouvernements qui s'y trouvent représentés. Elle émet le
vœu qu'il soit, par les soins du Gouvernement de la République Française, également communiqué aux autres États, afin
de provoquer leur adhésion.

En résumé, la conférence de 1880 enfanta laborieusement
un avant-projet de convention, avec protocole de clôture, dont
l'objet essentiel était de constituer les puissances signataires
à l'état d'*Union pour la protection de la propriété industrielle*. Il
était emprunté au projet plus complet voté le 19 septembre
1878 par la *Commission permanente internationale* que le congrès du Trocadéro avait chargé de ce travail.

Conférence internationale de 1883

La seconde conférence internationale relative à la propriété
industrielle s'ouvrit à Paris, le 6 Mars 1883, sous la présidence
de M. Hérisson ministre du commerce. Dès la 1re séance,
pour exposer l'état de la question, en l'absence de M. Bozérian malade, la parole est donnée à M. Jagerschmidt, auteur
de l'avant-projet discuté par la conférence de 1880. M. Jagerschmidt exprime le désir que les délégués veuillent bien s'expliquer sur le point de savoir, si leur gouvernement adhère à
l'avant-projet élaboré par la conférence de 1880.

Les délégués des pays suivants font part de l'adhésion de
leur gouvernement : France, Belgique, Brésil, Guatemala,
Italie, Salvador. La Roumanie, la Serbie et la Suisse acceptent
l'avant-projet, sous réserve de l'approbation des représentants

[1] Loc. cit. p. 95.

du pays. L'Espagne, l'Angleterre, les Pays-Bas, le Portugal, la Suède et la Norvège, le Luxembourg, entourent leur adhésion de certaines réserves. L'Espagne déclare ne pouvoir accepter l'article 6, édictant que *toute marque de fabrique ou de commerce régulièrement déposée dans le pays d'origine sera admise au dépôt et protégée telle quelle dans tous les autres pays de l'Union*, si la portée de cette disposition dépasse la détermination du caractère de la marque d'après les lois du pays d'origine. M. Demeur délégué Belge lui répond que cet article laisse absolument de côté la question de nouveauté de la marque, et M. Jagerschmidt ajoute que la conférence attache trop de prix à l'adhésion de l'Espagne pour ne pas rechercher tous les moyens de lui donner satisfaction. Il suffirait d'après lui, de préparer en commission, et d'insérer dans le protocole de clôture un paragraphe constatant l'interprétation admise d'un commun accord, par MM. Demeur et Marquez (délégué Espagnol) comme par la conférence tout entière. M. Marquez se déclare disposé à examiner, dans un sincère esprit de conciliation, et avec un vif désir d'entente, toutes les combinaisons qui seront proposées en séance de commission.

Dans l'intervalle du 6 au 12 Mars, une commission, composée des délégués de la France, de la Belgique, de la Grande Bretagne, de l'Italie, du Portugal et de la Suisse, recherche une rédaction de l'article 6 pouvant donner satisfaction au délégué de l'Espagne. Cette rédaction arrêtée par la commission est soumise à la conférence qui l'examine dans sa seconde séance le 12 mars.

On se rappelle que le paragraphe 1er de l'article 6, visé dans cet article interprétatif, est ainsi conçu : « *toute marque déposée dans un pays doit être également admise telle quelle au dépôt, dans tous les pays concordataires.* »

Voici le texte explicatif adopté à l'unanimité par la commission, et qui devait, plus tard, être inséré dans le protocole de clôture de la Convention :

« Le paragraphe 1er de l'article 6 doit être entendu en ce sens, qu'aucune marque de fabrique ou de commerce ne pourra être exclue de la protection dans l'un des Etats de l'Union, par le fait seul qu'elle ne satisferait pas au point de vue des signes qui la composent, aux con-

ditions de législation de cet État, pourvu qu'elle satisfasse sur ce point
à la législation du pays d'origine, et qu'elle ait été dans ce dernier pays,
l'objet d'un dépôt régulier. Sauf cette exception, qui ne concerne que
la forme de la marque, et sous réserve des dispositions des autres articles de la convention, la législation intérieure de chacun des États
recevra son application. »

C'est, comme on le voit, le maintien de l'interprétation déjà
acceptée par le Congrès du Trocadéro. Il est impossible d'être
plus explicite, en ce qui concerne le respect des législations
particulières, pour tout ce qui est étranger à la forme même
de la marque, par exemple pour l'examen préalable des marques.

La troisième séance de la Conférence de 1883, qui eut lieu
le 20 Mars, fut consacrée à la signature du projet de convention et du protocole de cloture. Les délégués de la Confédération Argentine, des Etats-Unis, de la Grande-Bretagne, du
Luxembourg, de la Roumanie, de la Russie, de la Suède et de
la Norwège, de l'Uruguay, bien que présents aux séances du 6
et du 12 mars, ne se présentèrent point pour signer au Ministre des affaires étrangères le projet de Convention, si
laborieusement préparé.

L'acte diplomatique qui porte le nom de *Convention internationale pour la protection de la propriété industrielle*, ne fut
signé en réalité, ce jour là, que par les délégués des pays
suivants : Belgique, Brésil, Espagne, France, Guatemala, Italie,
Pays-Bas, Portugal, Salvador, Serbie, Suisse.

L'Angleterre, la Turquie, la Suède et la Norwège, l'Equateur
la Régence de Tunis, devaient plus tard faire leur accession à
l'Union.

Telle fut, en résumé, la Genèse de la Convention de 1883.
Elle ne pouvait devenir exécutoire en France qu'après l'intervention des chambres, qui devait être précédée elle-même,
du dépôt des actes de ratification échangés entre les pays
concordataires. Ce dépôt eut lieu le 6 juin 1884.

APPROBATION DU PARLEMENT

Sénat

Le Sénat, après avoir nommé une Commission, pour examiner le projet de loi, autorisant le Président de la République,
à ratifier la Convention signée le 20 mars 1883, *ad referendum*,
adopta, le 30 juin, sans aucune discussion, le rapport de M.
de Parieu, concluant à l'approbation de la Convention. Ce
rapport n'expliquait même pas au Sénat de quoi il était question. La Chambre Haute approuva de confiance un traité international, relatif à la propriété industrielle, qui était placé sous
le patronage de la Commission dont nous avons nommé les
membres [1].

Chambre des Députés

La Chambre des Députés approuva la Convention le 19
janvier 1884 sur un rapport de M. Félix Faure qui, a la diffé-

[1] Voici un extrait du *Journal officiel* qui indique comment le Sénat a ratifié la Convention internationale le 30 juin 1883
M. *de Parieu, rapporteur.* — Je demande la parole.
M. *le Président.* — M. de Parieu à la parole.
M. *le Rapporteur.* — Messieurs, le projet de loi dont il s'agit, concerne l'approbation
d'une convention qui a été signée à une date déjà ancienne, plusieurs Etat sont inté-
ressés à une prompte approbation. J'ai l'honneur, au nom de la Commission, de de-
mander au Sénat de vouloir bien déclarer l'urgence.
M. *le Président.* — L'urgence étant demandée, je consulte le Sénat.
L'urgence est déclarée.
M. *le Président.* — Quelqu'un demande-t-il la parole pour la discussion générale ?
Je consulte le Sénat sur la question de savoir s'il entend passer à la discussion de
l'article unique du projet de loi.
(Le Sénat décide qu'il passe à la discussion de l'article unique).
M. *le Président.* — Je donne lecture de cet article,
Article unique. — Le Président de la République est autorisé à ratifier et s'il y a
lieu, à faire exécuter la Convention pour la protection de la propriété industrielle,
conclue à Paris le 20 mars 1883 entre (suit l'énumération des pays contractants) une
copie authentique de la convention et du protocole de clôture demeurera annexée à
la présente loi.
(Le projet de loi est adopté. Sénat, *Débats parlementaires,* année 1883, page 783.)

rence de ce que s'était passé au Sénat, donna du moins quelques explications à la Chambre pour faire ressortir les avantages
de l'Union. La lecture de son rapport prouve qu'à la Chambre,
comme au Sénat, on était peu disposé à contrôler par un
examen attentif, un projet qui se présentait sous le patronage
des spécialistes et de praticiens connus. Était-ce une raison
pour ne pas indiquer au moins les articles de vos lois industrielles qui n'étaient point en harmonie avec la Convention?

Le Sénat et la Chambre votèrent donc sans connaissance
de cause, et sans être prévenus de la gravité de la question,
une Convention internationale dont on a pu dire depuis, sans
exagération, qu'elle aggravait le traité de Francfort.

Promulgation

La Convention internationale fut promulguée par un décret
du Président de la République, *daté du 7 juillet 1884.*

Telle est l'historique de ce traité important qui sera bientôt
l'objet de vives discussions dans les deux Chambres.

_____

BIBLIOGRAPHIE

La question de législation internationale et d'économie politique soulevée par la Convention de 1883 a pris une importance
qu'indique suffisamment le nombre des publications dont
elle a été la cause efficiente. Nous ne ferions pas une œuvre
complète si, avant de commencer le commentaire de la critique de la Convention, nous n'indiquions, à ceux qui voudront
creuser ce sujet intéressant, les principales publications dont
nous avons eu connaissance, et qui forment déjà un recueil
bibliographique sérieux.

Assi et Gènes. — La Convention internationale du 20 mars 1883.
(Analyse et commentaire de son texte). — Réponse aux critiques dont
elle a été l'objet, (travail extrait de la *Revue de Droit commercial industriel et Maritime* nᵒ de janvier 1885 et mars 1886).

Émile Bert. — Communication faite à la société des ingénieurs civils
sur la convention internationale de 1883. (Extrait du bulletin de la société
du 15 octobre 1886.)

Bozérian. — Convention internationale du 20 mars 1883 pour la protection de la propriété industrielle, (articles parus dans le *Temps* des 7 et 11 janvier 1886 publiés en brochure. (Pariset, 101 rue Richelieu.) Lettre adressée à la *Revue Industrielle* le 25 août 1885, citée par MM. Albert Cahen et Lyon-Caen.

Bulletin de l'association des inventeurs et artistes industriels, années 1885 et 1886 *Passim*. N° du 15 novembre 1885 page 11 et du 15 février 1886. — 25, rue Bergère.

Bulletin de la propriété industrielle. Organe officielle de l'*Union* (Berne). *Passim*.

Bulletin de la société des ingénieurs civils. année 1885, page 450, séance du 15 octobre 1886.

Bulletin de l'union des fabricants. — 10ᵉ année, n° 1. 11 place de la Madeleine.

Bulletin du syndicat des ingénieurs conseils en matière de propriété industrielle. n° 1 et 2, Cité Rougemont.

Cahen (Albert) et L. Lyon Caen. — De la Convention conclue à Paris entre divers États, le 20 mars 1883 pour la protection de la propriété industrielle, et des modifications urgentes à apporter à la loi du 5 juillet 1844, (mémoire présenté à l'Association des inventeurs et artistes industriels. Bulletin du 15 novembre 1885, page 11.)

Chambre des députés: annexe 2309. Documents parlementaires, page 1076, 1884.

Chambre syndicale métallurgique de Lille et de la région du nord. — Observation de la chambre présentée à MM. les députés, membres de la commission d'enquête parlementaire sur la situation de l'industrie française (Lille).

Compte-rendu des assemblées générales de l'association de l'industrie française. — Années 1886 et 1887. (26, boulevard des Italiens).

Id.   du Congrès de la propriété industrielle tenue au Trocadéro en 1878.

Compte rendu officiel des conférences internationales de 1880 et 1883. (Ministère des affaires étrangères).

Id.   de la conférence de Rome. (Berne, bureau de l'Union).

Claude Couhin. Articles publiés sur la Convention dans la *Loi* des 13, 14, 15, et 16 décembre 1885, (réunis en brochure).

Clunet. — De la prochaine conférence internationale de l'Union pour la protection de la propriété industrielle et des modifications proposées à la convention diplomatique de 1886. *Journal de droit international privé*, année 1886, n° 1-II, page 17.

Dietz-Monnin. — Rapport au nom de commission sénatoriale chargée d'examiner la proposition de loi relative aux fraudes tendant à faire passer pour français des produits fabriqués à l'étranger ou en provenant. Session extraordinaire de 1885. — Annexe au procès-verbal de la séance du 4 novembre 1886.

Louis Donzel. — Lettre à M. le Président de la chambre de commerce de Paris. — (*Journal des Chambres de commerce de Décembre* 1885.

Lettre à M. le Ministre du Commerce au sujet de sa circulaire du 26 février 1886. Journal de Choisy-le-Roy, 18 avril 1886.

Articles publiés dans le *Journal des Procès en Contrefaçon*. 2ᵉ année pages 3, 19, 35, 51, 67, 83. 3ᵉ année pages 17, 33, 49, 65, 81, 113, 129, 145, 177, 211 et suivantes.

Discours prononcé du Trocadéro dans le Congrès des industriels le 16 juillet 1886. — (*Journal de Choisy du 1ᵉʳ Août 1886.*)

Id.   au Grand Hôtel devant l'assemblée générale de l'Association de l'industrie française le 2 février 1887. *Travail national* du 13 février 1887. 5ᵉ année nᵒ 7.

Id.   devant le Groupe industriel de la Chambre des députés au Palais-Bourbon le 21 février 1886.

Id.   le 18 Novembre devant le Congrès des chambres syndicales, compte rendu des travaux du Congrès, 10, rue de Lancry.

GUDMANN. — *Moniteur des inventions industrielles* (nᵒˢ des 15 novembre et 1ᵉʳ décembre 1886.)

GÉNIE CIVIL. — *Passim*, articles de M. Thirion.

IMER-SCHNEIDER. — Note adressée au bureau international de l'Union pour la protection de la propriété industrielle à Berne. — (Genève note inédite.)

JOURNAL DES CHAMBRES DE COMMERCE. — *Passim*. Septembre et Décembre 1885, janvier 1886.

MACK. — De la Convention internationale du 20 mars 1883, au point de vue des marques de fabrique. — Mémoire présenté à l'Association des inventeurs et articles industriels (bulletin de l'association du

MONZILLI. — La législation italienne et la convention internationale pour la protection de la propriété industrielle. — Mémoire adressé à la conférence de Rome par Antoine Monzilli, Directeur du commerce et de l'industrie du Royaume d'Italie, Paris, librairie Cotillon.

PIAULT.— Rapport présenté à la Chambre de commerce de Paris, sur la Convention internationale.

PLÉ.-- La Convention du 20 mars 1883, et l'obligation d'exploiter. — *Revue industrielle* nᵒ du 27 août 1885, page 348.

POUILLET.— Journal la *Loi* du 24 août 1885.

PUJOL .— La Convention internationnale du 20 mars 1883 devant les chambres de commerce. — Etude publiée par le *Journal des Chambres de Commerce* de Décembre 1885.

RECUEIL DES PROCÈS-VERBAUX DES SÉANCES DU COMITÉ CENTRAL DES CHAMBRES SYNDICALES, 17ᵉ volume, page 252. 18ᵉ volume p. 25, Marchal et Billard éditeurs, 27 place Dauphine.

LOUIS RENAULT. — Article publié dans le *Droit* du 25 mars 1884.

SAUTTER. — Note à propos du dépôt central des brevets d'invention prescrit par la Convention internationnale du 20 mars 1883. (Extrait du bulletin du syndicat des ingénieurs-conseils en matière de propriété industrielle).

SAUVEL.— Rapport présenté au Comité de l'Association des inventeurs et artistes industriels sur un projet de modification de l'article 19 de la loi du 23 juin 1857. *Bulletin de l'Association* du 15 janvier 1884, 25 rue Bergère.

SÉNAT.— V. Dietz-Monnin. Session ordinaire de 1884, nᵒˢ 59 et 213. Documents parlementaires, 1883, p. 783. Rapport de M. de Parieu, et vote.

LE TRAVAIL NATIONAL.—(Organe de la défense des intérêts industriels et agricoles), *passim*. nᵒ du 13 février 1887, 26 boulevard des Italiens.

UNION DES FABRICANTS.—(La Convention internationale relative à l'Union de la propriété industrielle commenté par l'), 11 place de la Madeleine.

WARMÉ.— Rapport présenté au Comité de l'Association des inventeurs et artistes industriels sur la convention internationale. Bulletin de l'association nᵒ 38, 15 février 1886.

SIMON. — Communication faite à la Société des ingénieurs civils au sujet de la Convention dans la séance du 15 octobre 1885. (V. le bulletin de la société).

THIRION.— Articles publiés dans le *Génie civil*.

IVE PARTIE

Commentaire et Critique de la Convention internationale de 1883

ARTICLE 1er

Les gouvernements de la Belgique, du Brésil, de l'Espagne, de la France, du Guatemala, de l'Italie, des Pays-Bas, du Portugal, du Salvador, de la Serbie, et de la Suisse sont constitués à l'État d'Union pour la protection de la propriété industrielle.

A cette nomenclature, il faut ajouter la liste des États qui sont entrés dans l'Union postérieurement au 20 mars 1883. Ces pays sont par ordre de date :

La République de l'Equateur (21 décembre 1883), la Grande-Bretagne (17 mars 1884), la Tunisie (20 mars 1884), la République Dominicaine (20 octobre 1884), la Suède et la Norwège (1er juillet 1885).

Les actes d'accession de la Grande-Bretagne, de la Tunisie et de l'Equateur ont été acceptés, les 5 et 12 Avril et 23 Mars 1884, par le Gouvernement Français, dûment autorisé à cet effet par les autres hautes parties contractantes.

Le 6 juin 1884, a été dressé au Ministère des affaires étrangères à Paris, le procès-verbal de dépôt des ratifications des États ayant signé l'acte du 20 mars 1883, et des actes d'accession de la Grande-Bretagne, de la Tunisie et de l'Equateur ; mais, ce dernier État a déclaré se retirer de l'Union ainsi que le Salvador, sous prétexte que la Convention internationale était dépourvue de tout intérêt pour ses nationaux.

L'Union comprend donc actuellement les pays suivants : Belgique, Brésil, République Dominicaine, Espagne, France,

Grande Bretagne, Guatemala, Italie, Norwège, Pays-Bas, Portugal, Serbie, Suède, Suisse, Tunisie, Turquie.

La République Argentine, les Etats-Unis, le Grand Duché de Luxembourg, la Roumanie, la Russie, l'Uruguay n'avaient point autorisé leurs plénipotentiaires à signer le 20 mars la Convention internationale, bien que leurs délégués eussent pris une part active aux travaux de la Conférence de 1883.

Quant à l'Allemagne, et à l'Autriche-Hongrie, qui avait participé aux travaux de la première conférence tenue au ministère des affaires étrangères à Paris en Novembre 1880, elles ne s'étaient même pas fait représenter à la seconde conférence, prétextant l'impossibilité de mettre d'accord la Convention avec leur législation nationale sur la propriété industrielle.

On n'a pas manqué d'invoquer pour justifier l'*Union pour la protection de la propriété industrielle* les bienfaits de l'*Union postale*, de l'*Union télégraphique*, de l'*Union pour la protection de la propriété littéraire et artistique*[1]. Une union internationale n'est pratique qu'à la condition de porter sur des éléments simples. Or, la propriété industrielle n'est rien moins que simple, puisque cette expression générique comprend des éléments disparates, tels que les brevets, les marques et les dessins, qui sont l'objet de trois lois distinctes.

Il aurait d'ailleurs fallu faire trois conventions pour chacune de trois branches de la propriété industrielle. Pour chaque branche, on aurait formé une union distincte, d'où se seraient trouvées exclues les nations dont la législation ne protège pas cette branche de la propriété industrielle. De cette façon, la Hollande, la Serbie et la Suisse, n'auraient pu entrer dans l'Union pour la protection des inventions brevetées, la République Dominicaine, le Guatémala, le Salvador, la Serbie, la Tunisie, la Suède et la Norwège dans l'Union pour la protection des marques de fabrique : le Brésil, la République Dominicaine, l'Espagne, le Guatémala, la Norwège, la Suède, les Pays-Bas, la Tunisie et la Turquie dans l'union pour la protection des dessins et modèles industriels. Que dirait-on d'une Union postale conclue avec un pays où le service des

[1] L'union pour la protection de la propriété littéraire rend à la France le centuple de ce qu'elle donne, car les ouvrages français sont dans le monde entier, tandis qu'en France, on lit peu les auteurs étrangers.

postes ne serait pas organisé, d'une Union télégraphique avec un pays qui refuserait d'établir un réseau de télégraphes, ou de conserver celui qu'il possèderait [1].

En fait, nous avons démontré en examinant le *statu quo ante* que l'*Union pour la protection de la propriété industrielle* fonctionnait déjà, dans la limite du possible, depuis longtemps, en vertu de traités établissant l'échange du traitement du national avec des pays dont les lois protègent les nationaux. Cet échange est de style dans tous les traités qui s'occupent des marques et des dessins. Toutes les lois sur les brevets assimilent d'ailleurs l'étranger au national, pour la protection des droits de l'inventeur, mais sans condition de réciprocité. Au lieu d'aggraver les inconvénients d'un système qui proclamait déjà, pour les brevets l'inutilité de la réciprocité exigée pour les marques et les dessins, par l'article 6 de la loi du 23 juin 1857, et l'article 9 de celle du 26 novembre 1873, il fallait s'appliquer à le restreindre et à ne rien donner au-delà de ce que les étrangers voulaient nous rendre. Au lieu de cela, l'Union a fait faire à la France un nouveau pas dans la voie du désintéressement et de la générosité, en supprimant, vis-à-vis d'un certain nombre d'États, pour les marques et les dessins, comme la loi de 1844 l'avait supprimée pour les brevets, la réciprocité exigée par les lois de 1857 et de 1873. Il s'agit donc, en réalité, d'une véritable Union internationale pour la protection en France de la propriété industrielle étrangère, puisque cette Convention a principalement pour effet, de soustraire à la condition d'une réciprocité équitable l'acquisition, en France, et la conservation des droits privatifs sur leurs marques et leurs dessins, au profit d'étrangers, appartenant même à des pays dont la loi ne protège pas la propriété industrielle, des nationaux.

Sans doute, on essaiera de justifier le titre d'*Union internationale pour la protection de la propriété industrielle*, en faisant ressortir les avantages du droit de priorité établi par l'article 4. Nous expliquerons, en commentant cet article 4, à quoi se réduit en réalité cette innovation, et nous établirons que c'est

___

[1] La Hollande qui avait une loi sur les brevets a renoncé à protéger les inventeurs depuis 1869.

précisément la propriété industrielle que l'on prétend protéger, qui en paiera les frais.

Echange du Traitement du National

ARTICLE 2

Les sujets ou citoyens de chacun des Etats contractants jouiront, dans tous les autres Etats de l'Union ; en ce qui concerne les brevets d'invention, les dessins ou modèles industriels, les marques de fabrique ou de commerce et le nom commercial, des avantages que les lois respectives accordent actuellement ou accorderont par la suite aux nationaux.

En conséquence, ils auront la même protection et le même recours légal contre toute atteinte portée à leurs droits, sous réserve de l'accomplissement des formalités et des conditions imposées aux nationaux par la législation intérieure de chaque Etat.

Le principe qui se dégage de cet article est le suivant : on traitera les étrangers comme les nationaux, en d'autres termes on appliquera indistinctement aux nationaux et aux étrangers faisant partie l'Union la loi nationale ». C'est l'abandon du système de la réciprocité pour les marques et les dessins. Pour les brevets c'est l'application du droit commun. En ce qui concerne le nom commercial l'article 2 est inutile et de plus dangereux pour le commerce français, ainsi que nous le démontrerons.

§ I. — *Brevets*

L'article 27 de la loi du 5 juillet 1844 assimile les étrangers aux nationaux pour la prise des brevets en France. Toutes les législations étrangères sur les brevets reproduisent cette disposition libérale, que M. Dupin, en 1844, justifiait, en distinguant les brevets des marques [1]. A cette époque, en effet, il pouvait être utile d'encourager, même chez les étrangers, l'esprit d'invention, parce que les droits de l'inventeur n'étant pas encore consacrés par toutes les législations, on pouvait espérer par ce moyen attirer en France les inventeurs étrangers. Mais aujourd'hui, que presque toutes les législations admettent le privilège temporaire de l'inventeur, il n'est plus exact de dire qu'il est encore, (comme cela était en 1844) de l'intérêt de la nation de donner des brevets aux étrangers, sans se préoccuper de la réciprocité. Le Suisse par exemple, qui peut se faire breveter en Allemagne, en Angleterre, en Belgique, en Italie, aux Etats-Unis, au Brésil, dans les Indes et jusque au Japon, ne fera pas faire un pas de plus aux progrès de l'industrie, parce qu'il pourra en outre se faire breveter en France. Nous avons déjà exprimé cette idée en disant que l'aiguillon de l'intérêt individuel, qui, avec le système des brevets, stimule si activement les progrès industriels, peut produire aujourd'hui sur un inventeur étranger son maximum d'effet, sans qu'on puisse affirmer que le brevet français, qu'il ajoutera à la collection de ceux déjà obtenus, donne à l'esprit d'invention de cet étranger un essor qu'il n'aurait point reçu, si cet inventeur n'était pas admis à jouir en France d'un droit privatif de quinze années.

A un autre point de vue, l'industrie française a intérêt à voir tomber dans le domaine public ces inventions décrites dans des brevets étrangers. C'est l'affaire de nos industriels de se tenir au courant des inventions et des procédés de nos concurrents, lorsqu'ils sont décrits dans des patentes, surtout s'ils ne sont pas brevetés en France. A ce point de vue, il est certain que, si la révision de notre loi de 1844 sur les brevets d'invention était à l'étude, il ne manquerait pas de bons arguments pour justifier la modification de son article 27, dans le sens de la réciprocité internationale, et n'accorder de brevets aux étrangers, que s'ils n'appartiennent pas à une des nations qui méconnaissent encore, à l'heure actuelle, les droits de l'inventeur. Ce serait aux inventeurs, sujets ou citoyens de ces pays, à provoquer dans leur patrie un changement de législation que réclamerait alors impérieusement leur propre intérêt.

En Allemagne où la loi sur les brevets d'invention qui ne date que de 1877, semble déjà surannée, et où on étudie les modifications dont la pratique a fait comprendre le besoin, le projet de révision impose aux étrangers pour l'obtention des brevets Allemands la condition de réciprocité, de façon à ne pas reconnaître les droits privatifs des inventeurs appartenant à des pays où ces droits sont méconnus.

En somme, l'article 2 de la convention du 20 mars 1883 confirme purement et simplement l'article 27 de la loi du 5 juillet 1844 : sous ce rapport, il était parfaitement inutile. Il donne toute sécurité aux inventeurs des pays dont nous venons de parler, et frappe d'avance de stérilité les vœux que l'on en sera réduit à formuler, pour obtenir que ces pays, entrés dans l'Union d'où l'on ne peut les exclure, veuillent bien daigner mettre leur législation industrielle au niveau de celle des autres nations, en reconnaissant les droits de l'inventeur. Le seul moyen de les y amener était de leur imposer le régime de la réciprocité pure et simple. Par la Convention on y renonce. On s'engage même virtuellement à ne pas exiger cette réciprocité, tant que la Convention sera en vigueur, car on ne peut aller au moyen d'une loi à l'encontre d'un traité international.

§ II. — *Marques de fabrique et de commerce*

Nous connaissons déjà le régime international des marques en vigueur avant la Convention internationale, et aujourd'hui encore, en dehors du territoire de l'Union. C'est le régime de la réciprocité diplomatique depuis le 27 Juin 1857, de la réciprocité diplomatique, ou simplement légale, depuis le 26 Novembre 1873. En dehors des marques étrangères, apposées sur des produits sortant d'établissements industriels situés en France, et que l'on considère comme marques françaises, nous disions aux étrangers : « nous protégerons vos marques si vous protégez les nôtres » : quoi de plus juste et de plus rationnel ?

L'échange du traitement du national, résultant de l'article 2 et qui a pour lui, il faut en convenir, l'avantage d'une simplicité extrême, a bouleversé le régime international des marques. Cette clause se trouvait dans les traités de commerce ou les conventions spéciales relatives aux marques ; mais ces traités ne se concluaient, en général, qu'avec des pays ayant une législation sur cette matière. On confirmait ainsi le principe de la réciprocité, dont on voulait si peu se départir, que, avant que la Suisse n'eût une loi sur la matière, on n'avait accordé aux Suisses, en France, la protection de leurs marques, qu'à la condition qu'ils protégeraient exceptionnellement les marques françaises, c'est-à-dire feraient plus pour les Français que pour leurs propres nationaux. Il en était de même des dessins de fabrique. Aujourd'hui, la convention internationale permet de réclamer chez nous, sans aucune réciprocité [1], la protection de leurs marques, à des étrangers dans le pays desquels les marques n'étant pas protégées, les industriels français se trouvent actuellement mystifiés par le traitement du national. Tel est le cas du Salvador, du Guatemala, de la Turquie, de la République Dominicaine. Tel sera le cas de tous les autres pays, qui, n'ayant pas de lois sur les marques, pourront néanmoins entrer dans l'Union, sans qu'aucun des pays contractants puissent s'y opposer, pour éluder la règle de la réciprocité.

Il est vrai que, postérieurement à la Convention, le Brésil et la Serbie qui n'avaient pas de loi sur les marques ont complété sur ce point leur législation. Cela ne prouve qu'une chose, c'est que la considération de l'intérêt des manufacturiers Brésiliens et Serbes, à voir protéger leurs marques dans leur propre pays, a suffi, pour provoquer la réforme, sans que la considération des avantages déjà concédés à ces deux nations, qui font partie de l'Union, par le traitement du national, sur tout le territoire de l'Union, occupât la moindre place dans les préoccupations auxquelles la nouvelle loi répondait, puisque ces avantages leurs étaient acquis depuis le 7 juillet 1884, en vertu même de l'article 2. C'est, d'ailleurs, à ceux qui trouvent tout naturel que nous allions au devant des désirs des étrangers, en leur accordant à l'avance, et sans condition, des avantages que nous n'avons plus la ressource de leur offrir ensuite, pour obtenir la réciprocité, c'est à eux d'établir que le meilleur moyen pour nous d'obtenir que les marques françaises soient respectées, par exemple dans l'Uruguay, le Venezuela, le Salvador, la Californie, consiste à attribuer d'avance, chez nous, aux industriels de ces pays, le traitement du national, c'est-à-dire le bénéfice de nos lois sur la propriété industrielle. Jusqu'à ce que cette preuve soit

─────────

[1] On se rappelle que lors de la conférence de 188 M. Bozérian a été au devant des désirs des délégués étrangers en déclarant la réciprocité inutile.

administrée, nous continuerons à regretter que la France suive, dans une période comme celle que nous traversons, les errements d'une époque où elle croyait pouvoir donner au monde entier, des leçons de générosité et de désintéressement appliqués.

Le traitement du national qui est le plus simple, sinon le plus juste, mettra souvent, dans la pratique, la loi française aux prises avec la Convention. Laquelle des deux aura le pas sur l'autre, en cas de conflit ? Un étranger appartenant à un pays dont la loi ne déclare pas protéger les marques étrangères, et qui ne peut pas plus invoquer la réciprocité diplomatique que la réciprocité légale, parce qu'il n'y a pas de traité entre ce pays et la France, pourra-t-il poursuivre chez nous les contrefacteurs de sa marque, si d'ailleurs elle n'est pas apposée sur des produits provenant d'un établissement industriel situé en France et lui appartenant ?

Si l'étranger ne fait pas partie de l'Union nous savons déjà que la négative est certaine, en vertu du droit commun [1]. C'est ce qui arriverait pour un Chilien par exemple, la loi de ce pays sur les marques ne disant absolument rien des marques étrangères, et la France n'ayant aucun traité avec le Chili.

S'il fait partie de l'Union, pourra-t-il se réclamer en France, en vertu de l'article 2, du traitement du national ? S'il y avait un traité antérieur lui donnant ce droit, il le pourrait, en vertu de ce traité ; mais nous nous sommes placé en dehors de cette hypothèse, en supposant que l'étranger ne peut pas plus invoquer la réciprocité diplomatique, que la réciprocité légale. Nous voulions examiner le cas où il ne peut invoquer que la Convention. Si l'on admet d'ailleurs que cette Convention a abrogé les traités pour les pays contractants, ou les parties de traités antérieurs traitant de la propriété industrielle, il ne peut plus être question, pour ces pays, de réciprocité diplomatique, mais seulement de l'échange du traitement du national (ce qui est loin d'être la même chose si les deux pays ne reconnaissent pas, l'un comme l'autre, la propriété des marques).

---

[1] Ce droit commun réside dans l'article 6 de la loi du 23 juin 1857.

Le mot « *réciproquement* », n'a-t-il pas été, à dessin, retranché du texte primitif de l'article 3, au cours de la conférence de 1880, avec le consentement et même l'approbation de M. Bozérian? Ne résulte-t-il pas, de cette suppression motivée et réfléchie, le germe d'un conflit entre la loi du 26 novembre 1873 qui exige la réciprocité légale ou diplomatique, et la Convention qui semble se contenter de l'échange du traitement du national, sans faire de distinction entre les pays qui protègent et ceux qui ne protègent pas la marque de leurs nationaux? On sait que le Chili a adopté récemment une loi sur les marques de fabrique et de commerce. Ce pays appartient donc à la première catégorie. Le Chilien, puisque nous avons pris cet exemple, si son pays adhérait à l'Union, pourrait donc réclamer en France le traitement du national. Ce ne serait en somme qu'une application de la réciprocité diplomatique dont jouiraient forcément les Français au Chili, et qui, bien qu'elle ait été supprimée comme condition indispensable de la protection des marques étrangères sur le territoire de l'Union, n'en résulte pas moins par la force des choses, de l'échange du traitement du national tenre deux pays qui reconnaissent également à leurs nationaux la propriété de leurs marques [1]. La Convention deviendrait le traité diplomatique assurant la réciprocité. On pourrait dire alors, que c'est en vertu de l'article 6 de la loi du 23 juin 1857 que la marque Chilienne serait protégée en France. Il n'y aurait pas, à proprement parler, de conflit entre la loi et la Convention, dans cette hypothèse, puisque l'une ne ferait que faciliter l'application de l'autre.

Si maintenant, au lieu du Chili, nous supposons qu'il s'agisse, par exemple, du Salvador, de l'Équateur, de la République Dominicaine, nations qui ne protègent pas les marques de fabrique, et font cependant partie de l'Union, le conflit s'élèvera en France, entre la loi et la Convention [2]. Il faudrait, pour l'éviter, admettre que l'échange réciproque du traitement du national, même avec un pays qui ne reconnaît pas la propriété des marques, suffit pour constituer la réciprocité

---

[1] Ce droit commun réside dans l'article 6 de la loi du 23 juin 1857.
[2] Il en sera de même si un pays qui ne reconnaît pas la propriété des marques adhère à la Convention.

dont parle l'article 9 de la loi du 26 Novembre 1873, et que, par conséquent, il importe peu que la protection soit effectivement réciproque, pourvu que l'échange du traitement du national le soit. Ce serait évidemment jouer sur les mots que d'aller jusque là. Le conflit existera donc entre la loi française, qui exige, pour la protection des marques étrangères, la réciprocité légale ou diplomatique, et la Convention qui, d'une part, pose en principe le respect des législations particulières des Etats de l'Union, et, d'autre part, dispense en fait, de cette réciprocité, en accordant en France le traitement du national aux citoyens ou sujets de ces Etats, les pays dont la législation ne reconnait pas la propriété industrielle des marques de fabrique.

En résumé, si on se place, en dehors de l'hypothèse spéciale, où l'étranger, possédant un établissement industriel ou commercial en France, réclame la protection de la loi de 1857, pour une marque apposée sur des produits provenant de cet établissement français, il faut distinguer selon que la législation du pays de cet étranger, qui se réclame du nouveau droit international de la propriété industrielle, parce qu'il fait partie de l'Union, protège ou ne protège pas les marques des nationaux.

Si elle les protège, la réciprocité diplomatique résultera de l'échange entre ce pays et la France, du traitement du national édicté par l'article 2 de la Convention.

Si elle ne la protège pas, la question de la défense en France des marques étrangères d'après le nouveau régime international, aboutit forcément à ce dilemme : ou le propriétaire de la marque étrangère invoquera l'article 9 de la loi du 26 novembre 1873, en se basant, pour se conformer à cette loi, sur la réciprocité diplomatique résultant de la Convention internationale, et on lui objectera que, dans de pareilles conditions, la réciprocité serait, en fait, purement illusoire, et ne saurait donner satisfaction au législateur de 1857, dont les rédacteurs de la Convention eux-mêmes ont déclaré vouloir respecter l'œuvre ; ou l'intéressé invoquera l'article 2 de la Convention, en réclamant en France le traitement du national, et on lui objectera que la Convention ne peut prévaloir contre une loi formelle exigeant la réciprocité diplomatique

ou légale, dont il ne peut justifier, ce qui soulèvera la question
du conflit de la Convention avec nos lois non abrogées.

L'échange du traitement du national entre différents pays
qui protègent également les marques de fabrique, se justifie
par un intérêt mutuel. Nous avons énuméré et analysé tous
les traités qui organisaient cet échange entre la France et la
plupart des nations civilisées. La Convention n'a fait que confirmer le *statu quo*, en ce qui concerne ceux de ces pays
qui font partie de l'Union, sauf le droit de priorité de trois
mois dont nous aurons à parler. Quant aux autres, tels que
les pays d'Amérique qui n'ont pas de législation sur les marques, et font cependant partie de l'Union, cet échange ne peut
s'expliquer, que comme conséquence logique d'une fiction
qui consiste à supprimer les frontières dans cet ordre d'idées
spécial de la propriété industrielle.

§ III. — *Dessins et modèles industriels*

En ce qui concerne les dessins et modèles, le fait d'avoir
un établissement industriel en France ne changerait rien
d'après le droit commun à la situation de l'étranger qui voudrait faire respecter la propriété d'un dessin ou d'un modèle,
sans pouvoir invoquer la réciprocité légale ou diplomatique.
C'est là une différence entre les marques et les dessins qui
mérite d'être notée, et qu'on peut d'ailleurs justifier. En effet,
pour les marques, on prend en considération la situation de
l'établissement qui est digne de protection, s'il est situé en
France, parce qu'il met en valeur des capitaux et occupe des
ouvriers français; tandis que pour les dessins et modèles,
l'intérêt de nos artistes industriels exige qu'on ne se dépar-
tisse dans aucun cas de la réciprocité diplomatique ou légale,
vis-à-vis des dessins et modèles étrangers. La raison de cette
différence est peut être aussi dans ce fait que l'usage de la
marque de fabrique, qui n'est que la signature du fabricant, ne
gêne personne, tandis que le droit privatif portant sur un
dessin ou un modèle apporte une certaine entrave à la liberté
de l'industrie.

Ainsi, tandis qu'un étranger peut, sans être astreint à la condition de la réciprocité diplomatique ou légale, faire protéger sa marque en France, s'il y possède un établissement industriel, il ne pourra acquérir la propriété des dessins ou modèles déposés régulièrement par lui, que s'il peut invoquer la réciprocité légale ou diplomatique (art. 9, loi du 26 novembre 1873) [1].

Tel est le droit commun en vigueur pour tous les étrangers, jusqu'au 6 juillet 1884, (date de la promulgation de la Convention internationale de 1883), et, depuis cette date, pour tous ceux qui ne peuvent se réclamer du nouveau régime international, comme ne faisant pas partie de l'Union, ou ne possédant aucun établissement dans l'un des pays contractants. Quand aux autres, la situation est changée depuis 1884.

De même qu'il y a, dans l'Union, des pays dont la loi ne reconnait pas la propriété industrielle des marques, il y en a aussi comme l'Espagne, la Hollande, la Suède où les dessins et les modèles ne peuvent être l'objet d'une propriété quelconque. Ces pays n'en font pas partie de l'Union.

Ce que nous avons dit, à propos des marques, de l'échange du traitement du national et de la réciprocité diplomatique ou légale, sauf la différence que nous avons mentionnée, peut s'appliquer, à la matière des dessins et modèles, justiciable, comme celle des marques, de l'article 9 de la loi du 26 novembre 1873, et de la Convention internationale de 1883.

Pour les dessins, comme pour les marques, c'est sur l'échange du traitement du national, et non sur le traitement lui-même, qu'il faudrait faire porter la réciprocité, si l'on voulait absolument mettre d'accord la Convention avec la loi de 1873.

Ce n'est qu'à la condition de dispenser ainsi de toute réciprocité effective les pays, qui ne reconnaissent pas la propriété des dessins, qu'on pourrait éviter le conflit qui s'élèvera entre les législations nationale et internationale pour les dessins, comme pour les modèles.

La Suisse ne possède pas de loi sur les dessins et modèles industriels; mais elle accorde exceptionnellement aux Fran-

[1] Voir plus haut. p. 114.

çais, en matière de dessins de fabrique et de modèles, un droit privatif, dont ne jouissent pas ses propres nationaux. Cette anomalie qui peut paraître bizarre, s'explique cependant par l'intérêt qu'a la nation Suisse, par exemple pour les dessins de broderie, de mettre les fabricants Suisses à même d'invoquer, pour la protection de leurs dessins en France, la réciprocité diplomatique. Il en était de même, d'ailleurs pour les marques de fabrique, avant que la loi fédérale du 19 décembre 1879 n'eût organisé le dépôt des marques à Berne. On est, dès lors, obligé de se demander, si l'échange du traitement du national avec la Suisse, tel qu'il résulte des articles 1 et 2 de la Convention, ne modifiera point la situation avantageuse faite jusque là aux Français, par le traité Franco-Suisse, ou si nos nationaux pourront continuer à profiter de l'inégalité établie, à leur profit, pour la raison que nous avons indiquée. Car le traitement du national, pour les dessins, en Suisse, c'est l'absence de tout droit privatif. Ce serait donc pour les Français, la suppression du droit antérieur dont ils jouissaient exceptionnellement en vertu d'un traité spécial. La solution de cette question dépend a de l'interprétation qui sera donnée à la Convention de 1883 par la jurisprudence Suisse, et du point de savoir si on considérera cette Convention comme respectant les législations particulières ou, comme une véritable loi abrogeant les lois intérieures dans tout ce qu'elles ont de contradictoire avec elle. Si l'on admet cette dernière théorie, on ne peut contester que la Convention ait pour effet direct, d'enlever aux Français, en Suisse, en les égalant aux nationaux, les droits dont ils jouissaient, pour leurs dessins et leurs modèles, en vertu du *statu quo ante*.

En fait la réciprocité légale existe avec le Canada [1], la réciprocité diplomatique, avec l'Angleterre, l'Autriche-Hongrie, l'Allemagne, l'Espagne, la Hollande, l'Italie, la Suisse, la Belgique.

Les dessins et modèles français, sont donc protégés dans ces pays, indépendamment du nouveau régime international de la propriété industrielle, en vertu de traités antérieurs,

---

[1] Il va sans dire, cependant que l'étranger qui aurait obtenu l'autorisation de fixer son domicile en France pourrait déposer valablement un dessin, aussi bien qu'une marque. Art. 13 du code civil .

dans lesquels la base des stipulations relatives aux dessins
et modèles industriels, est, comme celles relatives aux marques, l'échange du traitement du national emprunté à la législation Anglaise. Ce n'est donc pas la Convention de 1883 qui
a inauguré ce système; mais il convient de faire remarquer
qu'elle en a élargi l'application, à une époque où la lutte industrielle commandait, peut-être, de préparer le rétablissement
d'une réciprocité plus stricte, et, en tous cas, de faire cesser,
d'une façon ou d'une autre, la contradiction existant, déjà à
cette époque, entre l'article 9 de la loi du 26 novembre 1873,
qui maintient la condition d'une réciprocité réelle, et les conventions internationales ou les articles des traités de commerce relatifs à la question de la propriété des dessins et
modèles, conventions ou articles, qui se contentent de l'é-
change du traitement du national.

Nous avons fait ressortir, au sujet des marques de fabrique,
combien ce régime de l'échange du traitement du national,
qui a, pour lui, le mérite d'une grande simplicité, peut avec
le système d'une Union ouverte sans condition, favoriser l'un
des pays contractants aux dépens des autres, si, par exemple,
l'un des États protégeant, et l'autre ne protégeant pas la propriété industrielle des regnicoles, le premier se trouve tenu
d'accorder la même protection qu'à ses nationaux, aux citoyens
de l'autre pays, qui se trouve naturellement dispensé, par une
lacune de sa législation, d'accorder une réciprocité vraiment
utile et effective. En matière de dessins et de modèles industriels, le système de l'échange du traitement du national,
présente encore plus d'inconvénients que pour les marques :
car à supposer qu'on ne traite qu'avec des pays dont la loi
protège les dessins, comme la France est le seul État dont la
législation accorde pour les dessins et les modèles un droit
privatif perpétuel, il se trouve que nous accordons aux étrangers, avec le traitement du national, un droit de propriété
perpétuel pour les dessins de fabrique et les modèles valablement déposés, tandis que les Français ne jouissent, dans les
autres pays, que d'un droit temporaire relativement très-court.
Ainsi, la réciprocité diplomatique, parfaitement illusoire avec
des pays qui, comme l'Espagne, la Hollande, la Suède, ne reconnaissent par la propriété des dessins et modèles, est in-

complète avec des États qui, comme l'Italie, l'Angleterre,
l'Allemagne, n'assignent à cette branche de la propriété industrielle qu'une durée temporaire quelquefois très courte.

Cette réciprocité incomplète, se trouve encore diminuée
par les exigences de certaines législations comme celles d'Allemagne et d'Autriche, dont l'une prohibe, sous peine de
déchéance du droit privatif, l'introduction dans le pays d'objets fabriqués à l'étranger, d'après le dessin ou le modèle déposé en Autriche, et l'autre exige que le dessin ou modèle ait
été inventé et créé en Allemagne [1]. Il serait néanmoins difficile
de soutenir que cette réciprocité, quoique incomplète, tant à
cause de la durée temporaire du droit privatif reconnu par les
législations étrangères sur les dessins et modèles, qu'en raison des conditions auxquelles quelques-unes soumettent l'acquisition et la conservation de ce droit privatif, ne donne
pas satisfaction au principe de la réciprocité diplomatique ou
légale inscrit dans la loi du 26 novembre 1873. Il est bien certain que, en ce qui concerne l'Espagne, la Hollande, la Suède
et la Norwège, avec qui, bien que ces nations ne connaissent pas le droit privatif sur les dessins et les modèles, la
France a échangé par traité pour cette branche de la propriété
industrielle, le traitement du national, le conflit soulevé, à
propos des marques, par la Convention de 1883, entre la loi
du 26 novembre 1873, et le droit international nouveau, s'éle-
vait déjà de lui-même sous le régime international antérieur
à cette Convention. Car le traité Franco-Espagnol du 6 février
1882 (art. 7), le traité Franco-Néerlandais, du 19 avril 1881 et
le traité Franco-Suédois [1] avaient été conclus sur l'initiative du
Gouvernement français, sans aucune préoccupation de réciprocité réelle, puisque ces pays ne reconnaissent pas la propriété des dessins de fabrique. Mais il faut convenir que, en
dehors de ces cas particuliers, sans grande importance d'ailleurs, une réciprocité diplomatique très réelle quoique incomplète, résultait de l'échange du traitement du national avec
les autres pays, dont la loi reconnaît cette branche de la propriété industrielle.

---

[1] L'article 9 de la loi du   novembre 1873 était donc respecté, en vertu d'un traité qui
en facilitait l'application en organisant la réciprocité diplomatique exigée par cette loi.
Ce traité porte la date du 30 novembre 1883.

Avec le système de l'échange du traitement du national accordé, en vertu de l'article 2 de la Convention, aux citoyens de tous les pays sans exception, à qui il plaira d'entrer dans l'Union, les cas de conflit entre la législation nationale et internationale se multiplieraient en France, à mesure que la liste des États adhérents qui ne protègent pas les dessins de fabrique irait se développant. Car, vis à vis de chacun de ces pays, la question de savoir si c'est la loi de 1873 qui l'emportera sur la Convention, ou celle-ci sur la loi de 1873, se posera pour les dessins de fabrique, comme dans certains cas, pour les marques.

Ce conflit empruntera même à la nature du droit privatif portant exclusivement sur tel ou tel modèle, tel ou tel dessin, une gravité qu'il ne saurait avoir pour les marques de fabrique servant à caractériser des produits, qui, en somme, sont le plus souvent dans le domaine public. Car c'est surtout lorsque la liberté industrielle est en cause, qu'il convient d'être fixé sur ses droits et sur ses devoirs, et de ne pas conférer aux étrangers, en dehors des conditions strictement légales, des privilèges industriels qu'une juste réciprocité internationale ne justifie pas, et qui ne pourraient s'exercer en France qu'au détriment de la liberté du travail national.

Ce qui se passe en Suisse, où l'on accorde aux Français, en matière de dessins de fabrique, des droits dont les nationaux eux-mêmes ne jouissent pas, prouve bien quel prix un gouvernement étranger pouvait attacher, avant la Convention a procurer à ses nationaux, la jouissance, en France de droits qu'il savait ne pouvoir leur faire reconnaitre, que sous la condition formelle d'une réciprocité diplomatique effective. Cela prouve aussi que le plus sûr moyen d'obtenir le respect de la propriété industrielle française à l'étranger, est de laisser les étrangers soumis en France pour la protection de la leur, à la condition formelle d'une réciprocité absolue. Il est probable que, si cette condition était insérée dans notre loi sur les brevets, la législation Suisse accorderait exceptionnellement des brevets d'invention aux inventeurs français, quoique ne protégeant pas les inventeurs Suisses. Il en serait pour les inventions, comme pour les dessins de fabrique. Avant la loi fédérale du 19 décembre 1879 sur les marques, ne protégeaiton pas exceptionnellement, en Suisse, les marques françaises, uniquement pour faire acquérir aux Suisses en France le bénéfice de la réciprocité légale ?

La Convention de 1883, a donc eu l'inconvénient grave, au moment où il fallait réagir contre les tendances généreuses et désintéressées de la France, d'accentuer encore ces tendances, comme si le meilleur moyen d'obtenir quelque concession des étrangers, aux dépens de leur liberté industrielle, mais au profit des Français, consistait à leur offrir d'avance, et sans condition de réciprocité, l'avantage équivalent en France, de façon à ce qu'ils n'aient plus d'intérêt à faire la moindre concession, n'ayant plus rien à demander en échange.

§ IV. — Nom commercial

Ce que nous avons dit des dessins de fabrique s'applique au nom commercial. Les étrangers soumis jusque-là pour la protection de leur nom commercial à la condition de la réciprocité diplomatique ou légale s'en trouvent dispensés par l'échange du traitement du national sans condition. Il importe cependant de faire remarquer à ce sujet que le nom commercial des étrangers étant respecté dans tous les pays civilisés, l'article 2 est sans inconvénient sous ce rapport.

Quels sont les étrangers, qui sans faire partie de l'Union, peuvent néanmoins, invoquer la Convention?

ARTICLE III

Sont assimilés aux sujets ou citoyens des Etats contractants les sujets ou citoyens ne faisant pas partie de l'Union que sont domiciliés ou ont des établissements industriels ou commerciaux sur le territoire de l'un des Etats de l'Union.

L'article 2 a l'inconvénient grave d'être en contradiction avec une loi française qui, en matière de marques de dessins, de modèles, et de nom commercial, établit, au point de

vue international, le principe et l'obligation de la réciprocité
légale ou diplomatique. Si la Convention abroge la loi, le
principe de la réciprocité disparait, pour faire place à l'é-
change pur et simple du traitement du national. Si la loi doit
recevoir son application, malgré la Convention, la France a
pris vis-à-vis des étrangers des engagements qu'elle ne peut
tenir, car ils sont contraires à une loi qui est toujours en vigueur.

L'article 3 va plus loin encore. Il élargit indéfiniment, on
peut le dire, le cercle dans lequel le nouveau régime international de la propriété industrielle pourra faire rayonner son
influence, sans que sa sphère d'application puisse cependant
s'étendre en dehors du territoire de l'Union.

L'assimilation, dont il est question dans l'article 3, procède
de la fiction qui préside à la formation de toute Union internationale, à savoir de la suppression des frontières dans un
ordre d'idées quelconque. Cette fiction ingénieuse a bouleversé notre législation sur les brevets, les marques et les dessins.

§ I. — *Brevets*

En ce qui concerne les personnes qui peuvent prendre des
brevets d'invention, l'assimilation des étrangers aux nation aux
étant complète d'après le droit commun, l'article 3 est sans
portée. Il n'en est pas de même du droit de priorité de six mois
et de la faculté d'introduire des objets brevetés sur le territoire
français, sans encourir la déchéance de l'article 32 de la loi
du 5 juillet 1844. Ce sont là deux dérogations au droit commun, deux ordres d'idées dans lequel il y a contradiction
entre la Convention et la loi française. Si ce conflit se résout
par l'effacement devant la loi non abrogée des dispositions
de la Convention manifestement contraires à cette loi, jusqu'à ce que celle-ci soit mise en harmonie avec la Convention, il n'y a rien de changé depuis le 7 juillet 1884, aux conditions rigoureuses qui président en France à l'acquisition et
à la conservation du droit privatif de l'inventeur sur l'invention décrite dans son brevet, du fabricant sur sa marque ou
son dessin déposé. L'article 3 reste à l'état de lettre morte.

Mais si l'on admet que l'intervention du Parlement, qui a approuvé la Convention par surprise, suffit pour la convertir en loi, elle abroge les dispositions des lois de 1844, 1857 et 1806 pour celles de leurs dispositions avec lesquelles elle est en contradiction manifeste. L'article 3 acquiert dans ce système une portée considérable. La fiction qui supprime les frontières sur le territoire de l'*Union* s'aggrandit. Des étrangers n'appartenant pas à ce territoire, des Allemands, des Autrichiens, des Américains, non liés par la Convention, pourront en réclamer le bénéfice, en remplissant la condition facile indiquée par l'article 3. Ils auront la faculté d'échapper ainsi à la déchéance de leur droit privatif, et de jouir d'un droit de priorité de six mois pour la prise des brevets et de trois mois pour les marques ou dessins. Non-seulement l'Union cessera de correspondre à une expression géographique, et de consister dans une agglomération d'Etats ligués entre eux, soi-disant pour la défense de la propriété industrielle, mais elle deviendra, en quelque sorte, un Etat économique, sans frontières, comptant des citoyens partout, mais n'offrant aucune prise à la statistique, et se dérobant aux investigations des géographes. Il y aura des membres de l'Union, comme il y a des catholiques, réunis en nations, ou disséminés au travers du Globe.

Il est clair qu'en insérant l'article 3 dans l'avant-projet qui a été converti en convention, le rédacteur du projet cédait à l'entraînement d'un cosmopolitisme, que la situation économique des deux mondes, et même de l'Europe actuelle, justifie moins que jamais.

Accorder aux citoyens des Etats adhérents un droit de priorité de six mois pour les brevets, les relever d'un cas de déchéance légale, et les exempter d'une cause de nullité de brevet, n'était-ce donc pas assez ? Si les avantages concédés aux Français, dans l'Union, étaient considérés comme la contre-partie des sacrifices imposés au domaine public, en France, au profit des citoyens appartenant aux Etats adhérents, cela provenait comme nous l'avons prouvé, d'un examen superficiel de la question et d'un défaut de préparation par l'étude des lois étrangères, en même temps que du mépris des légistes pour les considérations de l'ordre économique qui entravent la simplification de la législation comparée.

Encore, en se renfermant dans la donnée d'une *Union internationale pour la protection de la propriété industrielle*, peut-on
comprendre, à la rigueur, que les rédacteurs du projet aient
cru à la réciprocité des concessions et des avantages concédés aux étrangers, en prenant pour une réalité ce qui n'était
qu'un mirage. Mais, où trouver la contre-partie des avantages
faits à des fabricants, même étrangers à l'Union, et appartenant à des pays ayant refusé leur adhésion, ou ne l'ayant pas
encore donnée? Les avantages ne se traduisent-ils pas chez
nous par l'amoindrissement au profit des étrangers de la liberté de l'industrie, et l'abandon d'un article protecteur du
travail national ? Comment dès lors expliquer l'article 3, autrement que par l'enthousiasme irréfléchi des promoteurs de
l'Union pour cette chimère qu'ils appelaient « l'uniformisation
internationale des lois sur la propriété industrielle? »

§ II. — *Marques.*

Nous avons indiqué quels avantages l'article 3 conférait, en
matière de brevets, aux étrangers qui peuvent se réclamer de
l'assimilation organisée par cet article, en supposant, bien
entendu, (ce qui n'est pas établi), que la loi française du 5
juillet 1844 soit partiellement abrogée par la Convention internationale, au profit des étrangers.

En matière de marques, outre le droit de priorité de trois
mois, et le bénéfice des articles 6, 9 et 10, l'étranger qui pos-
sédera un simple dépôt de vente dans un des Etats de l'U-
nion, verra sa marque protégée en France, en vertu du traitement du national, qu'il pourra réclamer en invoquant les
articles 2 et 3 combinés.

Continuons à faire produire au système de l'effacement de
la loi devant la Convention toutes ses conséquences.

Par le seul fait qu'un étranger appartiendra à l'Union, ou,
s'il ne lui appartient pas, remplira la condition voulue pour
réclamer l'assimilation de l'article 3, il pourra se dispenser,
dans les deux cas, pour faire protéger sa marque en France,
d'y posséder un établissement industriel ou commercial comme l'exigerait, d'après le droit commun, l'article 5 de la loi du
23 juin 1857. Il pourra, par conséquent, faire protéger sa mar-

que en France, alors même qu'elle serait apposée sur des
produits étrangers, ce qu'il ne pouvait obtenir auparavant,
que grâce à la réciprocité diplomatique, devenue ainsi, depuis
la Convention, absolument inutile. En effet, la Convention,
lui permet, s'il appartient à l'Union, de réclamer tout à la fois,
en France, le bénéfice de la réciprocité diplomatique, s'il
y a un traité entre son pays et la France pour la protection
des marques, et le traitement du national, sans même exiger
expressément qu'il ait un établissement industriel ou commercial en France [1] même, ou dans un des pays adhérents.
S'il n'appartient pas à l'Union, elle lui permet de réclamer,
alors même, d'ailleurs, qu'il n'y aurait pas de traité avec
son pays pour la protection des marques, uniquement le
traitement du national, en vertu de l'article 3.

Dans ce dernier cas, il est tenu d'avoir un établissement
au moins commercial dans un des pays signataires de la
Convention.

Remarquons que, d'après le droit commun primitif des lois
de 1857 et de 1873, la Convention n'a pu, en ce qui concerne
du moins le droit à la protection de la marque, apporter aucun changement à la situation de l'étranger, qu'il fasse ou non
partie de l'Union, si un traité antérieur conclu entre son
pays et la France, contenait déjà l'échange du traitement
du national, et que la réciprocité qui en résultait pour la
protection des marques fut réelle, c'est à dire, si la loi du
pays de l'étranger protège effectivement les marques des
nationaux.

Mais, pour que la situation se trouve réellement modifiée
par la Convention, il faut supposer que cet industriel appartient à un pays étranger à l'Union, et dont la législation
ne reconnaît pas la propriété des marques, ou protège
exclusivement celle de ses nationaux, sans avoir échangé,
par traité, avec la France, le traitement du national. Le droit
commun refusait toute protection à cet étranger qui ne pouvait invoquer ni la réciprocité légale, ni la réciprocité diplo-

---

[1] Nous supposons un Belge, un Italien, un Suisse, établi par exemple en Allemagne, il invoquera la Convention en en vertu de nationalité, même sans avoir un établissement commercial ou industriel dans l'union. Il peut cependant y avoir un doute
sérieux sur ce point.

matique. Il pourra ,depuis la Convention, s'il rentre dans les termes, soit de l'article 2, soit de l'article 3, faire protéger sa marque, et, dans ce dernier cas, tout en restant étranger à l'Union.

Comme on le voit, le fiction qui supprime les frontières dans l'Union, au point de vue de la protection des marques et des dessins, se trouve encore élargie par l'article 3. Cette fiction, logiquement, demandait à être limitée au territoire de l'Union, et suppose un équilibre économique parfait en Europe. Dans ces conditions, on a estimé que, pour un industriel étranger à l'Union, qui demanderait à voir sa marque protégée en France, sans y créer un établissement, parce qu'il en aurait créée un en Belgique, par exemple, il y aurait un autre étranger qui, tout en conservant son principal établissement en France, demanderait à ce que sa marque fût protégée en Belgique, et qu'il y aurait dès lors, compensation. Ce raisonnement, irréprochable en théorie, part d'une donnée que la pratique désavoue. La main d'œuvre étant moins chère en Belgique qu'en France, le sol Belge attire, pour ainsi dire, l'activité industrielle, ce qui fait que l'équilibre nécessaire, pour que la pratique confirmecette théorie de la compensation, manque complètement. C'est donc au détriment de la France, que la fiction consistant à considérer, pour les marques de fabrique, un établissement industriel situé dans un des pays de l'Union, comme situé en France, a été consacrée par l'article 3, au profit d'étrangers appartenant à des pays où les français ne peuvent obtenir le respect de leur propriété industrielle.

Un des défenseurs ardents de la Convention a présenté, sans s'en douter (car il s'agissait d'une autre question), mais en termes excellents, la critique de cet essai de cosmopolitisme industriel, dont la France fait tous les frais pour la plus grande satisfaction des professeurs de législation comparée :

La question de la nationalité du propriétaire de la marque est indifférente aux yeux des lois Française et Belge ; elles ne mettent à leur protection qu'une condition, à la fois nécessaire et suffisante, c'est que l'établissement dont la marque distingue les produits soit situé dans le pays. La raison veut d'ailleurs qu'il en soit ainsi. Car qu'importe à la France, par exemple, qu'une marque appartienne à un Français si ce

Français exploite au dehors son commerce ou son industrie, s'il consacre son travail et son activité à un autre pays? Et quel droit pourrait avoir ce Français lui-même à réclamer le bénéfice de la loi Française? Au contraire qu'importe à la France que le propriétaire d'une marque soit étranger, si cet étranger est établi chez elle, si son industrie constitue ainsi une partie du patrimoine et de la richesse de la France? N'est-il pas de son intérêt, n'est-il pas de son devoir de protéger la marque de cet étranger? [1]

Ne dirait-on pas que ce passage, emprunté à un des défenseurs de la Convention, a été écrit spécialement pour faire ressortir les inconvénients de l'article 3? Car cet article remplace, pour les fabricants étrangers, qui veulent faire protéger leurs marques en France, bien que ne pouvant invoquer la réciprocité diplomatique ou légale, la double condition, d'avoir un établissement en France, et d'apposer leurs marques sur des produits qui en proviennent, par cette condition unique, étrangère aux intérêts français, d'avoir un établissement industriel, ou simplement commercial dans un des pays de l'Union.

On ne peut mieux faire ressortir combien il est regrettable que, dans la guerre industrielle actuelle, un pays comme la France se désarme de lui-même, en réputant comme établissement industriel français, un établissement industriel Belge, Suisse, Italien, Anglais ou même Brésilien. Que l'Allemagne entre dans l'Union, et un établissement allemand sera réputé français pour la protection des marques apposées sur les produits provenant de cet établissement, lors-même qu'il appartiendrait à un sujet ou citoyen d'un de ces pays d'Amérique, où la contrefaçon des marques françaises s'élève à la hauteur d'une institution.

M. Claude Couhin, à qui nous empruntons le passage que nous venons de citer, et qui est la condamnation de l'article

_____

[1] Claude Couhin — Régime international des marques — page 265. L'article 6 de la loi du 23 juin 1857 est ainsi conçu: « Les étrangers et les français, dont les établissements sont situés hors de France, jouissent également du bénéfice de la présente loi pour les produits de ces établissements, si dans le pays où ils sont situés, des conventions diplomatiques ont établi la réciprocité pour les marques françaises.» Aussi le législateur de 1857 assimile les étrangers qui ont un établissement en France aux nationaux, et les Français qui ont un établissement hors de leur pays, aux étrangers, pour les produits provenant de ces établissements et les marques dont ils sont revêtus. On s'est placé dans la Convention à un point de vue diamétralement opposé.

3 et même de l'article 2, a cependant consacré une série d'articles à la défense de la Convention, dont il met lui-même si bien en relief (à propos d'une autre question, il est vrai), le côté dangereux pour la France.

RÉSUMÉ HISTORIQUE DE LA QUESTION DES MARQUES DE FABRIQUE ET DE COMMERCE

Loi du 23 juin 1857 *(art.* 6) [1]. — Sous l'empire de cette loi, les marques des étrangers, apposées sur des produits importés, n'étaient protégées en France qu'en cas de réciprocité diplomatique. La réciprocité légale n'aurait même pas suffi. La loi de 1873 a modifié cela). Les marques apposées sur des produits provenant d'établissements d'industrie ou de commerce situés en France, bien qu'appartenant à des étrangers, sont considérées et protégées comme marques françaises. C'est le principe de la territorialité qui est le fondement de cet article.

Loi du 26 novembre 1873 *(art.* 9). — Cette loi assimile la réciprocité légale à la réciprocité diplomatique. S'il y a des pays dont la législation protège les marques nationales et étrangères, les citoyens ou sujets de ces nations peuvent donc faire respecter leurs marques en France, même sans traité, en vertu de la réciprocité légale édictée par la loi.

Régime des traités de nation à nation. — Conformément à la loi de 1857, des traités ont été conclus, pour la propriété industrielle, avec certains pays. Des clauses relatives à cet objet ont été insérées dans des traités de commerce signés avec d'autres nations. En réalité, si on fait abstraction de la Convention de 1883, la réciprocité diplomatique existe entre la France et toutes les nations qui ont une législation sur les marques, sauf le Chili, le Japon, la Serbie. La base de toutes

---

1 La loi Chilienne sur les marques est du 12 novembre 1874.
Le 5 juin 1875 le Chili a conclu un traité avec la Belgique pour la protection des marques. On ne comprend pas pourquoi la France n'a pas de traité avec cette nation pour le même objet. Quand au Japon, sa loi sur les marques ne date que du 7 juin 1884. Celle de la Serbie est des 30 mai — 11 Juin 1884.

ces stipulations diplomatiques est l'échange du traitement du national. Comme elles ne lient, en fait, la France, qu'avec des pays qui ont une législation sur la matière, c'est-à-dire, qui protègent les marques de leurs nationaux, il en résulte une réciprocité effective et réelle.

Régime de la Convention internationale de 1883. (art. 2 et 3.) — Cette réciprocité effective disparaît chaque fois que la France échange le traitement du national avec des pays qui ne reconnaissent pas la propriété des marques. C'est ce qui a lieu avec les pays qui ont adhéré à la Convention dans ces conditions, et aura lieu de même, avec ceux qui notifieront à la Suisse leur entrée dans l'Union, quoique sans lois sur les marques.

L'article 3 va plus loin; il organise en France, la protection même des marques appartenant à des citoyens ou sujets de pays étrangers à l'Union, qui, soit que ces pays ne protègent pas les marques de leurs nationaux, soit qu'ils ne protègent que celles-là, ne sont tenus, pas plus dans un cas que dans l'autre, de protéger les marques françaises, parce que ces nations n'ont conclu aucun traité avec la France pour cet objet, et que, n'ayant pas signé la Convention, elles ne font même pas partie de l'Union.

Il ne sera donc plus nécessaire, pour que la marque d'un étranger, obtienne en France la protection de la loi, en dehors de toute réciprocité diplomatique ou légale, que cette marque soit apposée sur des produits provenant d'un établissement situé en France, comme l'exigeait dans tous les cas la loi de 1857. Il suffira que cet étranger ait un établissement industriel ou commercial (?) dans un des pays de l'Union.

§ III. — *Dessins et modèles industriels*

Ce que nous avons dit des marques, à propos de l'article 3, s'applique également aux dessins et aux modèles. Ajoutons que la Convention qui, selon une opinion probable, n'impose pas aux étrangers faisant partie de l'Union, la réciprocité diplomatique ou légale, comme condition absolue du traitement du national en France, pour les marques, les dessins, le nom commercial, les en dispense, même s'ils ne sont point citoyens ou sujets d'un des pays de l'Union, pourvu qu'ils aient, dans un de ces pays, un établissement industriel, ou simplement commercial. Cette concession est, par rapport au droit commun, beaucoup plus grave pour les dessins que pour les marques, en raison de ce que le privilège, reconnu par la loi pour les dessins valablement déposés, apporte à la liberté de l'industrie une entrave perpétuelle, tandis que le droit à une marque ne gène personne, et ne doit être refusé aux étrangers, que pour amener, par représailles, les pays qui ont besoin de marquer les produits qu'ils expédient en France, à protéger chez eux les marques françaises. C'est pour cela, qu'alors qu'il est admis par la loi de 1857, qu'un établissement, situé en France, bien qu'appartenant à un étranger de n'importe quel pays, doit être considéré pour la protection des marques apposées sur les produits qui en proviennent, comme un établissement français, rien de pareil n'existe dans loi de 1806 sur les dessins de fabrique, appliquée par la jurisprudence aux modèles, ou dessins en relief. On a pensé, avec juste titre, que le fait d'avoir un établissement en France, ne pouvait justifier, pour l'étranger en dehors de la réciprocité légale ou diplomatique, exigée par la loi de 1873, l'acquisition d'un droit privatif perpétuel sur un modèle déposé. En d'autres termes, avant la Convention, rien ne pouvait suppléer, pour l'étranger qui voulait se réserver en France un droit privatif sur un dessin ou un modèle industriel, à la réciprocité diplomatique ou légale, pas même le fait d'avoir un établissement industriel ou commercial en France.

L'article 3 se départit de cette rigueur en supprimant la différence établie entre les dessins et les marques par le droit commun. Il fait plus, il assimile les établissements industriels ou commerciaux fondés dans l'Union, aux établissements exploités en France, pour les marques, aussi bien que pour les dessins. Ainsi, tandis qu'en fait, l'innovation de l'article 3 ne vise, pour les marques, que les établissements industriels ou commerciaux appartenant aux étrangers, et situés dans l'Union, mais hors de France [1], pour les dessins elle concerne tout établissement quelconque de celui qui invoque l'assimilation,

(1) Le droit commun antérieur assimilait déjà les établissements étrangers situés en France aux établissements nationaux.

pourvu qu'il soit situé dans un pays de l'Union, sans en excepter la France. A ce second point de vue encore, le sacrifice imposé à notre pays par la Convention, est plus grand
pour les dessins que pour les marques. Mais, qu'il s'agisse de
l'une ou de l'autre de ces branches de la propriété industrielle,
l'article 3 aggrave le défaut de réciprocité effective résultant,
ainsi que nous l'avons démontré, de l'article 2, en ce qu'il accorde le traitement du national, en France, à des industriels
non français, étrangers à l'Union elle-même, comme à la France,
lors même qu'ils seraient citoyens ou sujets de pays qui ne
protègent pas, soit la propriété industrielle des étrangers, et,
par conséquent, celle des Français, soit même peut-être les marques et les dessins de leurs propres nationaux. Or les pays
qui ne protègent pas les dessins de fabrique, sont encore
plus nombreux que ceux qui ne protègent pas les marques.
L'article 2 organise au moins l'échange du traitement du national. Il en résulte dans ces pays, pour nos nationaux, une
promesse de protection pour le jour où la lacune de leur législation serait comblée. Mais l'article 3 accorde le traitement du national en France à des étrangers, remplissant la
condition, dérisoire, au point de vue des intérêts français, dont
se contente l'article 3, et qui peuvent être des citoyens ou
sujets d'États complètement affranchis, vis-à-vis de la France, de toute obligation, même éventuelle, pour le jour où il
leur plairait d'adopter une législation sur les dessins et modèles,
de protéger les dessins français, comme l'article 3 nous oblige
à protéger les leurs. A cette catégorie appartiennent, entre
autres nations, la Roumanie, le Chili, le Dannemarck, la Californie, l'Uruguay et la plupart des pays d'Amérique.

RÉSUMÉ HISTORIQUE DE LA QUESTION DES DESSINS
ET MODÈLES

1. *Loi du 18 mars 1806.* — La question de savoir si les dessins
de fabriques et modèles étrangers n'étaient protégés en France
que sous condition de réciprocité diplomatique ou légale,
était controversée avant la loi du 26 novembre 1873.

Loi du 26 novembre 1873, (art. 9.) — Cette loi a tranché la question. La condition de réciprocité diplomatique ou légale ne fait plus de doute.

II. *Régime des traités.* — Un certain nombre de traités conclus entre la France et d'autres pays assurent la protection en France des dessins et modèles régulièrement déposés par les étrangers, et dans ces pays le bénéfice de la réciprocité aux modèles et dessins français.

Nous les avons tous analysés dans cette étude. Les uns, sont conclus avec des pays qui reconnaisse t la propriété industrielle des dessins et des modèles, les autres, avec des nations qui, comme l'Espagne, la Suède, les Pays-Bas, n'ont pas de loi sur la matière.

III. *Régime de la Convention internationale.* — Ce régime confirme les traités antérieurs conclus sur la base de l'échange réciproque du traitement du national pour les dessins et les modèles. Il confirme le défaut de réciprocité effective qui en résulte, vis-à-vis des pays que nous venons de citer, à la liste desquels, il faut ajouter les pays d'Amérique compris dans l'Union, et la plupart de ceux qui, n'y étant pas compris, notifieront dans l'avenir leur adhésion dans des conditions identiques.

La Suisse mérite une mention particulière. En ce qui concerne ce pays, qui, déjà avant la Convention, protégeait les dessins et modèles français, quoique les dessins des Suisses ne l'aient jamais été, l'échange du traitement du national avec la France, jette l'incertitude sur le sort qui sera fait désormais à la propriété industrielle des dessins et modèles français.

Non seulement l'échange du traitement du national édicté par l'article 2 est inconciliable avec la réciprocité diplomatique ou légale exigée par la loi de 1873, mais cet article élargit encore le cercle de cette contradiction et de cette inégalité, dans les rapports de la France avec les autres pays qui ne reconnaissent pas la propriété des dessins de fabrique, dont les sujets pourront réclamer l'assimilation de l'article 3, sans

que leur pays d'ailleurs entre dans l'Union. Mêmes les citoyens
ou sujets d'États étrangers à l'Union, pourront faire protéger,
en France, leurs dessins et leurs modèles déposés, s'ils ont un
établissement industriel ou commercial dans l'Union (Art. 3).

COMPARAISON ENTRE LE DROIT COMMUN ANTÉRIEUR, ET LE DROIT INTERNATIONAL NOUVEAU

Avant la Convention de 1883, le fait d'avoir un établissement industriel ou commercial en France, ne pouvait sauvegarder la propriété des dessins de fabrique et des modèles
des étrangers qui ne pouvaient invoquer la réciprocité diplomatique ou légale, comme il sauvegardait la propriété de
leurs marques, pourvu qu'elles fussent apposées, d'ailleurs,
sur des produits provenant de cet établissement [1].

Depuis cette Convention, l'obligation pour cette catégorie
d'étrangers d'apposer leur marque sur un produit provenant
d'un établissement français, sous peine de ne pouvoir la placer
sous la protection de la loi de 1857, est supprimée. La différence que nous venons de mentionner entre les dessins de
fabrique et les marques, à ce point de vue n'existe donc plus.
L'obligation d'exploiter en France est également supprimée.

Un étranger, possesseur d'un établissement en France,
pourra donc, en vertu de l'article 3, y conserver par le dépôt
la propriété d'une marque, comme d'un dessin, même sans
exploiter en France.

Ainsi, à défaut de l'article 2, qui n'impose d'autre condition
que d'être citoyen ou sujet d'un pays adhérent, l'étranger
pourra, en invoquant l'article 3, faire valoir ensuite la propriété d'un dessin de fabrique, comme d'une marque, s'il a
un établissement industriel ou commercial en France, mais
sans obligation d'y exploiter le dessin ou la marque. A ce
point de vue, tout établissement situé dans l'Union, sera réputé
être situé en France, et produira le même effet. L'étranger
pourra ainsi bénéficier de l'Union, sans en faire partie.

Le droit commun antérieur ne subsiste que pour l'étranger
qui ne peut invoquer ni l'article 2, ni l'article 3.

---

[1] Il en est de même aujourd'hui pour les étrangers qui ne peuvent invoquer ni
l'article 2, ni l'article 3, ni la réciprocité diplomatique ou légale.

Incompatibilité entre l'échange du traitement du national et les avantages concédés aux étrangers en France[1]

Le traitement du national est en opposition directe avec les avantages concédés aux étrangers par la Convention et dont les Français ne pourront bénéficier en France, puisqu'ils continuent à rester sous le régime de la loi nationale non abrogée par la Convention. Ces avantages consistent, en ce qui concerne les brevets d'invention, dans le droit de priorité de six mois pour la prise des brevets en France, pour une invention déjà brevetée dans l'Union, et dans le droit d'introduire en France des objets similaires à ceux décrits dans le brevet sans encourir la déchéance édictée par l'article 32 de la loi du 5 juillet 1844. Ce sont là, il faut le reconnaître des avantages concédés aux inventeurs, mais dont on a beaucoup exagéré l'importance. Toute la question est de savoir si on ne fait pas payer trop cher aux industriels, et par conséquent au public, des avantages semblables qui rétrécissent le cercle d'action de la liberté du travail, en élargissant d'autant le domaine de la brevetabilité en France, au profit des inventeurs de tous les pays.

En définitive, sous prétexte d'accorder aux inventeurs étrangers, en France, le traitement du national, on n'accorde même pas aux inventeurs Français en France, le traitement dont jouissent les étrangers. Il aurait fallu, pour cela, mettre la loi en harmonie avec la Convention, et ne rendre celle-ci exécutoire que le jour où l'inégalité entre les Français et les étrangers, à ce point de vue, aurait disparu. Comme on ne

[1] Pour admettre cette incompatibilité, il faut, il est vrai, en ce qui concerne les étrangers, du moins, prendre pour point de départ l'effacement de certains articles de nos lois de 1844 et de 1857 devant ceux de la convention de 1883, avec lesquels ils sont en contradiction formelle. Cet effacement qui n'est obligatoire qu'au point de vue international, parce qu'il est commandé par le respect des traités, serait, en France, à l'égard des Français, contraire à la loi elle-même. D'ailleurs, la suprématie d'un traité sur la loi nationale peut être discutée sérieusement. Il y a un cas où il est certain que la loi prévaudrait sur le traité, c'est celui où des réserves formelles auraient été insérées au procès-verbal des négociations, comme cela s'est produit pour les États-Unis, dont le délégué a déclaré d'avance que si son pays entrait dans l'Union, il faisait toutes réserves quant à la *constitutionnalité* de cette adhésion. (Compte-rendu de la conférence de 1883 page 97).

l'a pas fait, il se trouve que les étrangers ont chez nous un traitement bien préférable à celui du national, en dépit de l'article 2 de la Convention, et que tel procès, qui serait perdu par un Français demandeur plaidant contre un Belge, ou un Allemand ayant droit à l'assimilation de l'article 3, serait gagné par le Belge ou l'Allemand demandeur contre le Français.

QUESTIONS COMMUNES AUX BREVETS, AUX MARQUES ET AUX DESSINS DE FABRIQUE

I. — Un étranger a un établissement industriel ou commercial dans un des pays de l'Union. Il peut invoquer la Convention. Peut-on la lui opposer? En d'autres termes pourra-t-il invoquer le droit commun ou la Convention selon son intérêt ?

Si on peut la lui opposer, comment sera-t-on averti dans un pays d'Union qu'il a un établissement industriel ou commercial dans un autre pays concordataire? La Convention a laissé ce point important dans l'ombre. Le seul moyen pratique serait l'enregistrement, à Berne, de tous ceux qui remplissent la condition prescrite par l'article 3, pour pouvoir invoquer la Convention ; mais le texte est muet sur ce point. L'étranger pourra donc invoquer, selon son intérêt, soit l'article 3 de la Convention, soit le droit antérieur, si l'on n'a pas la preuve qu'il peut être assimilé.

II. — Les pays contractants ont-ils stipulé pour leur industrie ou pour leurs nationaux?

L'intérêt de cette question est considérable. S'ils ont stipulé pour leur industrie, on comprend qu'un étranger installé dans un des pays de l'Union, doit y être préféré à un national établi à l'étranger. Mais, s'ils ont stipulé pour leurs nationaux, ceux-ci pourront invoquer le nouveau droit international en quelque lieu qu'ils se trouvent. Ainsi, par exemple, un industriel Belge, en quelque lieu qu'il habite, pourrait réclamer en France le bénéfice de la Convention.

S'il a un établissement dans l'Union, autre part qu'en Belgique, il le peut comme n'importe quel étranger, aux termes de l'article 3.

Quid s'il ne possède aucun établissement dans l'Union, et habite l'Allemagne par exemple? C'est alors que la question de savoir, si chaque Etat a stipulé pour son industrie, ou pour ses nationaux, devient importante. Nous nous bornerons à signaler cette importante question sur laquelle nous aurons à nous étendre lorsque nous commenterons les articles 3, 5, 9 et 10 de la Convention.

III. — Que faut-il entendre par établissement industriel ou commercial aux termes de l'article 3?

L'article 3 est muet à cet égard. Il faut en conclure que le droit d'appréciation des tribunaux sera souverain; mais, comme la jurisprudence de chaque pays aura à déterminer, pour chaque espèce, dans quelle mesure il aura été donné satisfaction aux intérêts nationaux, il pourra y avoir autant de degrés dans l'exigence des tribunaux, qu'il y a de nations dans l'Union, sans compter que dans la même nation, il se produira dans la jurisprudence des Cours d'appel, des divergences d'appréciation peut-être inévitables, mais qui font ressortir encore tout ce qu'il y a d'impraticable dans cette utopie d'une Convention internationale faisant rayonner son influence dans une Union d'Etats, par-dessus les lois de chaque pays.

On a reproché à l'article 3, et avec raison de faciliter deux genres de fraudes, à celui qui veut jouir du bénéfice de la Convention dans un pays de l'Union (dont il ne fait pas partie). L'une consiste à servir de prête-nom au véritable propriétaire de l'établissement dont il se réclamera dans l'Union, l'autre, à posséder véritablement un établissement dans un des pays contractants, et à y exercer un commerce ou une industrie, mais hors de toutes proportions avec le commerce ou l'industrie qu'il exerce dans son propre pays, hors de l'Union, en un mot à exploiter *pro formâ* dans un des pays contractants.

Les chambres de commerce ont compris le danger résul-

tant pour les intérêts français de l'article 3, tout à l'avantage
des pays de production à bon marché, où l'établissement
exigé par cet article, sera acheté ou loué de préférence, en
vertu d'une loi économique naturelle. Elles ont protesté pour
la plupart.

Un certain nombre ont demandé la suppression de cet article. Lors de la Conférence qui s'est réunie à Rome, en 1886,
cet article 3 a été sensiblement amélioré [1].

En effet, on lit dans le règlement pour l'exécution de la Convention du 20 mars 1883, voté par la Conférence le 11 mars
1886, au sujet de l'article 3, la disposition explicative suivante,
dont l'application reste d'ailleurs subordonnée à la ratification de la Chambre et du Sénat, qui n'ont pas encore été saisis de la question :

— Pour pouvoir être assimilés aux sujets ou citoyens des États contractants, aux termes de l'article 3 de la convention, les sujets ou citoyens d'États, ne faisant pas partie de l'Union, et qui, sans y avoir leur
domicile, possèdent des établissements industriels ou commerciaux sur
le territoire d'un des États de l'Union, doivent être propriétaires exclusifs des dits établissements, y être représentés par un mandataire général, et justifier en cas de contestation, qu'ils y exercent d'une manière
réelle et continue leur industrie et leur commerce.

Cette disposition aura pour effet, quand elle sera exécutoire, d'empêcher que l'article 3 soit invoqué par des étrangers qui ne rempliraient pas les conditions voulues ; mais
elle n'atténuera nullement les effets déplorables de l'assimilation découlant d'un établissement industriel ou commercial appartenant réellement à celui qui réclamera le bénéfice de l'article 3, et qui pourra se borner à y exercer *pro
formâ* son industrie ou son commerce, sans qu'aucun tribunal puisse jamais fixer arbitrairement le chiffre d'affaires *mini-*

---

(1) Cette amélioration dont nous établissons d'ailleurs plus loin la portée véritable,
et qu'il convient de ne pas exagérer, a été consentie dans l'intérêt de toutes les nations contractantes. Toutes les propositions faites *dans l'intérêt com mun de tous les
pays de l'Union*, recevront toujours un bon accueil dans les conférenc es internationales. Il n'en sera pas de même des propositions faites dans l'intérêt exclusif de la
France, parce que les réclamations de ce genre seront dirigées contre l'intérêt des autres pays. Or, à part l'article 3 qui est le seul pouvant être amendé dans l'intérêt de
tous, les autres articles portent un grave préjudice à l'industrie française, précisément parce qu'ils servent les intérêts des autres pays de l'union. Demander leur révision ou leur suppression à une assemblée de délégués des pays qui peuvent compter sur ces articles pour exploiter la France, c'est purement et simplement demand-
der l'impossible, espérer l'invraisemblable. La conférence de Rome l'a bien prouvé.

mum nécessaire, pour que l'exploitation soit réputée suffisante au point de vue de l'assimilation de l'article 3.

On voit par là, que le nouvel article 3, quand il sera ratifié, si jamais on ratifie l'œuvre de la conférence de Rome, supprimera la première des fraudes que nous avons signalées, mais nullement la seconde, qui est la plus importante, parce qu'elle sera la plus généralement pratiquée.

La caution Judicatum solvi est-elle supprimée dans l'Union, en ce qui concerne la propriété industrielle?

On sait que tout étranger demandeur est dans la plupart des pays, astreint à fournir préalablement une caution, pour assurer au regnicole les remboursement des frais et le paiement des dommages résultant du procès, même au cas ou le demandeur étranger se déroberait en se retirant dans son pays [1]. C'est ce qu'on appelle la caution *Judicatum solvi*.

On peut se demander si l'assimilation de l'étranger au national, qu'elle résulte de l'article 2, ou de l'article 3, de la Convention le dispense de fournir cette caution. Il ne nous semble pas que la caution puisse faire l'objet d'un doute quand on lit les procès-verbaux des séances de la Conférence internationale de 1880. Le délégué Belge, M. Demeur avait demandé si la suppression de la caution *Judicatum solvi* ne semblait pas résulter du texte de l'article. Il fut répondu catégoriquement que l'assimilation ne modifiait en rien la procédure. [2] Sans doute, on peut objecter que cette réponse

---

[1] Il existe un traité dispensant les Suisses et les Sardes de fournir caution en France.

[2] *Procès-verbaux des séances de la Conférence internationale pour la protection de la propriété industrielle*.
M. LE PRÉSIDENT répond que M. DEMEUR fait une confusion entre les conditions imposées pour acquérir un droit, avec les formalités de procédure. L'assimilation ne va pas jusque-là
M. YAGERSCHMIDT (France) dit que la confusion vient de l'interprétation qu'on a donnée au mot formalités. Il s'agit uniquement de *formalités de dépôt*, et non des *formalités judiciaires*. Cela a toujours été entendu ainsi.

PROTOCOLE DE CLOTURE. — DISCUSSION

M. DEMEUR (Belgique) dit qu'en assimilant tout ressortissant de l'Union au regnicole on est d'accord que l'assimilation ne doit porter que sur les conditions relatives à l'acquisition et à la Conservation des droits, sans qu'il soit rien changé aux formes

rend bien à tort, la caution *Judicatum solvi* justiciable du code de procédure, et qu'elle est simplement une garantie donnée aux nationaux contre toute attaque injuste de la part des étrangers, loin d'être une entrave apportée à l'exercice de leur droit. Mais il n'en est pas moins vrai que la caution *Judicatum solvi* rentre dans les formalités judiciaires opposées par le délégué français aux formalités de dépôt, auxquelles seules s'applique l'assimilation des étrangers aux nationaux.

Nous pensons donc que la *caution Judicatum solvi* continuera, comme par le passé, à être exigée des étrangers même faisant partie de l'Union, tout privilège, tout immunité ne pouvant s'étendre au delà des cas limitativement prévus par la loi. La dispense de cette caution n'a encore été expressément accordée par la France qu'aux Suisses et aux Sardes.

La Belgique a fait avec un certain nombre d'Etats des conventions contenant dispense de caution, mais elles sont du moins rédigées de manière à ne laisser aucun doute. Aussi a-t-il été jugé, à bon droit, que le traité conclu le 1er mai 1861 entre la Belgique et la France, pour la garantie réciproque de la propriété littéraire artistique et industrielle, ne dispensait pas l'étranger de la caution [1]. Or, ainsi que le fait remarquer M. Octave Maus, avocat à la cour de Bruxelles, qui traite cette question dans l'*Industrie moderne*, les termes de la Convention de 1861 sont presque identiques à ceux de celle de 1883.

Nous sommes donc fixés sur l'accueil que recevrait en Belgique la protection d'un demandeur français qui invoquerait la Convention internationale de 1883 pour échapper à l'obligation de fournir la caution *Judicatum solvi*.

Notons cependant que cette caution, n'étant pas exigée en matière commerciale, et la loi Belge sur les marques de fabri-

---

de la procédure concernant les Etrangers. Il avait émis l'avis que l'on pourrait assimiler d'une manière absolue tout ressortissant de l'Union au regnicole. La majorité de la Conférence a pensé que, quant à présent, on ne peut aller jusque-là. Mais alors il faudrait énoncer clairement cette pensée. Maintiendra-t-on la caution *judicatum solvi*, l'incompétence des Tribunaux pour juger les contestations entre étrangers, etc?

On a en première lecture ajouté les mots « *en matière de propriété industrielle* » pour indiquer qu'on n'entendait pas porter atteinte aux RÈGLES DE LA PROCÉDURE, mais il serait préférable de le spécifier expressément. On pourrait le faire soit au Procès-verbal, soit dans le protocole de clôture.

[1] Corr. Anvers. 10 janvier 1865. *Belgique judiciaire* 1865, p. 192, *jour. de procédure* 1re série t. XVIII, No 2252, p. 139. *Pand. Belges* caution *judicatum solvi*, No 29 Octave Maus avocat à la cour d'appel de Bruxelles, *Industrie moderne*, 1re année no 9, p. 106,

que ayant attribué compétence aux tribunaux de commerce, les français demandeurs ne seront point tenus de la fournir quand ils assigneront un regnicole en Belgique en déclaration de contrefaçon de marque devant un tribunal de commerce [1].

Incompétence des tribunaux français, en cas de contestations entre étrangers au sujet de leur propriété industrielle

Les tribunaux se déclarent incompétents pour juger des contestations soulevées entre étrangers. Les articles 2 et 3 de la Convention de 1883 apporteront-ils une modification à cet état de choses, en vertu de leur assimilation aux nationaux ?

L'article 3 du protocole annexé à la Convention ne laisse pas subsister le moindre doute, au sujet de la négative. Il est ainsi conçu :

« Il est entendu que la disposition finale de l'article 2 de la Convention ne porte aucune atteinte à la législation de chacun des états contractants, en ce qui concerne la procédure suivie devant les tribunaux et la compétence de ces tribunaux. »

Il n'y a donc rien de changé pour la compétence.

Maintenant que nous avons terminé la critique et le commentaire de l'article 3, il nous reste à répondre aux arguments, à l'aide desquels on s'efforce de le faire considérer comme acceptable pour la France, et à analyser ce qui a été écrit à ce sujet par les défenseurs de la Convention.

Opinion des Défenseurs de la Convention au sujet de l'article 3.

M. Bozérian reconnaît qu'il n'a pas été admis sans difficulté, et qu'il correspond à une transaction entre deux systèmes, dont l'un consistait à n'accorder le bénéfice de la Convention qu'aux citoyens des Etats contractants, et l'autre à mettre tous les étrangers sans condition sur le même pied

---

[1] En matière de brevets d'invention, la Jurisprudence Belge tantôt accorde, tantôt refuse la caution *Judicatum solvi*. Quatre décisions rendues tout récemment sur ce point ne font aucune allusion à la Convention de 1883. V. dans l'*Industrie moderne*, 1re année page 105, l'article de M. Octave Maus.

que les nationaux '. Plus loin, l'ancien Président de la *Confé-*
rence internationale de 1880, confesse que ce dernier système
avait toutes ses préférences. Il s'étonne que l'article 3 ne
plaise pas à tout le monde.

Les conditions soit du domicile, soit d'un établissement industriel ou
commercial sont sérieuses et difficiles à remplir; ce sont celles qui,
nous l'avons déjà dit, sont inscrites dans la plupart des traités conclus
sur la matière, où elles sont devenues une clause de style. » '

M. Bozérian se trompe. ' Mais quand la clause dont il parle
serait de style, entre deux nations, ce n'est pas une raison
pour l'étendre aux conventions internationales conclues entre
plusieurs Etats. Ce n'est pas d'avantage une raison, pour
faire participer aux avantages du traité des industriels étrangers à l'Union. Si la Convention est désavantageuse, le dommage n'en serait que plus considérable; si elle est avantageuse,
en assimilant les étrangers, on enlève à leur pays l'intérêt
qu'il pourrait avoir à adhérer à l'Union.

L'argument de M. Bozérian ne prouve qu'une chose, c'est
que la question n'a même pas été étudiée, ni fouillée par ceux
qui avaient le devoir, étant moralement responsables, de
s'assurer que réellement l'intérêt de la France commandait
une pareille réforme.

M. MACK ' prétend que l'article 3 est d'accord avec les articles 5 et 6 de la loi du 23 juin 1857, pour assurer aux marques
une protection territoriale consistant à leur attribuer la nationalité de l'établissement dont à elles servent caractériser
les produits. Si nous comprenons bien sa pensée, on peut
dire que toute marque apposée sur des produits provenant
d'un établissement situé dans des pays adhérents est une
marque de l'Union, quelle que soit la nationalité du propriétaire de cet établissement, qu'il soit ou non citoyen d'un des
Etats concordataires. La logique le voudrait ainsi; mais, on
est obligé de reconnaître que l'auteur, en essayant de justi-

' page 32.
' page 42.
' Les traités de nation à nation ne subordonnent pas l'échange du traitement du
national à l'existence d'un établissement industriel ou commercial dans le pays.
' page 6.

fier par ce raisonnement l'article 3, ne tient aucun compte
de ce que :

*1° Il importe peu que cette protection soit territoriale, si la
zône de protection, au lieu d'être, comme avant, restreinte au
territoire français, s'étend dorénavant au territoire de l'Union.*

*2 Il n'est pas dit, dans l'article 3, que le régime de la Conven-
tion ne s'appliquera qu'aux marques apposées sur des produits provenant de l'établissement industriel ou commercial situé
dans l'Union.* Il faudrait, pour l'admettre, reconnaître que
chaque pays contractant a négocié pour son industrie, plutôt
que pour ses nationaux, en considérant, par une étrange fiction, admise dans l'intérêt de l'Union (sinon dans l'intérêt de
la France), les établissements industriels situés dans les
autres pays concordataires, comme établissements nationaux.

*3° Une convention internationale, dans un article relatif aux
marques de fabrique, et précisément dérogatoire à la réciprocité,
n'avait pas à emprunter à la loi du 23 juin 1857 un système de
protection territoriale qui ne s'applique, il est vrai, en vertu de
cet article, que par une dérogation semblable à la règle de la
réciprocité, mais, au moins, par une dérogation justifiée par
l'intérêt national.* Or il se trouve gravement lésé par la
disposition analogue insérée dans l'article 3 de la Convention
internationale de 1883. Cette dérogation, au principe si juste
de la réciprocité, n'est en effet admissible, et c'est ce dont M.
MACK ne paraît tenir aucun compte, que si elle est restreinte
exclusivement au territoire français.

En résumé, la réciprocité est la règle. On y a fait exception
dans l'intérêt du travail national, pour les marques apposées
sur des produits provenant d'établissements situés sur le
territoire. Mais l'étendre aux seize nations de l'Union,
dans l'état actuel de guerre industrielle qui caractérise les
relations économiques de ces nations, c'est au point de vue
français, une singulière imprudence. L'intérêt de la France
demandait qu'on fit respecter, en dehors du cas prévu par

---

¹ Il eut été préférable de ne pas faire profiter de l'exception ou les établissements
de commerciaux qui transforment, en France, une marques commerce, leurs marques de fabrique étrangères. Mais en 1877 on n'avait pas à s'inquiéter de la concurrence étrangère.

l'article 5 de la loi de 1857, le principe de la réciprocité. Sous ce rapport l'assimilation édictée par l'article 3 nous parait impossible à justifier.

Le système de la protection territoriale soutenu par M. MACK, entraînerait, comme conséquence directe, le refus du bénéfice de l'assimilation, en ce qui concerne les marques, aux étrangers qui voudraient s'en servir pour caractériser des produits ne provenant pas d'établissements situés dans l'Union.

Aussi, interprétant l'article 3 de la Convention avec l'article 6 de la loi du 28 juin 1857, M. MACK refuse aux Allemands, alors même qu'ils ont un établissement d'industrie ou de commerce, dans l'Union, le droit d'invoquer, pour leurs marquer le nouveau droit international, dans tout autre pays contractant que la France, si ces marques ne sont pas apposées sur des produits provenant d'établissements de commerce ou d'industrie situés dans l'Union, c'est-à-dire si ces produits sont directement importés d'Allemagne. Mais ce droit qu'ils ne peuvent exercer ailleurs, M. MACK convient qu'ils l'ont en France, en vertu du traité de Francfort. Ce traité, selon lui, ne nous permet pas de nous maintenir, à l'égard des Allemands, sur le terrain de protection territoriale étendue, mais aussi limitée exclusivement à l'Union. Nos pires rivaux industriels profiteront de la Convention, en vertu de l'article 3, pour celles de leur marques apposées sur des produits importés directement d'Allemagne en France.

En ce qui touche les marques, dit-il, nous croyons qu'on se tromperait si l'on pensait qu'au termes de l'article 3, un Allemand n'aurait qu'à avoir un dépôt en France et y déposer pour jouir immédiatement d'un droit de protection de cette marque, même dans les États qui n'ont aucun traité avec l'Empire Allemand, pour tous les produits revêtus de cette marque qu'il ferait venir d'Allemagne. Non, *sans doute, il aura cette protection en France, en vertu du traité de Francfort ; mais il pourra ne l'avoir dans les autres États que s'il peut justifier que sa marque protège des produits provenant d'un établissement situé sur le territoire de l'Union.*

---

* L'article 3 déroge à la règle de la réciprocité, en ce sens que lorsqu'un étranger demandera, en France, aux tribunaux de faire respecter sa marque, on n'aura plus à rechercher au cas où elle ne serait pas apposée sur des produits provenant d'un établissement français, mais de l'étranger s'il a un établissement quelconque dans l'une des seize nations contractantes.

Quoi? C'est avec de pareils raisonnements que l'on défend la Convention! Ils se comprendraient, du moins, dans une brochure écrite par une Belge ou un Suisse, ou tout autre juris consulte qu'un Français obligé de compter avec le traité de Francfort. Le fait que ce traité aggrave, exceptionnellement pour la France, l'article 3 de la Convention, au point de vue de l'assimiliation des Allemands, sans que les autres pays de l'Union soient soumis aux mêmes exigences de la part d'Allemagne, prouve-t-il autre chose sinon que la Convention de 1883 aggrave pour la France le traité de Francfort. Ce traité, combiné avec la Convention, ne l'oblige-t-il pas à protéger les marques Allemandes, en dehors des conditions légales résultant des lois antérieures et, au point de vue du droit de priorité pour leur enregistrement, sans aucune réciprocité de la part de l'Allemagne? Quel argument peut donc en tirer M. MACK pour la défense du nouveau régime international de la propriété industrielle, et comment n'a-t-il pas compris le concours précieux qu'une pareille argumentation nous apporte, à nous qui avons écrit, et qui soutenons que la Convention de 1883 aggravée le traité de Francfort, et que cette seule raison suffit pour qu'on la dénonce au premier jour?

MM. ASSI et GENÈS, devant la société des ingénieurs civils, ont reconnu que l'article 3 faisait aux étrangers une concession peut-être regrettable. (Dans la *Revue de droit commercial et industriel*, ils avaient écrit que cet article risque de fausser toute l'économie de la Convention, et de faire que les Etats qui n'y ont pas encore adhéré aient plus d'intérêt à continuer de s'abstenir)[1]. Toutefois, ajoutent-ils, on reconnaît que cette assimilation était presque forcée, *étant donné l'usage de traiter de la même façon, tous les commerçants regnicoles ou étrangers, établis dans un pays*[2]. MM. ASSI et GENÈS ne tiennent aucun compte, comme M. BOZERIAN, de la différence qu'il y a, entre traiter comme citoyen français un regnicole étranger exerçant une industrie en France, et traiter de la même façon un étranger exerçant son industrie ou son commerce

---

[1] *Bulletin de la société des ingénieurs civils*, année, 1883, p. 493.
[2] *Revue de droit commercial industriel et maritime*, janvier 1883, p. 20

en Belgique, en Angleterre, et même en Allemagne, s'il a un dépôt de vente dans l'Union. Or, l'article 3 établit une fiction, en vertu de laquelle, on substitue aux frontières nationales, les frontières d'un Etat économique fondé pour la propriété industrielle, et dont le territoire se compose de la réunion des territoires des nations adhérentes. L'assimilation a ainsi pour résultat de considérer, par une fiction dangereuse, comme situés en France, des établissements exploités à l'étranger. MM. Assi et GENÈS raisonnent, comme si l'intérêt de la France était identique à celui de l'Union.

M. BERT, dans une conférence faite par lui, à la société des ingénieurs civils, le 15 octobre 1885 [1], a déclaré que les critiques dirigées contre l'article 3 n'ont pas grande importance.

M. POUILLET, dans l'article qu'il a consacré à la défense de la Convention [2], se maintient à une hauteur de vues qui l'empêche de descendre dans les détails. Il ne parle pas de l'article 3.

M. COUHIN approuve sans réserve l'article 3 [3] pour les brevets, mais il n'en dit rien pour les marques et les dessins. Il se base sur l'assimilation des étrangers aux nationaux par la législation de tous les pays. La question est de savoir si cette assimilation légale n'est pas suffisante, et s'il convient d'y ajouter la dispense pour les étrangers de se soumettre aux rigueurs de la loi du 5 juillet 1844, en matière de nullité et de déchéance de brevets d'inventions. rigueurs auxquelles les nationaux sont encore soumis en France, puisqu'ils ne peuvent pas y invoquer la Convention. Si les innovations introduites par la Convention, dans notre législation, étaient défendables à la tribune, on aurait déjà saisi la Chambre ou le Sénat d'un projet de loi mettant en harmonie, les lois sur la propriétée industrielle avec le nouveau régime international, et empruntant à la Convention ses innovations juridiques, pour les faire adopter par le législateur et les rendre applicables aux Français en France. Or, cela n'a pas été fait, parce que l'on sait bien l'accueil que recevrait une

---

[1] Voir le *Bulletin des ingénieurs civils*, n° du 15 octobre 1886.
[2] Voir la *Loi* du 25 août 1885.
[3] La Convention internationale du 20 mars 1883 et les Chambres de commerce françaises, p. 27.

semblable proposition qui ne serait pas pas un instant prise au sérieux [1].

M. COURIN ajoute, pour justifier l'assimilation, que c'est la nation toute entière qui profite des inventions des étrangers. Sans doute elle profite des inventions étrangères; mais l'erreur de M. COURIN est de croire qu'elle n'en profite que si ces inventions ont pu échapper, grâce à la Convention, à la prise de possession du domaine public. La vérité est que la nation en profite d'autant plus que l'invention a cessé d'être brévetable. Cela tombe sous le sens. Or, l'assimilation de l'article 3 aura pour résultat de prolonger en vertu d'un traité, et dans des conditions extra-légales, le droit exclusif des inventeurs étrangers, qui pourront ainsi rançonner sur une plus grande échelle les industriels, et par conséquent les consommateurs français.

Le SYNDICAT DES INGÉNIEURS-CONSEILS [2] a consacré plusieurs séances à la question de la Convention. L'article 3 y a été attaqué par les uns, défendus par les autres dans une discussion intéressante qui a mis en relief, bien que les membres du syndicat soient tous partisans déclarés de l'Union, le gachis international qui ne peut manquer d'en résulter dans l'avenir. M. ARMENGAUD JEUNE, président actuel du syndicat, a très bien fait ressortir l'avantage que les Allemands pourront tirer de l'article 3 habilement exploité par eux. M. ASSI, défenseur ardent de la Convention a insisté à nouveau, sur ce qu'il suffira à un étranger d'avoir en France un établissement, *quelle qu'en soit l'importance*, pour pouvoir réclamer comme le regnicole le bénéfice de la Convention. Après deux longues séances, consacrées à cette discussion, par des hommes pour lesquels cette question fait partie des questions professionnelles, et dont le président avait été membre de la *Commission permanente de la propriété industielle* qui a élaboré le nouveau régime international, le vrai mot de la situation a été dit par M L LYON-CAEN, lors-

[1] M. le sénateur Bozérian lui-même, qui a pris une part si importante à l'élaboration de la Convention, et qui a déposé sur le bureau du Sénat tant de projets de lois, n'a pas encore, du moins, à notre connaissance, saisi cette assemblée d'un projet de modification de nos lois sur la propriété industrielle, pour faire cesser la contradiction qui existe entre le régime international qui régit cette matière et les lois françaises sur les brevets, les marques et les dessins.
[2] Voir *Bulletin du Syndicat*, livraison n° 2.

qu'il s'est écrié : on « *paraissait tout-à-l'heure, comprendre la
la Convention, et voilà qu'on ne la comprend plus!* »

Alors comment veut-on que les fabricants la comprennent,
si les hommes du métier, après avoir échangé leurs idées
pendant deux séances consécutives, finissent par reconnaître
qu'ils ont cru un instant entrevoir le sens de la Convention
à la lueur de la discussion, mais que ce n'était qu'un rêve?

MM. Léon Lyon-Caen et Albert Cahen, dans un essai de
réfutation des critiques formulées par le *Journal des Procès
en Contrefaçon* reproduisent, en ce qui concerne l'article 3,
l'argument de M. Couhin, et ne veulent y voir qu'une extension de l'article 27 de la loi du 5 juillet 1844 qui assimile les
étrangers aux nationaux pour la prise des brevets. Mais ils
n'essaient même pas de concilier cette assimilation avec
l'article 9 de la loi du 26 novembre 1873, qui exige, pour la
protection des marques, des dessins et modèles, et même du
nom commercial des étrangers, la réciprocité diplomatique
ou légale.

Droit de priorité pour le dépôt des brevets, des marques et des dessins

ARTICLE 4

Celui qui aura fait régulièrement le dépôt d'une demande de brevet
d'invention, d'un dessin ou modèle industriel, d'une marque de fabrique
ou de commerce, dans un des Etats contractants, jouira, pour effectuer
le dépôt dans les autres Etats, et sans réserve des droits des tiers d'un
droit de priorité pendant les délais déterminés ci-après.

En conséquence, le dépôt ultérieurement opéré dans un des Etats de
l'Union, avant l'expiration de ces délais, ne pourra être invalidé par
des faits accomplis dans l'intervalle, soit, notamment par un autre dépôt,
par la publication de l'invention, ou son exploitation par un tiers, par la
mise en vente d'exemplaires du dessin ou du modèle, par l'emploi de
la marque.

Les délais de priorité mentionnés ci-dessus seront de six mois pour
les brevets d'invention, et de trois mois pour les dessins ou modèles
industriels, ainsi que pour les marques de fabrique ou de commerce.
Ils seront augmentés d'un mois pour les pays d'outre-mer.

Le droit de priorité constitue, d'après les défenseurs de la Convention, un progrès tel que ses avantages suffiraient à contre-balancer les inconvénients des autres articles.

Il est certain que cette innovation séduit, au premier abord, les esprits les moins prévenus en faveur de la Convention. Elle paraît à première vue, juste logique et ingénieuse tout à la fois. Voyons ce qu'il en est, au fond, et examinons successivement son application aux brevets, aux marques et aux dessins.

SECTION I. — BREVETS

Le délai de priorité de six mois, accordé pour faire breveter dans l'Union une invention originairement brevetée dans l'un des pays adhérents, est une fiction, en vertu de laquelle le brevet pris dans le délai de six mois est censé être demandé le jour même où la demande a été déposée dans le pays d'origine. Les faits de divulgation ou d'exploitation antérieure qui, sous le régime du droit commun, auraient entaché le brevet de nullité, sont réputés n'avoir jamais eu lieu, s'ils se sont produits postérieurement à la prise d'un brevet demandé dans l'Union, depuis moins de six mois, les droits acquis au profit des tiers étant d'ailleurs réservés.

Le droit de priorité en question met donc la Convention en contradiction avec la loi du 5 juillet 1844 et la jurisprudence, qui s'accordent à faire tomber dans le domaine public une invention divulguée ou exploitée, avant le dépôt de la demande effectué au Ministère du commerce à Paris. Il élargit, au profit des étrangers, le cadre de la brevetabilité, en reprenant au domaine public des inventions qu'il avait acquises, et qui, sans la Convention, avaient perdu d'une façon définitive leur brévetabilité. Le principe fondamental que le domaine public ne rend jamais ce qu'il a une fois conquis, reçoit ainsi une grave atteinte.

Commençons par envisager le droit de priorité à ce point de vue, et examinons s'il est opportun d'élargir ainsi au profit des inventeurs étrangers, en France, le champ de la brevetabilité. Nous sommes ainsi amené naturellement à passer en revue les avantages et les inconvénients des brevets d'invention et, pour cela, à rechercher quelle est la nature exacte du droit de l'inventeur.

Deux systèmes ont été, jusqu'à présent, soutenus à cet égard. Le premier admet que le droit de l'inventeur est un droit de propriété, que la loi règlemente mais ne crée pas; le deuxième que c'est un droit privatif *sui juris* créé par la loi elle-même.

Nous n'admettons, quant à nous, ni l'un ni l'autre. C'est à un troisième système que nous demanderons la définition du droit de l'inventeur, d'où découlera, avec une évidence parfaite, la solution de la question qui se pose naturellement au sujet du droit de priorité : est-il opportun d'élargir, au profit des étrangers, le cercle de la brevetabilité en France, c'est-à dire, en somme, d'accorder aux inventeurs étrangers brevetés dans l'Union, un droit de priorité pour la pièce de leurs brevets en France ?

DE LA NATURE EXACTE DU DROIT DE L'INVENTEUR

On a disserté, à perte de vue, sur la nature du droit de l'inventeur, dans les Congrès internationaux qui ont été tenus à différentes époques, au sujet de la propriété industrielle. Le plus important a eu lieu, en 1878, au Trocadéro pendant l'Exposition universelle. Ces congrès ont l'avantage de provoquer des discussions fort intéressantes, entre les hommes que ces questions préoccupent, sans qu'il s'en doutent, peut-être, au point de vue surtout professionnel. Aussi les programmes, les discours, les vœux, la plupart très intéressants qui figurent au compte-rendu de ces congrès, sont marqués au coin de ce que nous appellerons d'un mot barbare : le « spécialisme ». Il en résulte que les questions de législation n'y sont point traitées avec cette hauteur de vues, cette indépendance de langage, et cette préoccupation constante et unique de l'intérêt public qui constituent les attributs du législateur.

Dans ces congrès, c'est à qui renchérira sur le droit de propriété de l'inventeur, sur ses inventions. Ce droit est proclamé identique au droit de propriété portant sur un immeuble ou un meuble. Il est antérieur, disent les congressistes, à la loi civile qui ne le crée pas, et ne fait que le réglementer. Les inventeurs, qui lisent ces compte-rendus, sont naturellement satisfaits. Mais quel est l'inventeur qui, en réfléchissant bien, n'échangerait ce qu'on appelle son *droit de propriété*, de quinze années, mais antérieur à la loi civile, comme disent les congressistes, contre un simple droit privatif de vingt-cinq années, fût-il même déclaré postérieur à la loi civile? A quoi sert-il de disserter sur la nature du droit de l'inventeur, puisque, quelle que soit la nature de ce droit, il est, et restera temporaire? A quoi cela sert-il, du moins, pour ceux qui n'ont pas de conclusions formelles à tirer de la solution donnée à cette question? Ces dissertations n'ont donc pas, en général, l'intérêt qu'on se plaît à leur prêter. Ce sont de simples motifs de développements oratoires dans les congrès.

Cependant, nous nous trouvons obligé, pour bien faire ressortir les inconvénients du droit de priorité, et précisément parce que nous aurons des conséquences utiles à déduire de la véritable nature du droit de l'inventeur, nous sommes obligé, disons-nous, de traiter cette question délicate, qui se trouve avoir, dans notre matière, un intérêt tout particulier. Nous avons dit que deux systèmes ont défrayé la controverse dans les congrès; celui du droit de propriété de l'inventeur, celui du droit privatif *sui juris*, concédé par le législateur, au détriment de la liberté de l'industrie, eu égard à la nécessité de protéger les inventeurs.

Examinons tour à tour ces deux systèmes, et recherchons si la vérité ne se trouverait pas dans un troisième qui n'a encore été exposé nulle part, que nous sachions, mais qui aurait, sur les deux autres, l'avantage de mettre la théorie d'accord avec la pratique, ce qui peut être considéré comme une *criterium* d'exactitude.

§ I. *Du prétendu droit de propriété de l'inventeur sur son invention*

Le droit de propriété est, de sa nature, essentiellement perpétuel. Il ne cesse que par l'aliénation volontaire, l'abandon, ou (s'il s'agit d'un immeuble) l'expropriation moyennant une indemnité préalable.

Aucun propriétaire n'est jamais déchu de son droit de propriété parce qu'il n'a pas payé ses impôts. En ce cas le fisc peut faire vendre ses biens, et, après s'être payé lui-même, mettre à la disposition du propriétaire ou de ses créanciers, (ce qui revient au même), le reliquat du prix de vente. Ce reliquat représente encore, dans les mains du propriétaire exécuté, les avantages du droit de propriété. On ne peut donc qualifier cette exécution forcée et légale de déchéance du droit de propriété.

Il peut arriver que la prescription acquisitive fasse perdre son droit de propriété à un individu qui se trouve ainsi dépouillé sans avoir rien fait pour cela. Mais cette prescription ne peut non plus être qualifiée de déchéance, puisqu'elle résulte d'actes matériels accomplis pendant trente ans, à l'encontre du vrai propriétaire, que chacun de ces actes invitait à interrompre la prescription, et qui a à se reprocher de ne l'avoir pas fait. Le droit de propriété, au surplus, n'est pas détruit. Il change de tête en vertu d'une présomption reconnue nécessaire, et fondée sur l'intérêt même des propriétaires qui exige qu'on ne puisse les inquiéter, en invoquant des faits remontant à plus de trente années.

Il n'y a donc rien de commun entre la prescription acquisitive et une déchéance légale.

Le droit de propriété se prouve par un titre. La possession d'un an, lorsqu'elle remplit certaines conditions, et lorsqu'elle se traduit comme toute possession par des actes matériels, donne également certains droits, qui sont comme les reflets du droit de propriété.

Titre ou possession! telles sont les deux conditions dont l'une, au moins, est absolument nécessaire, pour prétendre jouir exclusivement, et sans trouble, des avantages que peut procurer un immeuble.

Quant aux meubles, leur possession confère les mêmes droits qu'un titre. On dit alors que *possession vaut titre* (Art. 1779 Code civ.)

Si la chose mobilière est incorporelle (comme une créance) la possession s'exerce par la détention matérielle du titre

qui la représente exclusivement et dont il ne peut y avoir un
second exemplaire valable entre les mains d'un autre détenteur à qui il conférerait les mêmes droits.

Ajoutons que le droit de propriété peut aussi découler,
pour les immeubles non encore appropriés, et les meubles
qui sont abandonnés, c'est-à-dire n'appartiennent à personne,
du fait du premier occupant.

Maintenant que nous connaissons les caractères véritables
du droit de propriété, recherchons si le droit de l'inventeur
présente ces caractères.

Le droit de l'inventeur est essentiellement temporaire. On
ne le conçoit pas autrement. Il en est ainsi, d'ailleurs, dans
toutes les législations sur les brevets. Au contraire le droit
de propriété est perpétuel.

Le droit de l'inventeur est soumis à des déchéances, notamment pour défaut de paiement d'une seule annuité. On ne
conçoit pas un droit de propriété, cessant *ipso facto*, par cela
seul qu'une formalité n'aurait pas été remplie à temps.

Voilà donc déjà deux caractères essentiels du droit de propriété, qui ne se rencontrent pas dans celui de l'inventeur.
Mais ce n'est pas tout.

Sur quoi repose le prétendu droit de propriété de l'inventeur sur son invention? Est-ce sur un titre? — Non, puisque
l'on ne peut donner ce nom au brevet que l'Etat délivre à tous
ceux qui en font la demande sous certaines conditions faciles
à remplir. Un titre de propriété que chacun peut se faire délivrer, moyennant cent francs, n'est plus un titre de propriété,
d'autant plus que, dans la matière qui nous occupe, celui qui
a effectué le premier le dépôt d'une demande de brevet d'invention prime tous les autres, y compris l'inventeur lui-même
(s'il s'est laissé devancer), le postulant fût-il un vulgaire contrefacteur et un homme déloyal, abusant d'une confidence
imprudente.

Le véritable inventeur, se trouvant souvent dans l'impossibilité de prouver qu'il est victime d'une pratique déloyale,
ce qui lui permettrait de revendiquer le brevet dans certains
cas, et dans l'impossibilité d'établir qu'avant le dépôt du brevet, il était en possession du procédé, sera exposé, malgré
un brevet pris postérieurement par lui (avant qu'il n'eût con-

naissance de l'autre), à être poursuivi en police correctionnelle par le titulaire du seul brevet valable, c'est-à-dire du
premier en date. Ainsi c'est le contrefacteur qui fera condamner l'inventeur pour contrefaçon !

Qu'on ne parle donc pas, après cela, du droit de propriété
de l'inventeur reposant sur le brevet en qualifiant *a priori*
d'inventeur, exclusivement le titulaire du premier brevet pris
pour une invention, y eût-il véritablement une invention
brévetable. Car rien n'établit, et rien au monde ne peut établir
que celui qui a demandé un brevet, ce brevet ne fût-il vicié
par aucune antériorité, est bien celui qui a fait l'invention.
Cela peut-être un contrefacteur qui invoque le brevet à l'encontre du véritable inventeur lui-même.

Ainsi, le prétendu droit de propriété de l'inventeur ne repose pas sur un titre.

Peut-on dire au moins qu'il repose sur la possession? —
Pas davantage. En effet, on ne peut prétendre à un droit de
possession exclusive sur une parcelle quelconque du domaine
des idées. Par leur nature, par leur essence même, elles
échappent à toute appropriation matérielle, et ne sont susceptibles d'aucune possession. On possède, il est vrai, une
créance, bien que ce soit une chose immatérielle, lorsque
l'on détient le titre matériel qui la représente. Mais en matière
d'invention, il n'y a pas, à proprement parler de titre véritable, puisqu'un titre ne peut conférer à plusieurs personnes
différentes, sous forme de *duplicata,* des droits identiques, ce
qui peut arriver pour deux brevets pris le même jour pour la
même invention, s'il n'est pas délivré de récépissé à heure
datée ou même pour plusieurs brevets pris à des dates différentes pour la même invention. Car, si l'on possédait l'invention, en détenant le brevet, il y aurait autant de possesseurs, ayant les mêmes droits, qu'il pourrait y avoir de brevets
pris pour la même invention, même à des dates différentes.

Dira-t-on qu'on possède matériellement la machine qui
réalise l'idée de l'inventeur et représente l'invention et qu'on
possède ainsi l'invention? Cette objection ne s'appliquerait
pas aux procédés brevetés. D'ailleurs elle ne prouve rien, au
point de vue de la nature du droit de l'inventeur, ce droit
préexistant à la réalisation de l'idée par une application maté-

rielle. D'ailleurs, la question soulevée par un procès en contrefaçon, de la revendication d'une invention, ne repose pas sur une machine déterminée, mais sur toutes les machines semblables que l'on pourrait fabriquer, en se conformant au brevet, et avant même qu'elles soient fabriquées. N'est-il pas évident, si la propriété d'une machine déterminée, construite par l'inventeur, ou sous sa direction, est sa propriété absolue, en vertu du principe : *en fait de meubles, possession vaut titre,* que cette propriété est absolument distincte du droit qu'il peut avoir, qu'il a peut-être, sur l'invention de cette machine?

Le droit de l'inventeur porte donc exclusivement sur une chose immatérielle, qui, à la différence de certaines choses également immatérielles (telles que les créances), ne peut-être représentée par aucun titre, sur lequel puisse s'exercer, comme sur un titre de créance, un acte de possession, comprenant, dans l'intention du possesseur, autre chose que la chose elle-même, qui est l'objet d'une détention matérielle.

Ainsi, le droit de l'inventeur ne repose ni sur un titre, ni sur la possession. Peut-il être assimilé, au moins, au droit du premier occupant ? — Non, car l'occupation est un fait matériel, une véritable prise de possession, qui peut bien avoir pour objet une machine brevetée, mais ne peut s'étendre à la chose immatérielle qu'on nomme l'invention, et ne peut se réaliser dans le monde des idées. D'ailleurs, comment établir que c'est bien le titulaire du brevet d'invention qui a réalisé lui-même le progrès ou le perfectionnement décrit au brevet, et qui, en explorant le monde des idées, a découvert un coin encore ignoré de tous, un terrain qui n'avait encore été visité par personne, et qu'il a été le premier à défricher et à mettre en valeur?

Un propriétaire est-il jamais déchu de son droit de propriété, comme l'inventeur de son droit sur son invention, en cas de non-paiement d'une annuité à l'échéance?

Il en résulte que le droit de l'inventeur n'est pas un droit de propriété, puisqu'il n'en a aucun des caractères spécifiques, l'invention ne comportant ni titre, ni possession, ni occupation, et de plus ne conférant que des avantages essentiellement temporaires, se dérobant d'ailleurs elle-même à toute tentative, de preuve et pouvant tomber dans le domaine public par suite d'une déchéance qui exclut toute idée de propriété. Cette théorie du droit de propriété de l'inventeur sur son invention ne résiste donc pas, en somme, à un examen sérieux des conditions dans lesquelles ce droit naît et s'éteint, et ne peut s'accorder avec l'incertitude qui plane, et planera toujours, en dépit des lois, sur le véritable auteur de l'invention brevetée.

§ II. — *Du prétendu droit privatif de l'inventeur*

Beaucoup de bons esprits, frappés des caractères exceptionnels du droit de l'inventeur, et de ce qu'il cesse *ipso facto* au bout d'un certain nombre d'années, comme aussi par le seul défaut de paiement d'une annuité, refusent d'assimiler ce droit à un droit de propriété. Selon eux, l'inventeur a emprunté au domaine public les éléments de son invention ; il est donc juste qu'il la lui restitue. La loi civile lui concède, pour le récompenser et encourager l'esprit d'invention un droit exclusif temporaire, droit *sui juris*, créé par la loi positive. Il est certain qu'on ne peut soutenir que le droit de l'inventeur a sa racine dans le droit naturel, antérieur à la loi civile, sans accuser de sauvagerie les pays réfractaires sur ce point, aux préceptes du droit naturel, tels que la Hollande, la Suisse, la Serbie, l'Egypte, la Grèce qui ne reconnaissent pas les droits de l'inventeur. L'énormité de cette conséquence devrait donc à elle seule, faire repousser le principe du droit de propriété, proclamé dans les congrès, si cette théorie pouvait d'ailleurs fournir des arguments pour répondre aux objections que nous avons formulées.

Mais nous ne saurions tirer de là cette conclusion, que puisque le droit de l'inventeur n'est pas un droit de propriété, il est forcément un droit privatif.

Un droit de cette nature ne pourrait être qu'une création de la loi civile. Or il est inadmissible que la loi ait créé un droit en faveur de l'inventeur, sans lui donner le moyen de prouver ce droit. Quand elle a créé en faveur du père de l'enfant naturel un droit à la succession de cet enfant, elle a, en même temps, admis celui-ci à prouver sa paternité par un acte de

---

¹ Nous démontrons dans le § suivant que l'inventeur ne peut jamais prouver qu'il est inventeur.

reconnaissance. On ne concevrait pas, sans cesser de prendre
le législateur pour un homme raisonnable, qu'il eût proclamé
le droit du père à la succession de l'enfant né hors mariage,
sans établir un mode de preuve de la filiation naturelle, et
mettre un titre à la disposition de celui qui voudrait exercer
le droit que la loi lui accorde. C'est cependant cette chose il-
logique et contre le bon sens que l'on prête au législateur de
1844, quand on lui attribue la création au profit de l'inventeur
d'un droit privatif qu'il ne peut exercer faute d'un mode de
preuve que la loi, du reste, n'a pas organisé, parce que la
chose était impossible. En effet, il faut convenir que dans
la matière qui nous occupe, la question de la paternité
des inventions est entourée souvent d'un brouillard aussi
épais que celle de la filiation en dehors du mariage. Mais,
tandis que l'acte de reconnaissance d'un enfant naturel
est présumé véridique, parce que, au moment où cette reconnaissance a lieu, elle implique un aveu, ou tout au moins
l'accomplissement d'un devoir, et l'acceptation d'une charge,
le brevet, par lequel une personne se déclare auteur d'une découverte, présente un tout autre caractère. Le brevet, pour
l'inventeur véritable, ou l'homme de bonne foi qui se croit tel,
n'est-il pas le plan d'un château en Espagne ? N'est-ce pas,
dans son imagination un pacte conclu avec la Fortune? Dans
ces conditions la prise d'un brevet, fixant la prétention du
titulaire à la paternité de l'invention, ne peut supporter la
moindre comparaison avec un titre véritable. Le postulant
peut avoir dérobé le procédé secret qu'il divulgue dans sa description. Il peut s'être torturé l'esprit pour réinventer ce qui
avait été déjà inventé et pratiqué, peut-être même breveté par
un autre. Il peut aussi, quand il sait qu'il n'a rien inventé,
ne rechercher dans la prise du brevet, qu'un moyen d'intimider des concurrents, par la mention *breveté s. g. d. g.* Enfin,
plusieurs inventeurs peuvent prendre un brevet le même
jour pour un perfectionnement très utile, mais très simple, et
pouvant par conséquent être imaginé en même temps par
plusieurs. L'Etat ne voulant pas se faire le complice de toutes les manœuvres auxquelles la prise des brevets donne lieu,
a bien soin de dégager nettement sa responsabilité, en ins-
crivant dans la formule même du brevet qu'il n'entend garan-

tir ni la nouveauté de l'invention ni la validité du titre qu'il délivre, et qui n'a dès lors d'autre valeur, que celle d'un récépissé d'une demande dont les tribunaux auront à apprécier, le cas échéant, la validité.

N'est-ce pas indiquer formellement que le brevet n'est pas un titre ? et, dès lors, comment l'inventeur réclamerait-il un droit privatif, s'il n'a pas de titre pour appuyer cette prétention ?

Dira-t-on que la loi accorde à l'inventeur un droit privatif subordonné à cette condition négative que l'existence d'antériorités, ne sera pas démontrée par les débats judiciaires ? Il faudrait pour adopter cette théorie du droit privatif conditionnel, faire bon marché de ce principe fondamental que les décisions judiciaires n'ont qu'un effet relatif, et n'existent point pour ceux qui n'ont pas été parties au procès. La théorie du droit privatif impose ce dilemne : ou celui qui a pris le brevet est un inventeur véritable, et son droit privatif existe à l'égard de tous, ou il n'est pas inventeur, dans le sens légal du mot, et il n'a aucun droit, vis-à-vis de personne. Il n'y a pas de place, dans cette alternative, pour une solution intermédiaire, celle par exemple d'après laquelle, le soi-disant droit privatif n'existerait que vis-à-vis de ceux, à l'égard desquels il aurait été judiciairement reconnu, par un jugement laissant d'ailleurs toute liberté à d'autres magistrats, ou même à ceux qui ont jugé en faveur du titulaire du brevet, de juger le contraire vis-à-vis d'une partie qui aura su découvrir des antériorités que la première aura ignorées. Du moment que la question du droit privatif ne peut, à aucune époque, être tranchée dans un sens ou dans un autre, à l'égard de tout le monde, et d'une façon absolue, et du moment que ce droit ne peut être établi par aucun titre, on peut en conclure qu'il n'existe pas.

Sur quoi est donc fondé, véritablement le droit de l'inventeur, s'il ne repose ni sur un titre, ni sur le droit du premier occupant qui échappe à toute constatation, pas même sur un droit privatif concédé par la loi, puisqu'elle ne permet pas qu'on examine s'il y a, ou s'il n'y a pas d'invention ?

Si celui qui a obtenu un brevet, n'a pas à proprement parler de titre entre les mains, et si, lorsqu'il se sait victime de la contrefaçon, il ne peut invoquer aucun des droits d'un propriétaire ou d'un légitime possesseur évincé, pas même un droit privatif, en vertu de quel principe consacré par la loi, des individus pourvus de brevets d'invention, font-ils donc fréquemment condamner des contrefacteurs à des peines correctionnelles, devant les tribunaux répressifs, à des dommages et intérêts devant les tribunaux civils? Car enfin, on ne peut échapper à ce dilemne : ou ces inventeurs prouvent leur droit, en exhibant leur brevet, (et alors ce brevet est un titre), ou les jugements et arrêts qui consacrent leur qualité d'inventeurs, avec la sanction d'une condamnation correctionnelle des défendeurs qui n'ont pas administré la preuve des droits du domaine public, violent manifestement le principe que le demandeur est tenu de fournir la preuve du droit qu'il invoque.

Or, nous savons qu'un brevet délivré sans *garantie du gouvernement* n'est pas un titre, puisque la mention obligatoire s. g. d. g a précisément pour but de mettre le public en garde contre une semblable erreur. Donc le principe que le demandeur est tenu de prouver la qualité, en vertu de laquelle il agit, c'est-à-dire en un mot d'établir le bien fondé de la demande, ne s'applique pas au titulaire d'un brevet.

C'est précisément cette dérogation aux règles ordinaires de la procédure, dont le titulaire du brevet profite, qui caractérise sa situation juridique. Cette dérogation exceptionnelle au droit commun nous mettra sur la trace de la vraie définition du droit de l'inventeur que nous avons besoin de préciser, pour bien établir que le droit de priorité établi par la Convention de 1883 n'a pas de raison d'être au point de vue français.

§ III. — *Du véritable droit qui découle du brevet*

L'inventeur muni d'un brevet n'a ni un droit de propriété, ni même un droit privatif, sur l'invention dont il revendique la paternité, puis qu'il ne peut jamais prouver qu'il en soit véritablement l'auteur. Son droit se borne à rejeter le fardeau de la preuve sur le défendeur, en vertu d'une présomption établie à son profit, contrairement aux règles fondamentales de la procédure.

Le droit qui découle du brevet n'est ni un droit de propriété, ni un droit privatif, même s'il a été valablement pris par un véritable inventeur, (ce qui ne pourra, du reste, jamais être établi) [1]. C'est simplement le droit d'accuser de contrefaçon, *sans obligation de prouver la qualité d'inventeur, en vertu de laquelle on agit.* Par cela seul qu'il exhibe un brevet régulier en la forme, pris depuis moins de quinze ans, et qu'il justifie à la fois du paiement des annuités effectués en temps voulu, et d'un résultat industriel que la notoriété publique n'attribue pas au domaine public, le titulaire du brevet bénéficie d'une présomption, en vertu de laquelle, ce résultat est considéré, jusqu'à preuve du contraire, comme nouveau, c'est-à-dire, comme brevetable, et lui comme le seul inventeur. C'est au défendeur à se défendre, soit au moyen d'une exception de nullité ou de déchéance, soit en prouvant, par témoins ou autrement, que le demandeur n'est pas l'inventeur du procédé, de la machine revendiquée au brevet, parce qu'elle était connue et exploitée dans l'industrie, bien avant que le dépôt de la demande n'eût été effectué au Ministère du commerce, ce qui constitue une antériorité.

Voilà quel est le droit de celui qui a pris un brevet d'invention.

A moins d'admettre que les règles essentielle de la procédure civile, et de l'instruction criminelle, aient été ouvertement et constamment violées, depuis qu'il y a des brevets d'invention

---

[1] En théorie pure, il n'y a aucun inconvénient à reconnaître un droit de propriété ou un droit privatif à l'inventeur, quelque spécial que soit ce droit particulier ; mais, dans la pratique, il faut reconnaître que ce droit, comme toute espèce de droit, n'est rien sans la consécration judiciaire qui seule peut lui donner la sanction nécessaire pour être respecté. Or la consécration judiciaire des droits de l'inventeur est soumise à une de ces conditions négatives, qui peuvent défaillir, au profit du domaine public, par la réalisation de la condition positive opposée, mais ne peuvent jamais se réaliser. L'inventeur qui peut-être déclaré sans droit, si on découvre une antériorité, ne peut, en revanche, jamais établir qu'il est inventeur, parce qu'il est impossible de prouver qu'il n'y a pas eu, quelque part, une antériorité devant laquelle sa prétention d'être inventeur soit insoutenable.

Le droit de l'inventeur, dans ces conditions, est affecté par la force des choses, d'une infirmité juridique incurable, qui s'oppose à ce qu'il puisse jamais être consacré par la justice, autrement qu'en vertu d'une présomption légale qui n'a pu être détruite par le demandeur, et relativement aux parties en cause.

Ceux qui admettent que l'inventeur a un droit de propriété ou un droit privatif sur son invention, seraient obligés de reconnaître, si on les poussait dans leurs derniers retranchements, la vérité de cette proposition : celui qui prend un brevet est propriétaire de l'invention qu'il a faite, ou a sur elle un droit privatif s'il a fait une invention, mais il ne peut jamais prouver qu'il ait fait une invention.

en France, par les tribunaux, les cours d'appel, la Cour suprême elle-même, il faut bien reconnaître que les condamnations de contrefacteurs, auxquelles nous faisons allusion, et qui se renouvellent chaque jour, sont absolument conformes à la loi du 5 juillet 1844, sur les brevets d'invention.

De ce que les tribunaux ont pu, sans violer la loi, faire gagner leurs procès à des titulaires de brevets, demandeurs en déclaration de contrefaçon, bien que la preuve de leur qualité d'inventeurs ne résultât pas de la production de ces brevets, parce qu'il est impossible de la fournir, que faut-il en conclure?

C'est que la règle fondamentale que c'est au demandeur à établir le bien fondé de sa demande, en produisant des témoignages, ou un titre, comporte une exception établie en faveur du demandeur en déclaration de contrefaçon d'une invention brevetée. C'est que l'inventeur est légalement dispensé de prouver que la qualité, en laquelle il agit, n'est pas usurpée, et que c'est bien lui qui le premier, a réalisé le progrès industriel décrit dans le brevet. C'est que, par conséquent, on le présume inventeur, jusqu'à preuve du contraire, en vertu même de son brevet. Le législateur s'est trouvé placé dans cette alternative, ou de constater son impuissance à accorder une action quelconque à l'inventeur, sans établir en sa faveur une exception au principe fondamental, que c'est au demandeur à prouver la qualité qu'il invoque, ou d'admettre formellement cette dérogation aux principes, et par conséquent de rejeter sur le défendeur, (présumé contrefacteur), le fardeau de la preuve. C'est ce dernier parti qu'il a pris.

Mais c'est par la force même des choses qu'il a été contraint d'admettre une exception aussi exorbitante au droit commun, exception absolument nécessaire pour ne pas favoriser la contrefaçon, en permettant aux contrefacteurs d'opposer perpétuellement une fin de non recevoir aux inventeurs qui eussent été victimes, en quelque sorte, d'un deni de justice.

Sur quoi repose en effet, la prétention du titulaire du brevet, (inventeur présumé, ou cessionnaire), qui poursuit un contrefacteur? Sur ce que jamais, avant le dépôt de la demande du brevet, effectué au Ministère du commerce, le procédé, la machine décrite dans ce brevet n'avait été connue, utilisée, exploitée, divulguée, soit en France, soit à l'étranger. C'est là un de ces faits négatifs, qui en raison de ce qu'ils sont successifs, ne peuvent pas trouver leur équivalent dans un fait positif susceptible de preuve, et résistent ainsi, par leur nature même, à toute tentative de démonstration. Je ne puis pas plus prouver que mon invention n'a jamais été pratiquée nulle part, que je ne puis prouver, par exemple, que je n'ai jamais voyagé en bateau à vapeur, ou que je n'ai jamais visité les Invalides. Ce fait négatif, s'il est vrai, a duré toute ma vie, et il m'est impossible de rendre compte de l'emploi de toutes les heures de mon existence, ce qui serait cependant nécessaire pour prouver ce fait négatif que je qualifie de successif parce qu'il a été, en tant que fait négatif, continu depuis que j'existe.

Au contraire, le soi-disant contrefacteur, assigné en police correctionnelle par celui qui se prétend inventeur, et qui affirme que le demandeur n'a rien inventé du tout, base cette affirmation sur des antériorités qu'il connait, c'est-à-dire sur des faits positifs qui peuvent se prouver. Il affirme que la soi-disant invention a ait perdu ce caractère, par une divulgation antérieure à la prise du brevet, résultant d'un fait précis qu'il offre de prouver, ou qu'elle était exploitée déjà dans telle usine. Bref, il a à prouver, lui aussi, un fait négatif, à savoir que le demandeur n'est pas inventeur, mais un fait négatif, qui a pour équivalent, un fait positif à savoir que la soi-disant invention était exploitée, par Pierre ou par Paul, avant le dépôt de la demande de brevet, fait positif qui peut être prouvé par témoins.

Ainsi, d'une part, le demandeur en contrefaçon ne peut pas prouver la qualité d'inventeur ou de cessionnaire d'inventeur qu'il invoque.

D'autre part les faits allégués par la défense peuvent-être prouvés par témoins.

Les tribunaux qui ont mission d'interpréter la loi se sont donc trouvés réduits à cette alternative : ou de refuser toute action aux inventeurs munis de brevets, en les soumettant aux principes généraux de la procédure, ce qui eut été aller à l'encontre de la volonté du législateur, ou de les exempter, en les faisant bénéficier d'une présomption établie spécialement pour eux, de la preuve à laquelle est obligé tout demandeur. Ils ont ainsi rejeté le fardeau de la preuve sur le défendeur pour ne pas exposer les inventeurs à une sorte de déni de justice qui eut résulté, sans cela, de la nature même de leur prétention.

En résumé, le droit découlant d'un brevet d'invention, est de faire présumer l'invention brevetable, si la personne assignée n'établit pas le contraire, et de faire présumer coupable, le prévenu de contrefaçon au correctionel, s'il ne fait pas la preuve des faits sur lesquels il se base pour se faire acquitter.

Quelque exorbitante que paraisse la dispense accordée à un accusateur qui agit comme partie civile, au correctionnel, d'établir le fait le plus important de ceux sur lesquels il base l'accusation, à savoir qu'il est inventeur de l'objet qui a été fabriqué et vendu, en violation de son droit exclusif, il faut reconnaître que cette dispense s'imposait, si l'on ne voulait pas prendre l'un de ces deux partis : ou supprimer radicalement les brevets, ou ne les concéder qu'après examen préalable *avec garantie du gouvernement*, et, considérer alors le brevet comme le titre de concession par l'Etat d'un privilège basé : 1° sur les droits reconnus de l'inventeur; 2° subsidiairement sur le bon plaisir du Prince. Dans ce dernier système, le titulaire du brevet n'aurait plus à discuter avec ceux qui lui contesteraient ses droits; car, à défaut du premier titre, il invoquerait le second. Or personne aujourd'hui n'ose proposer la suppression des brevets. Quant à la concession du Prince, et à l'octroi des brevets *avec garantie du gouvernement*, ce système arbitraire n'est admis nulle part, pas même dans les pays d'examen préalable, qui, tout en refusant des brevets pour des inventions notoirement connues et exploitées déjà, n'en permettent pas moins, à ceux qui sont poursuivis comme contrefacteurs, de discuter la brevétabilité de l'invention, et d'opposer, s'ils en trouvent, des antériorités dont l'administration n'avait pas connaissance, quand elle a délivré le brevet d'invention.

Il était donc absolument nécessaire, sous peine de laisser les inventeurs sans droit, ou de tomber dans l'arbitraire le plus dangereux d'accorder à l'invention brevetée, comme sanction du brevet, une présomption de nouveauté, bien que, le plus souvent, elle ne s'accorde pas avec la réalité des choses.

Il n'en est pas moins vrai que cette dérogation aux règles de la procédure produit souvent des effets déplorables. Un homme poursuivi pour contrefaçon, est fatalement condamné, s'il n'a pour tout moyen de défense, que des antériorités ou des faits de divulgation, et s'il n'en administre pas la preuve. Or, il peut se faire, ou qu'il ait une connaissance précise de ces antériorités et de cette divulgation, mais ne puisse faire la dépense toujours coûteuse des recherches que la preuve des droits du domaine public nécessite, ou mieux, que ces droits du domaine public résultent de faits qu'il ignore, et que ses conseils chargés de préparer sa défense ne parviennent pas à découvrir à temps. Il n'est pas plus contrefacteur dans un cas que dans l'autre, le délit de contrefaçon impliquant l'existence d'une invention qui fait également défaut dans les deux cas. Néanmoins il sera condamné comme contrefacteur, faute de pouvoir administrer une preuve contraire à la présomption qui se rattache au brevet.

Si le breveté qui peut être de bonne ou de mauvaise foi, fait condamner ce soi-disant contrefacteur à une amende, à des dommages et intérêts, garantis par la contrainte par corps, voire même à des insertions, et qu'il poursuive d'autres personnes en contrefaçon, il pourra arriver, que les unes, intimidées par le résultat du premier procès, entrent immédiatement en composition, offrent de désintéresser le demandeur à l'amiable, et reconnaissent par écrit ses droits d'inventeur, en s'engageant à lui payer une redevance à l'avenir ; que les autres se syndiquent pour supporter les frais d'une défense commune, et faire pratiquer en France et à l'étranger les recherches d'antériorités nécessaires. Il pourra arriver aussi que ces recherches aboutissent, et qu'ainsi la nullité radicale du brevet étant démontrée, il ne reste plus aux juges qu'à débouter le demandeur et à le condamner aux dépens, peut-être même aussi à des dommages et intérêts.

En vertu de ce principe, que les arrêts sont bons pour ceux qui les obtiennent, et ne sont par conséquent préjudiciables que pour ceux contre lesquels ils sont rendus, le premier défendeur restera sous le coup d'une condamnation imméritée, victime d'une véritable erreur judiciaire, attestée par le second procès, sans aucune réhabilitation ni révision possible ; le second, qui a transigé sur le vu du jugement condamnant un soi-disant contrefacteur, sera obligé de payer une redevance qu'il ne doit pas, à moins d'intenter un procès en nullité de brevet long et coûteux. Les autres seuls se seront tirés d'affaires, parce qu'ils ne se seront pas laissé intimider par le résultat de la première poursuite.

Il arrive souvent, surtout à Paris, que ce sont les mêmes juges qui ont rendu les deux décisions contradictoires à propos du même brevet, sans encourir la moindre responsabilité morale, puisque c'était au défendeur, qu'ils ont condamné à tort, à prouver les antériorités nécessaires, et à combattre la présomption se rattachant au brevet, en vertu de laquelle il a été régulièrement et légalement, sinon justement, déclaré contrefacteur.

Si l'on ajoute que, pour mieux intimider leurs concurrents, par une menace de poursuites correctionnelles, certains porteurs de brevets commencent par prendre, contre des compères qui se laissent condamner, des jugements qu'ils invoquent ensuite à titre de précédents, contre ceux qu'ils veulent amener à reconnaître des droits, sur l'inanité desquels ils sont souvent fixés eux-mêmes, on aura une idée des abus auxquels donnent lieu les brevets d'invention délivrés à tous ceux qui en demandent.

INCONVÉNIENTS DES BREVETS D'INVENTION

Les brevets d'invention tiennent en échec deux principes :

1° Celui, en vertu duquel c'est au demandeur à prouver le bien fondé de son action.

2° Le principe de la liberté du travail, qui permet à chacun de travailler chez lui comme il l'entend.

A. Nous ne pouvons, quant à la première dérogation aux règles fondamentales de la procédure, que nous en référer à ce que nous avons dit précédemment. Nous insisterons cependant, encore une fois, sur ce que le droit de l'inventeur ou, pour parler plus exactement, du propriétaire du brevet, (qu'il soit ou non inventeur), consistant dans une simple présomption de nouveauté, dont il bénéficie dans la procédure, bien que cette présomption, qui lui permet de rejeter sur le défendeur le fardeau de la preuve, soit souvent contraire à la vérité, constitue une entrave fort gênante pour la liberté de l'industrie. C'est cette présomption qui leur permet d'intimider les concurrents au moyen de la mention : *breveté s. g. d. g.* et même, ce qui est bien pis, de les faire condamner sans droit, uniquement parce qu'ils n'auront pas pu découvrir des antériorités qui existent, que le breveté lui-même connait peut-être, alors qu'ils ne savent pas, en réalité, où il faut les rechercher.

B. Depuis la suppression des jurandes et des maitrises, chacun a le droit de travailler chez lui comme il l'entend, à la condition de se conformer aux lois de police. Cependant les brevets d'invention entravent singulièrement l'application de ce principe. Pierre, qui a trouvé une simplification a réaliser dans son outillage, peut, en prenant un brevet d'invention, empêcher Paul qui n'avait pas eu besoin de lui pour imaginer le même perfectionnement, de s'en servir pendant quinze ans. Paul est ainsi empêché de travailler chez lui, comme il l'entend.

Il se peut que le brevet pris en France par l'étranger qui s'est fait déjà bréveter dans son propre pays, ne soit pas demandé par lui dans les nations qui sont nos rivales industrielles, par exemple en Allemagne, en Angleterre et en Belgique. Soit par des raisons d'économie, soit parce que des antériorités connues ne permettaient pas d'espérer l'obtention d'un brevet dans des pays d'examen préalable, l'inventeur, breveté dans son pays, s'est contenté d'user du droit de priorité en France.

Que va-t-il en résulter ? Supposons qu'il s'agisse d'un métier à tisser réalisant une économie notable dans le prix de revient du tissu, ou d'un procédé nouveau pour purifier les alcools industriels. Grâce au droit de priorité, l'inventeur étranger aura un brevet valable ou présumé tel, jusqu'à ce que quelqu'un trouve des antériorités, s'il y en a, ce qui ne sera pas facile, puisque c'est à l'étranger qu'il faudra faire les recherches. Soit que le brevet français soit absolument valable, soit qu'il bénéficie seulement d'une présomption difficile à détruire par une enquête, il entravera en France la liberté de l'industrie pour la fabrication des tissus et la rectification des alcools. Au contraire, dans les pays voisins, où l'inventeur savait qu'il serait soumis à un examen préalable qu'il n'a même pas osé affronter, son invention sera exploitée avec une liberté d'autant plus complète, que l'absence du brevet lui donnera toute sécurité. Les tissus et les alcools étrangers fabriqués par le nouveau procédé entreront en France, puisque le brevet aura été pris pour le procédé, et non pour le produit qui est dans le domaine public.

À toutes les causes, généralement connues, d'infériorité économique de la France, pour le prix de revient des produits manufacturés, se joindra encore le monopole industriel résultant d'un brevet pris en France, contrastant avec la liberté d'exploitation à l'étranger, dans les pays où il n'a pas été pris de brevet. Il se peut même que l'inventeur étranger n'ait pris un brevet en France, où on ne peut le contraindre à céder une licence, que d'accord avec un manufacturier d'un pays voisin qui se rendra acquéreur du brevet français, s'il n'a pas acheté, dès le premier jour, le brevet à prendre en France dans les six mois. Pendant les deux premières années, cet industriel étranger pourra exploiter tout à son aise dans son propre pays, sans aucune concurrence en France, un procédé breveté qui lui permet de distancer ses concurrents français pour la production à bon marché. Le produit n'étant pas breveté, il en inondera notre marché. Dès la fin de la deuxième année, il sera tenu d'exploiter en France; il se contentera d'avoir une usine. Dans tous les cas, son monopole ne permettra pas aux fabricants français de lutter avec lui, à armes égales, pour le prix de revient, puisqu'il aura le droit de poursuivre en police correctionnelle ceux qui emploieraient son procédé ou sa machine. C'est ainsi qu'un fabricant de produits chimiques Allemand n'aurait qu'à prendre un brevet en France pour un produit, ou pour un procédé, s'il voulait supprimer, pendant quinze ans, une concurrence qui le gènerait pour importer en France le produit similaire allemand.

Les inventions, qui sont des œuvres géniales, et transforment l'industrie, sont fort rares. On les compte dans un siècle. Mais à côté de ces découvertes importantes, le catalogue des brevets qui s'élèvent, annuellement en France, au chiffre de huit mille, mentionne une foule de petits perfectionnements très pratiques, mais très simples, et qui par conséquent peuvent être réalisés par plusieurs personnes ne se connaissant pas, habitant des localités différentes, et ne s'étant mutuellement rien emprunté. On se rencontre dans la mer des idées comme dans l'Océan. Si l'une d'elles prend un brevet, elle aura le droit exorbitant d'empêcher les autres pendant quinze ans d'utiliser la réalisation d'une idée pratique qui leur était venue naturellement à l'esprit; cette idée, ils l'eussent pu réaliser sans le brevet; et même s'ils eussent effectué une demande de brevet, avec priorité de date, ils eussent pu poursuivre pour contrefaçon celui qui les menace aujourd'hui de la police correctionnelle, avec la prétention d'utiliser seul industriellement le perfectionnement breveté pendant quinze années. La licence n'étant pas, comme dans certains pays, obligatoire, le brevet gènera d'autant plus la liberté des concurrents, qu'ils n'auront même pas la ressource d'employer le procédé, ou le perfectionnement breveté, en payant une redevance à l'industriel propriétaire du brevet, s'il a intérêt à l'exploiter seul.

Envisagé à ce point de vue, le fonctionnement des brevets, a quelque chose d'exorbitant. Examinons ce qu'il rapporte et ce qu'il coûte.

Il est incontestable qu'il encourage l'esprit d'invention. Nous ajoutons qu'il est le seul moyen pratique de l'encourager, et qu'il ne peut être, pour cette raison, sérieusement question de supprimer les brevets. Mais il s'agit, de savoir s'il convient de donner des facilités plus grandes aux inventeurs étrangers pour se faire valablement breveter en France, et par conséquent de leur attribuer un droit de priorité; nous sommes donc dans le vif de la question en faisant ressortir les inconvénients des brevets.

Il y a plusieurs catégories de brevets. Les uns sont pris par des inventeurs sérieux, véritables pionniers de la science, et qui ont fait faire à l'industrie les progrès merveilleux qu'elle a réalisés dans ce siècle. C'est surtout pour eux que la société n'a pas reculé devant un sacrifice onéreux imposé en leur faveur à la liberté du travail.

Les autres sont pris par des hommes également sérieux et travailleurs, également doués du génie inventif, mais qui ont eu l'imprudence de ne pas se tenir au courant du progrès déjà effectué, de ne pas faire des recherches, ou ont joué de malheur en se rencontrant avec d'autres, qui les avaient précédé à leur insu, dans la voie qu'ils suivent.

Ceux-là se sont donné beaucoup de mal pour réinventer ce qui avait été déjà inventé par d'autres. Quelque dignes d'intérêt qu'ils soient, on ne peut que les plaindre et regretter que leurs facultés d'invention ne se soient pas appliquées à des recherches absolument nouvelles. La Société ne leur doit rien.

Le principe qu'il n'y a pas d'invention, au sens légal du mot, si la description du brevet s'applique à une machine ou un procédé déjà connu en France ou à l'étranger, c'est-à-dire, si elle ne révèle pas quelque chose d'inconnu, jusqu'au jour du dépôt de la demande, ce principe s'oppose à ce que l'on puisse, comme dans certains pays, admettre qu'une invention soit connue à l'étranger sans l'être en France. Cette diction admise en Belgique et en Angleterre ne cadre pas avec la loi de 1844 ni avec la jurisprudence française.

D'autres prennent des brevets pour avoir le droit d'exploiter la mention *brevelé s. g. d. g.*, dans le seul but d'inquiéter la concurrence, même sans droit.

Enfin, il est des industriels, qui ne prennent des brevets que pour les opposer, le cas échéant, comme antériorité, à celui qui aurait la velléité d'en demander un, ou de faire breveter un prête-nom, pour une machine fabriquée dans leurs ateliers pour leur compte, afin de leur faire concurrence, ou même pour les rançonner.

Les sociétés industrielles et les compagnies de chemin de fer prennent ainsi beaucoup de brevets dont elles ne paient même pas la seconde annuité.

De toutes ces catégories de preneurs de brevets la première seule est, au point de vue du législateur, digne d'intérèt. Mais elle constitue une minorité infime.

Que résulte-t-il, de ce que les véritables inventeurs, c'est-à-dire, ceux de la première catégorie, sont en très petit nombre? C'est que, pour donner le moyen à ces quelques inventeurs, de sauvegarder leurs droits, la loi permet à tous les autres, qui n'ont d'inventeurs que le titre usurpé, et qui sont en énorme majorité, d'inquiéter, sans aucun droit, la liberté du travail, par la mention *breveté s. g. d. g.* qui représente à l'imagination des fabricants, la police correctionnelle, comme une épée de Damoclès suspendue sur la tète de ceux qui seraient tentés de prendre cette mention au sérieux. Le public n'a aucun moyen de distinguer entre les brevets de la première catégorie, seuls valables, et tous les autres. Il en résulte que le sacrifice imposé par la loi à la liberté de l'industrie pour encourager l'esprit d'invention, profite, neuf fois sur dix, à ceux qui n'ont rien inventé du tout.

Si nous envisageons maintenant, le résultat des brevets pris en France par les étrangers qui n'y ont pas fixé leur domicile, nous sommes amené à ranger dans la catégorie des vieilles formules qui s'étalent dans les comptes-rendus de congrès, en prenant de grands airs d'axiomes, cette affirmation qu'un étranger qui prend un brevet en France, enrichit le pays avec son invention. On peut diviser, à cet égard, les étrangers en deux catégories bien distinctes :

1° *Les étrangers domiciliés en France.* — On conçoit que leurs inventions, faites en France, activent les progrès de l'industrie; mais quand on parle des inventeurs étrangers, au point de vue des relations internationales, c'est uniquement des inventeurs fixés dans leur patrie, et déjà brévetés dans les autres nations, qu'il s'agit. Sous le rapport des brevets, les étrangers domiciliés en France doivent être assimilés aux Français.

2° *Les étrangers non domiciliés ni résidant en France.* — Quant à ceux-là, on se demande s'il est nécessaire de leur faciliter la prise des brevets en France, en allant au-delà de l'assimilation aux nationaux qui résulte déjà de l'article 27 de la loi du 5 juillet 1844.

En quoi un brevet pris en France, pour une invention déjà brevetée dans plusieurs nations, fera-t-il progresser l'industrie française ? L'invention est connue, divulguée, décrite à l'étranger. Les recueils de brevets l'ont mentionnée. On peut en prendre communication dans les ministères étrangers. Les journaux industriels spéciaux en ont publié une description avec dessins à l'appui. Que les industriels qui ont intérêt à se tenir au courant lisent, ou fassent lire les publications étrangères. Que les syndicats et les chambres de commerce organisent au système d'informations industrielles pour se tenir au courant des inventions étrangères qui permettent à nos rivaux industriels de nous distancer dans le *Steaple chase* du bon marché.

Mais il semble difficile d'admettre que c'est pour que nos industriels soient mieux informés des inventions étrangères, qu'il faut encourager la prise des brevets en France par les étrangers.

Le brevet français de l'étranger ne leur apprend qu'une chose : c'est qu'il faut payer une redevance, s'ils veulent exploiter l'invention ; au contraire, le brevet étranger leur indique les progrès industriels dont ils peuvent librement profiter.

D'ailleurs, si le brevet suscite un antagonisme d'intérêt entre l'inventeur et l'industriel, il ne faut pas oublier que le brevet d'un étranger suscite cet antagonisme entre l'inventeur étranger et l'industriel français. Dans ces conditions, on conviendra que la question se présente sous un aspect défavorable à l'extension des brevets délivrés en France aux étrangers. Quelque soit le degré de sollicitude que l'inventeur doit inspirer au législateur, quelque digne d'intérêt, de sympathie, et de protection qu'on le considère, qui donc oserait soutenir, à l'heure qu'il est, qu'entre l'industriel français, luttant contre la concurrence étrangère pour ne pas réduire les salaires de ses ouvriers, ou fermer son usine, et l'inventeur étranger, résidant hors de France, ayant déjà fait breveter son invention dans son propre pays, pouvant le faire breveter dans quinze autres nations, il faut soutenir celui-ci contre celui-là ?

En somme, le brevet d'invention constitue une dérogation aux deux principes fondamentaux de la liberté du travail, et de l'obligation, pour l'accusateur, de prouver ce qu'il avance devant les tribunaux civils, où même répressifs.

Dans l'état de guerre industrielle qui caractérise actuellement la lutte internationale pour la production à bon marché, le brevet peut devenir entre des mains étrangères une arme redoutable. Il assurerait à un fabricant, résidant en dehors des frontières, une supériorité énorme, pendant quinze ans, sur ses concurrents fixés en France, auxquels le brevet lui permettra d'interdire le procédé de fabrication à bon marché, qui assure la supériorité de l'industrie étrangère sur l'industrie nationale.

Malgré ces graves inconvénients, nous n'hésitons pas à déclarer que le maintien des brevets s'impose, puisque l'on n'a pas encore pu trouver un autre moyen pratique d'encourager l'esprit d'invention.

Mais, si nous avons insisté sur ces inconvénients, c'est pour bien établir que l'assimilation, sans condition, des étrangers aux nationaux, admise par la loi du 5 juillet 1844, pour la prise des brevets, marque l'extrême limite des concessions que l'on puisse faire aux inventeurs étrangers, et que le droit de priorité, établi par la Convention de 1883, en donnant de nouvelles facilités aux étrangers pour se faire breveter en France, est contraire aux intérêts français.

Il est bien certain, que, si l'on se contentait de rechercher les modifications dont la loi de 1884 est susceptible, on pourrait se demander s'il ne convient pas d'appliquer aux étrangers, pour les brevets pris par eux en France, le régime de la réciprocité diplomatique ou légale, admis, jusqu'au 6 juillet 1884, pour les marques, les dessins et le nom commercial par la loi du 26 novembre 1873 (art. 9). On aurait à rechercher, s'il ne conviendrait pas de retirer, aux étrangers originaires d'un pays où fonctionne l'examen préalable, et y résidant, le brevet pris par eux en France, au cas où ils ne justifieraient pas, dans un délai à déterminer, avoir demandé un brevet dans leur propre pays et subi, avec succès, l'épreuve de l'examen préalable. N'est-il pas contraire aux intérêts français, de donner à un Allemand, à un Autrichien, à un Américain, à un Russe, le droit de jouir, pendant quinze ans, en France, de la présomption de nouveauté qui se rattache au brevet, pour une soi-disant invention qui ne pourrait être rangée dans son propre pays, par une commission d'examen, parmi les inventions nouvelles et par conséquent brevetables? Car enfin, c'est donner à cet étranger la faculté d'acheter, moyennant cent francs, une fois payés [1], le droit d'apposer la mention : *breveté s. g. d. g.*, sur une machine déjà acquise depuis longtemps, dans son propre pays, au domaine public, et, d'inquiéter, par cette manœuvre, la libre concurrence. Mais il ne s'agit pas de réformer la loi de 1844. La seule question à débattre est de savoir s'il convient, au contraire, de donner de l'extension aux brevets étrangers au moyen d'un droit de priorité.

LE DROIT DE PRIORITÉ DE L'ARTICLE 4 AGGRAVE LES INCONVÉNIENTS DES BREVETS D'INVENTION.

Nous avons dit que le droit de priorité aggrave les inconvénients déjà considérables des brevets d'invention. C'est ce qu'il nous reste à prouver.

L'article 4 a pour effet de reprendre au domaine public, en l'en dépouillant, des inventions auxquelles la divulgation et la publicité avaient enlevé leur brevetabilité, d'après l'article 31 de la loi du 5 juillet 1844. Il fait revivre, au moyen d'une fiction, des privilèges légalement éteints, au profit d'étrangers qui s'en font une arme pour inquiéter en France la liberté de l'industrie. Cet article, en dérogeant à l'article 31 de la loi du 5 juillet 1884, déroge donc, par là-même au principe fondamental que le domaine public ne rend jamais ce qu'il a une fois conquis. En élargissant, au profit des étrangers, le cadre de la brevetabilité, il aggrave, pour les nationaux, les inconvénients des brevets d'invention. Envisagés à ce point de vue, les brevets pris en France, en vertu du nouveau régime international de la propriété industrielle, outre qu'ils entravent la liberté du travail, et dispensent le breveté de la preuve dans les procès en contrefaçon, spolient le domaine public qui représente toutes les personnes intéressées à profiter de l'invention divulguée avant d'avoir été brevetée.

---

[1] Le défaut de paiement d'une annuité, en désarmant le breveté dans sa lutte contre les contrefacteurs, ne lui enlève pas pour autant le droit de continuer à exploiter le maintien : *breveté s. g. d. g.* pendant quinze ans. Il en est de même du jugement qui déclare le brevet nul, car il n'a d'effet qu'à l'égard des parties en cause.

Convient-il d'imposer le consommateur français, pour enrichir davantage cet inventeur étranger, en reprenant au domaine public, en France, une invention divulguée, connue exploitée, qui ne serait plus brevetable pour un Français, ou pour un étranger non membre de l'Union? N'est-ce pas toujours par un renchérissement, que se fait sentir un droit exclusif, comme celui qui résulte du brevet, (que ce renchérissement soit justifié ou non), et par une entrave de plus à la liberté de l'industrie? Souvent, la mention *breveté s. g. d. g.* n'a d'autre but que d'intimider les industriels, par la menace d'un procès qu'on se gardera bien de faire, pour ne pas provoquer un jugement déclarant la nullité du brevet, et proclamant les droits du domaine public.

EXPLICATION DE M. HUARD.

Le droit de priorité fait rétroagir la demande de brevet, formée dans un pays de l'Union, au jour de la demande du brevet initial déposée dans un autre pays de l'Union depuis moins de six mois. Il efface, par conséquent, les faits de publicité et de divulgation qui auraient pu, sans ce droit de priorité, faire tomber l'invention dans le domaine public.

L'article 4 déroge donc à l'article 31 de la loi du 5 juillet 1884, aux termes duquel toute invention divulgué avant le dépôt de la demande de brevet. tombe dans le domaine public Cependant on est allé jusqu'à contester sérieusement cette dérogation.

M. HUARD en réponse à M. ARMENGAUD JEUNE, qui proposait, dans le Comité de l'*Association des inventeurs*, de mettre en harmonie l'article 31 de la loi de 1844 avec la Convention, fit l'observation suivante :

« La Convention ne déroge pas à l'article 31. Elle s'applique au moyen d'une fiction ; l'inventeur breveté en pays étranger, et qui viendra six mois après, se faire breveter en France, en réclamant le bénéfice de la Convention, échappée à la rigueur de l'article 31, non pas par exception et quoique son invention soit déjà publique, mais parce qu'il sera réputé avoir pris son brevet français à l'instant même où il prenait son brevet étranger ; la publicité résultant du brevet étranger sera ainsi censée n'avoir pas précédé la demande du brevet français, lequel au moyen de cette fiction, sera valable sans sortir de l'application de l'article 31. »

Il nous semble que M. HUARD se paye de mots, en raisonnant de la sorte [1]. Si l'intervention d'une fiction est nécessaire pour supprimer, par la pensée, la dérogation à l'article 31 résultant de l'article 4, c'est donc qu'en réalité cet article déroge à la loi de 1844. Tous les efforts, que l'on fera pour démontrer le contraire, seront vains. Si le brevet français avait été pris en même temps que le brevet étranger, l'article 31 eût été respecté : on ne serait pas obligé de dire que l'inventeur est *réputé* avoir pris le brevet français à l'instant même où il prenait son brevet étranger. La simultanéité des deux dépôts, d'ailleurs inutile, pour les inventeurs français à l'étranger, même avant la Convention, ainsi que nous l'avons démontré, n'existant, dans le système de M. HUARD, que grâce à une fiction, est donc fictive. Si elle est fictive, c'est que le brevet français a été demandé après le dépôt du brevet étranger.

Or, si la publication de la demande de brevet, ou si des faits de publicité et de divulgation ont eu lieu à l'étranger, avant que le dépôt de la demande fût effectué en France, le brevet français est nul d'après le droit commun, en vertu de l'article 31 de la loi de 1844, interprétée par une jurisprudence constante. Le domaine public est donc saisi par cela même. Telle est la réalité. Si l'inventeur est dans une situation qui lui permette de se réclamer de l'art. 4 de la Convention internationale du 20 mars 1883, on déroge en sa faveur, à l'article 31, au moyen de la fiction indiquée par M. HUARD. Mais cette fiction, loin de supprimer la réalité, en évitant la dérogation au droit commun, n'a été inventée que pour la dissimuler, en expliquant l'effet juridique produit par la rétroactivité de la demande de brevet déposée dans les six mois de la demande initiale, en un mot pour bien préciser la portée de la dérogation que notre éminent confrère conteste.

Cette fiction, imaginée par des jurisconsultes subtils, très ingénieuse, si l'on n'en fait usage que pour expliquer l'effet juridique produit par la rétroactivité de la demande de brevet déposée dans les six mois de la demande initiale

---

[1]. *Bulletin de l'Association des inventeurs et artistes industriels*, n° 20 (15 août 1883), page 4.

dans l'Union, ne supprime la réalité, à savoir la dérogation au droit commun, que comme la toile d'un théâtre, supprime la scène qu'elle ne fait que masquer aux yeux, et qu'elle ne masque que d'une façon intermittente. Quand la toile est baissée, c'est-à-dire quand l'esprit est dominé par la fiction, on n'aperçoit pas ce qu'il y a derrière. Mais dès que l'effort intellectuel, nécessaire pour maintenir la pensée dans le domaine de la fiction, cesse, la réalité reprend ses droits. L'imagination est impuissante à la dissimuler, parce qu'elle s'impose à l'esprit.

Or la réalité, c'est la dispense accordée aux étrangers, par l'article 4 de la Convention, de se soumettre aux conditions rigoureuses imposées, à juste titre, par le législateur de 1844, à ceux qui veulent confisquer à leur profit, pendant quinze ans, le droit qu'a chaque citoyen de travailler chez lui comme il lui convient. C'est cette même dispense accordée à ceux entendant se réserver le droit de faire condamner, comme contrefacteurs, des citoyens, qui ne sont souvent coupables que de n'avoir pas su découvrir les antériorités qui devraient les faire acquitter, en un mot, de n'avoir pas su prouver leur innocence. C'est le renversement de tous les principes.

TRIPLE ERREUR DE M. BOZÉRIAN.

« Depuis de longues années dit M. Bozérian (¹) l'on s'était préoccupé de la situation des inventeurs, des créateurs de dessins et de modèles ainsi que des propriétaires de marques qui veulent se faire protéger dans plusieurs pays. Comment y parvenir, alors que la nouveauté est une condition essentielle de la protection? Exemple : Je prends aujourd'hui un brevet en France, et je voudrais en prendre un en Angleterre, en Belgique, en Espagne, aux États-Unis. Pour que cela fût possible, il faudrait que la prise de ces brevets fût simultanée; sinon, si je laisse écouler un délai plus ou moins long entre la prise du premier brevet et celle des brevets ultérieurs, il pourra, dans l'intervalle, se produire des faits de publicité, soit par suite de la communication au public des dessins, descriptions, échantillons ou modèles, soit par toute autre cause, et lorsque j'arriverai pour prendre mon second, mon troisième, mon quatrième brevet, il sera trop tard ; l'invention aura cessé d'être nouvelle et, par suite, d'être brevetable. »

M. Bozérian en écrivant ce passage, se fait, sans s'en dou-

¹ Page 33.

ter, le porte-parole des agents de brevets étrangers, ou de
leurs clients, qui se plaignent de la sévérité de la loi française
de 1844, en matière de brevetabilité. Il est arrivé, en effet,
plus d'une fois, que des brevets pris en France par des inventeurs, déjà brevetés à l'étranger, ont été annulés, comme entachés de divulgation, parce que les dessins et descriptions
avaient été communiqués au public, dans le pays du brevet
d'origine, avant le dépôt en France de la demande de brevet.
Il suffit que le public ait pu en prendre connaissance, (quand
même il serait prouvé, en fait, que personne n'a demandé la
communication des dessins et descriptions), pour que l'effet
légal de la divulgation se produise. Telle est la rigueur de la
loi française. Il serait très facile de la justifier, par la nature
tout exceptionnelle d'un droit qui ne peut s'exercer qu'à la
condition de suspendre la liberté de chacun de travailler
comme il l'entend, selon un procédé qui a pu être découvert,
aussi bien par celui à qui on conteste le droit de s'en servir,
que par celui qui l'a fait breveter le premier, sans que rien
ne prouve qu'il en soit l'inventeur véritable.

Cette rigueur de la loi est donc à l'abri de toute critique.
Fût-elle grosse d'inconvénients, c'est à la tempérer par la révision de la loi de 1844 qu'il faudrait d'abord s'attacher; mais
cette réforme soulèverait de vives discussions qu'on a pensé
peut-être éviter par une convention internationale susceptible
d'être approuvée de confiance, et sans même que le texte en
en soit lu au Parlement.

Le raisonnement que nous venons de citer, a tout lieu d'é-
tonner, de la part d'un homme aussi versé dans la pratique
des affaires que M. Bozérian.

L'honorable sénateur se trompe sur trois points essentiels :

1° Il n'est pas exact que la communication des dessins et de la
description au public soit la conséquence immédiate du dépôt
d'une demande de brevet.

En fait, la divulgation résultant de la communication des
brevets au public, n'a lieu que quand le brevet « sort »,
c'est-à-dire quand la bureaucratie a fait son œuvre, ce qui
demande un délai variant généralement de trois à cinq mois.
L'inventeur a donc tout le temps nécessaire pour prendre ses
brevets à l'étranger. Nous avons déjà indiqué le moyen de lui

procurer la sécurité de six mois, que lui donne le droit de priorité, par une simple mesure administrative qui consisterait à ne communiquer au public les brevets qu'au bout de ces six mois, ou à retarder cette communication aussi longtemps que le permettrait la conciliation de l'intérêt que peuvent avoir les inventeurs à conserver leur secret pour la prise de leurs brevets étrangers, et de l'intérêt qu'a le public de pouvoir se renseigner le plus tôt possible sur les dépôts de demandes de brevets. Le syndicat des ingénieurs-conseils a, il est vrai, demandé que la communication des demandes de brevets pût avoir lieu dans le délai le plus court possible, pour faciliter les recherches d'antériorités. Mais lorsqu'il demande tout à la fois, dans un intérêt tout professionnel, qu'on réduise, par une plus grande célérité dans le service des brevets, le nombre de ceux qui échappent aux investigations des agences chargées d'en prendre copie, et qu'on maintienne ou même qu'on allonge le délai de priorité, il tombe dans une contradiction qui prouve l'impossibilité de lui donner satisfaction sur ces deux points, et de lui accorder deux avantages, dont l'un exclut l'autre. Car enfin, puisque le droit de priorité soustrait précisément, aux investigations de ceux qui font des recherches sur ce qui a été breveté, toutes les inventions déjà brevetées efficacement dans l'Union, mais qui ne le seront en France que dans les délais de priorité, l'innovation de l'article 4 va à l'encontre du désir exprimé par les agents de brevets, de voir abréger la période du secret. N'est-il pas clair que, si, comme certains d'entre eux le demandent, le délai de priorité était porté de six mois à deux ans, cette période du secret qui les gène, pourrait durer deux ans?

Si donc, le *Syndicat des ingénieurs-conseils* s'accomode très bien de l'incertitude qui plane pendant six mois, depuis la convention, sur ce qui *sera* breveté, dans ce délai, en France, avec rétroactivité, c'est-à-dire, en somme, sur ce qui *a été* breveté depuis six mois, il serait mal venu à s'opposer à la mesure administrative que nous réclamons, et qui ne semble pas devoir bouleverser le service des brevets, puisque nous demandons qu'il se hâte un peu moins. Nos inventeurs obtiendraient ainsi à l'étranger la même sécurité contre les copies anticipées de leurs brevets, destinées à des articles de journaux étrangers et à des divulgations intéressées. Mais en revanche, les étrangers ne verraient pas s'aplanir devant eux les difficultés qu'ils rencontrent en France, quand ils ils veulent se réserver pendant quinze ans le monopole d'un procédé ou d'une machine décrite dans un brevet déjà pris par eux à l'étranger, difficultés qui sont, ainsi que nous l'avons prouvé, tout à l'avantage de notre industrie nationale. Les inconvénients des brevets sur lesquels nous avons insisté à dessein, prouvent que, si l'amélioration du sort des inventeurs français est un sujet digne d'attirer l'attention du législateur, il faut se garder de donner le moindre développement en France aux brevets pris par des étrangers qu'y n'y résident point.

2° *Les lois étrangères ne sont pas aussi rigoureuses que la loi de 1844 pour la nouveauté en matière de brevetabilité.*

On ne peut donc pas dire, alors, que les inventeurs français courent à l'étranger les mêmes risques de voir tomber leur invention dans le domaine public, que les inventeurs étrangers en France. Presque toutes les lois étrangères admettent qu'une invention connue et divulguée hors du territoire, peut encore être nouvelle pour un brevet dans le pays même. La Belgique, l'Angleterre, l'Autriche, l'Italie, l'Espagne, admettent ce principe. En Russie, aux Etats-Unis, l'inventeur déjà breveté à l'étranger a le droit de priorité de deux ans, pendant lesquels aucune divulgation ne peut compromettre ses droits. Au Brésil, il y a un droit de priorité de sept mois. En Allemagne, il est vrai, on est plus sévère pour les antériorités, et la communication au public d'un brevet étranger constitue une divulgation légale. Le droit de priorité de six mois pourrait, si l'Allemagne adhérait à la Convention, y être exercé par nos inventeurs avec utilité, dans la mesure que comporte l'observation qui précède, c'est-à-dire, à partir seulement du jour où le brevet français est sorti des cartons où on le laisse sommeiller pendant environ quatre mois au Ministère du commerce. Encore, l'examen préalable pratiqué dans ce pays, mettrait-il l'exercice du droit de priorité à la merci d'une commission administrative, qui aurait le droit, sous prétexte que l'examen préalable n'aurait pas donné de résultats satisfaisants, de refuser la délivrance d'un brevet, alors même que l'invention aurait été brevetée dans un des pays de l'Union, depuis moins de six mois.

Cette dernière observation pourrait s'appliquer également aux Etats-Unis, et à tous les pays d'examen préalable qui sont de beaucoup les plus nombreux.

Ainsi donc, la nécessité d'une demande de brevet déposée simultanément dans tous les pays où l'inventeur veut sauvegarder ses droits, n'existe qu'en théorie pour les étrangers. Pour les Français, elle n'existe pas même en théorie. L'examen des lois sur les brevets démontre ainsi l'inutilité de l'article 4 dans la plupart des cas.

Il est permis de se demander si un délai de priorité de six mois n'expose pas nos inventeurs qui avaient un délai plus long dans certains pays, à en perdre le bénéfice. Auront-ils désormais un délai de priorité de deux ans aux Etats-Unis? On peut en douter.

3° Quand bien même le droit de priorité de six mois serait aussi utile, dans les pays de l'Union, aux inventeurs français qu'il l'est en France aux inventeurs étrangers, il n'est pas conforme à nos intérêts de procurer cet avantage à nos inventeurs qui sont peu nombreux, au prix d'un sacrifice imposé à la liberté du travail au bénéfice des soi-disant inventeurs des seize autres nations de l'Union, et de tous les assimilés appartenant au reste du Globe.

Le délai de priorité élargit, pour les inventeurs étrangers, en France, le cercle de la brevetabilité. Il rétrécit d'autant, à leur profit, le domaine de la liberté industrielle. Il aggrave ainsi, au détriment de notre industrie, la double dérogation aux principes fondamentaux jugée nécessaire pour le fonctionnement des brevets d'invention, dérogation sur laquelle nous nous sommes longuement expliqué. Cette exception exorbitante aux règles de la procédure correctionnelle et civile profitera, en dehors des membres de l'Union, aux inventeurs des cinq parties du monde, qui pourront bénéficier de l'article 3.

Elle profitera aux étrangers qui, sans avoir rien inventé, demanderont en France un brevet pour une invention déjà connue et pratiquée dans leur pays ou ailleurs, c'est-à-dire, un brevet radicalement nul, mais dont la nullité ne sera reconnue par les tribunaux français, que si le défendeur peut découvrir à l'étranger les antériorités qui s'opposent à sa condamnation comme contrefacteur. Faute par lui de pouvoir les établir, (ce sera dans certains cas impossible, et toujours très couteux), il sera condamné en vertu de la présomption de brevetabilité qui s'attache au brevet, et que les magistrats sont tenus de respecter, ainsi que nous l'avons établi plus haut. Il sera condamné en vertu d'un brevet nul, dont le demandeur peut être le seul à connaitre la nullité radicale.

Nous avons démontré que le droit de priorité de six mois spolie le domaine public en lui reprenant des inventions qui avaient cessé d'être brevetables.

M. Bozérian [1] envisage les choses à un point de vue diamétralement opposé. Selon lui, c'est la rigueur de la loi de 1844 en matière de nouveauté qui spolie les inventeurs. Le domaine public! Qu'est-ce donc, sinon le vol organisé?

Qu'est ce donc que le domaine public, au profit duquel on réclame cette spoliation? C'est la collection de ceux qui, ne pouvant rien inventer, trouvent naturel de dépouiller ceux qui inventent. Foin des inventeurs! Pourquoi leur payer tribut! N'est-il pas plus commode de profiter de leurs labeurs, sans bourse délier? La propriété d'une invention! Qu'est-ce que cela? Il n'y a qu'une propriété, celle des écus. Les droits de l'inventeur! Parlez-moi des droits du capitaliste! Au premier, la misère, au second la fortune. En avant donc le domaine public! Qu'importe que ce soit le domaine du vol, du moment qu'il est le domaine légal! [2].

Ainsi, d'après M. le sénateur Bozérian, le domaine public, c'est-à-dire la liberté industrielle et commerciale c'est le vol! Cette appréciation un peu risquée s'étale dans une brochure, que l'ancien Président de la conférence internatio-

---

[1] Voir le *Journal des Procès en Contrefaçon*, pages 17, 33, 49, 65, 87, 113, 129, 145, 177, 193, 209, 225, 291, 307, 323, Volume II, 1886-1887.
[2] Page 36.
[3] Loco citata.

nale de 1880 a soumise, s'il faut en croire l'auteur, à l'approbation de la Commission permanente internationale de la
propriété industrielle (section française) [1]. M. Bozérian oublie que le domaine public est au domaine de l'inventeur,
ce que les sentiers, les chemins, et les routes sont aux pro-
priétés particulières. Que deviendraient-elles, si elles étaient
enclavées de tous côtés, et si on ne pouvait les aborder, sans
violer le droit de propriété de quelqu'un? que deviendraient
les inventions, si on ne pouvait profiter, pour les exploiter,
des conquêtes de la liberté industrielle? Les inventeurs ne
seraient-ils pas réduits à l'impuissance si le domaine public,
que M. Bozérian qualifie de vol, ne leur fournissait les matériaux de leurs inventions? Sans les conquêtes du domaine
public, il faudrait, pour fabriquer une machine à vapeur, se
faire autoriser par les héritiers de Papin. On ne pourrait con-
fectionner une brouette sans la permission des héritiers de
Pascal. Les inventions consistent presque toujours dans des
perfectionnements? Sans la liberté industrielle on n'aurait pas
le droit de perfectionner, sans acheter ce droit au premier
inventeur ou à ses héritiers. Les inventeurs eux-mêmes seraient les premieres victimes de la mise en pratique d'une
théorie aussi étrange, que M. le sénateur Bozérian est évidemment, le premier, et, quoi qu'il dise, le seul à oser soutenir.

La conclusion que nous avons à tirer de là, est que le législateur qui a assimilé les inventeurs étrangers aux nationaux,
sans condition, pour la prise des brevets d'invention, doit
s'en tenir là, et se garder de leur donner de nouvelles facilités pour sauvegarder leur monopole en France, à l'encontre
de la liberté du travail.

Le droit de priorité aggrave le conflit soulevé par la question des brevets entre l'inventeur et l'industriel en mettant
aux prises l'industriel français avec l'inventeur étranger. Il
n'a donc pas de raison d'être, pour ceux qui envisagent la
question exclusivement au point de vue français. Il doit être

---

[1] page 5. Nous refusons de croire, quant à nous, que des hommes comme MM.
Huard, Pouillet, Pataouze, Thirion, Albert Grodel, Barbedienne, Lyon-Caen aient approuvé une semblable facétie. M. Bozérian qui a lu son travail à la Commission, aura
ajouté, après coup, cette appréciation qui lui est évidemment personnelle.

supprimé. Le plus tôt sera le meilleur. Plus on attendra, et plus on laissera le champ de la liberté industrielle se rétrécir au profit des étrangers.

Les inventeurs sont assurément dignes d'intérêt et de sympathie; mais c'est par la révision de la loi de 1844 qu'on peut améliorer leur sort.

Ils n'ont pas besoin du droit de priorité pour se faire breveter à l'étranger.

D'ailleurs, le droit de priorité, en ajournant à quinze ans la main-mise du domaine public sur des inventions étrangères prive les inventeurs français du droit de perfectionner eux-mêmes ces inventions en se faisant breveter pour les perfectionnements si elles étaient tombées dans le domaine public conformément à la loi.

QUESTIONS DE DROIT

— Le brevet pris pour une invention brevetée déjà dans l'Union, et avant l'expiration des six mois, est-il un brevet ordinaire, ou un brevet d'importation ? [1]

Si c'est un brevet ordinaire, il aura la durée légale fixée par la loi du pays où il a été valablement pris dans les six mois.

Si c'est un brevet d'importation, l'invention tombera dans le domaine public, au moment où le brevet sera périmé dans le pays où a été pris le brevet initial.

Dans la première hypothèse, il est certain que le second ou le troisième brevet ne sera pas nécessairement affecté par les vices du brevet initial, par exemple par une cause de nullité qui serait admise par la loi du pays où le premier brevet a été pris, mais non par la législation des autres pays de l'Union, où il aurait été subséquemment breveté.

Dans le deuxième cas, la question peut donner lieu à une controverse.

Prenons un exemple; le brevet français dure 15 ans :

[1] On appelait autrefois *brevet d'importation*, un brevet délivré au premier importateur d'une industrie, qu'il fût ou non inventeur. Ce genre de brevets n'existe plus que dans certains pays. Nous appelons *brevet d'importation* le brevet délivré à un inventeur déjà breveté à l'étranger, et qui doit expirer en même temps que le brevet étranger.

de même que le brevet portugais. Si le brevet initial a été pris
en France, et le second brevet en Portugal, dans les six mois,
il est certain que ce dernier brevet durera quinze ans, si c'est
un brevet ordinaire, indépendant de l'autre. Si c'est un brevet
d'importation, il expirera en même temps que le brevet initial pris en France.

Cette question est très complexe et donnera lieu à des procès sans fin.

Envisageons la d'abord au point de vue français, c'est-à-
dire, telle qu'elle se présentera devant les tribunaux de notre pays. Voyons quelle est la situation en France, des inventeurs étrangers brevetés dans leur pays, avant la Convention, ou même depuis cette convention, mais en dehors de
l'Union ?

En principe, une invention ne cesse pas d'être brevetable
en France, par cela seul qu'elle a été brevetée à l'étranger.
Elle ne perd sa brevetabilité, que si la prise d'un brevet à
l'étranger a été accompagnée d'une publicité légale ou autre,
constituant une divulgation. En fait, la prise d'un brevet, à
l'étranger, ne va pas sans publicité : il n'y a que dans deux
pays où l'on puisse prendre un brevet sans divulguer l'invention : l'Angleterre, où l'on délivre des patentes provisoires garantissant un secret de neuf mois, et le Brésil (art. 6. loi du
28 août 1830).

Donc, sauf ces deux exceptions, une invention cesse, en
fait, d'être brevetable en France, d'après le droit commun,
si elle a été brevetée à l'étranger. C'est pour empêcher cette
prise de possession du domaine public, que le droit de
priorité a été imaginé. Il n'en est pas moins vrai, que la règle contraire, qui se trouve aujourd'hui absorbée par les exceptions, a été édictée par l'article 29 de la loi du 5 juillet
1844. Cet article dont le rédacteur ne prévoyait pas qu'il deviendrait, pour ainsi dire, lettre morte, établit même le principe de la solidarité des brevets, au point de vue de la durée.
Le législateur comprenant que l'intérêt national exige qu'une
invention ne puisse continuer à être monopolisée en France,
à partir du moment où elle est tombée dans le domaine public à l'étranger, n'a pas voulu que le brevet, pris en France,
survive au brevet pris antérieurement à l'étranger.

Puisque c'est la durée du brevet étranger pris antérieurement au brevet français, qui fixe, en France, la durée de ce dernier, même d'après la loi de 1844, on comprend qu'il ne puisse y avoir rien de changé à cela par la Convention, pour les brevets pris dans l'Union en vertu du nouveau droit international. Car le droit de priorité établi par l'article 4 établit une solidarité nouvelle entre les brevets pris dans l'Union successivement. A plus forte raison, ne peut-il que resserrer les liens de cette solidarité dont l'article 29 de la loi de 1844 a fixé le principe, qui s'oppose à ce que le brevet français survive au brevet étranger.

Le raisonnement que nous faisons pour la France, s'appliquera à tous les pays dont la législation sur les brevets reproduit la disposition de l'article 29 de la loi de 1844.

La question se présente à l'étranger, sous un aspect différent, dans les pays dont la législation n'a aucune disposition analogue à celle de l'article 29 de la loi de 1844, et ne reconnait pas le principe de la solidarité des brevets quant à la durée. Elle varie, on peut le dire, avec chaque nation. C'est ce qui rend un commentaire complet de la Convention impossible. Essayons cependant d'établir quelques principes. Nous avons déjà dit qu'on admet, dans certains pays de l'Union, qu'une invention peut être connue et divulgée à l'étranger, même sans y être brevetée, et soit, néanmoins brevetable encore dans le pays. La raison qui a fait admettre, en France, la solidarité, pour la durée du brevet étranger et du brevet d'importation, à savoir la crainte de voir une industrie encore monopolisée en France, lorsqu'elle cesse de l'être dans le pays où a été demandé le premier brevet, n'a pas été prise en considération par le législateur dans ces nations. On ne comprend pas pourquoi une invention brevetée tomberait dans le domaine public, parce qu'un brevet initial, pris en France, par exemple, serait périmé. C'est donc le principe de l'indépendance des brevets que remplace celui de la solidarité.

Si le brevet pris dans le pays postérieurement au brevet français, peut lui survivre, d'après le droit commun, en sera-t-il de même, en vertu du nouveau droit international, si le pays en question appartient à l'Union ?

Dans la première hypothèse, lorsqu'il s'agit d'un brevet pris en France, pour une invention, déjà brevetée à l'étranger, la solidarité créée par l'article 4 de la Convention, resserre les liens de solidarité établis par l'article 29 de la loi de 1844. Les deux articles, agissant dans le même sens, se renforcent en se prêtant un mutuel appui. Aussi, avons-nous conclu contre la survie du brevet français au brevet pris antérieurement à l'étranger, dans les pays où la prise d'un brevet n'implique pas la publicité, comme par exemple au Brésil [1].

Mais, au cas examiné, les données de la question, ne sont plus les mêmes. La solidarité qui semble bien résulter du droit de priorité, ne peut se concilier facilement avec l'indépendance des brevets résultant de la législation ordinaire du pays. Lequel des deux l'emportera sur l'autre, du principe de la solidarité, ou du principe de l'indépendance des brevets ? La solution dépendra de la jurisprudence adoptée par les nations étrangères. Le premier principe, aura sur l'autre, quand il s'agira d'un étranger, le prestige incontestable d'une théorie permettant aux juges, d'avancer à l'encontre d'un étranger réclamant un monopole, l'heure de la prise de possession du domaine public. Mais il y aura matière à controverse.

1er système. — C'est le principe de l'indépendance des brevets qui l'emportera. — Le brevet pris dans son pays par un citoyen de l'Union, pour une invention brevetée originairement dans un autre pays de l'Union est donc un brevet ordinaire et non un brevet d'importation, solidaire, pour la durée, du brevet initial. Sa durée sera indépendante de celle du brevet français.

Le principe est le maintien des législations particulières, dans tout ce qu'elle n'ont pas de contradictoire avec la nouvelle législation internationale résultant de la Convention de 1883. Or il n'y a rien de contradictoire entre le droit de priorité et l'indépendance du brevet, quant à la durée, admise par la législation du pays dont il s'agit.

2e système. — C'est le principe de la solidarité des brevets qui l'emportera sur l'autre. Le brevet pris à l'étranger, dans ces conditions, est donc un brevet d'importation.

Ce principe résulte du droit de priorité établi par l'article

[1] Art. 6 de la loi du 13 août 1830.

4. Le second brevet qui pourrait être, dans certains cas, déclaré nul, s'il n'empruntait sa validité au brevet pris, dans l'Union, depuis moins de six mois, ne peut être indépendant de celui, sans lequel il n'aurait, s'il s'était produit des faits de publicité ou d'exploitation antérieurs, aucune espèce de valeur. Le second brevet est donc un brevet d'importation.

En conséquence, dans ce système, le brevet réclamé dans l'Union, avant les six mois, sera, en tant que brevet d'importation, solidaire du brevet initial, quant à la durée, alors même que la législation du pays, où a été demandé le brevet d'importation, ne contiendrait aucun article établissant formellement cette solidarité, comme l'article 29 de la loi de 1844.

Troisième système. — La solidarité des brevets existera, au point de vue de la durée, lorsque le brevet postérieur pris dans les six mois, n'empruntera sa validité qu'à la fiction admise par l'article 4, c'est-à-dire à la Convention de 1883. Au contraire, il n'y a aucune raison pour admettre cette solidarité, en l'absence d'un article de loi formel, lorsque le brevet, réclamé dans les six mois, eût été valable, même sous l'empire du droit commun antérieur.

Ce système, on le voit, participe des deux autres. Il emprunte, selon les cas, au premier système l'indépendance, au deuxième la solidarité des brevets, quant à leur durée. Voici comment on pourrait le défendre. En lisant les extraits des lois étrangères publiées par nous, au commencement de cette étude, on a pu se rendre compte que, d'après beaucoup de ces législations, une invention, même brevetée et exploitée hors du territoire, est encore brevetable dans le pays.

Or de deux choses l'une :

Ou il y a eu, dans le pays même, des faits de publicité ou d'exploitation qui font que le brevet pris dans le délai de l'article 4, serait nul sans cet article, c'est-à-dire en vertu du droit commun antérieur.

Ou bien le brevet eût été valable, même en dehors de la Convention de 1883, les faits de publicité ou d'exploitation n'ayant nullement compromis la brevetabilité, parce qu'ils ont eu lieu à l'étranger.

Dans le premier cas, la théorie de la solidarité des brevets découle du nouveau régime international de la propriété industrielle.

Dans le second, on peut soutenir que cette solidarité ne repose sur rien, puisque l'inventeur n'invoque pas la Convention de 1883, dont l'intervention est inutile. Avant la Convention, il eût eu un brevet indépendant, pour la durée, de celui pris à l'étranger, et cela en vertu de la législation ordinaire. Or un article de cette Convention édicté dans l'intérêt des inventeurs, ne peut être interprété contre eux.

Puisque cet inventeur ne se réclame pas du nouveau régime international, il bénéficiera de l'ancien qui, dans ce cas, lui est plus favorable, parce qu'il lui permettra d'avoir un brevet indépendant d'un autre, et pouvant avoir ainsi la durée légale *maxima* fixée par la loi de son pays.

Nous nous bornons à indiquer les différents systèmes que l'on pourra soutenir; ce sera à la jurisprudence à faire son choix. Comme aucun tribunal international n'est institué pour interpréter la Convention, chaque pays pourra adopter l'interprétation la plus conforme à ses intérêts.

La question de la solidarité des brevets se présente encore à un autre point de vue.

Le brevet pris dans l'Union, avant l'expiration des six mois, est-il solidaire du brevet initial, quant à des cas de nullité qui existeraient dans le pays d'origine, et non dans le pays d'importation?

Il peut arriver, en raison de la diversité des législations, au point de vue de la nouveauté de l'invention requise pour la validité du brevet, qu'un brevet initial étant valable, d'après la législation du pays où il a été pris, le brevet, pris avant l'expiration des six mois dans l'Union, ne le soit cependant pas, si la législation du pays d'importation est plus rigoureuse que celle de l'autre, pour la brevetabilité.

Réciproquement, la nullité du brevet initial pour cause de divulgation ou de publicité antérieure à la prise de ce brevet, va-t-elle, en vertu de la solidarité des brevets, entraîner la nullité d'un brevet postérieur pris dans un des pays de l'Union, où l'invention est cependant encore brevetable d'après la législation, quoique divulguée et même exploitée à l'étranger.

Affirmative. — Si l'on admet la solidarité des brevets successifs, pris dans l'Union avant l'expiration du délai de six mois, quant à la durée, il n'y a pas de raison pour ne pas admettre cette solidarité, quant aux causes de nullité qui pourraient affecter le brevet initial. Ses brevets subséquents seront donc entachés des mêmes causes de nullité que le brevet initial.

Négative. — On ne conçoit pas qu'un brevet d'importation qui aurait été valable, sans la convention de 1883, emprunte une cause de nullité à un article de cette convention, destiné à faciliter la prise des brevets dans l'Union. — Si l'on admet l'indépendance des brevets, quant à la durée, sauf disposition contraire de la loi, il faut bien reconnaître l'indépendance de ces brevets, quant aux causes de nullité admises par la législation du pays d'origine, mais non pas celle du pays d'importation.

Dès lors, dans ce système, une cause de nullité du brevet d'origine, ne peut altérer la validité du brevet d'importation, si, d'ailleurs, cette cause de nullité ne résulte pas de la loi du pays.

Mais, quand bien même on admettrait en principe la solidarité des brevets, quant à la durée, ce n'est pas une raison pour faire rayonner une cause de nullité admise par exemple par la loi française, dans un pays où elle ne résulterait pas de la législation, comme en Belgique. La législation internationale nouvelle n'est-elle pas, d'ailleurs, pour l'inventeur, une faveur à laquelle il peut renoncer quand le droit commun antérieur suffit pour assurer la validité de son brevet d'importation? Pour lui enlever cette faculté d'y renoncer, il eût fallu l'obliger à inscrire dans le brevet la déclaration qu'il entend le placer sous la protection de l'article 4 de la Convention, et qu'il a pris antérieurement, mais depuis moins de six mois, un brevet initial dans l'Union. Faute de faire cette déclaration, il semble qu'il reste libre d'opter entre le droit commun et le droit international nouveau. Cette faculté résulte de ce qu'on ne peut lui opposer

un premier brevet qu'on ne connait pas. S'il se contente
d'invoquer le droit commun, comment pourrait-on lui opposer un cas de nullité qui ne serait pas conforme à ce droit
commun, et qui résulterait d'une solidarité du brevet découlant d'un article d'une convention dont il ne revendique pas
l'application?

Prenons un exemple : on sait que le loi de 1844 est beaucoup plus rigoureuse que la loi belge pour la brevetabilité.
Supposons un brevet belge pris dans les six mois d'un brevet initial demandé au ministère de commerce, à Paris, dans des
conditions telles, que l'invention a été suffisamment divulguée pour avoir cessé d'être brevetable à Paris, mais pas
assez, pour ne plus l'être à Bruxelles. La nullité du brevet
français va-t-elle compromettre celle du brevet belge pris
dans les six mois? S'il n'y avait pas de brevet pris en France
il n'y aurait pas de doute. La validité du brevet belge ne pourrait être contestée; mais, comme ce brevet n'est que la seconde édition d'un brevet français pris à Paris, depuis moins
de six mois, la question de la solidarité des brevets se pose
naturellement. D'après ce que nous avons dit, quelque solution que l'on adopte dans la question de la solidarité des brevets, au point de vue de la durée, le brevet belge peut être
déclaré valable, malgré la nullité du brevet initial, parce que
l'inventeur peut renoncer au bénéfice de l'article 4, sans
lequel la validité de brevet belge ne pourrait été contestée,
puisque le droit commun de la loi de 1854 reconnait formellement cette validité.

La question deviendrait plus délicate, au cas où il y aurait
eu des faits de divulgation et d'exploitation en Belgique même,
dans l'intervalle, entre la prise du brevet français et celle du
brevet belge ; car alors l'inventeur ne pourrait plus renoncer
à se prévaloir de l'article 4 de la Convention, sans lequel son
invention aurait cessé d'être brevetable, même en Belgique,
d'après la loi de 1854. Et alors, la question de la solidarité
des brevets ne pourrait être éludée par l'application du droit
commun, comme elle peut l'être dans les autres cas, par la
renonciation au nouveau régime international des brevets et
au droit de priorité établi par l'article 4 de la Convention. Car
enfin, d'après le droit commun, le belge serait nul. Ce qui

lui restitue une valeur juridique, c'est la fiction de l'article 4,
en vertu de laquelle, le brevet belge est considéré comme
ayant été pris à Bruxelles, le même jour qu'à Paris, ce qui
enlève aux faits de divulgation ou même d'exploitation en
Belgique, qui se seraient produits dans l'intervalle entre les
brevets, le caractère d'antériorité qu'ils auraient sans la fiction de l'article 4. Il importe de remarquer que, dans cette
hypothèse, l'invention est acquise au domaine public, aussi
bien en Belgique qu'en France, aux termes du droit commun,
Le droit de priorité, qui annule la main-mise du domaine public sur une invention valablement brevetée, depuis moins
de six mois, dans un autre pays de l'Union, peut-il empêcher la nullité du brevet initial de rayonner dans le pays
d'importation ? Nous nous bornons à signaler cette question
délicate que nous laisserons à la jurisprudence le soin de
résoudre.

Nous venons d'examiner le cas où le brevet initial étant
nul, il y a lieu de rechercher si cette nullité affecte le brevet
d'importation pris dans les six mois, dans un pays de l'Union.
Nous savons déjà que la question inverse peut se poser. Un
brevet initial pris en Belgique étant supposé valable, d'après
la législation des pays d'origine, le brevet d'importation pris
dans les six mois à Paris, le sera-t-il nécessairement, alors
même que l'invention aurait cessé d'être brevetable, d'après
la rigueur de la loi française de 1844, avant la date du brevet
initial ?

En d'autres termes :

*La validité du brevet d'origine, implique-t-elle nécessairement
celle du brevet pris, avant l'expiration du délai de six mois,
dans un autre pays de l'Union, dont la loi est plus rigoureuse
pour la brevetabilité, que celle du pays d'origine.*

Supposons un brevet, pris à Bruxelles pour une invention
divulguée ou exploitée à l'étranger, mais non encore en Belgique. L'invention est brevetable en Belgique, mais non en
France. L'inventeur, qui s'est conformé à l'article 4, pourra-
t il revendiquer un droit privatif sur son invention, même
dans le pays d'importation, c'est-à-dire, même en France,
où l'invention ne serait plus brevetable, d'après la loi du 5 juil-

let 1844? La négative nous paraît résulter du principe du respect des législations particulières, pour tout ce qui n'est pas formellement contraire aux dispositions de la Convention. C'est le cas de la conservation, dans chaque pays, par le domaine public, de ce qu'il a conquis, en vertu de la législation de ce pays, en tant que le droit de priorité édicté par l'article 4, n'est pas méconnu. Or, soutenir, que ce droit de priorité ne produira d'autre effet que la fiction, en vertu de laquelle, les deux brevets successifs sont réputés avoir été pris à la même date, sans qu'il soit autrement dérogé aux exigences de la législation en matière de brevetabilité, n'est point méconnaître ce droit.

Réserve du droit des tiers

L'article 4 de la Convention de 1883 édicte que le droit de priorité n'est accordé que *sous réserve du droit des tiers.* Quelle est la portée exacte de cette restriction ? La rétroactivité de la demande de brevet, au jour de la prise du brevet initial, trouve un correctif naturel dans les droits acquis aux tiers. Qu'est-ce à dire ?

Un tiers qui a fabriqué l'objet breveté, antérieurement à la demande de brevet dans son pays, mais postérieurement à la prise du brevet dans un des pays de l'Union, pourra-t-il être poursuivi pour contrefaçon à raison de faits antérieurs au brevet, qu'on lui oppose, et qui aura été pris dans les délais de l'article 4 ? La négative semble évidente ; car il n'est pas admissible qu'on puisse taxer de contrefaçon la fabrication d'un objet qui n'est pas encore breveté.

La réserve des droits des tiers contenue dans l'article 4 implique-t-elle, en outre, pour les tiers, le droit de continuer la fabrication, nonobstant la prise d'un brevet d'importation ?

On sait que d'après la loi de 1844 le prévenu de contrefaçon peut opposer aux poursuites l'exception de possession antérieure, s'il prouve qu'il avait fabriqué, pour son usage personnel, l'objet breveté, antérieurement à la prise de brevet. Est-ce cette exception qui est contenue dans l'article 4 ?

Il n'est pas facile de concilier cette réserve du droit des tiers avec le principe même du droit de priorité qui repose sur la rétroactivité de la demande de brevet déposée dans l'Union avant l'expiration du délai de six mois, depuis la prise d'un brevet initial dans un autre pays de l'Union.

Car enfin, si les droits des tiers sont réservés, on ne pourra se prévaloir, à leur égard, du droit de priorité, qui cessera d'être efficace en présence de faits accomplis. Son effet se bornera à assurer au brevet d'importation, pris dans les six mois, la priorité sur un brevet pris par un autre que le titulaire du brevet d'origine, et antérieurement au brevet pour lequel il réclame le droit de priorité. Comme, dans la plupart des pays de l'Union, le brevet n'est valable que s'il est pris par l'inventeur, il n'y avait pas besoin du droit de priorité pour évincer celui qui ferait breveter l'invention brevetée déjà par son inventeur à l'étranger. L'exhibition d'un brevet antérieur aurait suffi pour faire annuler celui de l'usurpateur.

En somme, le droit de priorité a uniquement pour effet de conserver la brevetabilité, à l'égard de tous, d'une invention, nonobstant la divulgation résultant d'une publicité même administrative et légale donnée, soit au brevet, soit à l'invention elle-même. Quant à l'invention exploitée dans le pays, dans l'intervalle entre la prise du brevet initial, et celle du brevet d'importation, ce droit de priorité, lui conserve sa brevetabilité à l'égard de tous, hormis celui qui a devancé, par la mise en exploitation, la prise du brevet d'importation dans les six mois. L'article 4 lui réserve tous ses droits.

Interprétation Anglaise

En Angleterre, on refuse de reconnaitre un droit de priorité à celui qui n'a pas déclaré d'une façon expresse dans sa patente qu'il se réservait d'invoquer ce droit, et que la patente est prise en application de l'article 4 de la Convention internationale du 20 mars 1883.

D'un autre côté, le Commissaire général des brevets, a déclaré que le bénéfice du droit de priorité ne serait point acquis aux patentes dites *de communication*, c'est-à-dire prises par des mandataires déclarant le nom de celui pour lequel ils demandent la patente, ainsi que cela se pratique journellement à Londres.

Ces restrictions sont purement arbitraires, étant contraires au texte de la Convention. Elles prouvent combien les Anglais, gens pratiques, tiennent à limiter au strict *minimum* le champ d'application d'une convention, qui donne aux étrangers des armes pour lutter en Angleterre contre la liberté de l'industrie.

SECTION II. — MARQUES DE FABRIQUE

Le droit de priorité de trois mois, pour le dépôt des marques dans l'Union, ne peut avoir d'application que dans les pays où l'appropriation de la marque résulte de l'enregistrement. La priorité d'enregistrement constituant un titre pour revendiquer la marque, on comprend l'intérêt qu'il y a à ne pouvoir être devancé par personne comme en France, dans un délai que l'article 4 a fixé à trois mois. Dans les pays où le dépôt est, non pas attributif, mais simplement déclaratif de propriété, c'est-à-dire, où les contestations portent non pas sur la date du dépôt de la marque, mais sur celle de son emploi et de sa création, il est indifférent d'avoir déposé le premier une marque, si un autre s'en est servi auparavant. Dès lors le droit de priorité ne correspond à rien de légal.

Ce dernier principe, applicable en France, n'étant pas inscrit dans la loi sur les marques, mais résultant de la tradition et de la jurisprudence, deux interprétations sont possibles.

Ou bien ce principe, qui n'est pas formellement inscrit dans la loi de 1857, se trouvera abrogé par l'article 4 de la Convention, dans les limites de son application, c'est-à-dire, dans les rapports internationaux, ou il continuera à être en vigueur, nonobstant cette Convention.

Dans le premier cas, il y aura deux sortes de marques : les unes soumises à l'application du nouveau régime international de la propriété industrielle, c'est-à-dire, au principe de l'appropriation de la marque par le dépôt, comme en Allemagne; les autres soumises au principe que le dépôt est simplement déclaratif de propriété, principe admis par une jurisprudence incontestée en France.

Dans le deuxième cas, le droit de priorité de trois mois, pour le dépôt des marques, n'a aucun sens, puisque la date du dépôt est indifférente, quand la propriété de la marque est contestée, et que c'est la priorité de l'emploi, qui seule confère la propriété.

SECTION III. — DESSINS ET MODÈLES DE FABRIQUE

Le dépôt des dessins et modèles industriels est, comme celui des marques, simplement déclaratif de propriété. Seulement, il doit être effectué avant la mise en vente des objets fabriqués d'après ces dessins et ces modèles. L'observation que nous avons faite, pour les marques, s'applique donc aux dessins. Ou le droit de priorité de trois mois pour le dépôt des dessins et modèles, n'a aucun sens, où il divisera les dépôts effectués depuis la promulgation de la Convention, en deux catégories.

Observation commune aux marques et aux dessins. — Réserve des droits des tiers. — Ses effets.

Si l'on admet que le dépôt des marques et des dessins est, dans la sphère d'application du nouveau régime international de la propriété industrielle, constitutif de propriété, on arrive à ce résultat bizarre que l'action en contrefaçon appartiendra également à deux personnes ayant sur la marque ou le dessin des droits égaux.

Paul a adopté, comme marque emblématique, un coq qu'il appose sur des produits de parfumerie, marque nouvelle et n'ayant pas encore été en usage dans le commerce de la parfumerie. Il a le droit de poursuivre, comme contrefacteurs de sa marque, ceux qui apposeront un coq sur des produits de ce genre; car nous avons supposé qu'il a, le premier de tous, créé et mis en usage cette marque. Il n'aura qu'à remplir la formalité du dépôt avant les poursuites. Celui qui l'aurait déposée avant lui, n'aurait aucun droit, puisque l'usage commercial, fait de cette marque par Paul, a précédé ce dépôt ainsi que l'usage qui a pu en être fait par d'autres. Le procès roulera donc sur la priorité de l'usage, et non sur la priorité du dépôt. Tel est le droit commun seul applicable en France, dans les rapports entre Français; car le nouveau droit international ne peut être invoqué que par des étrangers en France, ou par des Français à l'étranger.

Karl, fabricant de produits de parfumerie à Cologne, a déposé à Bruxelles la marque : *le Coq*, qu'il appose sur des produits de parfumerie. Possédant un dépôt à Londres il a le droit de réclamer, en vertu de l'article 3, les mêmes avantages, que si l'Allemagne avait adhéré à l'Union. Il peut donc invoquer un droit de priorité de trois mois, si, dans ce délai, il a déposé sa marque au tribunal de Commerce à Paris. C'est Paul qui a employé le premier cette marque ; mais c'est Karl qui l'a déposée le premier. Le droit commun, qui n'a été abrogé par la Convention, que pour les Français à l'étranger, et pour les étrangers, membres de l'Union, en France, reste applicable dans toute l'étendue du territoire : il permet à Paul, qui a créé la marque, de poursuivre et de faire condamner, pour contrefaçon, ceux qui emploieraient ou imiteraient frauduleusement cette marque dans le commerce de la parfumerie. Il n'aura, pour cela, qu'à invoquer, et à faire reconnaître par les tribunaux la priorité de l'usage qu'il invoque ; et il lui suffira d'avoir effectué le dépôt légal de la marque, avant le commencement des poursuites.

Quant à Karl, il pourra, laissant de côté le droit commun, qui le ferait condamner vis-à-vis de Paul comme contrefacteur, invoquer, aux termes de l'article 3, la priorité de dépôt, substituée par l'article 4, à la priorité d'emploi et d'usage. Il pourra ainsi faire prononcer des jugements à son profit, contre ceux qui auraient apposé la marque : *le Coq*, sur des produits similaires. Il pourrait poursuivre Paul lui-même, si l'article 6 ne contenait la réserve des droits des tiers. Le droit de poursuite en contrefaçon appartiendra ainsi à deux personnes investies, l'une par le droit commun, l'autre par la Convention de 1883. Ce qui est essentiellement contraire à la nature d'un droit privatif. Nous supposons, bien entendu, que l'emploi commercial de la marque par Paul n'a pas précédé le dépôt initial de Karl effectué dans un des Etats de l'Union. Cela est nécessaire, pour que ce dépôt ne soit pas annulé pour cause d'antériorité.

Telle est l'incohérence des résultats auxquels on arrive, en combinant la priorité d'usage de l'un, avec la priorité de dépôt d'un autre, et en voulant unifier les législations de divers pays, sans commencer par se mettre d'accord sur l'adoption, ou le rejet, par toutes les nations contractantes, du principe que le dépôt de la marque est simplement attributif, et non déclaratif de propriété. Car ce principe est la pierre d'achoppement de toute tentative d'unification, même partielle [1].

Les observations qui précèdent s'appliquent aussi bien à la matière des dessins et modèles, qu'à celle des marques; mais il faut cependant tenir compte de cette nuance que, si le dépôt d'un dessin n'est que déclaratif de la propriété, il doit cependant précéder sa mise en vente [2]. Le conflit que nous venons d'exposer ne pourra donc se produire, en matière de dessins ou de modèles, qu'entre le créateur du dessin, et l'étranger qui, abusant d'une communication, en aurait effectué le dépôt dans un pays d'Union, antérieurement à sa mise en vente, et aurait effectué le même dépôt en France dans les trois mois, conformément à l'article 4.

Maintenant que nous avons exposé les raisons, pour les-

---

[1] Voici comment s'exprimait en 1871, M. de Maillard de Marafy, devant la commission sénatoriale espagnole des marques, au sujet du système allemand de la priorité d'enregistrement, qu'il essaya, en vain, de faire adopter par le Congrès de la propriété industrielle de 1878 :

« Le système de la priorité d'enregistrement favorise la fraude; car un fabricant, ou « un négociant, peut rarement déposer toutes ces marques au moment de leur créa-« tion. Dans l'innombrable quantité de vignettes dont on recouvre chaque produit, « dans les industries qui en comptent beaucoup, le public fait son choix, choix qu'il « est presque toujours impossible de prévoir. Cette faveur inattendue et parfois ca-« pricieuse de l'acheteur donne bientôt à l'étiquette qui caractérise le produit, une « valeur plus ou moins grande. Dès lors, le négociant a intérêt à déposer cette éti-« quette qui caractérise le produit, une valeur plus ou moins grande. Aussi le né-« gociant a-t-il intérêt à déposer cette étiquette, et a en faire une marque dans le « sens de la loi. Si donc la priorité d'enregistrement est la base de tout droit, un « concurrent peut devenir le créateur de cette marque, et s'approprier aussi, par « surprise, un bien qui ne lui appartient pas en équité. »

Aujourd'hui, M. de Maillard de Marafy soutient une opinion inverse. Il demande l'application du système allemand, qui donnerait beaucoup plus d'importance à l'Union des fabricants, agence internationale de dépôt pour les marques de fabrique, si le système de la priorité du dépôt qu'il déclarait, en 1871, favoriser la fraude, rendait, selon ses vœux, ce dépôt obligatoire.

[2] La mise en vente antérieure au dépôt fait tomber le dessin dans le domaine public.

quelles le droit de priorité pour la prise des brevets est contraire aux intérêts français, et n'a pas de sens pour les marques, nous abordons le commentaire juridique de l'article 4.

COMMENTAIRE JURIDIQUE DE L'ARTICLE 4

La fiction, qui fait rétroagir la demande du brevet au jour où une demande semblable a été déposée, depuis moins de six mois, dans un des pays de l'Union, n'empêche pas que les conditions de la brevetabilité, qui varient avec chaque pays, ne soient fixées, pour chaque brevet, par la loi du pays où il a été demandé. C'est au jour du brevet d'origine, qu'il faut se reporter, pour examiner si l'invention était brevetable. d'après la loi du pays où est pris le brevet d'importation. Il en résulte, qu'il ne suffirait pas que l'invention fut brevetable, d'après la loi du pays d'origine, si elle est moins exigeante pour la brevetabilité, que celle du pays où un dépôt subséquent est effectué dans les délais de l'article 4.

Expliquons-nous au moyen d'un exemple.

Une demande de brevet est effectuée à Bruxelles, le 15 janvier 1887. L'invention ayant été divulguée par la presse, mais non par un journal belge, ou ayant été antérieurement exploitée par un tiers, mais en dehors de la Belgique, est brevetable dans ce pays ; mais elle ne l'est plus en France. Une demande de brevet est déposée au ministère du commerce, à Paris, avant le 15 juin 1887. Il ne suffira pas que l'invention brevetée à Bruxelles ait été brevetable à la date du 15 janvier, d'après la loi belge, pour que le brevet pris à Paris dans les six mois soit valable. Car c'est d'après la loi et la jurisprudence françaises qu'il faut apprécier la validité du brevet français, en faisant seulement abstraction de l'intervalle qui a séparé les dépôts, c'est-à-dire, en supposant le dépôt effectué à Paris et à Bruxelles simultanément.

Aussi, bien que le dépôt initial soit valable, et que le brevet français ait été demandé dans les six mois à Paris, ce dernier brevet sera néanmoins nul, en raison des faits de publicité et de divulgation, antérieurs au dépôt initial dont la date est réputée être celle du brevet français.

Il ne suffira donc pas aux étrangers brevetés dans l'Union

qui voudront se faire breveter valablement en France, dans
les détails de l'article 4, de satisfaire aux conditions de brevetabilité déterminées par la loi de leur pays; il faudra, de
plus, que leur intention présente, lors du dépôt initial du
premier brevet, les caractères de nouveauté qu'exigent la loi
et la jurisprudence françaises plus rigoureuses, en général,
pour la nouveauté de l'invention, que celles des autres pas.

En résumé, la validité du brevet d'origine, n'implique pas
nécessairement celle du brevet pris avant l'expiration du délai de six mois, dans un autre pays de l'Union, dont la loi
est plus rigoureuse pour la brevetabilité: Cela résulte, de ce
que chaque pays conserve sa législation particulière, toutes
les fois, cela va sans dire, que cette législation n'est pas contredite, au point de vue international, par la Convention du
20 mars 1883.

Suppression de la déchéance des brevets pour cause d'introduction

ARTICLE 5

L'introduction par le breveté, dans le pays où le brevet a été délivré,
d'objets fabriqués dans l'un ou l'autre des Etats de l'Union n'entraînera
pas la déchéance.
Toutefois, le breveté restera soumis à l'obligation d'exploiter son brevet conformément aux lois du pays où il introduit les objets brevetés.

Sous l'empire de la loi du 5 juillet 1884, l'introduction sur
le territoire d'un objet similaire à celui décrit dans le brevet
entraîne la déchéance du breveté, si c'est par son fait que
l'introduction a eu lieu. (art. 32 § 2).

Comme il peut être nécessaire, dans certains cas, d'introduire des modèles, la loi du 31 Mai 1856 a tempéré la rigueur
de l'article 32, en permettant l'introduction du modèle avec
l'autorisation du ministre.

Telle était la législation en vigueur, lorsque la Convention
de 1883 a été promulguée.

L'article 5 de la Convention abroge, au point de vue international, l'article 32 de la loi du 5 juillet 1844, que le Prési-

dent de la Conférence de 1880 avait qualifié officiellement de *barbare* et d'*inutile*.

Cette interdiction d'importer, sous peine de déchéance, les produits brevetés, n'existe, en dehors de notre loi de 1844, que dans les lois des pays suivants: Canada, Mexique, Danemark et Turquie. La France est donc le seul pays de l'*Union* où cette interdiction soit consacrée par un article de loi. C'est d'ailleurs le pays où la situation économique rend cette interdiction le plus nécessaire au point de vue du travail national, indépendamment des autres considérations qui justifient pleinement cette atténuation légale des inconvénients du monopole. L'article 5 a donc été proposé et voté contre la France, comme une condition *sine qua non*, et préalable, de toute entente internationale.

La Belgique qui a profité de la suppression de la déchéance de l'article 32 de la loi de 1844, et dont les inventeurs peuvent importer sur notre territoire des machines brevetées en France, sans être déchus de leurs brevets, a conservé l'annulation discrétionnaire et administrative des brevets Belges pour défaut d'exploitation suffisante. Or l'exploitation y est déclarée insuffisante, si on importe autre chose que des modèles en Belgique. C'est donc, en réalité, une sorte de déchéance semblable à celle consacrée par la loi française; mais comme elle porte un autre nom, elle ne tombe pas sous l'application de l'article 5 de la Convention. Il en résulte que, tandis que la France a cédé, à la pression de la Belgique en abandonnant une arme qu'elle possédait pour se défendre contre l'importation des objets brevetés fabriqués en Belgique, cette nation conserve la faculté de faire annuler discrétionnairement les brevets pour cause d'importation d'objets brevetés frabriqués en France. Nous avons abandonné l'arme que nous avions contre la Belgique. Elle a conservé intacte celle qu'elle possédait conre nous.

Pour ceux qui recherchaient avant tout, comme les organisateurs du *Congrès international de la propriété industriel*, à faire disparaître peu à peu, tout ce qui n'était point d'accord avec leur projet d'unification internationale des lois sur la propriété industrielle, la suppression de l'article 32, qui protège le travail national, sans nuire au consommateur, devait être le premier article de leur programme. Les étrangers, d'ailleurs, en ussent fait une condition *sine quâ non* de toute entente avec la France, si les délégués français n'étaient allés au devant de leurs désirs, en leur offrant d'eux-mêmes de supprimer cet article.

Mais, pour ceux qui pensent, comme nous, qu'il n'est que temps, pour la France, de serrer son jeu vis-à-vis de l'étranger, et de ne prendre conseil que de ses intérêts propres, le rétablissement de l'article 32 (encore applicable, d'ailleurs, aux inventeurs français, s'impose absolument[1].

« Un étranger, disent MM. LYON-CAEN ET ALBERT-CAEN, inventeur dans son pays, n'hésiterait pas à prendre un brevet en France, s'il lui était permis d'y introduire de suite ses produits fabriqués, avec les moyens qui sont à sa disposition chez lui. Toutefois, il tenterait l'essai, et s'il voyait que son invention s'acclimate chez nous, et y assure des bénéfices suffisants, il y créerait bientôt une usine qui lui éviterait des frais de transports, les frais de douane, etc... Au lieu de cela l'inventeur étranger, obligé de fabriquer de suite en France, hésite et recule devant une dépense aléatoire, et beaucoup d'établissements considérables qui seraient aussi créés, ne se fondent pas. La loi qui a voulu protéger le travail national va directement contre son but.

MM. LYON-CAEN et ALBERT-CAEN qui raisonnent ainsi, ne prêtent nulle attention aux conséquences du monopole. Ils ne prennent pas garde que, si le bénéfice que la nation retire de la législation sur les brevets, consistait dans la création d'usines destinées à exploiter le monopole de l'inventeur, il faudrait le prolonger, tant dans l'intérêt général du pays, que dans celui des inventeurs. Car si la prospérité de l'usine est basée sur le brevet, elle est condamnée à liquider, lorsque l'invention tombera dans le domaine public. Or, jusqu'à présent, on n'avait jamais encore songé à demander cette prolongation dans un autre intérêt que l'intérêt exclusif des inventeurs.

L'avantage réel et indiscutable de brevets est de donner à l'esprit d'invention un encouragement nécessaire.

Mais les graves inconvénients des brevets d'invention, dont la nécessité de protéger les inventeurs, et l'impossibilité de les protéger autrement, imposent seules le maintien, se compliqueraient d'un autre danger pour l'industrie nationale,

[1] Une loi récente sur les marques de fabrique prohibe d'une façon absolue, en Angleterre, l'introduction des objets brevetés. (Communication de la Chambre de commerce de Paris. Voir le *Temps* du 24 février 1887).

si l'inventeur pouvait, en fait, réserver à un pays étranger, dans lequel il transporterait sa fabrication, un véritable monopole industriel, tandis qu'il se contenterait, pour la France, d'un monopole commercial.

Sans doute, le deuxième paragraphe de l'article 5 apporte un tempérament à la disposition, dont se sont plaintes les chambres de commerce, en maintenant, pour le breveté, l'obligation d'exploiter en France. Mais ce tempérament est illusoire. Admettons qu'on ne puisse pas, comme l'a soutenu M. Bozérian, faire consister l'exploitation dans la mise en vente, et qu'exploiter signifie : fabriquer. Est il possible que les tribunaux puissent apprécier le degré de fabrication nécessaire pour constituer une exploitation suffisante en France, et donner satisfaction à la loi ?

La moindre exploitation devra suffire, si on ne veut pas tomber dans l'arbitraire, et, comme l'introduction des machines brevetées sera désormais permise, la garantie de l'exploitation n'est pas sérieuse[1].

Admettons cependant que cette garantie soit suffisante, et que les tribunaux puissent, sans tomber dans l'arbitraire, annuler des brevets pour défaut d'exploitation, alors que le brevet est exploité réellement, dans une mesure quelconque. Supposons même, que les tribunaux fixent à moitié, la quote part de la production, qui devra être réservée au travail national, pour être en règle avec l'article 5 § 2. Cette garantie serait encore illusoire.

En effet. l'article 32 de la loi du 5 juillet 1844 donne un délai de deux ans pour commencer l'exploitation, et permet d'interrompre pendant deux ans, une exploitation commencée. Dès lors, si l'exploitation nécessaire pour conserver le bre-

---

[1] Un ingénieur distingué, M. Armengaud ainé, signale en ces termes les inconvénients de la Convention, au point de vue des brevets :

« Il ne faut pas s'y tromper, aucune loi étrangère, non plus que la Convention, ne peut délimiter la quantité d'appareils ou des produits importés. Tout ce qu'elles peuvent faire, c'est d'obliger à fabriquer sur le lieu même sans déterminer de proportions.

« Chaque pays de l'Union peut donc, sans qu'il soit possible de l'empêcher, devenir un simple lieu de transit, ouvrant un chemin facile à la fraude au grand détriment de notre industrie, de notre commerce, des bénéfices mêmes que nous tirons de nos droits de douane, car ce système favorise l'application de fausses estampilles qui dissimuleront encore plus l'origine des produits. » (La Convention internationale pour la protection de la propriété industrielle dans ses rapports avec l'industrie française, p. 7. Armengaud ainé, 15, rue Saint-Sébastien, Paris).

vet, peut se faire attendre pendant deux ans, on pourra, pendant ce laps, introduire sans limite les objets brevetés, puisque la garantie de la fabrication effective en France ne fonctionne pas dans les deux premières annnées.

L'exploitation réelle, par la fabrication, a commencé dans les délais légaux. Elle a duré quelques mois, une année si l'on veut. Pendant ce temps l'introduction des machines brevetées de l'étranger a pu continuer, avec le tempérament de l'article 5 § 2. Au bout de ce temps, le breveté use de la faculté d'interrompre pendant deux ans l'exploitation Une nouvelle période de deux ans va s'ouvrir, pendant laquelle il pourra donner à l'importation des machines étrangères toute l'extension qu'il voudra, sans aucune fabrication en France.

La garantie de l'obligation d'exploiter protège donc la fabrication nationale, comme une digue dans laquelle on aurait pratiqué une série de larges brèches protègerait un village contre l'invasion des eaux. La faculté de reporter le commencement de la fabrication à la troisième année, et de l'interrompre pendant deux ans de suite, aussi souvent qu'on le voudra, permettra une série d'interruptions dans le fonctionnement de la garantie, déjà illusoire, donnée par la loi au travail national. Cette garantie était sérieuse avec l'interdiction d'importer. Du moment que l'introduction est permise, la garantie disparaît. Que sert d'exhausser une digue, si on y laisse subsister des solutions de continuité? A quoi bon rendre l'exploitation nécessaire, si elle n'est que partielle, et si cette obligation destinée à protéger le travail national comporte une série d'interruptions de deux ans?

Il faut choisir entre deux systèmes, seuls logiques : ou la libre introduction, sans obligation d'exploiter dans le pays, ou l'interdiction d'importer sous peine de déchéance du brevet.

Nous n'hésitons pas à préférer le second, et à en demander le rétablissement.

Les défenseurs de la Convention reprochent au système de la loi de 1844 d'être entaché de protectionisme. Mais il est facile de le justifier, en dehors de la théorie protectionniste, à laquelle il reste étranger pour deux motifs :

1° Le libre-échange a pour objet de développer la libre concurrence, et les brevets d'invention ont pour but de la supprimer pendant quinze ans, en la remplaçant par un monopole industriel. Il en résulte que, tandis que le libre-échange a pour objectif, d'après ses coryphées, l'abaissement du prix de vente, dans l'intérêt du consommateur, le brevet d'invention laisse au breveté, dans une très large mesure, la possibilité de vendre beaucoup plus cher, que si la fabrication n'était pas monopolisé entre ses mains.

2° Le brevet d'invention pèse d'un poids si lourd sur la liberté du travail, et impose à l'industrie nationale de tels sacrifices, que l'obligation, pour le breveté, de réserver l'exploitation industrielle au pays, dans lequel on a dérogé, en sa faveur, aux principes fondamentaux de la procédure et de l'instruction criminelle, c'est-à-dire, en somme l'interdiction de conférer le monopole industriel à l'industrie étrangère, devient, quand on se donne la peine d'y réfléchir, une compensation logique et nécessaire.

Aussi, les chambres de commerce les plus libre-échangistes, telles que celles de Paris, Lyon, Bordeaux, Marseille, n'ont elles pas hésité à protester contre l'innovation de l'article 5.

Les défenseurs de la Convention internationale de 1883, s'appuient sur le second paragraphe de l'article 5, maintenant l'obligation d'exploiter, pour soutenir que le travail national n'en recevra aucune atteinte. Ils ont le tort de raisonner, comme si « exploiter » voulait dire « fabriquer, » [1] et

---

[1] On sait que M. Bozérian s'en est expliqué à la conférence internationale de 1880 et a affirmé que le mot « exploiter » signifie rendre. (Compte rendu officiel p. 56.) — En Allemagne, bureau des brevets, soutenu par la Jurisprudence prono ce le retrait des brevets qui ne sont pas exploités sérieusement par une production réelle.

L'obligation d'exploitation dans le pays, existe pour les brevets délivrés en Allemagne, d'après l'article 11, Chiffre 1, de la loi du 25 mai 1877.

En application de cet article, le bureau des brevets de Berlin a prononcé le retrait de trois brevets Allemands, pris par des étrangers domiciliés en Amérique, pour des organes de machines à coudre destinés à border des tissus à mailles. Les titulaires s'étaient bornés à introduire en Allemagne un certain nombre de machines fabriquées en Amérique et même des pièces brevetées. Un Allemand ayant sollicité une licence trouva les prétentions des brevetés exagérés. (Ils demandaient 326 marks par machine alors que le prix de revient ne dépassait pas 80 marks, et le prix de vent de 920 marks.) Le retrait des brevets fut prononcé.

La décision du *Patentamt* fut maintenue par la Cour Suprême de l'Empire qui motiva son arrêt sur ce que :

1° Il faut entendre par l'exploitation à laquelle la loi oblige le propriétaire d'un

comme si cette exploitation devait avoir lieu sans interruption, depuis la demande du brevet, jusqu'à son expiration.

Qui donc interprétera l'article 5, et fixera la vraie signification du mot « exploiter » ? Les tribunaux de chaque pays, seuls compétents pour interpréter les conventions internationales modifiant le droit privé des personnes.

Article additionnel à l'article 5 voté par la Conférence de Rome le 11 mai 1886

(Non encore ratifié par le Parlement)

Chaque pays sera libre d'interpréter comme il l'entend le mot
« exploiter »

Il résulte de ce que nous venons de dire que cet article additionnel consacre une vérité de M. de la Palisse, et reconnait inutilement aux tribunaux de chaque pays, un droit d'interprétation qui ne pouvait leur être contesté. Cette addition n'a eu d'autre but, pour les Etats représentés à la Conférence de Rome, que de faire aux chambres de commerce françaises un semblant de concession. Quant au délégué de la Tunisie, qui a fait voter ce paragraphe inoffensif, il s'est peut-être donné autant de mal, pour obtenir cette concession purement imaginaire, que s'il se fut agi pour les autres Etats de se départir, sur ce point, de leur intention bien arrêtée de ne rien céder à la France.

S'il a pu conserver quelque illusion sur ce point, et se tromper lui-même sur l'importance du résultat, cela prouverait seulement, qu'il avait oublié les règles fondamentales de la compétence, en matière d'interprétation de conventions internationales, d'après lesquelles l'ingérence de la diplomatie, dans ces questions, est inadmissible en ce qu'elle compromettrait l'indépendance des tribunaux, ce qui fait que l'article additionnel voté à Rome, en 1886, était parfaitement inutile.

---

brevet sous peine de retrait, la production, et non pas seulement la vente des produits importés.

2° L'offre d'une licence ne peut soustraire le breveté à une action en retrait lorsque le prix est exagéré, et inacceptable pour des fabricants Allemands. (*La propriété industrielle* 3me année N° 5 page 16).

Protection de la marque telle qu'elle est protégée dans les pays d'origine

ARTICLE 6

Toute marque de fabrique, ou de commerce, régulièrement déposée dans le pays d'origine, sera admise au dépôt et protégée telle quelle dans tous les autres pays de l'Union.

Sera considéré comme pays d'origine, le pays où le déposant a son principal établissement.

Si ce principal établissement n'est point situé dans un des pays de l'Union, sera considéré comme pays d'origine celui auquel appartient le déposant.

Le dépôt pourra être refusé, si l'objet, pour lequel il est demandé, est considéré comme contraire à la morale ou à l'ordre public.

La formule de l'article 6 correspond à un *desideratum* formulé par les membres de l'*Union des fabricants,* au Congrès international de 1878. Les fabricants adoptent souvent comme marque un nom bizarre, une dénomination capricieuse et de fantaisie. Il s'agissait pour eux d'obtenir la reconnaissance de cette marque, dans certains pays étrangers, où l'appropriation d'une dénomination de cette sorte n'était pas possible. De là, l'article 6 de la Convention de 1883, dont le texte a été rédigé, comme celui des articles relatifs aux marques, par les conseils de l'*Union,* tout puissants à la Conférence de 1880, parce qu'ils étaient membres de la *Commission permanente de la propriété industrielle,* issue du Congrès de 1878.

L'exploitation de ce genre de marques est légitime. Cela est incontestable? Mais il ne faut pas oublier que l'*Union des fabricants,* qui défend avec énergie la Convention de 1883, principalement à cause de cet article, est dirigée, en fait, par des fabricants de parfumerie et de produits pharmaceutiques, qui n'ont rien inventé, en dehors des noms bizarres dont ils affublent leurs produits, auxquels de pareilles dénominations ne donnent aucune valeur industrielle. Les conseils de l'*Union,* qui représentaient la France à la Conférence internationale de 1880, paraissent s'être préoccupés presque exclu-sivement de la défense de ces marques, auxquelles la ré-clame tapageuse, dont elles ont besoin, peut s'adapter plus facilement qu'à tout autre forme de marques. Non seule-ment l'intérêt des constructeurs de machines brevetées, fut relégué au second plan ; mais encore l'ancienne ré-putation de certains centres industriels, correspondant à des siècles de travail glorieux, fut, comme nous le verrons plus loin, en expliquant les articles 9 et 10, sacrifiée par nos délégués aux yeux de qui, rien ne valait la protection de la marque *telle quelle*. réclamée à l'étranger par Messieurs les fabricants de produits pharmaceutiques et de parfumerie, membres influents de l'*Union des fabricants.*

Le *telle quelle* de l'article 6, si cher à cette agence de con-tentieux internationale, semble ainsi avoir été le prix moyen-nant lequel, les conseils de l'*Union*, tout puissants à la Conférence internationale de 1880, ont accepté de rayer d'un trait de plume l'article 32 de la loi du 5 juillet 1844 qui abri-tait encore un peu le travail national contre la concurrence étrangère, sans porter préjudice aux consommateurs.

Qu'importe au Conseil d'administration de l'*Union des fabri-cants* que les mécaniciens-constructeurs, qui sont de véri-tables créateurs, et ne demandent rien à la réclame, voient passer à l'étranger les commandes d'objets brevetés ? Est-ce qu'ils paient une cotisation à cette agence internationale ? Parlez-moi des pastilles *Géraudel,* des pastilles *Alexandre*, du *savon du Congo*. Voilà une propriété industrielle bien plus digne d'intérêt. Il faut que les dépenses folles qu'entraîne la publi-cité ridicule faite autour de ces produits pharmaceutiques, rapportent des bénéfices à l'étranger. Pour obtenir ce résul-tat, on n'imposera jamais assez de sacrifice aux construc-teurs mécaniciens, aux cités industrielles renommées telles que Sedan, Chatellerault, Thiers, Louviers, Paris, Reims, Co-gnac, Valenciennes, Lyon, Marseille et tant d'autres, dont l'*Union des fabricants* n'est pas chargé de défendre les inté-rêts, puisque ces villes ne lui paient pas de cotisation. Ceci sera la rançon de cela. Place à ceux qui ont enrichi le voca-bulaire d'un nom nouveau, tel que, *Picotin, Ouraline, Cory-lopsis, Savon du Congo,* etc… C'est pour eux qu'a été faite la

Convention internationale de 1883. De la réclame, encore de la réclame, toujours de la réclame ! Tel est le mot d'ordre des fabricants de produits pharmaceutiques, et des produits de parfumerie qui ont la haute main sur l'*Union*, et ont fait déclarer ce contentieux international de marques de fabrique société d'utilité publique dès l'année 1877.

Mangin, pour vendre ses crayons, coiffait un casque, arborait un panache et se déguisait en empereur Romain. C'était sa réclame. Cela suffisait. Il donnait ses crayons à la foule ; mais Vert-de-Gris les vendait. Il n'y en avait pas assez pour tous ceux qui en voulaient. De nos jours, il se contenterait de donner à sa marchandise un nom bizarre, encore inconnu, et ferait appel à tous les moyens de réclame inventés et pratiqués, pour lancer un produit. Puis, il se ferait inscrire à l'*Union des fabricants*, et exploiterait à l'étranger le *telle quelle* de l'article 6.

Qu'un constructeur-mécanicien aille se plaindre à cette agence de ce que l'industrie Belge accapare la fabrication des machines brevetées. On lui répondra : si vous toussez, prenez des *pastilles Alexandre* ! » Qu'il reproche à cette société internationale de ne pas tenir compte de l'opposition qu'il y a entre les intérêts étrangers et les intérêts français, et de faire du cosmopolitisme; qu'il insiste sur la crise du travail; qu'il s'avise de rappeler le temps où l'industrie florissait. Pour toute réponse, on lui récitera une fable, prise au hasard dans l'Anthologie pharmaceutique de MM. Géraudel et Vaissier frères, membres influents de l'*Union des fabricants* :

> La Cigale ayant chanté,
>   Tout l'été,
> Se trouva fort enrhumée
> Quand vint la fin de l'année.
>
> . . . .
>
> Que faisiez-vous au temps chaud ?
> Je chantais chère madame.
> — Vous chantiez ? Ah ! sur mon âme
> On ne s'en douterait pas.
> Eh bien ! allez de ce pas
> Acheter, — car rien n'est tel,
> Des Pastilles Géraudel !
>   (L'*Intransigeant* du 15 janvier 1888).

Que si le constructeur-mécanicien insiste sur l'intensité de la crise, l'agent de l'*Union des fabricants* rompra l'entretien en disant : « Ah! pour ce qui est de cette crise, nous n'y pouvons rien ; nous nous en lavons les mains... *avec le savon du Congo.* » Puis il reconduira le visiteur en lui chantant, sur l'air : *T'en souviens tu?*, cette ballade réconfortante :

L'aïeul du Président, le glorieux Carnot,
Sur les Francs en danger fit planer la victoire ;
Moins grand que lui, mais inscrit dans l'histoire,
Vaissier restera l'inventeur du Congo !

(*Le Figaro* du 13 décembre 1887).

Pour que personne en dehors des frères Vaissier ne puisse vendre dans certains pays, un savon quelconque sous le nom de *Savon du Congo* ; pour qu'aucun fabricant de papier à cigarettes, autre que Bardou ne puisse y désigner son produit sous ce nom : Le Nil ; pour que la dénomination de *Savon du*

---

¹ Les temps sont durs. Pégase replie ses ailes, et se laisse atteler au char de l Réclame. Pour peu qu'on lui garantisse du fourage pour l'hiver, ce cheval jadis indompté, baisse la tête, et se place de lui-même dans le brancard. De nos jours. la Muse entre en condition. Comme il y a des places de sommelier chez Foyot et chez Marguery, il y a des emplois, de poète chez Vaissier, chez Géraudel et chez Bardou. Les bureaux de placement se chargent, au besoin, de caser les nourrissons des Muses.

Voici, au surplus, un autre échantillon de poésie commerciale, emprunté, comme les précédents, à la presse quotidienne :

LE NIL

Sur un moelleux divan, mollement étendue
La cigarette aux doigts, Marguerite éperdue,
Semble fermer les yeux, mais les entrouvre un peu,
Suit amoureusement la spirale au ton bleu,
Qui s'élève ondulante, et s'étend parfumée
Dans l'indiscret boudoir, tout rempli de fumée,
Où plus d'un visiteur la trouvera le soir.
Elle dit, mais tout bas, sans s'en apercevoir :
O Nil, papier divin, délicate matière,
Parmi tous tes pareils, c'est toi que je préfère.
Préparé dans le lait, d'une blancheur de lis,
Le Nil plaît à la gorge, adoucit la poitrine.
Quant à ses inventeurs, le fumeur le divine :

JOSEPH BARDOU ET FILS !

Tout homme qui travaille obtient sa récompense.
Tantôt la joie du cœur, la gloire ou le profit.
JOSEPH BARDOU ET FILS s'assurent tout d'avance,
Ils ont trouvé Le Nil, et ce papier suffit.

général Boulanger y soit respectée, il fallait obtenir dans ces pays la protection de la marque française, TELLE QUELLE, même au prix d'un sacrifice onéreux imposé aux fabricants qui n'exploitent pas la réclame, et aux constructeurs-mécaniciens.

Voilà pourquoi l'article 6 résume, pour l'état-major de l'*Union des fabricants*, tous les bienfaits de la Convention internationale. Car l'*Union* est l'officine où se forgent presque toutes ces dénominations bizarres, auxquelles les Mécène de la pharmacie, de la parfumerie et du papier à cigarettes donnent une préférence marquée, dont profite l'étrange association des courtiers en publicité et des stagiaires du Parnasse, enrôlés à l'année pour chanter le *Savon du Congo* ou les *pastilles Géraudel*.

A côté de ces dénominations capricieuses, adoptées comme marques, la publicité fait une large place à certains noms commerciaux inconnus la veille, et qui accaparent, du jour au lendemain, toutes les formes de cette publicité. Ceux-là n'ont pas besoin de la protection de la marque TELLE QUELLE, puisqu'ils ont une marque nominale respectée et reconnue à l'étranger en vertu du droit des gens. Mais, pour s'en faire des alliés, on leur fait croire, à dessein, que c'est à la Convention qu'ils doivent la protection, à l'étranger, de leurs noms commerciaux. Ils y tiennent d'autant plus, qu'ils exploitent, comme ceux de la première catégorie, toutes les ressources de la publicité, sachant que la foule confond, dans sa niaiserie incurable, les cornets de la Réclame avec les trompettes de la Renommée. A ceux qui n'ont ni une dénomination fantaisiste, ni un nom commercial chauffé à blanc par la réclame, mais simplement une marque de bon aloi, n'empruntant sa valeur qu'à la bonne réputation de leur maison. on inculque cette idée que la Convention a organisé la protection de leurs marques à l'étranger, tandis que cette protection

CATÉCHISME DU FUMEUR

Qu'est-ce que LE NIL ? du papier à cigarettes.
Quel est son créateur? JOSEPH BARDOU ET FILS.
Ses qualités ? Pur fil, jamais il n'inquiète
Lèvres, gorge ou poumons des fumeurs réjouis.

(*Le Drapeau* du 25 décembre 1887).

résultait de traités antérieurs signés avec toutes les nations qui protégent les marques, De cette façon, le personnel dirigeant et appointé de l'*Union des fabricants*, directement intéressé à la prospérité de l'agence, se fait passer, aux yeux de ses adhérents, comme le grand protecteur de la propriété industrielle en France et à l'étranger. Il se vante d'avoir été l'instigateur de la Convention, d'avoir fourni la formule des articles relatifs aux marques, alors qu'en réalité, il est l'un des auteurs responsables d'une innovation internationale, qui a aggravé le traité de Francfort, et rend de plus en plus difficile la lutte de l'industrie nationale contre la concurrence déloyale étrangère.

Pour caractériser en peu de mots la situation, ajoutons que la fraction dirigeante de l'*Union des fabricants*, qui n'a jamais cessé de faire de l'internationalisme industriel, au profit de quelques personnalités commerciales influentes, s'est emparée en fait, de la direction de la diplomatie française, dans les négociations relatives aux marques de fabrique, et met cette influence au service d'intérêts représentés, sans doute, sur les listes de cotisation, mais n'ayant aucun rapport avec la grande masse des intérêts français.

En résumé, la protection dans les pays contractants de la marque, TELLE QUELLE, protection réclamée par les membres de l'*Union* délégués au Congrès de 1878, et n'ayant d'autre utilité que de faire fructifier, au delà des frontières, les capitaux dévorés en France par une réclame tapageuse et encombrante, cette protection de la marque, *telle qu'elle* a du passer, aux yeux des négociateurs Français, pour la contre-partie de toutes les concessions regrettables qu'ils ont du consentir, afin d'obtenir cette satisfaction d'une portée très restreinte.

Or l'exploitation des dénominations capricieuses et de fantaisie, *à supposer que l'article 6 consacre une innovation internationale*, n'était pas de nature à compenser les sacrifices que la Convention impose au travail national.

Mais ce n'est pas une innovation. Ces marques étaient déjà protégées à l'étranger. Dès lors, que penser de cette affirmation de MM. Bozérian et de Maillard de Marafy, que c'est là l'article 6 de la Convention de 1883 qui organise la protection de ces marques à l'étranger, tandis que, même avant la Con-

vention, ces dénominations de fantaisie étaient, en réalité, protégées, soit en vertu des lois étrangères, soit en vertu de
traités particuliers, dans les nations suivantes : Belgique,
Brésil, Portugal, Suisse, Angleterre, Espagne, Italie, Hollande, Roumanie, Victoria, Turquie, Cap de Bonne Espérance,
République Argentine, Canada, Uruguay, Russie ? [1]

Si nous ajoutons qu'en Suède et en Norwège, en Allemagne,
en Autriche, au Chili, on peut tourner la difficulté en s'ap-
propriant une marque figurative ou emblématique, dans la
composition de laquelle, on fait entrer la dénomination capricieuse en question, on voit combien l'affirmation de MM.
Bozérian et Maillard de Marafy est téméraire, et combien la
raison mise en avant par eux, pour justifier le maintien, malgré tout, de la Convention de 1883, est exagéré.

En somme, l'article 6 ne consacrerait une innovation internationale que dans les pays suivants : Suède, Norwège, Salvador, Serbie et République Dominicaine. [2] Cela valait-il la peine
de bouleverser la législation internationale, et cela donne-t-il
le droit aux promoteurs de la Convention de crier si haut que
l'article 6 a organisé à l'étranger la protection de la marque
telle quelle est protégée en France?

Nous venons de prouver le contraire.

Convenait-il, d'ailleurs, pour procurer à deux douzaines
d'industriels, inscrits à l'*Union des fabricants*, la protection en
Suède et en Norwège, en Serbie et à St Dominique, des dénominations bizarres, que les besoins de leur réclame personnelle les engage à adopter comme marques, convenait-il
d'engager la France dans les liens d'une convention dont les
articles 3, 5, 9 et 10 livrent son marché aux entreprises des
contrefacteurs du monde entier, et aggravent pour elle la
concurrence étrangère ?

---

[1] Voir la fin du chapitre IV.

[2] Nous laissons de côté les Etats Unis, qui ont adhéré récemment à l'Union, en
faisant des réserves qui ne permettent pas d'affirmer que nos marques mêmes emblématiques y soient protégées.

Le Salvador a déjà dénoncé la Convention. Quant aux Etats-Unis, qui ont adhéré
depuis, les réserves dont ils ont entouré leur adhésion ne permettaient pas d'affirmer
que l'article 6 soit applicable dans ce pays. M. Floureus répondant à l'interpellation
de M. Bourgeois, le 15 juillet 1887, a formellement déclaré que les Etats-Unis ne
reconnaissaient pas les marques nominales, c'est-à-dire les noms commerciaux. Or,
une dénomination de fantaisie sera sans doute considérée comme un nom commer-

En vérité, on peut se demander si c'était bien là, le véritable objectif de l'*Union des fabricants*, qui a mené toute cette campagne, et qui peut-être, n'insiste tant sur l'importance du *telle quelle* de l'article 6, que parce que c'est le seul argument qui puisse être présenté pour défendre la Convention.

— Il est permis d'en douter. En effet, quand on lit le compte-rendu du Congrès de 1878, on est frappé des efforts, faits par les membres de l'*Union*, conduits et dirigés par son directeur véritable, M. de Maillard de Marafy, pour faire adopter le principe allemand de l'appropriation de la marque par la priorité de l'enregistrement. L'*Union des fabricants* est, avant tout, une agence de dépôt pour les marques de fabrique. Aussi, les fondateurs de cette agence font-ils des efforts considérables pour rendre le dépôt obligatoire. Battu sur ce point, après une vive discussion, au cours de laquelle un orateur soutint, avec succès, que le système de la priorité d'enregistrement est le vol organisé, M. de Marafy revient à la charge, et propose un système transactionnel, aux termes duquel, le dépôt de la marque serait attributif de propriété au bout de cinq ans. Battus à nouveau, les membres de l'Union se retranchent sur une troisième position à savoir le délai de priorité de trois mois, et cette fois remportent la victoire. Car le délai de priorité est dépourvu de sens et d'efficacité, si la date du dépôt continue à n'avoir aucune influence sur le droit, comme dans le système de la jurisprudence française. Ainsi, avec le droit de priorité de trois mois, l'*Union des fabricants* peut espérer avoir décroché la timbale du dépôt obligatoire, c'est-à-dire, de l'appropriation de la marque par l'enregistrement, vers l'adoption duquel, l'article 4, de la Convention, constitue un acheminement certain, parce que le droit de priorité implique, comme conséquence, la suppression du principe que le dépôt n'est que déclaratif, et non constitutif de propriété en France, c'est-à-dire la création du dépôt obligatoire.

cial, par la jurisprudence américaine toujours indulgente pour la contrefaçon des marques étrangères.

* Dans un travail publié par l'*Union des fabricants*, on insiste sur les inconvénients de l'examen préalable en matières de marques, et on attribue à la Convention le pouvoir de supprimer cet examen préalable dans les pays contractants. C'est une erreur que nous avons réfutée dans la partie historique de notre étude. D'ailleurs,

C'est donc moins encore le bénéfice du *telle quelle* de l'article 6, que le droit de priorité de trois mois de l'article 4, considéré par l'*Union des fabricants*, comme une conquête précieuse pour elle, qu'elle semble défendre avec opiniâtreté tout en ayant, en apparence, renoncé à cette réforme depuis le Congrès de 1878 [1].

La nature du produit ne peut être un obstacle au dépôt de la marque

ARTICLE 7

La nature du produit sur lequel la marque de fabrique ou de commerce doit être apposée ne peut dans aucun cas, faire obstacle au dépôt de la marque.

M. Bozérian explique que cet article a pour but de faire cesser le refus de recevoir le dépôt d'une marque, bien que conforme à la loi, sous prétexte que le produit auquel elle est destinée ne peut être introduit par suite de telle ou telle prohibition légale, douanière, ou même personnelle au propriétaire de la marque. Il serait trop long, ajoute-t-il, d'énumérer tous les cas dans lesquels des faits aussi préjudiciables à notre commerce ont été constatés ; ils sont innombrables.

Nous n'avons aucune donnée sur ces cas innombrables dont parle M. Bozérian, et dont il aurait pu citer quelques-uns, au moins à titre de renseignement.

Si nous rapprochons le texte de l'article 7, de celui de l'avant-projet voté par la Conférence de 1880, nous en tirons cette conclusion que l'examen préalable n'a pas été supprimé par la Convention.

En effet, l'article 7 de l'avant-projet était ainsi conçu :

[1] est-ce bien le moment de chercher à supprimer l'examen préalable des marques à l'étranger, quand il vient d'être, en quelque sorte, rétabli en France par une récente circulaire ministérielle ? Voir au surplus, sur cette question, le commentaire de l'article 7.

[1] L'*Union des fabricants* étant une agence internationale de dépôt pour les marques, on comprend, sans peine, l'intérêt qu'elle attache au principe du dépôt obligatoire.

Pour tous les États de l'Union, le dépôt d'une marque quelconque de fabrique ou de commerce, admis, aux risques et périls du déposant, quelle que soit la nature du produit sur lequel la marque doit être apposée.

Cette rédaction avait évidemment pour but de supprimer l'examen préalable. Tel était le sens des mots : *aux risques et périls*, qui ont été supprimés, pour éviter, sans doute, les difficultés que susciteraient les délégués des pays où fonctionne cet examen préalable, qu'une récente circulaire ministérielle vient, d'ailleurs, d'établir, dans une certaine mesure, en France.

Protection du nom commercial

ARTICLE 8

Le nom commercial sera protégé dans tous les pays de l'Union, sans obligation de dépôt, qu'il fasse ou non partie d'une marque de fabrique ou de commerce.

Le nom commercial est protégé dans tous les pays, en vertu du droit des gens, et indépendamment de tout dépôt. A quoi servirait-il d'exiger qu'on manifeste par une formalité quelconque l'intention d'exploiter exclusivement son propre nom ? On a eu le tort, cependant, de stipuler la protection du nom commercial dans certains traités, ce qui pourrait peut-être donner lieu à un argument *à contrario*, à l'égard des pays qui n'ont pas traité avec la France pour la protection du nom commercial. Ces stipulations étaient donc inutiles et dangereuse [1].

Jusqu'en 1873, le nom commercial a été protégé en France sans restriction. Mais l'article 9 de la loi du 26 novembre 1873, dont la formule a été fournie, parait-il, par M. de Maillard de Marafy, soumet la protection du nom commercial à la même condition de réciprocité diplomatique, ou légale, que les mar-

---

[1] C'est M. Paul Gage, président de la Société, dès sa fondation, qui nous l'apprend dans un discours prononcé le 11 juillet 1875, lors de la première Assemblée de *l'Union des fabricants.*

ques ou les dessins de fabrique. Ce n'est pas nous qui nous plaindrons de cette restriction. Nous tenons seulement à faire remarquer que c'est l'*Union des fabricants* qui a provoqué la seul restriction qui soit apportée à la protection du nom commercial, protection qui lui sert de cheval de bataille pour défendre la Convention de 1883.

Si le nom commercial est protégé, indépendamment de tout dépôt, qu'il fasse, ou non, partie d'une marque de fabrique ou de commerce, que peut donc bien signifier l'article 8, à moins de consacrer une vérité banale, qu'il était inutile et peut-être même dangereux de rappeler dans une Convention internationale? Les pays étrangers à l'*Union pour la protection de la propriété industrielle*, ne pourront-ils, en effet, refuser de protéger le nom de nos nationaux, sous prétexte que, n'ayant pas adhéré à l'Union, ils ne sont pas liés par l'article 8, et que cet article n'a de sens qu'autant que le nom commercial n'est pas protégé en dehors de stipulations diplomatiques formelles ?

Que signifie donc cet article 8 ?

Il tire son origine, ainsi que nous croyons l'avoir démontré, des efforts considérables, mais inutiles, faits par une agence d'affaires internationale, pour gagner un procès considérable, en attribuant, par erreur ou par calcul, aux juges du fait, cette hérésie juridique, que le nom commercial n'est protégé, comme une marque, que s'il a été déposé. Nous avons vu qu'il n'y a rien de pareil, ni dans le jugement Beissel, ni dans l'arrêt confirmatif de la Cour de Paris.

L'article 8, qui a une portée internationale, a eu, en fait, pour but, ou pour prétexte, de redresser une erreur de la jurisprudence française. Ce but spécial à un cas particulier, n'a pas été atteint, parce que l'article 8 n'était encore qu'à l'état de projet, quand la Cour suprême a statué.

Comme la convention internationale de 1883 n'est pas applicable aux Français en France, cet article a l'inconvénient grave de paraître réaliser, dans l'ordre international, une réforme, qui n'a pas été introduite simultanément dans la législation intérieure. S'il avait un sens, il signifierait ceci : à partir du 8 juillet 1884, le nom commercial sera protégé, *dans l'Union*, sans formalité d'aucune sorte, mais au point de vue international seulement. D'où cet argument *à conta-rio*, que l'on serait tenté d'en déduire : puisque la convention internationale a spécifié que le nom commercial *des étrangers* est protégé sans dépôt en France, c'est que celui des Français y est assujetti à cette formalité.

On ne manquerait pas de répondre à cela, que la loi, n'ayant organisé aucune formalité, pour la protection du nom commercial, il faut bien admettre qu'il est protégé sans formalité.

Ainsi, cet article ne signifie rien. S'il signifiait quelque chose, il aurait, par suite du défaut d'harmonie entre la législation intérieure, et la législation internationale, un sens absurde, en ce qu'il accorderait aux étrangers une faveur refusée aux nationaux. Les étrangers réclament en France, d'après les traités de commerce, le traitement du national. On verrait à l'inverse, les nationaux réclamer le traitement des étrangers.

Mais, dira-t-on, le législateur qui a fait insérer et voter l'article 8 de la Convention de 1883, est peut-être disposé à introduire dans la législation intérieure une réforme identique. Il resterait à prouver que cette réforme est utile, pour justifier l'article 8. Mais, pour démontrer le contraire, nous n'avons qu'à rappeler l'appréciation de l'*Union des fabricants*, c'est-à-dire de M. de Maillard de Marafy, insérée dans le dernier rapport de M. Dietz-Monnin sur le projet de loi organique concernant les marques.

D'après M. de Maillard de Marafy, la disposition de l'article 8, insérée dans la future loi organique, ne serait que la constatation inutile du silence de la loi, au sujet du dépôt des noms. A un autre point de vue, elle serait, toujours d'après le même auteur, en contradiction avec les progrès constants de la jurisprudence, qui réclament l'établissement du dépôt, pour les noms, comme pour les marques.

Ainsi, le promoteur et le défenseur le plus ardent de la disposition centenue dans l'article 8, a changé d'opinion, et

---

[1] Au Congrès des Chambres syndicales réunies rue de Lancry en 1887. M. de Marafy dans un long discours sur la Convention internationale fit ressortir ce qu'il avait d'avantageux précisément au point de vue de la disposition de cet article, dont il dénie aujourd'hui l'utilité.

a pu déterminer la commission sénatoriale à en changer comme lui.

Ce changement met le sceau à notre démonstration, et nous permet d'affirmer, encore avec plus de sécurité, que l'article 8 ne signifie rien, qu'il jette le trouble dans la législation, et que, s'il avait un sens, il se trouverait, aujourd'hui même, combattu par ceux qui avaient le plus à cœur de le défendre.

D'après le directeur de l'*Union des fabricants*, à qui on doit liarticle 8, la dispense des formalités pour le dépôt des noms commerciaux, dispense dont il demande la suppression dans la future loi organique sur les marques, se justifie cependant, au point de vue international, par le besoin de supprimer, dans les cours allemandes, la tentation d'exercer des représailles à l'égard de nos nationaux, au sujet de l'arrêt Beissel. Cette explication pour être admissible, suppose que cet arrêt aurait méconnu le principe de la protection du nom commercial, sans formalités d'aucune sorte, ce dont nous avons démontré l'inexactitude. Elle fait consister la sauvegarde des intérêts français, en Allemagne, au sujet du nom commercial de nos nationaux, non pas, dans un traité international engageant les deux nations, mais dans un engagement unilatéral de la France signataire de la convention, et liée par les articles 3 et 8 vis à vis des Allemands.

Tandis que nos tribunaux sont liés par cet article 8, à l'égard des Allemands qui peuvent réclamer le bénéfice de la convention, en vertu de l'article 3[1], les Français ne peuvent invoquer, devant les cours allemandes, que l'équité et le droit des gens, et restent soumis aux fluctuations possibles de la jurisprudence. L'agence internationale, qui a mené toute cette affaire, a pleine confiance dans les juges de Berlin. Elle se méfie des juges français. Elle aurait donc entendu, pour la propriété du nom commercial, lier la France, vis-à-vis de l'Allemagne, par une convention internationale, sans daigner attacher la moindre importance à cette circonstance, assurément négligeable selon elle, que cette convention ne lie pas

---

[1] L'article 3 assimile aux citoyens ou sujets des Etats contractants, ceux qui, sans appartenir à cette catégorie, ont dans un des Etats de l'Union un établissement industriel ou commercial,

l'Allemagne vis-à-vis de France,parce que M. de Bismarck, n'a pas voulu faire entrer son pays dans l'Union diplomatique [1].

Telle aurait été la raison d'être de l'article 8, selon M. de Maillard de Marafy, qui est assurément bien renseigné [2].

Indications inexactes de provenance industrielle Conditions exigées pour la saisie

ARTICLE 9

Tout produit portant illicitement une marque de fabrique ou de commerce,ou un nom commercial, pourra être saisi, à l'importation, dans ceux des Etats de l'Union, dans lesquels cette marque ou ce nom commercial a droit à la protection légale.

La saisie aura lieu, à la requête, soit du ministère public, soit de la partie intéressée, conformément à la législation intérieure de chaque Etat.

Cet article concerne la contrefaçon et l'imitation frauduleuse des marques de fabrique ou de commerce. Il détermine les conditions dans lesquelles il sera possible d'exercer la saisie, et décide qu'elle aura lieu, *conformément à la législation intérieure de chaque pays.*

La procédure à suivre, pour la saisie, est celle du pays où elle est opérée. Le respect de la législation intérieure de chaque nation est donc exclusivement limité à la procédure. Comment en serait-il autrement, d'ailleurs, sous le régime d'une convention internationale, dont la plupart des articles heurtent directement les règles de la législation nationale? Si le respect des législations particulières s'appliquait, non-seulement à la procédure, mais au fond au droit lui-même, toute la convention tiendrait dans l'article 2, qui édicte l'échange du traitement du national. Les autres articles que nous venons de commenter seraient inutiles,étant en contradiction avec une législation intérieure non abrogée.

[1] V. la *France*, du 26 septembre 1888.
[2] V. Une *Agence d'affaires internationale et cosmopolite*, brochure de 160 pages grand in-8° raisin, librairie Marchal et Billard, 27, place Dauphine.

ARTICLE 10

Les dispositions de l'article précédent seront applicables à tout produit portant faussement, comme indication de provenance, le nom d'une localité déterminée, lorsque cette indication sera jointe à un nom commercial fictif, ou emprunté dans une intention frauduleuse.

Est réputé partie intéressée tout fabricant ou commerçant engagé dans la fabrication ou le commerce de ce produit et établi dans la localité faussement indiquée comme provenance.

Cet article vise la fraude consistant à faire passer des produits étrangers pour des produits nationaux. Il réalise le *maximum* d'unification compatible avec le conflit d'intérêts que nous avons signalé. Tant que les pays de production à bon marché, dont la France est entourée, auront intérêt à écouler leurs produits sous l'étiquette française, il ne faut pas songer à resserrer, avec le consentement de ces nations par une convention internationale, les mailles, au travers desquelles, ceux qui exploitent cette fraude, peuvent s'échapper.

Le cas du nom fictif ne présente aucune difficulté. Nous l'avons examiné au cours de cette étude.

Il n'en est pas de même du *nom emprunté dans une intention frauduleuse.*

Qui dit *emprunt*, dit accord de deux personnes, de l'une qui prête, et de l'autre qui emprunte. L'emprunt d'un nom implique donc une entente entre deux fabricants, dans l'espèce, entre un fabricant étranger et un fabricant français. L'entente, ayant pour but d'apposer un nom de fabricant français sur un article de provenance étrangère, afin de tromper le public sur la véritable provenance, constitue-t-elle l'emprunt d'un nom?

A. — Si l'on admet que le rédacteur de l'article 10 n'a pas recherché une grande précision dans le choix de ses expressions, il faut adopter l'affirmative. L'apposition d'un nom de fabricant français, sur un produit non français, par un fabricant étranger, même avec le consentement, ou sur la commande de celui dont le nom a été apposé, constitue donc l'*emprunt d'un nom dans une intention frauduleuse,* prévu par l'article 10.

B. — Si l'on attribue, au contraire, au législateur une certaine recherche de l'exactitude, dans l'expression, il faut distinguer, selon que le fabricant étranger tire parti de cette fraude, ou non.

1er cas — Le fabricant étranger exploite le nom du fabricant français : il paye une redevance annuelle, pour avoir le droit d'exploiter le nom et la marque de celui à qui il paie cette redevance. C'est bien là le cas d'un emprunt de nom, dans une intention frauduleuse. Il emprunte véritablement ce nom, parce qu'il en tire parti, dans son intérêt propre. L'emprunt est toujours consenti dans l'intérêt de l'emprunteur. Cette opération est frauduleuse, parce qu'elle a, pour but, de tromper l'acheteur sur le lieu de production de la marchandise.

2me cas. — Le fabricant étranger, qui appose le nom d'un fabricant français, n'exploite pas cette fraude lui-même. Il ne fait qu'exécuter un ordre, une commande. Il n'a aucun intérêt personnel à apposer le nom du destinataire, et vend la marchandise le même prix, avec, ou sans le nom du fabricant français, qui lui a donné la commande. Dans ce cas, la fraude ne profite qu'au fabricant français, assez peu scrupuleux, pour donner ses commandes à l'étranger, afin d'abaisser le prix de revient de l'objet fabriqué. Peut-on dire qu'il y ait, dans ce cas, l'emprunt d'un nom? Où est l'emprunteur? Ce n'est pas le fabricant étranger. C'est encore moins le fabricant français ; car on n'emprunte pas ce qui vous appartient. Où est le prêteur? Le fabricant français ne prête pas son nom à l'étranger. Il l'exploite lui-même sur des produits, qu'il revend par fraude, comme produits français. La fraude est incontestable ; mais il n'y a pas la combinaison de la fraude et de l'emprunt dans une intention frauduleuse, combinaison cependant nécessaire pour que la saisie soit possible aux termes de l'article 10.

Il ne paraît donc pas, d'après cette interprétation, que l'entente entre le fabricant français et le fabricant étranger, en vue de faire passer, comme étant de provenance française, des articles fabriqués à l'étranger, tombe sous le coup de l'article 10 de la Convention internationale du 20 mars 1883, comme il tombe sous le coup de l'article 9 de la loi du 23 juin 1857, aux termes de la jurisprudence la plus récente [1].

Comme il s'agit d'une matière correctionnelle, l'article 10 étant une extension internationale d'une partie de l'article 19 de la loi du 23 juin 1857, il est incontestable que le principe fondamental, que tout ce qui n'est pas défendu est permis, c'est-à-dire, que toute énumération de faits, tombant sous l'application d'une loi répressive, est strictement limitative, imposerait l'acquittement, avec restitution des objets saisis par la Douane, de tout individu qui ne serait pas rendu coupable des deux fraudes combinées, dont nous venons de parler. Dès lors, il suffirait, pour échapper à toute répression, et passer à travers les mailles de l'article 10, qu'un étranger se livrât à la fraude, prévue et punie par l'article 19 de la loi du 25 juin 1857, sans employer de nom fictif, ou sans emprunter, moyennant une redevance, un nom français. A cette condition là, il pourrait importer, s'il a le droit d'invoquer la Convention, des objets étrangers revêtus de noms de localités françaises, en évitant de tomber dans un des deux cas prévus par l'article 10.

Distinction entre la marque de commerce et la marque de fabrique

Nous avons indiqué, dans la première partie de cette étude, la différence qu'il faut établir, au point de vue de l'usage, entre la marque de fabrique et la marque de commerce, qui n'est que l'adresse du vendeur. La première, seule, indique la provenance, au point de vue de la production. Le *criterium* de la fraude, consistant dans la tromperie sur la provenance industrielle, on ne peut, du moins en principe, reprocher à un vendeur d'apposer son étiquette sur des produits qu'il achète pour revendre, et qu'il peut se procurer, même à l'étranger, en les important dans les conditions déterminées par les traités de commerce. Nous avons admis, cependant, que cette règle comportait une exception, et qu'il convenait de ne faire aucune distinction entre la marque du

[1] La Conférence réunie à Rome en mai 1886 a admis cette interprétation en votant une proposition dans ce sens.

producteur et celle du négociant, lorsqu'il s'agit de produits pour lesquels la localité, où s'exerce le commerce, est spécialement réputée pour le produit en question. Car alors, le négociant, exploitant la renommée de cette localité, ne peut disconvenir que son adresse de vendeur ne soit, dans ce cas spécial, une véritable indication de provenance qui tromperait le consommateur, et ferait, aux producteurs de cette localité, une concurrence déloyale, si le nom de cette localité était apposé sur des produits similaires, provenant de l'étranger, ou même simplement d'une autre localité.

Si nous laissons de côté l'article 19 de la loi du 23 juin 1857 et la jurisprudence, pour nous borner à une question de législation, nous devons reconnaître que, si, en dehors du cas exceptionnel que nous venons de mentionner, on ne peut considérer, comme frauduleuse, l'apposition sur des produits étrangers du nom et de l'adresse du vendeur, il ne saurait y avoir, non plus de fraude, dans le fait de faire apposer ce nom et cette adresse à l'étranger sur des produits destinés à l'importation. Ce qui est loyal à l'intérieur, ne peut être déloyal hors des frontières.

Réciproquement, le fait d'apposer une marque de fabrique française, un ou nom de localité française joint à un nom de fabricant français, sur des produits étrangers, destinés à l'importation, étant un délit qui peut motiver une saisie à la frontière, il serait logique de permettre la saisie, au cas où la marque et le nom du fabricant français ont été apposés, après coup, en France, sur les produits importés. La loi de 1857, qui autorise la saisie dans le premier cas, n'a pas prévu le second[1].

En dehors de cette lacune, il faut convenir, que l'article 19 de la loi de 1857 prévoit tous les cas de fraude, parce qu'il n'en spécifie aucun, et reste dans les généralités. Le législateur de 1857 a su éviter l'écueil d'une énumération toujours délicate en matière pénale.

Résumé

En législation, l'apposition de marques de fabrique fran-

---

[1] Cette lacune a été comblée par un projet de loi de M. Bozérian.

çaises sur des produits étrangers, est une fraude qui doit être réprimée, sans distinguer si l'apposition a eu lieu en dedans, on en dehors des frontières.

Celle des marques de commerce, sauf la distinction que nous avons mentionnée, est toujours licite.

En droit, si on laisse de côté la Convention de 1883, on arrive à la même conclusion, sauf que l'apposition de la marque de fabrique sur des produits étrangers, dans l'intérieur du territoire, n'est pas un délit. Un projet de loi, déposé par M. Bozérian, au Sénat, dès l'année 1884, est destiné à combler cette lacune. Il est actuellement à l'étude au Sénat.

Sous le régime de la Convention internationale du 20 mars 1883, l'article 19 de la loi du 23 juin 1857 ne s'applique, que s'il y a la fraude géminée, dont nous avons parlé.

La saisie ne pourra donc avoir lieu, si l'indication mensongère de provenance n'est compliquée d'une seconde fraude, consistant dans l'emploi d'un nom fictif, ou d'un nom emprunté dans une intention frauduleuse.

Origine de la restriction de l'article 10

Il nous paraît intéressant de rechercher l'origine de l'énumération restrictive, contenue dans l'article 10.

Dans une conférence faite récemment devant le comité central des chambres syndicales, M. Bozérian explique ainsi la restriction dont il s'agit :

On nous a dit : Vous avez donc deux morales ? Comment, pour qu'on interdise l'entrée en France de produits venant de l'étranger, il faut deux conditions : 1° l'indication d'un faux nom de localité. 2° l'adjonction de l'indication d'un nom commercial fictif ou frauduleusement emprunté ! Le premier fait est immoral, le second l'est aussi : Pourquoi donc exiger les deux conditions ? Pourquoi les déclarer séparément insuffisantes ?

L'objection, je la comprends, mais je ne m'y laisse pas prendre. Voici l'explication que je donnais dans une brochure que j'ai fait paraître en 1885. Je répondais d'abord, à ceux qui disaient : Pourquoi n'avez-vous pas fait cela :

« Si l'on n'a pas été plus loin, c'est *qu'on ne l'a pas pu* ; et si on ne l'a pas pu, *ce n'est pas la faute des commissaires français*. L'article proposé par eux, — veuillez écouter ceci, je tiens à disculper ces pauvres commissaires, car j'étais l'un d'eux, — était ainsi conçu : Tout produit portant illicitement, soit la marque d'un fabricant, ou d'un commerçant établi dans un des pays de l'Union, soit une indication de provenance dudit pays, sera prohibé, à l'entrée dans tous les autres états contractants, exclu du transit et de l'entrepôt, et pourra être l'objet d'une saisie, suivie, s'il y a lieu, d'une action en justice.»

Voilà la proposition française originaire. J'ajoutais : « si cet article avait été adopté, les plus difficiles se seraient sans doute tenus pour satisfaits. Possibilité de saisie pour simple indication de fausse provenance sans qu'un autre élément de fraude soit nécessaire ; prohibition de l'importation ; exclusion du transit ou de l'entrepôt, faculté de saisie à la requête, soit du ministère public, soit de la partie privée : c'était la reproduction, dans toute son énergie, de l'article 19 de notre loi du 23 juin 1857.

Mais on s'est heurté, d'abord, aux résistances des pays de transit, tels que la Suisse, qui ont absolument refusé d'admettre la saisie en cas de simple passage, sur leur territoire, du produit délictueux ; on s'est heurté ensuite aux méfiances d'autres Etats, qui ont craint, qu'en accordant la faculté de saisie, on n'en imposât moralement, au moins, l'obligation aux représentants du ministère public, dans les divers Etats de l'Union.

Relativement aux fausses indications de provenance, on a fait valoir les difficultés résultant d'habitudes et de pratiques, dont ont est obligé de tenir compte. Il est certain qu'on vend couramment, sous le nom d'Eau de Cologne, des eaux qui sont fabriquées partout ailleurs que dans cette ville ; sous celui de Champagne, ou de Cognac, des vins ou des eaux-de-vie qui proviennent de tout autre pays. Où cesse l'usage, on commence l'abus? On a vu là, au point de vue de là saisie, la cause possible d'inextricables difficultés ; *c'est pour cela, que la majorité des membres de la Conférence, a voulu, pour que la saisie fût possible, que la fraude se manifestât non seulement par l'indication fausse d'une localité déterminée, mais encore par celle d'un nom commercial fictif ou mensonger.*

Encore une fois, sur cette question, les commissaires français ont soutenu énergiquement la lutte: ils ont ont dû s'incliner devant la majorité.» [1]

Telle est l'origine historique de la restriction apportée, au point de vue international, par la Convention de 1883, à la règle générale de la saisie des produits revêtus de fausses indications de provenance française.

Il résulte, de ce qui précède, que l'article 10 de la Convention de 1883 n'a point maintenu la généralité des termes de l'article 19 de la loi de 1857. Il subordonne l'existence du délit, à l'adjonction, à la fausse indication de provenance, d'un nom commercial fictif, ou d'un nom emprunté dans une intention frauduleuse. La fraude simple ne suffit plus, si on prend l'article 10 à la lettre : il faut la combinaison de deux fraudes géminées, se prêtant un mutuel appui.

[1] Conférence faite par M. Bozérian devant l'assemblée générale, du comité central des chambres syndicales, le 30 mai 1889. Recueil des procès-verbaux des séances du comité central, IXme volume. p. 169.

Cette restriction, malencontreuse et funeste pour l'industrie française, provient d'une concession déplorable, arrachée aux délégués français, par la crainte de compromettre le résultat de négociations laborieuses, et de voir échouer la fondation de l'Union diplomatique.

Il est très essentiel d'élucider complètement ce point extrèmement important.

Un principe de droit criminel veut que tout article énumérant des faits délictueux et punissables, soit strictement limitatif. Tout ce qui n'est pas défendu par la loi est donc permis ; car en droit pénal, tout est de droit strict.

. Appliquons ce principe à notre matière. L'article 10 ordonnant la saisie de produits revêtus d'une fameuse indication de provenance, *si à cette indication est joint un nom fictif, ou un nom emprunté, dans une intention frauduleuse,* cette dernière condition est nécessaire pour qu'il y ait saisie. En d'autres termes, on peut introduire en France, dans la sphère d'application de la Convention de 1883, des articles revêtus d'une fausse indication de provenance française, pourvu qu'il n'y ait pas de nom joint à cette indication, ou que ces articles portent le nom réel d'un fabricant français ; car on se trouve alors en dehors du cas prévu par l'article 10.

Au contraire, l'article 19 de la loi du 23 juin 1857, et l'article 23 du projet de loi déposé au Sénat, ne contenant pas cette restriction, prescrivent la saisie dans tout les cas d'importation d'articles étrangers revêtus d'un nom de ville ou de localité française. Ils donnent donc au travail national et à la loyauté commerciale, des garanties dont les délégués à la conférence internationale qui a élaboré l'article 10 de la Convention de 1883, ont dû faire le sacrifice aux nations étrangères.

En fait, la Convention internationale de 1883 profite à dix-sept nations ; les pays qui, comme l'Allemagne, l'Autriche, la Russie, la Grèce, la Turquie, la Roumanie, l'Égypte, et certains pays d'Amérique, n'ont pas adhéré à l'Union, ont la ressource d'invoquer l'article 3.

L'application du droit commun se trouve ainsi réléguée dans le domaine des principes et de la théorie pure. La loi intérieure disparaît devant la loi internationale. Par suite, l'article 10, interprété restrictivement, ouvre la brèche à la fraude classique, dont souffre l'industrie française, et qui consiste à apposer, sur des produits étrangers importés en France, des noms de villes ou de localités françaises.

Cette tromperie sur l'origine de la marchandise est pratiquée à l'étranger et en France.

A l'étranger, on peut regretter de ne pouvoir la réprimer[1]; mais il est dangereux de la légaliser par un texte de convention internationale.

En France, c'est bien le moins qu'on ne laisse pas un texte de convention, mal rédigé, enlever à la loi toute efficacité contre la fraude.

Voilà pourquoi l'article 10 de la Convention internationale du 20 mars 1883 constitue, à lui seul, un danger tel, que, quels que puissent être les avantages qu'elle présente, selon certains auteurs, à d'autres point de vue, elle doit être dénoncée le plus tôt possible.

Les explications, fournies au comité central des chambres syndicales, par M. le sénateur Bozérian, montrent les difficultés inextricables, que présente, dans l'état actuel des relations internationales, compliquées par la concurrence industrielle, une entente entre nations, sur la base de la loyauté commerciale. Ces difficultés proviennent, aussi, de l'impossibilité de fixer législativement le *criterium*, permettant de distinguer les noms de villes ou de pays, employés comme indication de provenance, de certains noms de villes ou de pays, qui comme Cologne, Sedan, Louviers, Lyon sont devenus partie intégrante d'une désignation usuelle, telle que *Eau de Cologne Drap de Sedan, Soierie de Lyon*, etc... Ce *criterium* est impossible à préciser; et il est indispensable de s'en rapporter aux tribunaux pour l'appréciation de cette question de fait.

Vouloir régler ce point. qui échappe à toute réglementation, surtout au point de vue international, comme les délégués à la Conférence de 1880 ont voulu le régler, c'est poursuivre une chimère.

Une lettre que nous avons écrite, le 1er mars 1886, sur sa demande, à M. le Président du Groupe Industriel de la Chambre des Députés, précise là difficulté de réglementer une ma-

---

[1] Il faudrait pour cela, des traités internationaux bien faits, basés sur l'intérêt réciproque des États contractants. Mais l'intérêt des Etats étrangers est d'exploiter l'ancienne réputation des cités industrielles françaises.

tière de droit strict, sans tomber dans l'écueil d'énumérations limitatives, qui ne peuvent prévoir tous les cas.

Le Groupe Industriel de la Chambre, ému des plaintes des Chambres de commerce au sujet de la Convention internationale de 1883, nous avait fait convoquer à sa séance du 21 février 1886, qui fut consacrée toute entière à recueillir notre déposition. M. Bozérian fut entendu le lendemain. A la suite de ces deux dépositions, le Groupe avait chargé son président M. Dautresme, ancien ministre, et M. Le Gavrian député du Nord, de rédiger un mémoire, pour qu'il fût présenté par les délégués du Groupe, à M. le ministre des Affaires étrangères. Il avait, pour objet, de lui soumettre un plan de révision de la Convention internationale, en vue de la conférence qui devait se réunir à Rome, le 24 avril 1886, dans le but de réviser cette convention, aux termes de son article 14.

M. le Président Dautresme, embarrassé par la rédaction qu'il convenait de proposer à Rome, pour l'article 10, et par l'objection des noms de villes devenus des désignations usuelles, nous fit l'honneur de nous demander une note à ce sujet. Nous publions le texte de notre réponse, parce qu'elle fait ressortir, selon nous, l'inconvénient des réglementations exagérées, surtout dans l'ordre international, et la nécessité d'abandonner aux tribunaux l'appréciation de points de fait, qu'il est impossible au législateur de régler par avance.

A Monsieur Dautresme. Député, ancien Ministre, Président du Groupe Industriel de la Chambre des Députés.

MONSIEUR LE PRÉSIDENT,

En réponse à l'avis que vous m'avez fait l'honneur de me demander, au sujet de la rédaction, qu'il conviendrait de proposer, à la Conférence qui va se tenir à Rome, pour l'article 10, dont j'ai indiqué, dans ma lettre à Monsieur le ministre du Commerce, le côté défectueux et dangereux pour les intérêts français, je prends la liberté d'insister encore, auprès du Groupe industriel que vous présidez, pour qu'il réclame la suppression de ces mots : *lorsque cette indication sera jointe à un nom commercial fictif, ou emprunté dans une intention frauduleuse.*

Le problème à résoudre est complexe : il consiste pour nous, Français ;

1° à protéger les nationaux, contre la contrefaçon étrangère, qui prend actuellement de grandes proportions ;

2° à ne pas les exposer à des poursuites vexatoires, que les étrangers, invoquant la convention de 1883, auraient la velléité de diriger contre eux, soit en France, soit dans les pays contractants, pour leur interdire l'usage de dénominations, qui, comme les suivantes : *Eau de Cologne, Pâte d'Italie, Taffetas d'Angleterre, Velours d'Utrecht, Gants de Suède,* réalisent exactement le type de ce qu'on appelle, dans le langage du droit, une dénomination générique, une désignation nécessaire. Ce qui était en effet, à l'origine, l'indication de leur provenance véritable, est devenu aujourd'hui, et depuis longtemps, une désignation courante et nécessaire d'un produit déterminé, abstraction faite de toute indication de lieu de fabrication, ou de provenance.

Pour résoudre la première partie du problème, c'est-à-dire pour réprimer la concurrence déloyale des étrangers, qui nous expédient des produits exotiques, qualifiés par eux de produits français, il est nécessaire et indispensable, sans que l'on puisse admettre, à Rome, aucune transaction sur ce point, de supprimer, dans l'article 10, l'indication explicite d'un cas particulier de contrefaçon, qui a l'inconvénient grave d'exclure les autres cas des prévisions du législateur en vertu du brocart: « *inclusio unius exclusio alterius.*» L'article 10, tel qu'il est rédigé, permet aujourd'hui, aux étrangers, de passer à travers les mailles de la convention en se servant de leur nom commercial réel, comme d'un talisman contre les poursuites ordonnées par la circulaire de M. Lockroy.

Examinons maintenant la deuxième partie du problème, qui peut s'énoncer ainsi : sous prétexte de réprimer la contrefaçon étrangère, né pas offrir de prises à des poursuites vexatoires, qui seraient exercées, par les étrangers, en France, et dans les pays contractants, contre nos compatriotes.

J'avais d'abord songé à demander le remplacement des mots : *lorsque cette indication sera jointe à un nom commercial fictif ou emprunté dans une intention frauduleuse,* qui terminent le 2ᵉ paragraphe de l'article 10, par ceux-ci : « *à moins que le nom de localité ne soit devenu, dans l'usage du commerce, la dénomination générique nécessaire de la marchandise.*»

Le texte de l'article 10 serait ainsi modifié, par comparaison avec l'article 10 actuel de la Convention, dont le maintien est inacceptable.

Texte de l'article 10 actuel	*Modification à réclamer par les délégués français à la conférence de Rome.*
Art. 10. — Les dispositions de l'article précédent (l'article 9, qui ordonne la saisie) seront applicables à tout produit portant faussement, comme indication de provenance, le nom d'une localité déterminée, *lorsque cette indication sera jointe à un nom commercial fictif, ou emprunté dans une intention frauduleuse.*	*Projet d'article 10 nouveau.* — Les dispositions de l'article précédent seront applicables à tout produit portant faussement, comme indication de provenance, le nom d'une localité déterminée, *à moins que le nom de cette localité ne soit devenu, dans l'usage du commerce, la dénomination générique usuelle, et par conséquent nécessaire du produit, comme par exemple, Eau de Cologne, Gants de Suède, Taffetas d'Angleterre, etc..*

Cette substitution d'un membre de phrase nouveau à l'ancien, devrait, à mon sens, donner satisfaction au travail national et à la jurisprudence actuelle, qui admet cette distinction absolument nécessaire. Elle mettrait la Convention dont la plupart des articles se heurtent à nos lois existantes, d'accord avec la jurisprudence refusant d'assimiler un nom de localité, qui indiquait autrefois une provenance réelle, mais qui est de venu une désignation usuelle, à une véritable dénomination nécessaire.

Après y avoir bien réfléchi, je pense qu'on arriverait plus simplement à ce résultat, par la suppression pure et simple des mots : *lorsque cette indication sera jointe à un nom commercial fictif ou emprunté dans une intention frauduleuse*, et en ne les remplaçant par aucun autre membre de phrase.

L'article 10 se trouverait ainsi définitivement arrêté :

« Les dispositions de l'article précédent seront applicables à tout pro-
« duit portant faussement comme indication de provenance le nom
« d'une localité déterminée. »

Il me reste à justifier la rédaction de ce projet.

Le principe que l'on n'a pas le droit de tromper le public sur ce qu'on pourrait appeler « la nationalité du produit, » se trouverait nettement dégagé et mis en relief par cette rédaction. Quant aux expressions, relatées plus haut, d'*Eau de Cologne*, de *Taffetas d'Angleterre*, de *Pâtes d'Italie*, on peut considérer comme inutile, après tout, de s'en préoccuper ; elles échapperont certainement à l'article 10, en vertu de la jurisprudence que j'ai rappelée ; elles ne pourront donc motiver aucune poursuite sérieuse de la part des étrangers contre des fabricants français. Comme ce sont des expressions courantes, des dénominations génériques, autrement dit, des appellations nécessaires, elles ne seront pas considérées comme des indications de provenance. Donc l'article 10 ne leur sera pas applicable, puisqu'il ne prévoit que le cas où le nom de localité est employé *comme indication de provenance*.

Si un fabricant de parfumerie allemand, invoquant l'article 3, soutenait, à l'encontre d'un fabricant français, que le mot *Eau de Cologne*, induit le public en erreur en lui laissant croire que c'est un produit provenant de Cologne, il se heurterait à une jurisprudence constante et inflexible. Sa prétention ridicule serait repoussée, nonobstant la généralité des termes de l'article 10, parce que ce nom ne serait pas employé comme indication de provenance.

On peut donc, je crois, supprimer la fin de l'article 10 sans inconvénient ; car, il est inutile de s'occuper des noms de localités qui sont devenues des désignations nécessaires de produit déterminé.

Si cette question soulevait quelques difficultés, à la conférence de Rome, et si les étrangers, peu familiarisés avec les nuances de la langue française, tenaient absolument à être rassurés contre l'éventualité d'une interprétation différente, on pourrait alors leur proposer l'addition du membre de phrase cité plus haut, à moins qu'on ne préfère cette variante : « *il sera fait exception au principe ci-dessus, pour les noms de localités, qui ont cessé d'être, dans l'usage, l'indication d'une provenance déterminée.*»

Ce membre de phrase, destiné à remplacer l'autre, qui jette l'équivoque dans les esprits, aurait, à mon sens, l'inconvénient contraire de déguiser une vérité de M. de la Palisse, vérité qui apparaîtrait dans le costume primitif et traditionnel que lui prête la Fable, si on la dépouillait de ses oripeaux juridiques ; car elle se pourrait traduire ainsi :

La disposition de l'article précédent, (qui ordonne la saisie), serait applicable à tout produit, portant inexactement, comme indication de provenance, le nom d'une localité déterminée. Il reste entendu qu'elle ne serait pas applicable, si le nom de la localité en question n'était pas l'indication d'un lieu de provenance.

Le mieux serait donc, à mon avis, de supprimer, dans l'article 10, la phrase précédente de la fin, sans la remplacer par aucune autre.

L'article se trouverait ainsi définitivement arrêté :

ARTICLE 10. — *Les dispositions de l'article précédent seront applicables, à tout produit portant faussement, comme indication de provenance, le nom d'une localité déterminée.*

Je persiste donc, monsieur le Président à demander la suppression pure et simple de la fin du premier paragraphe de l'art. 10 ainsi conçu : *lorsque cette indication sera jointe à un nom commercial fictif, ou emprunté dans une intention frauduleuse,* afin que l'article puisse s'appliquer, même quand il n'y a pas de nom fictif.

Cette suppression aura alors, pour effet, de faire rentrer, dans le cadre de la contrefaçon punissable, l'usage pur et simple d'une indication mensongère d'un nom de localité, employé, cela va sans dire, non comme dénomination générique nécessaire, mais bien, en réalité, pour tromper le public sur l'origine véritable du produit, et cela, sans qu'il y ait, ou non, la circonstance aggravante de nom fictif ou emprunté. L'objection de M. Bozérian qu'il est impossible de réprimer cette fraude à cause des noms de localités et de pays comme : *Gants de Suède, Eau de Cologne, Pâtes d'Italie,* tombe naturellement d'elle même, devant le texte de l'article 10, qui exige, pour la saisie, que ces noms soient employés *comme indication de provenance,* ce qui n'a jamais lieu dans les cas cités où le nom de la localité est devenu la désignation usuelle du produit.

Qui décidera s'il y a *indication de provenance,* ou emploi d'une désignation usuelle nécessaire? — les tribunaux qui ont, souvent déjà, été saisis de la question, et dont la jurisprudence est déjà fixée à cet égard.

Voilà, Monsieur 'e Président, la réforme qui est absolument nécessaire, si la Convention n'est pas dénoncée.

Elle sera ainsi mise d'accord avec la législation française, sur ce point spécial. Quant aux dispositions, qui sont en contradiction avec les lois sur les brevets et sur les marques, il reste cette question fondamentale, qui domine la Convention elle-même, et qui remettra un jour tout en question, parce que la Convention elle-même ne peut la trancher :

Un français pourra-t-il opposer à un étranger, invoquant la Convention internationale, un article de loi française en contradiction avec ce traité?

Dans le cas où l'affirmative serait admise, ce qui n'est pas improbable, la convention resterait lettre morte en France jusqu'à ce que nos lois sur la propriété industrielle, aient été mises en harmonie avec le nouveau régime international.

Je vous signale, monsieur le Président, ce point d'interrogation, qui dominera, quand même, l'œuvre de la conférence de Rome, si l'on ne peut tomber d'accord sur la révision, dont le principe n'a été admis qu'en vue d'améliorations réclamées *dans l'intérêt commun* des Etats contractants. Or, toutes les réclamations, qui seront formulées par la France, le seront dans son intérêt exclusif.

Nous sommes encore libres de nous tirer de ce guépier international;

si demain l'Allemagne entrait par la porte de l'Union, que la Convention laisse ouverte à tous venants, qui sait si nous ne serions pas liés à cette œuvre, par des considérations, sur la nature desquelles il est inutile d'insister ?[1]

Veuillez agréer, Monsieur le Président, l'hommage de mon profond respect.

Louis DONZEL,
Avocat à la Cour de Paris.

Paris, le 1er Mars 1886.

CONFLIT ENTRE LA LOI ET LA CONVENTION

L'application de la Convention de 1883 fait surgir la question du conflit, entre une loi et un traité ou une convention internationale. Il peut arriver, en effet, qu'une convention, conclue avec un ou plusieurs Etats, ne soit pas en harmonie avec une loi existante, comme aussi, que le Parlement vote une loi qui ne soit pas en concordance avec une convention internationale antérieure.

C'est ce qui arrive pour la Convention de 1883 : son article 10 n'est en harmonie, ni avec l'article 19 de la loi du 23 juin 1867 qui régit, aujourd'hui encore, la saisie des produits étrangers revêtus de mentions tendant à les faire passer pour produits français, ni avec l'article 23 du projet, déposé au Sénat par M. Dietz-Monnin, et relatif au même objet. Car, pas plus l'article 19, qui est aujourd'hui en vigueur, que l'article 23 du projet qui sera exécutoire, n'admet, comme l'article 10, la distinction, au point de vue du délit, entre le cas où il y a, et celui où il n'y a pas, soit un nom fictif, soit un nom emprunté dans une intention frauduleuse. Ils n'exigent pas, comme l'article 10, la combinaison de deux fraudes. Une seule suffit pour légitimer la saisie et la confiscation.

Le conflit entre la loi et un traité international se présente donc, dans cette question, sous les deux aspects différents qu'il est susceptible de revêtir, selon que le traité est postérieur, ou antérieur à la loi.

Devra-t-on appliquer la loi intérieure, de préférence à la convention ou la convention de préférence à la loi?

---

[1] Nous verrons plus loin que cette lettre a été prise en considération et qu'elle n'a pas été sans influence sur les débats de la conférence de Rome.

Une distinction nous parait s'imposer, suivant qu'il s'agira de nationaux, ou d'étrangers pouvant se réclamer du régime de l'Union, soit parce qu'ils en font partie, soit en vertu de l'article 3 de la Convention.

Tout citoyen est soumis exclusivement à la loi de son pays : il ne peut réclamer le bénéfice de l'Union, qu'à l'étranger, dans un des pays qui en font partie. Le bénéfice de la Convention ne peut lui être acquis, que dans l'ordre international. Il n'y a donc pas, à proprement parler, de conflit entre la loi et la Convention pour le national.

Mais c'est uniquement, quand on se place au point de vue du citoyen faisant partie de l'Union, et plaidant à l'étranger, dans un autre pays de l'Union, que la question du conflit se pose véritablement.

Examinons le cas de l'étranger :

Deux hypothèses sont possibles : 1° Un étranger demandeur, ayant le droit d'invoquer la Convention, poursuit, dans un pays de l'Union, un national. 2° Cet étranger se défend contre une saisie pratiquée à la frontière, en vertu de la loi, en invoquant la Convention.

Dans la première hypothèse, l'étranger devra-t-il se réclamer exclusivement, dans l'Union, s'il en fait partie, de la Convention internationale ? Devra-t-il, au contraire, invoquer, contre un citoyen ou sujet d'un Etat de l'Union, dans le pays de celui-ci, la loi particulière de ce pays, le nouveau régime international de la propriété industrielle (à le supposer plus avantageux), ne pouvant être invoqué, par lui, qu'à titre d'exception, pour se défendre contre des poursuites exercées contre lui par un citoyen de l'Union ?

Que l'étranger, membre de l'Union, soit demandeur, ou défendeur, dans un des Etats contractants, en un mot, qu'il s'agisse de la première, ou de la deuxième hypothèse, ne pourra-t-il, à l'égard d'un autre membre de l'Union, invoquer, à son choix, au gré de ses intérêts, la loi nationale ou le nouveau régime international de la propriété industrielle ?

Telles sont les questions primordiales, soulevées par l'application de la Convention de 1883, et que la jurisprudence aura à trancher dans chaque pays, sans qu'aucun tribunal international supérieur puisse être institué pour assurer l'unité de cette jurisprudence.

Bornons-nous à étudier cette question, au point de vue exclusivement français.

Il ne nous paraît pas douteux, que la Convention de 1883 ne peut s'appliquer que dans l'ordre international, et ne concerne nullement les citoyens ou sujets de l'Union, demandeurs ou défendeurs entre nationaux.

Elle ne concernerait pas davantage, en France, un Français plaidant contre un étranger, domicilié, ou autorisé à établir son domicile en France, qu'en matière de marques de fabrique, un français plaidant contre un étranger, à propos d'une marque apposée sur un produit provenant d'une usine située en France ? Il semble qu'aux termes de l'article 6 de la loi du 23 juin 1857, on ne considère que la nationalité du produit, et qu'en conséquence, il faut écarter la législation internationale. Pour nous, cependant, la question reste douteuse.

La question peut se poser aussi, pour un étranger résidan en France, sans y être domicilié, ni autorisé à établir son domicile.

Entrons maintenant dans l'ordre d'idées international, nécessaire pour que la Convention de 1883 puisse s'appliquer. Supposons une saisie pratiquée à la douane de l'un des pays de l'Union diplomatique, sur des produits importés d'un autre pays de l'Union, et revêtus de noms et de mentions destinées à dissimuler, dans le pays d'importation, l'origine étrangère de ces produits.

Pourra-t-on imposer à l'importateur, citoyen d'un pays signataire de la Convention de 1883, (ou invoquant l'article 3), dans un des Etats contractants, au gré du poursuivant, et selon l'intérêt de la poursuite, soit la loi intérieure du pays d'importation, soit la Convention internationale de 1883 ? Au contraire, n'est-ce pas à l'étranger défendeur à exercer ce choix, et à se réclamer, dans ce pays au gré de ses intérêts, soit de l'un soit de l'autre de ces deux régimes différents ?

Nous n'hésitons pas à adopter cette dernière solution. N'est-il pas évident, en effet, que dans toute convention internationale, les Etats contractants stipulent pour leurs nationaux, et que, par conséquent, la situation des étrangers doit être conventionnellement améliorée, et ne peut être empirée, par rapport à celle qui résultait, pour eux, de la loi intérieure ? L'étranger, qui sera dans les conditions voulues, pourra donc se réclamer, à son choix, du nouveau régime international de la propriété industrielle, ou de la loi intérieure.

On peut conclure de ce qui précède, qu'un article de loi intérieure est abrogé, au profit des étrangers, dont le gouvernement a signé, avec celui du pays, où la question se présente, un traité ou convention internationale plus favorable que cet article de loi intérieure, et manifestement en contradiction avec lui.

Faisons l'application de ces principes à la France.

L'article 10 de la Convention du 23 mars 1883 est plus favorable aux étrangers, qui importent des produits marqués de noms de villes ou de localités françaises, ou de noms réels de destinataires français, que l'article 19 de la loi du 23 juin 1857, ou l'article 23 du projet de loi à l'étude au Sénat. Donc, l'article 10 de la Convention sera seul applicable aux étrangers, qui seront en situation d'invoquer ce nouveau régime international de la propriété industrielle. Quand la loi, actuellement à l'étude au Sénat, sera devenue exécutoire, l'article 23 de cette loi ne pourra pas plus prévaloir, contre l'article 10 de la Convention, que ne prévaut aujourd'hui l'article 19 de la loi de 1857, qui, comme le projet d'article 23, ordonne la saisie et la confiscation, *même au cas où il n'y a ni nom fictif, ni nom emprunté dans une intention frauduleuse.* Au contraire, interprété comme il doit l'être, à la lettre, l'article 10 ne permet la saisie des produits étrangers, revêtus d'une fausse indication de provenance française, *que si cette fraude se complique de l'adjonction d'un nom fictif ou d'un nom emprunté dans une intention frauduleuse* [1] . Donc, en dehors de ce cas,

---

[1] Un exemple nous servira à montrer quelle conséquence cela peut avoir pour notre industrie nationale, qui exploitait, jusqu'à ces dernières années, une réputation correspondant à des siècles de travail glorieux.

Vincent fabricant de drap à Sedan, désirant réaliser une économie sur la main d'œuvre, commande son drap en Allemagne, avec l'ordre de tisser dans la lisière le nom de Sedan. D'après la loi de 1857, ce drap pourrait être saisi à la frontière, et dans n'importe quel autre lieu. D'après l'article 10 de la Convention, les douanes devront le laisser passer, parce qu'il n'y a pas de noms. S'il y avait la mention : *Vincent fabricant à Sedan*, il en serait encore de même, Vincent n'étant pas un nom fictif.

il n'y aura pas de saisie possible, du moins dans la sphère d'application de la Convention internationale.

Cette question du conflit, entre la loi intérieure et un traité diplomatique, s'est présentée, pour la première fois, à propos des lois et conventions internationales sur la propriété littéraire. Voici à quel propos.

La Convention diplomatique, conclue le 23 février 1882, entre la Confédération Suisse et la France, pour la garantie réciproque de la propriété littéraire, convention exécutoire jusqu'en 1892, consacre la propriété littéraire dans un sens aussi absolu qu'en France. La loi Suisse de 1883 viole ce principe. Si, comme loi intérieure, elle peut modifier les droits des nationaux, elle ne peut, en aucune façon, amoindrir la loi internationale; par conséquent, les auteurs français n'en relèvent pas; ils conservent donc la garantie de la convention diplomatique de 1882, et leur propriété est absolue.

Ce point de droit international ayant été discuté, au neuvième congrès de l'Association littéraire et artistique internationale, qui s'est tenu à Genève, en septembre 1886, M. POUILLET, soutint que toute convention diplomatique constitue un contrat synallagmatique, qui ne peut être modifié, par les nations, que d'un commun accord, et que c'est un point de droit public admis par tous les pays civilisés [1].

En application de cette idée, un arrêt de la Cour de Besançon, en date du 29 juin 1885, rendu en matière de compétence, a jugé que les règles du Code de procédure civile français, ne peuvent être invoquées à l'encontre de la Convention francosuisse du 15 octobre 1869 [2].

Etant donné que l'article 10 de la Convention de 1883 est

---

[1] *Journal de Genève* du 23 septembre 1886.

[2] Voir la *Loi* du 6 octobre 1885. Il s'agissait, dans l'espèce, de déterminer le tribunal compétent pour statuer sur une demande en dommages et intérêts formés par un demandeur français contre une compagnie de chemins de fer suisse, à raison d'un accident. Le tribunal de Pontarlier s'était déclaré compétent, par ce motif que l'action engagée rentrait dans l'exception prévue par le § 2 de l'article 1 de la convention franco-suisse. — La Cour infirma le jugement, par ce motif, que l'espèce, ne rentrant pas dans l'exception, était justiciable de la règle édictée par cette convention internationale. Le tribunal et la Cour ont donc fait, l'un et l'autre, l'application du traité franco-suisse, mais en sens inverse. L'un comme l'autre a jugé inapplicable l'article 59 du code de procédure civile, comme étant en désaccord avec la convention franco-suisse qui y déroge. Il est donc, en somme, jugé que la loi intérieure ne peut s'appliquer à ceux qui invoquent un trait qui y déroge.

plus favorable, pour leur défense, aux étrangers importateurs de produits revêtus de marques françaises, il est incontestable que la loi de 1857, pas plus que celle qui est à l'étude au Sénat, ne leur sera applicable. Nous pensons, quant à nous, qu'un État ne peut pas plus se dégager d'un traité, ou d'une convention, en invoquant sa loi intérieure, qu'un particulier ne peut se dégager d'un engagement résultant d'un contrat synallagmatique régulier, en invoquant des arrangements particuliers, auxquels l'autre partie n'aurait point souscrit. On doit donc appliquer le traité ou la Convention, de préférence à la loi, chaque fois qu'il est plus favorable, que cette loi, aux étrangers membres de l'Union diplomatique.

Les défenseurs officiels et obstinés de la Convention de 1883, ont si bien compris que l'article 10, appliqué ainsi à la lettre, nonobstant la loi nationale, rend, à lui seul, inacceptable la prolongation de l'Union diplomatique résultant de cette convention, que, pour mettre à couvert leur responsabilité de promoteurs et d'instigateurs de l'Union, ils ont inventé, après coup, ce qu'ils appellent eux-mêmes la théorie du *minimum*.

THÉORIE DU MINIMUM. — SA RÉFUTATION

D'après cette théorie, imaginée après coup, par M. Bozérian, pour calmer l'agitation produite, dans les Chambres de commerce, par les articles du *Journal des Procès en Contrefaçon*, la Convention de 1883 a eu, pour but unique, pour les États contractants, de tomber d'accord sur un *minimum* de répression, qui laisserait chaque pays libre d'adopter, à sa convenance, une législation plus répressive, ou de la conserver, au cas où il la posséderait déjà. La France pourrait donc légiférer à son aise, sur les marques de fabrique, pourvu qu'elle respecte le *minimum* convenu entre les dix-sept nations, qui forment aujourd'hui l'Union diplomatique.

Il est à remarquer que, si telle a été l'intention des rédacteurs, rien n'eût été plus facile que d'insérer dans la Convention un article ainsi conçu :

« Il est entendu que chacun des pays contractants reste libre d'adopter une législation intérieure plus sévère, et que la présente convention n'établit qu'un *minimum* de répression. »

Or, cette chose facile n'a pas été faite.

Etablissons, maintenant, qu'en dehors d'un texte formel, cette théorie du *minimum* est anti-juridique.

Cette théorie n'est pas juridique

Les lois sur l'adultère, le vol, la diffamation, le meurtre, la contrefaçon des inventions brevetées et des marques de fabrique ne peuvent être que des lois répressives; car ces faits constituent des crimes, ou des délits, dans tous les pays civilisés. Si leur répression présentait quelque intérêt, au point de vue international, on comprendrait qu'il se formât, entre plusieurs Etats, une union diplomatique qui établirait un *minimum* de répression, laissant à chaque Etat le droit de renchérir sur ce *minimum*, à sa convenance, en adoptant une législation plus sévère.

Mais les articles 9 et 10 de la Convention internationale de 1883 ne relèvent pas exclusivement de la législation répressive. Ils n'ont pas trait, uniquement, à une question de contrefaçon, puisqu'ils réglementent le droit, du propriétaire d'une marque, de disposer, comme il l'entend, de cette marque qui lui appartient en propre. Ces articles, dans le but de réprimer la déloyauté commerciale, interdisent, dans certains cas, d'apposer des noms de villes et de localités françaises, sur des produits étrangers, comme aussi, à un fabricant français de prêter son nom à un fabricant étranger. Interprétés restrictivement, comme doivent l'être toutes les lois édictant une peine, ces articles permettent, cependant, dans certains cas, et sous certaines conditions, cette pratique déloyale du commerce international, qui cause tant de préjudice à l'industrie française.

C'est que la question de la répression de la fraude a deux faces, selon qu'on se place au point de vue de celui qui se livre à la fraude, ou de celui qui a intérêt à la répression. Or, la loi, qui est faite pour tout le monde, s'applique à l'un comme à l'autre. Il en est de même des articles 9 et 10 de la Convention de 1883, qui ont force de loi dans toute l'étendue de l'Union.

Revêtant le caractère d'une loi pénale, à l'égard de ceux qui ne se sont point renfermés dans les limites tracées par ces articles, ils présentent, au regard de ceux qui s'orientent sur la Convention internationale, pour ne tromper l'acheteur, que dans les conditions implicitement tolérées par elle, sur le lieu d'origine des produits, ils présentent, disons nous, le caractère d'une simple réglementation de la liberté du commerce et des transactions. Loi civile en deçà, loi pénale au delà ! Dès lors, en envisageant les articles 9 et 10 aux deux points de vue opposés, de la loyauté des transactions, et de la liberté du commerce, il ne reste plus de place pour la théorie du *minimum*. La loi étant faite pour tous, aussi bien pour ceux, dont elle entrave les spéculations malhonnêtes, mais licites, et qui peuvent s'embusquer dans ses articles incomplets, et mal rédigés, pour passer au travers de ses mailles, que pour ceux qui ont intérêt à ce que le nom d'une localité française ne soit pas usurpée par des étrangers, il est clair que, tandis que les premiers, qui exploitent la fraude, interprèteraient les articles 9 et 10, dans le sens d'un *minimum* de tolérance, les autres, (ceux à qui elle porte préjudice) l'interprèteraient, au contraire, dans le sens du *minimum* de répression. Il n'y a pas de raison décisive pour que ce soit plutôt l'un que l'autre, ou plutôt, pour que ce ne soit pas l'un et l'autre à la fois. Il en résulte que la loi, n'est extensible, ni dans le sens de la répression, ni dans le sens de la tolérance, et qu'elle doit, par conséquent, s'appliquer strictement et à la lettre.

Telle serait la conclusion à laquelle on se trouverait forcément amené par la théorie d'un *minimum*, si on la prenait pour point de départ, en l'acceptant, *à priori*, comme fondée, la question de savoir si c'est un *minimum*, de répression ou un *minimum* de tolérance qu'il s'agit, étant d'ailleurs réservée.

On ne peut assimiler la discussion qui a eu lieu, en 1878, au Trocadéro, à des travaux préparatoires officiels

A l'appui de cette théorie du *minimum*, exposée pour la première fois en 1885, par M. Bozérian, dans la brochure destinée à calmer l'agitation des Chambres de commerce, l'ancien président de la conférence internationale de 1880, nvoque les travaux du *Congrès de la propriété industrielle*,

tenu au Trocadéro en 1878. Il rappelle que c'est de ce congrès,
qu'est partie l'idée d'une Union diplomatique, qui réaliserait,
entre certains Etats, une convention établissant un *minimum*.

En raisonnant de la sorte, M. Bozérian, assimile, comme
on le voit, aux travaux préparatoires officiels de la Conférence
de 1880, d'où est sortie la Convention de 1883, les discussions
et les vœux du congrès tenu, sous sa présidence, pendant
l'Exposition de 1878. N'est-ce pas là une exagération, destinée à pallier, après coup, les inconvénients de l'Union diplomatique, et à en atténuer les conséquences ? Comment reconnaître le caractère officiel aux discussions d'un congrès, ouvert à tous ceux qui s'y étaient fait inscrire ? Alors même,
que l'idée de l'Union diplomatique, fondée plus tard, serait
la réalisation d'un vœu du congrès de 1878, pourrait-on assimiler à une conférence internationale de délégués officiels,
une réunion d'hommes sans mandat, se déléguant les uns
les autres pour représenter tel ou tel Etat, et jouant, pour se
distraire, au législateur international ?

Seuls, les comptes-rendus des conférences internationales
de 1880 et 1883, dans lesquelles les Etats contractants étaient
représentés par des délégués n'ayant enser' '- qu'une voix,
pourraient être considérés comme travaux préparatoires. Or, il
n'est fait mention nulle part, dans ces comptes-rendus, de la
question du *minimum* de répression, soulevée, pour la première fois en 1885, pour atténuer l'effet des critiques dirigées
contre L'Union diplomatique.

Telle est la réponse, qui peut-être faite, tout d'abord, à ceux
qui assimilent à des travaux préparatoires officiels, les discussions purement doctrinales d'un congrès libre, et affectent de lui emprunter une interprétation de l'article 10, mettant à couvert la responsabilité fortement engagée, des délégués français aux conférences internationales officielles
tenues à Paris, en 1880 et en 1883.

Il ne faut pas confondre, d'ailleurs, un minimum de repression,
avec un minimum d'unification

Mais, quand bien même les comptes-rendus du *Congrès*
international de la propriété industrielle pourraient être con-

sidérés, en quelque sorte, comme les travaux préparatoires de la Convention de 1883, le raisonnement, auquel nous venons de faire une première réponse, repose sur une confusion, entre le *minimum* d'unification, dont il a été question en 1878, au Congrès du Trocadéro, et le *minimum* de répression, dont parle M. Bozérian. Ce *minimum* de répression, laissant, selon lui, chaque État de l'Union, libre de ne pas s'en contenter, et d'adopter une législation plus sévère, est le seul argument que l'on puisse invoquer pour soutenir que chacun des États contractants peut modifier, à son gré, par une loi intérieure sur les marques de fabrique, les conditions du commerce international réglées, pour les indications de provenance et le no u commercial, par la Convention du 23 mars 1883. Le *minimum* d'unification entraîne, au contraire, comme nous allons l'établir, l'engagement des États contractants d'appliquer l'article 10 à la lettre, sans pouvoir en atténuer l'effet par un article de loi intérieure. Or, c'est uniquement d'un *minimum* de ce genre qu'il a été question, au Congrès de 1878, et non d'un *minimum* de répression imaginé, après coup, pour les besoins de la cause.

Il suffit, pour s'en convaincre, de consulter le compte-rendu de ce qui a été dit, au Congrès, dans la séance du 14 septembre 1878. Après avoir, au cours de la discussion sur les marques, cité les motifs d'un arrêt, rendu par la Cour de Leipzig, dans la célèbre affaire Armstrong, arrêt qui avait admis, à la protection, en Allemagne, la marque étrangère *telle qu'elle est*, M. de Maillard de Marafy ajoutait, comme commentaire de cet arrêt :

« Il est impossible messieurs, de définir le *minimum d'unification* », que nous demandons, dans un plus beau langage. Je vous demande de consacrer aujourd'hui le grand principe qui va être la base d'une unification imminente, dans laquelle entreraient, avant peu, les pays qui n'ont aucune raison d'en être exclus — et ces pays sont nombreux. — Je crois que si le congrès, dès sa première réunion, arrive à arrêter un *minimum* certain d'*unification* immédiatement réalisable, il aura rendu un de ces services que les gouvernements n'oublient pas [1].

[1] Compte rendu officiel du congrès de la propriété industrielle, tenu en septembre 1878, dans le Palais du Trocadéro (page 331).

C'est donc bien, comme on le voit, d'un *minimum* d'unification qu'il s'est agi dans le Congrès de 1878. Ainsi envisagée, au point de vue de l'unification, et non plus au point de
vue de la répression, la question du *minimum*, soulevée par
l'ancien Président de la conférence de 1880, ne peut servir
qu'à résoudre, dans le sens de la négative, celle de savoir si
l'article 10 de la Convention laisse le législateur de chaque
Etat libre de légiférer à son aise, sur la matière réglée par cet
article, et d'aggraver les entraves apportées par la Convention
à l'introduction des produits étrangers.

Nous disons que le *minimum* d'unification réclamé, en
1878, au Trocadéro, par les promoteurs de l'Union diplomatique, enchaine, jusqu'à ce qu'ils aient dénoncé le pacte, la
liberté des Etats de l'Union, quant à la réglementation particulière des conditions dans lesquelles on peut importer des
produits étrangers en France. En effet, le fait, par plusieurs
Etats contractants, d'arrêter les bases d'une unification partielle de leurs législations respectives, concernant une matière déterminée, ne revient-il pas à préciser le point jusqu'où tous les gouvernements représentés devront s'avancer,
d'un commun accord, dans la voie de l'unification? Et s'ils con-
viennent qu'il ne s'agit que de fixer un *minimum* d'unification,
cela signifie évidemment qu'ils entendent, dans l'avenir, s'a-
vancer davantage dans la voie de la réglementation uniforme,
mais s'interdisent, dès à présent, de rétrograder. Le *minimum*
d'unification, s'il était entré dans la pensée des rédacteurs de
la Convention de 1883, signifierait donc qu'elle doit s'appliquer à la lettre, et nullement que chaque pays est libre d'a-
dopter une législation particulière plus restrictive de la liberté
du commerce. Du moment, en effet, qu'un Etat de l'Union
légiférerait sur un point réglé par la convention internationale
établissant un *minimum* d'unification, ce *minimum* serait entamé; car cela porterait atteinte à l'unification. La convention ne serait plus obéie. L'État, qui aurait rétrogradé, n'aurait
point tenu ses engagements.

Ainsi, à supposer que les paroles prononcées par M. de
Maillard de Marafy, aient une portée, suffisante, pour étayer
la théorie du *minimum* d'unification des lois concernant la
propriété internationale, ce *minimum* signifierait, dans la

pensée du législateur international, que ce n'est qu'une étape
vers une unification plus complète; que, si le pacte peut être
modifié, ce n'est qu'à la condition qu'un accord sera survenu
entre les Etats contractants, et que tous ensemble consenti-
ront à unifier d'avantage leurs législations. Mais cette idée
même d'unification internationale, est, nous ne saurions trop y
insister, exclusive de toute modification au pacte collectif,
par une nation de l'Union, légiférant isolément, et pour son
compte, dans l'ordre d'idées, réservé par la Convention à la
compétence du législateur international, c'est-à-dire, à celle
d'une conférence subséquente et officielle des Etats contractants.

De ce que l'unification peut-être complétée, on peut conclure, que deux Etats pourraient développer, entre eux, le
système de l'Union par un traité particulier. Ce serait encore
de l'unification, bien qu'elle ne soit pas opposable aux autres
Etats de l'Union. Car deux Etats contractants sont toujours
libres de modifier leurs relations d'un commun accord par
un traité particulier. Cette entente leur permet d'augmenter,
ou de diminuer l'unification, à moins qu'ils ne préferent la
supprimer. Mais le législateur d'un des pays liés par une
convention ne peut, en aucun cas, modifier de sa propre
autorité, les conditions d'importation des produits étrangers,
réglées par un pacte international, tant que ce pacte est en
vigueur; car il violerait, en cela, le pacte d'unification conclu
pour tous les citoyens des Etats contractants, aussi bien,
pour ceux qui désirent voir restreindre, dans l'intérêt de la
liberté du commerce, les cas de saisie, et les entraves à l'importation des produits étrangers, que pour ceux qui désirent,
dans un intérêt opposé, leur donner de l'extension. Car les
conventions internationales, comme les lois, sont faites pour
tous les citoyens sans distinction.

*Résistance des Commissaires français à la Conférence de 1880,
inconciliable avec la théorie du minimum.*

La question du *minimum* soulevée par M. Bozérian, se re-
tourne donc contre la thèse à laquelle il veut la faire servir.
Elle met, d'ailleurs, son auteur en contradiction avec lui-

même. Car, si la France avait conservé, en vertu de cette théorie, sa liberté d'action, ses intérêts ne seraient nullement compromis. Dans ce cas, on ne s'expliquerait pas ces paroles prononcées par M. Bozérian, devant le Comité central des Chambres syndicales : « encore *une fois, sur cette question, les commissaires français ont soutenu énergiquement la lutte* : ILS ONT DU S'INCLINER DEVANT LA MAJORITÉ.

Car, s'il y a eu lutte énergique, au sujet de l'article 10, n'est-ce pas la preuve que les commissaires français ont pensé que la rédaction imposée par la majorité avait une tout autre signification que celle que lui est attribuée, après coup, par l'ancien président de la conférence de 1880 ? N'est-ce pas la preuve que M. Bozérian lui-même, en a compris le danger au moment du vote, et a fait, en vain, tous ses efforts pour l'écarter ? Comment le mettre d'accord avec lui même, lorsqu'il soutient, aujourd'hui, que la rédaction, contre laquelle il a lutté si énergiquement, ne présente aucun inconvénient pour l'industrie française, et ne porte pas la moindre atteinte à la liberté du législateur français ?

Il est évident qu'il faut choisir entre les deux systèmes contradictoires, défendus concurremment par M. Bozérian, et basés, l'un sur un *minimum* de répression organisé par l'article 10, et laissant toute liberté, aux Etats contractants, d'adopter une législation plus sévère, l'autre sur un texte accepté, comme pis aller, pour ne pas rendre irréalisable le projet d'union diplomatique, et imposé aux commissaires français, malgré leur résistance énergique, par la majorité des Etats représentés à la conférence. Il n'y a malheureusement par l'ombre d'un doute, que ce dernier seul ne soit le vrai.

L'Exemple des nations qui font partie de l'Union, et qui auraient mis en pratique la théorie du minimum, ne prouve rien

M. Bozérian invoque encore, à l'appui de sa théorie du *minimum*, l'interprétation donnée, à l'article 10, par trois puissances signataires de la Convention de 1883, l'Angleterre, le Brésil et la Hollande, qui viennent d'adopter une législation particulière, dans laquelle il n'est pas tenu le moindre compte de la distinction établie par cet article, entre le cas où il y a, et celui où il n'y a pas la combinaison de deux fraudes géminées. Ces trois législations empruntent toute sa sévérité, à l'article 19 de notre loi du 23 juin 1857, qui ordonne la saisie des produits revêtus d'une fausse indication de provenance, par cela seul que cette fausse indication existe, et quand bien même cette fraude ne se compliquerait pas de l'emploi d'un nom fictif ou emprunté dans une intention frauduleuse. M. Bozérian en conclut, qu'en ne se conformant pas à l'article 10 de la Convention de 1883, ces trois puissances acceptent la théorie du *minimum* de répression, laissant chacun des Etats contractants libre de légiférer, comme il l'entend, chez lui, pourvu qu'il respecte ce *minimum*. La France serait donc libre d'en faire autant.

Examinons ce qu'il peut y avoir de vrai dans cette allégation.

En Hollande, une loi du 21 juillet 1885 déclare punissable l'introduction (sauf en transit), de tout produit portant, *soit* une fausse indication de lieu d'origine, *soit* une raison de commerce fictive ou frauduleusement empruntée. Ce n'est plus, comme dans la Convention, la réunion des deux conditions. C'est l'une ou l'autre.

Au Brésil, l'article 15 de la loi du 14 octobre 1887 punit d'une amende de 100 à 500 L. celui qui usera de marques d'industrie ou de commerce, contenant l'indication d'une localité ou d'un établissement, qui n'est pas celui de la provenance de la marchandise ou du produit, *que cette indication soit accompagnée ou non*, d'un nom supposé, ou autre que celui du propriétaire :

C'est encore la disjonction des deux conditions, c'est l'une *ou* l'autre, et non pas l'une *et* l'autre, comme dans l'article 10 de la Convention de 1883.

Après la Hollande et le Brésil, on peut citer l'Angleterre. Cette nation libre-échangiste, à ses moments perdus, ne craint pas de donner, sur ce point, des leçons de protectionisme à la France elle-même. On lit dans sa nouvelle loi sur les marques :

Toutes marchandises, de fabrication étrangère portant un nom ou une marque qui sont réellement ou *qui sont considérées* comme étant le nom ou la marque d'un fabricant, d'un marchand *ou d'un négociant* du Royaume Uni, à moins que ledit nom, ou ladite marque, ne soit accompagnée de l'indication bien définie du pays dans lequel les marchandises ont été fabriquées ou produites, ne pourront, en vertu des présentes, être importées dans le Royaume-Unis. (art. 16.)

On remarque que les mots : *ou qui sont considérées* donnent à l'administration une grande latitude d'appréciation, qui lui permet encore de renchérir sur l'esprit de la loi, en abusant de la répugnance des intéressés à se lancer dans l'aventure d'un procès coûteux qu'il faudrait faire à la douane.

Tandis que nos tribunaux distinguent, selon les vrais principes, entre les marques de fabrique qui attestent l'origine industrielle, et les simples étiquettes commerciales, valident la saisie, et ordonnent la confiscation des produits étrangers, seulement si les marques dont ils sont revêtus, appartiennent à la première catégorie, parce que celles de la seconde ne sont pas une indication de provenance, la douane anglaise, beaucoup plus protectionniste, confisque dans tous les cas les produits revêtus de noms ou de mentions anglaises. Elle confisque les marques de fabrique anglaises, parce qu'il s'agit d'une importation frauduleuse, et les étiquettes, bien qu'il n'y ait aucune fraude, parce les douaniers ne savent pas faire la distinction entre les unes et les autres, mais en réalité, pour protéger son industrie nationale, contre l'importation des articles étrangers, similaires à ceux qu'elle produit elle-même. Toutes les marchandises, ainsi saisies, sont jetées dans ce qu'on appelle la *pipe de la Reine* et réduites en cendres.

M. Aurelien Scholl décrit, dans le journal *Le Matin*, cette institution protectionniste de la libre échangiste Angleterre, qui viole ainsi ouvertement la Convention de 1883, avec la permission de M. Bozérian et de la *Commission permanente de la propriété industrielle*, parce qu'elle saisit, non-seulement s'il y a une indication de provenance anglaise, (même sans nom fictif ou emprunté), mais aussi quand il n'y a pas même une indication de provenance, comme dans le cas d'une simple notice explicative, rédigée en anglais, ou de la mention : *patented* inscrite sur des produits présentés à la douane.

Cette description du chroniqueur parisien vaut la peine d'être reproduite ici :

Quand on veut avoir une idée de la puissance et de la richesse de l'Angleterre, dit M. Aurelien Scholl, il faut visiter les *docks*. Du voisinage de la Tour, jusqu'à Blackwall, on est dans un monde de bassins. C'est une agglomnationé de ravires, des magasins immenses, dont plusieurs ont jusqu'à huit étages, encombrés de marchandises venues de toutes les régions du monde. Chaque cave représente un chef-lieu d'arrondissement. Au centre de la grande cave de l'Est, on arrive à une construction circulaire qui n'a pas d'entrée. C'est la base de la *pipe de la reine.*

Si vous montez au premier étage, vous vous trouvez dans l'entrepôt des tabacs qui a plusieurs acres d'étendue. De longues rues s'étendent de droite et de gauche, entre des murailles de tonnes de tabac. Sur un poteau indicateur on lit : *Au fourneau.* En suivant la direction indiquée, vous arrivez à la *pipe de la Reine.* C'est une vaste pièce, au milieu de laquelle s'élève un fourneau de forme conique. Un grand feu brûle dans le foyer, et tout autour sont des monceaux de tabac et de thé avariés, avec des denrées et des marchandises de toutes sortes destinées à y être jetées.

Ce feu ne s'éteint jamais. Un employé est chargé de l'entretenir. Toutes les marchandises condamnées, de quelque nature qu'elles soient, viennent au fourneau. On y a brûlé, un jour, neuf cents jambons d'Australie, une autre fois seize mille paires de gants français saisis à la douane. On trouve dans une cour des charretées de clous et de morceaux provenant du balayage des magasins, ou des débris de caisses brûlées. Il y a aussi de l'or et de l'argent parmi les cendres. Des lots entiers de montres étrangères ou de bijoux quelconques, déclarés comme or, mais étant en réalité de quelque métal inférieur, ont été broyés dans un moulin, puis jetés à la fournaise [1].

<hr>

[1] En France, où les questions économiques sont si négligées, on soupire après l'expiration des traités de commerce conclus en 1882 pour 10 ans, parce qu'ils livrent notre industrie, écrasée d'impôts, à la concurrence effrénée des nations étrangères. On ne paraît pas se douter, au ministère du Commerce, que, dès à présent, il y aurait un excellent moyen, de devancer le terme de 1892, en faisant comme les Anglais, auprès desquels nous pourrions, malgré leurs prétentions libre-échangistes, prendre d'utiles leçons de protectionnisme.

Il suffirait de dénoncer la Convention de 1883, pour reconquérir notre liberté et tout en respectant les traités de commerce, dont l'industrie se plaint, d'entrave l'importation des produits étrangers, par des lois de police prescrivant la saisie de tout ce qui pénètre sur le territoire, avec une mention, un nom, une marque, de nature à faire croire que c'est un produit de provenance française. On saisirait les marques et les noms de fabricants, en vertu de la loi de 1857 (art. 19), et les simples étiquettes, parce que la douane ne fait pas faire la distinction rationnelle que commanderaient les vrais principes, et qu'admet notre jurisprudence. Dans le premier cas, ce serait le respect de la loyauté commerciale, dans le second, le besoin de pallier l'effet des traités de commerce, coloré par la nécessité de supprimer, pour les douaniers, une distinction trop subtile pour eux. Il en résulterait une très notable amélioration dans la situation économique du travail national, et nous ne ferions, en cela, qu'imiter l'exemple de la nation qui fait, chez nous, de la propagande libre-échangiste, et, chez elle, recourt à des pratiques absolument protectionnistes. Vis-à-vis des Anglais, ce ne serait que de la réciprocité et pas autre chose. En face de la *pipe de la Reine,* le Gouvernement français pourrait dresser la *pipe de la République* dans laquelle on brûlerait les produits étrangers revêtus de marques, dénominations, mentions, de nature à faire croire à une provenance française, tantôt parce que c'est une marque de fabrique française, tantôt parce que cela pourrait en être une, et que les douaniers n'ont aucun *criterium* certain pour éviter de se tromper.

Notons, parmi les marchandises condamnées à être réduites en cendres, sans souci de l'article 10 de la Convention de 1883, toutes celles revêtues d'une simple étiquette, et que la jurisprudence française n'autoriserait point la douane à confisquer, même en vertu de la loi de 1857, à *fortiori*, en vertu d'une convention internationale, sur la portée de laquelle, elle n'a pas encore eu, d'ailleurs, à statuer.

Pour compléter les renseignements fournis par M. Bozérian, ajoutons que les importateurs anglais ont réclamé eux-mêmes contre des abus d'une interprétation judaïque de la nouvelle loi, par des douaniers ignorants. On avait saisi des albums, sous prétexte que le mot *album* ne pouvait être qu'anglais. Des thermomètres *Farenheit*[1], du lard fumé, portant la mention : « *mild cured* », qui caractérise sa qualité, avaient subi le même sort. Un meeting de protestation fut organisé. Dans ce meeting, qui réunissait une assistance énorme, il fut donné lecture d'une lettre adressée au président, sur l'ordre de lord Salisbury, par sir James Fergusson. Cette communication contenait des déclarations du plus haut intérêt. Il y est dit, notamment, que « le gouvernement de Sa Majesté avait parfaitement prévu que la saisie des produits frauduleusement introduits en Angleterre, pour être ensuite réexportés, pourrait avoir, comme conséquence, que ces produits seraient expédiés, par la suite, directement des pays de production sur les pays de consommation, ce dont souffrirait l'affrètement dans les ports anglais. Mais, était-il dit dans la lettre, cette considération ne l'emporte pas sur la moralisation du commerce et sur le principe fondamental de la loi qui veut assurer, à chacun des centres de production, soit en Angleterre, soit à l'étranger, *les bénéfices des réputations acquises par eux* ».

Quand on voit de tels exemples, dit M. Bozérian, il ne s'agit plus de raisonner ; il s'agit pour la France de faire, et elle le peut, ce qu'ont fait le Brésil, la Hollande et l'Angle-terre.

C'est ce qu'a fait M. Dietz-Monnin, en imposant, dans l'article 23 de son projet de loi, des conditions infiniment

---

[1] On sait que Farenheit était Allemand et non Anglais.

plus rigoureuses, pour l'entrée en France, que celles de la
Convention de 1883; car cet article 23 ordonne la saisie, même
s'il n'y a pas la complication des deux fraudes, prévue par
l'article 10 de cette convention.

Il est hors de doute que le droit de chaque nation est de
légiférer, chez elle, comme elle l'entend. Mais qui peut dire
comment se comporteront les tribunaux, en présence d'une
loi intérieure contredite par un article de convention internationale ? Car si une nation peut légiférer librement chez elle,
cela ne peut être qu'à la charge de respecter ses engagements
internationaux.

Les trois puissances que nous venons de citer plus haut,
si elles étaient questionnées diplomatiquement, à ce sujet,
auraient le droit de répondre qu'elles entendent respecter le
pacte de 1883, et que les dispositions nouvelles n'ont été édictées, qu'en vue d'être appliquées, dans la mesure légalement
possible, c'est-à-dire, aux Etats signataires de la Convention,
seulement en cas de dissolution de l'Union diplomatique, et en
attendant, aux seuls Etats qui n'ont pas adhéré au pacte de 1883.

La seule question intéressante, celle de savoir comment
la jurisprudence se comportera, étant d'ordre judiciaire et
non d'ordre législatif, il n'y a aucun argument à tirer en
faveur de la théorie du *minimum*, des exemples cités par M.
Bozérian, et qui ne prouvent absolument rien, jusqu'à ce que
les tribunaux anglais, brésiliens et hollandais aient jugé que
l'article de 10 la Convention de 1883 a été abrogé par la loi
nationale. Jusque là, il y a une violation d'un traité international contre laquelle la diplomatie, n'a encore soulevé aucune
réclamation, parce que cette violation n'a pas jusqu'a présent
été officiellement sanctionnée par les tribunaux anglais,
brésiliens, hollandais.

Il est possible que les gouvernements des trois nations
citées, à titre d'exemple, aient adopté eux-mêmes la théorie
du *minimum*. Mais si cela était, cela ne prouverait encore
rien, si non qu'ils ont pensé n'avoir qu'à s'incliner devant
l'interprétation donnée à l'article 10, par une brochure
presque officielle, parue en 1885, pour enrayer l'opposition
des chambres de commerce, ce qui ne préjuge en rien,
d'ailleurs, l'attitude des tribunaux.

Origine de la théorie du minimum

Le moment est venu de rappeler dans quelles circonstances cette théorie du *minimum* a été formulée pour la première fois.

Lorsque les chambres de commerce eurent protesté, avec énergie, contre l'innovation internationale réalisée en 1883, et dénoncé le péril que la Convention faisait courir à l'industrie française, l'ancien Président de la conférence internationale de 1880, ne songeant qu'à enrayer ce mouvement d'opinion, imagina, après coup, la théorie du *minimum*, qu'il s'était bien gardé de formuler, dans un article formel, à la conférence internationale réunie en 1880, sous sa présidence, au quai d'Orsay, parce qu'elle n'y aurait eu aucune chance du succès. Il réunit, au mois de novembre 1885, la section française de la *Commission internationale de la propriété industrielle*, commission nommée par le Congrès de 1878, pour lui soumettre le manuscrit une brochure, qu'il se proposait de publier, afin de justifier des commissaires français de 1880, et de démontrer l'utilité de l'Union diplomatique fondée sous les auspices de cette commission. Celle-ci se trouvait, ainsi, intéressée elle-même, à ce qu'on publiât une réfutation des articles parus dans le *Journal des Procès en contrefaçon*, et des rapports des chambres de commerce. La commission approuva la brochure, dans laquelle s'étale, pour la première fois, la théorie du *minimum*. L'intervention directe de cette commission quasi-officielle, sans compter la qualité d'ancien président du Congrès de 1878 et de la Conférence de 1880, à laquelle l'auteur de la brochure empruntait une autorité considérable, donnèrent aux trois nations, que nous venons d'indiquer, un excellent prétexte, pour se mettre à l'aise avec un article de convention gênant. Du moment que la commission, qui avait élaboré ce texte, était, elle-même, d'avis qu'il n'engageait les gouvernements contractants, que dans la mesure d'un *minimum*, ceux-ci en ont profité pour légiférer sur les marques de fabrique, sans se soucier aucunement de texte littéral de l'article 10.

Nous estimons donc que les lois, dans lesquelles on se permet de corriger l'article 10 de la Convention, ne lient pas les magistrats. Admettons, cependant, que les tribunaux anglais, brésiliens et hollandais prennent au sérieux la théorie approuvée par la *Commission permanente de la propriété industrielle*, et ne fassent aucun cas, dans leur pays, des entraves, apportées par cet article, à la saisie des produits étrangers importés avec de fausses indications de provenance nationale.

Il n'y aurait plus, aujourd'hui, qu'à s'incliner devant cette théorie, et à mettre à profit, pour la défense de notre industrie, l'interprétation quasi-officielle de la commission exécutive issue du Congrès de 1878, et présidée par M. Bozérian, n'était l'excellente habitude des magistrats français de se montrer, en toute occasion, esclaves de la loi, même si elle est mauvaise, estimant qu'ils n'ont pas à corriger, par leurs décisions, les erreurs économiques du législateur, et que le meilleur moyen d'obtenir la réforme d'une mauvaise loi, est encore de l'appliquer rigoureusement, pour faire éclater aux yeux des réformateurs, les lacunes et les imperfections d'un texte mal conçu et mal rédigé. Il en résulte que, tandis que les nations étrangères qui ont signé la Convention de 1883, considèrent que la brochure de M. Bozérian, approuvée par la *Commission permanente de la propriété industrielle*, leur laisse toute liberté de légiférer sur les marques de fabrique, et le nom de provenance, les magistrats français, fidèles à une tradition qu'il n'est pas possible de critiquer, estiment que la France est liée par sa signature, et que l'article 10 de la Convention doit s'appliquer à la lettre, nonobstant un article contraire d'une loi antérieure.

Ainsi, tandis que la brochure officielle de M. Bozérian rend toute leur liberté aux Etats contractants, qui pouvaient croire, dans une certaine mesure, cette liberté enchaînée, la France restera, de par ses magistrats, fidèle au contrat. Envisagée à ce point de vue, l'Union diplomatique semble être devenue un véritable traquenard international pour la France, qui en a pris l'initiative, en laissant des hommes remplis de bonnes intentions, sans doute, mais entreprenants et irréfléchis, s'identifier avec elle, au point de parler en son nom, en 1878, après leCongrès du Trocadéro, sans avoir consulté les Chambres de commerce.

C'est en vain que le Parlement adopterait, sur la proposition de M. Dietz-Monnin, la théorie du *minimum*. Car la question est de savoir, précisément, lequel l'emportera, auprès des tribunaux, de la Convention, ou de la loi ; et cette question n'est pas, ainsi que nous l'avons déjà fait remarquer, de la compétence législative, mais seulement de la compétence judiciaire ; elle se rattache à l'exécution des traités par les décisions des tribunaux. (¹)

Incompétence du Parlement pour traiter législativement une question devenue d'ordre diplomatique.

Pour nous, écrivait M. Bozérian, en 1880, une convention diplomatique n'est pas une loi ; elle ne l'était pas. lorsque la solution et l'examen de ces questions relevaient exclusivement du pouvoir exécutif, elle ne l'est pas davantage, lorsque, sous l'empire de notre Constitution, l'action du pouvoir exécutif est subordonnée à celle du pouvoir législatif. Dans ce cas. en effet, la Convention ne devient pas l'œuvre de ce second pouvoir ; celui-ci n'intervient que pour autoriser le premier à ratifier et à faire exécuter la Convention : *mais il n'a pas le droit, ni de retrancher, ni d'ajouter un seul mot, un seul point, une seule virgule.* (¹)

Qu'est-ce à dire, sinon qu'un gouvernement ne peut se délier d'une Convention internationale, en dehors de l'expiration du terme, qu'avec le consentement de l'Etat co-contractant ? C'est absolument notre sentiment, et comme on le verra plus loin, il est partagé par MM. Despagnet, Ernest Lehr, de Martens, Léon Picard, Pradier-Fodéré, Rouard de Card, Surville et Weiss.

Comment concilier cette théorié avec celle du *minimum* ?

C'est ce que nous ne nous chargerons pas de tenter. Car, si les conditions, dans lesquelles peuvent être importées des marchandises étrangères, revêtues de noms français ou de

¹ Cette question ne faisait aucun doute pour M. Pouillet, en 1886, au Congrès de Genève, malgré l'approbation donnée par lui, en 1885, à la brochure de M. Bozérian dans laquelle est développée cette thèse diamétralement opposée, que c'est une loi, et non la Convention internationale, qui s'applique, au cas où elles ne sont pas en conformité l'une avec l'autre.
² Annales de Pataille, 1880, p. 131.

noms de villes françaises ont été réglées par une convention internationale, à laquelle M. Bozérian lui-même, déclare qu'on ne pourra retrancher ni ajouter, « un seul mot, un seul point, une seul virgule » autrement qu'avec l'assentiment des autres hautes parties contractantes, comment peut-on imaginer que cette matière spéciale, devenue ainsi d'ordre diplomatique, puisse encore être, du moins à l'égard des nations de l'Union, d'ordre purement législatif, comme le suppose la théorie ingénieuse du *minimum* ?

Ce n'est pas là, au surplus, la seule contradiction dans laquelle soit tombé l'ancien Président de la Conférence de 1883.

M. Bozérian en contradiction avec lui-même au sujet de l'article 10

On a vu, en lisant l'extrait de la conférence de M. le sénateur Bozérian, qu'il prétend justifier la fin malencontreuse de l'article 10 : *si à cette indication est joint un nom fictif, ou un nom emprunté dans une intention frauduleuse*, en se retranchant derrière l'impossibilité, où se serait trouvée la Conférence de 1880, d'interdire, d'une façon générale et absolue, l'usage des noms de villes, ou de localités, apposés sur des produits n'en provenant pas, à cause des noms de villes, qui sont devenus des désignations génériques, et même nécessaires, de certains produits. Il allègue la prétendue nécessité, où on se serait trouvé, en 1883, de se borner, pour ne pas entraver le commerce, en interdisant l'usage de ces dénominations usuelles, à citer dans l'article 10, les cas de fraude les mieux caractérisés, à titre d'exemple, sans en légaliser formellement, pour cela, aucun.

Cette prétendue nécessité n'existait nullement, comme nous allons le voir.

L'honorable sénateur n'a pas compris, que la solution de la difficulté qu'il signalait, ne pouvait consister, comme il l'a cru, dans l'indication purement énonciative d'une fraude double, c'est-à-dire de deux fraudes géminées, indication énonciative qu'il prétend, lui-même, avoir été la raison déterminante qui a fait ajouter, en 1883, à l'article 10, les mots dont la Grande-Bretagne a obtenu, en 1886, la suppression à

19

la Conférence de Rome! ' Il n'a pas songé que cette indication, en raison même de ce que le caractère purement énon-
ciatif qu'il lui attribue, ne ressort évidemment, ni du texte,
ni des travaux préparatoires de 1880, aurait l'inconvénient
grave, de laisser en dehors des prévisions du législateur,
l'indication mensongère d'un nom de lieu, non compliquée
de l'adjonction d'un nom de personne, et de faire ainsi
échapper cette fraude à la répression.

La solution cherchée consistait, au contraire, à formuler,
et à renfermer dans des termes précis, l'exception nécessaire
à une règle inapplicable à tous les noms de villes ou de localités. Il suffisait, pour cela, de faire, en 1883, ce que nous
avons conseillé, dans notre lettre à M. le Président du Groupe
Industriel, et ce que la Grande-Bretagne a fait voter à la Conférence de 1886, de compte à demi, avec la France : il suffisait, disons-nous, d'édicter, d'une façon générale, l'interdiction
de se servir d'une indication de provenance inexacte, en se
contentant de laisser, aux tribunaux, l'appréciation de la question de savoir, si le nom de ville, a été employé réellement,
comme indication de provenance, ou s'il n'est pas une dénomination usuelle passée dans les usages du commerce. La
saisie, à l'importation, de tout produit étranger, revêtu d'un
nom de ville du pays d'importation, telle devait être la règle :
le nom de cette ville reconnu par les tribunaux n'être qu'une
dénomination usuelle, telle devait être l'exception. C'était
le seul moyen d'éviter des complications, qui semblent
aujourd'hui, inextricables, parce que le redressement d'un
texte mal conçu et mal rédigé, prend, sur le terrain international, les proportions d'une concession d'ordre économique, se rattachant à la lutte industrielle, qui devient toujours
plus âpre entre les nations.

C'est la solution qui a été adoptée à Rome, en 1886, mais
qui a été immédiatement annulée par le vote d'une contre-
proposition italienne, comme nous allons le prouver plus loin.

Il est à remarquer que l'explication, que nous venons de
reproduire, et qui figure dans la brochure publiée en 1885,

' Il s'agit toujours des mots : *Lorsque à cette indication de provenance est joint un
nom fictif ou emprunté, dans une intention frauduleuse,* dont nous avions réclamé
la suppression, dans notre lettre à M. le Président du Groupe Industriel,

par l'ancien président de la Conférence de 1880, est en contradiction flagrante avec une seconde explication fournie par lui-même devant le Comité central des chambres syndicales.

Reportons-nous en effet aux passages de sa conférence que nous avons reproduits plus haut.

M. Bozérian, tout en soutenant, que l'article 10 de la Convention ne rendrait pas la saisie impossible, s'il y a indication fausse d'une localité déterminée, (même sans nom commercial fictif ou emprunté), parce que l'article 19 de la loi de 1857 se contente d'une seule fraude, pour rendre la saisie possible, a prononcé, néanmoins, devant ce Comité central des Chambres syndicales, ces paroles textuelles : « la majorité des membres de la Conférence a voulu que, *pour que la saisie fût possible*, la fraude se manifestât, *non seulement par l'indication fausse d'une localité déterminée*, MAIS ENCORE PAR CELLE D'UN NOM COMMERCIAL FICTIF OU MENSONGER[1].

M. Bozérian ne pouvait affirmer, d'une façon plus claire et plus explicite, qu'il n'y a pas de saisie possible, en vertu de la Convention, au cas de fausse indication de provenance, non compliquée d'un nom fictif ou emprunté.

D'après cette deuxième explication, les mots : *lorsqu'à cette indication de provenance sera joint un nom fictif, ou un nom emprunté dans une intention frauduleuse*, ne répondent plus à la nécessité de se borner à une simple énumération, pour ne pas entraver la liberté du commerce ; elle dénote, au contraire, l'intention bien arrêtée, de la Conférence, de ne pas permettre la saisie, en dehors du cas expressément prévu, c'est-à-dire, en dehors du cas où il y a, tout à la fois, indication fausse de provenance et emploi d'un nom fictif, ou emprunté dans une intention frauduleuse.

Cette déclaration de M. Bozérian est la réfutation la plus péremptoire de la théorie du *minimum*, avec laquelle elle ne peut se concilier.

---

[1] Conférence faite le 30 mai 1888 devant le Comité central des Chambres syndicales citée plus haut.

*Argument de la légitimité de l'entente entre le fabricant
étranger et le fabricant français.*

M. Bozérian conclut, dans sa conférence, que l'article 19 de
la loi de 1857 ne peut être applicable, que quand il y a fraude.
Il en résulte, selon lui, s'il est permis de compléter sa pensée, en la développant, que ce n'est pas l'article 10 de la Convention qui empêchera de saisir légalement, au cas d'entente
entre le fabricant importateur et le national, dont le nom a
été apposé sur les produits importés, mais bien l'absence
de fraude nécessaire à l'existence du délit, et par conséquent
à la légalité de la saisie. En conséquence, toujours d'après
lui, l'absence de fraude, au cas d'apposition d'un nom français sur un produit étranger, ne permettrait même pas, à
l'article 19 de la loi du 23 juin 1857, fût-il applicable, nonobstant l'article 10 de la Convention, d'intervenir efficacement, et
de légitimer une saisie. Dès lors, pourquoi rendre cette
Convention responsable d'une conséquence qui dérive de la
nature même des choses, et que l'article 19 de la loi de 1857,
sous le régime duquel les chambres de commerce demandent
que les importateurs soient replacés, n'aurait pu lui-même
empêcher ? Et l'honorable sénateur ajoute; « si l'introduction
en France est loyale, et sincère, *quelque préjudice qu'elle porte
aux intérêts français*, elle doit être admise. »

Si la pensée exprimée en ces termes, était vraiment juridique, il faudrait immédiatement réformer la loi, en excluant,
comme pour la contrefaçon, la preuve de la bonne foi, c'est-
à-dire en présumant, (*juris et de jure*), la mauvaise foi. Car
l'économiste et l'homme d'Etat, ne pourraient s'accommoder
un seul instant, comme le jurisconsulte, qui plane au-dessus
de la bataille des intérêts, des résultats pratiques de cette
théorie, qu'il ne pourrait envisager que pour les supprimer
en corrigeant la loi.

Mais nous allons voir qu'il n'en est rien, et que M. Bozérian se trompe, sur ce point, comme sur bien d'autres. On
peut en juger, par les exemples qu'il cite, et que nous empruntons à sa conférence :

1° Tribunal de Bordeaux, le 17 mars 1886 : plumeaux venant de
Chicago avec la marque du *vendeur* français, et le nom de Bordeaux —
Saisie, poursuite, acquittement, pas de fraude.

2º Tribunal de Nancy, 14 avril 1886. Verres de lampes venant d'Allemagne, avec la marque D. M. à Besançon. Saisie, poursuite, acquittement, pas de fraude.

3º Le Havre, 10 septembre 1886. Ici c'était plus grave dit M. Bozérian. Il s'agissait de livres imprimés à l'étranger avec cette mention : Dejardins, imprimeur éditeur, rue du Faubourg St-Denis, 52. Mêmes poursuites, même résultat.

4º Cour de Toulouse 8 décembre 1886. Boîtes de papier fabriquées à Vienne (Autriche) avec cette mention française: Maison Universelle, rue d'Alsace-Lorraine, Lafayette, et du Poids de l'Huile à Toulouse.

5º Saint Nazaire 6 juillet 1887. Machines agricoles importées d'Angleterre, avec la mention H. T. Mot et Cie, Paris. Toujours poursuite, toujours saisie, toujours acquittement.

De cette énumération, l'ancien président de la conférence de 1880 conclut que l'article 19 ne peut être appliqué, que quand il y a fraude, qu'il n'y a pas fraude quand il y a bonne foi, et que, sous ce rapport, la jurisprudence de la Cour de cassation n'a pas varié. Il constate qu'il avait prédit ce résultat à M. Lockroy, quand il est allé lui demander de retirer sa circulaire du 26 février 1886, relative à la saisie des produits importés avec des noms français.

Si nous passons maintenant, en revue, les cas énumérés par M. Bozérian, il nous sera facile, en leur faisant l'application de la distinction établie, plus haut, entre les marques de fabrique et les étiquettes commerciales, d'indiquer pour quels motifs les poursuites n'ont pas amené de résultat. C'est qu'il s'agissait de marques de commerce, et non de marques de fabrique. L'article 19 de la loi du 23 juin 1857 ne leur a pas été appliqué, parce qu'il ne vise que les fraudes, commises avec les marques de fabrique, en comprenant sous cette expression, non-seulement les marques individuelles, mais aussi des noms de certaines villes ou localités, qui, étant des indications de provenance industrielle, sont devenues véritablement des marques de fabrique collectives.

Si l'arrêt de cassation du 23 février 1884, visé dans la circulaire Lockroy, a maintenu la condamnation prononcée contre l'auteur de l'apposition jugée fraudulense, c'est précisément, parce qu'il y avait tromperie sur une véritable indication de provenance industrielle.

Il n'en est pas de même dans les espèces citées par M. Bozérian. Dans l'affaire des machines agricoles importées d'Angleterre il est même à noter que la marque de fabrique étrangère était apposée à côté de la marque de commerce *H. T. Mot et Cie*, Paris.

Le seul cas douteux était celui de l'imprimeur. Mais l'industrie de l'imprimerie se distingue des autres, en ce que la qualité du livre réside, pour partie dans le texte, auquel l'imprimeur est étranger, pour partie, dans la bonne impression, et l'aspect, ainsi que dans l'épaisseur du papier, qualités d'ordre extérieur, au sujet desquelles on ne peut tromper l'acheteur, même en lui vendant un livre étranger comme livre français. On ne comprend donc pas facilement la fraude, pour les livres, en dehors de certains cas exceptionnels, par exemple, si on vendait un livre italien ou espagnol, comme ayant été imprimé à Amsterdam, à cause de la réputation spéciale des livres imprimés dans ce pays. Il y aurait alors, sinon un cas d'application de la loi de 1857, qui ne s'applique qu'aux villes françaises, du moins une tromperie sur la qualité de la chose vendue, pouvant relever, selon les cas, du tribunal de commerce.

En résumé, dans les exemples invoqués par M. Bozérian, l'absence d'une marque de fabrique fait que la question de fraude ne pouvait même pas se poser sérieusement. C'est pour cela que tous les prévenus ont été acquittés. Y a-t-il lieu de conclure, sans risquer de se tromper, que, s'il y avait eu apposition du nom d'un destinataire fabricant, même sur la commande de ce dernier, les poursuites n'auraient pas eu un autre résultat? L'arrêt de cassation précité, dont M. Bozérian paraît ne faire aucun cas, nous autorise à soutenir le contraire.

M. Bozérian est donc beaucoup trop affirmatif, quand il prétend que l'entente entre le fabricant étranger et le destinataire, est exclusive de toute fraude, et que, sur ce point, la jurisprudence est de son avis. Cela provient de ce qu'il a pris, pour des fabricants, de simples négociants, qui achètent pour revendre, sans se préoccuper du lieu de fabrication, et sans chercher à l'indiquer aux consommateurs.

Il résulte du rapprochement de cette jurisprudence, avec les pratiques de la douane anglaise, que, tandisque nos tribunaux tolèrent, conformément à la doctrine, qu'un négociant, qui achète pour revendre, appose son étiquette commerciale, même sur des produits étrangers, la douane anglaise, se préoccupant plutôt d'entraver l'importation des produits étrangers, saisit, aussi bien les produits étrangers revêtus d'étiquettes, que ceux sur lesquels seraient apposés des marques de fabrique ou des noms de villes anglaises.

La jurisprudence est si peu de son avis, que la Cour suprême n'a pas hésité, le 23 février 1881, à valider la confiscation de produits italiens revêtus du nom de PARIS, — dans une espèce, où l'intention de tromper sur l'origine industrielle du produit était manifeste, — malgré l'entente entre l'expéditeur et le destinataire, ou plutôt à cause même de cette entente, que la Cour suprême a jugé délictueuse.

Si la bonne foi était exclusive de tout délit, les fraudeurs ne pourraient-ils donc pas toujours arguer de leur bonne foi, puisque, dans cette matière, elle résulterait d'une erreur de droit? M. Bozérian oublie qu'en matière répressive, une erreur de cette nature ne peut entraver l'application de la loi. La violation de ce principe fondamental de droit criminel ne soulèverait aucune protestation de notre part, si elle avait pour objectif la défense d'un intérêt respectable. Mais c'est précisément, pour arriver à contester le droit de saisir, *quelque préjudice qui en résulte pour les intérêts français*, que M. Bozérian, foule aux pieds les principes élémentaires du droit pénal! Ce n'est même pas sortir de la légalité pour rentrer dans le droit, selon une formule célèbre; car le droit lui-même proteste et refuse de s'associer à une pareille théorie. pour le plus grand avantage de la fraude[1].

---

[1] Qu'un avocat plaidant le droit, et rien que le droit, que des magistrats, enserrés dans les mailles d'une loi qu'ils sont obligés d'appliquer, uniquement parce qu'elle est la loi, sans se préoccuper des conséquences d'une mauvaise législation, autrement que pour en faire ressortir l'absurdité par son application littérale, soutiennent qu'il n'y a pas à se préoccuper du préjudice qui peut résulter de telle ou telle interprétation juridique, pour les intérêts français, cela se conçoit. C'est au législateur à faire de bonnes lois, s'il veut éviter que les intérêts français soient lésés. Ce n'est pas l'affaire du juge, et l'avocat peut se placer sur ce terrain.
Mais un sénateur, qui devrait être doublé d'un économiste, soutenant dans un ordre d'idées exclusivement législatif, pour justifier une innovation internationale dont il a été l'instigateur, et empêcher qu'on n'y touche, qu'il n'y a pas à se préoccuper du *préjudice qui en résultera pour l'industrie française*, cela devient une énormité.
Si on se rappelle que le même sénateur a déclaré, dans une conférence internationale que l'article édictant la déchéance du brevet pour cause d'importation, contre l'abrogation duquel les chambres de commerce libre-échangistes, ont elles-mêmes protesté, était *barbare* et *inutile*, on voit que M. de Bozérian est, sans s'en douter, un adversaire redoutable pour l'industrie française.

La théorie du minimum est contredite par l'article 4 du protocole de clôture

Cet article 4 est ainsi conçu :

Le paragraphe 1er de l'article 6 doit être entendu en ce sens qu'aucune marque de fabrique ou de commerce ne pourra être exclue de la protection dans l'un des Etats de l'Union, par le fait seul qu'elle ne satisferait pas, au point de vue des signes qui la composent, aux conditions de la législation de cet Etat, pourvu qu'elle satisfasse, sur ce point, à la législation du pays d'origine, et qu'elle ait été, dans ce dernier pays, l'objet d'un dépôt régulier. *Sauf cette exception, qui ne concerne que la forme de la marque, et sous réserve des dispositions des autres articles de la Convention*, la législation intérieure de chaque Etat recevra son application.

Ainsi, la législation intérieure de chaque Etat ne sera pas tenue en échec par la Convention, quand il s'agira d'autre chose que de la forme même de la marque, et à la condition de respecter le texte des autres articles. *Pourvu qu'on respecte la Convention*, on peut laisser toute liberté au juge d'appliquer la loi intérieure. *Sous réserve des autres articles de la Convention!*

Le législateur pouvait-il dire plus clairement, qu'il ne peut être dérogé en rien à la Convention, tant qu'elle sera en vigueur, même par la législation intérieure d'un Etat contractant, puisque, après avoir spécifié un cas exceptionnel, relatif à la forme même de la marque, dans lequel la loi intérieure devra céder devant la législation internationale; il ajoute à cette exception, toutes les dispositions des autres articles de la Convention ?

Or, si l'exception confirme la règle, dans le cas particulier, l'exception est tellement générale qu'elle devient la règle elle-même.

Mais il y a plus : dans la matière même qui nous occupe, l'article 9 détermine expressément le champ d'application de la législation intérieure, et le limite, ainsi que nous l'avons fait remarquer, à la procédure. Que devient, dès lors, en présence de ces deux textes formels, la théorie du *minimum*?

Vote par la Conférence de Rome, d'une double proposition résumant notre lettre à M. le Président Dautresme

Nos délégués à la Conférence, qui s'est tenue à Rome en 1886, avaient pour mission de demander, entre autres réformes, la suppression des mots : *si à l'indication mensongère de provenance est joint un nom commercial fictif ou emprunté dans une intention frauduleuse*, qui terminent l'article 10, conformément à la lettre écrite par nous, dans ce sens, à M. le Président du Groupe Industriel.

Mais, en cas d'échec sur ce point, il paraît certain, d'après le plan adopté par les défenseurs de la Convention, qu'ils devaient subsidiairement poser la question du *minimum*. Dans cette Conférence, présidée par un Italien, et dirigée secrètement par le spécialiste allemand le plus compétent, introduit sans droit, et toléré sans protestation, dans cette assemblée où il ne devait pas légalement figurer. Les délégués français ne devaient point se sentir à l'aise, pour faire des propositions de cette nature, d'autant plus délicates, qu'elles pouvaient sembler, si elles émanaient d'eux, réfléter les préoccupations de nos Chambres de commerce, et avoir pour but de donner satisfaction à une poussée d'opinion peu favorable, en France, dans les sphères industrielles, au maintien de l'Union diplomatique. Si nos informations sont exactes, nos délégués s'entendirent avec la délégation anglaise, et il fut convenu que celle-ci prendrait l'initiative d'une proposition dans ce sens. Il paraît même certain que le texte de cette proposition, émanait des délégués français, qui l'avaient reçu indirectement du président du Groupe Industriel.

Sur cinq paragraphes, que contenait cette proposition, le premier et le quatrième étaient ainsi conçus :

Tout produit portant illicitement une indication mensongère de provenance pourra être saisi à l'importation ou dans les Etats contractants.

. . . .

Les tribunaux de chaque pays auront à décider quelles sont les appellations qui, à raison de leur caractère générique, échappent aux présentes dispositions[1].

Ces deux paragraphes contenaient, comme on le voit, la solution proposée dans notre lettre à M. Dautresme. Elle dissipait toute équivoque, sur la faculté des Etats contrac-

[1] Ces deux paragraphes faisaient évidemment partie du programme de révision, arrêté par le Groupe Industriel et remis à M. de Freycinet par MM. de Dautresme et La Gavrian en mars 1886. Notre lettre à M. le député Dautresme en indique la véritable origine. Car il suffit de la relire pour s'assurer que les deux paragraphes ci-dessus en ont été extraits, pour être insérés dans les instructions données à nos délégués, qui ont jugé prudent de faire présenter la proposition à la Conférence par la délégation anglaise.

tants, de saisir tous produits étrangers revêtus d'une fausse
indication de provenance. On sait que l'Angleterre est aussi
soucieuse, que la France, d'éviter ce genre de fraude. Mais
l'Italie, conseillée évidemment par l'Allemagne, que repré-
sentait le D⟨r⟩ STUVE, Directeur des brevets à Berlin, comprit
que la faculté précieuse de nous expédier des *Nouveautés de
Paris*, des *Boutons de Paris*, des *Soieries de Lyon*, (faculté
que l'arrêt de 1884 lui avait déniée,) lui avait été rendue par
l'article 10 de la Convention. Elle fit donc, à la proposition
anglo-française une vive opposition, dont nous trouvons la
trace dans le compte-rendu de la Conférence de Rome. (Séance
d'avril 1886). On lit dans ce compte rendu :

M. MONZILLI (Italie). La délégation italienne s'oppose à la proposition en discussion ; elle ne lui parait pas, en effet, se rattacher à la propriété industrielle, mais viser uniquement la protection des intérêts généraux de l'industrie ou de la réputation du pays. Au reste, elle semble
peu applicable dans la pratique, et il est douteux que tous les Etats de
l'Union voudront s'engager à saisir les produits munis d'une fausse indication de provenance, sans adjonction d'un nom commercial. La Conférence de Paris a longuement examiné la question, et elle a reconnu
que *la protection ne pouvait être accordée*, que si les deux fausses indications se trouvaient réunies sur un même objet. C'est un usage, par
tout pays, de revêtir certains produits fabriqués, de la désignation
d'une localité renommée pour cette fabrication. Le pays qui a acquis
cette renommée n'est pas blessé par ce fait qui lui procure *une réclame
gratuite* (sic). Ce sont les consommateurs qui ont à se plaindre de ce
système, qui n'est souvent qu'un simple préjugé ; mais la Convention
ne veut pas la protection des consommateurs, à laquelle chaque Etat
pourvoit, ou doit pourvoir par ses lois de police.
La disposition proposée serait encore plus sévère que celle de la loi
française de 1857, car cette dernière s'applique uniquement aux fausses
indications de *localités françaises,* tandis que la proposition de la
Grande-Bretagne se sert du terme *fausse provenance* dont la portée est
plus étendue.
La législation italienne sur la propriété industrielle ne prévoit rien
de semblable : le Parlement a admis l'article 10 de la Convention, parce
qu'il a pensé qu'il était du devoir de tous les Etats de *faire un sacrifice
en faveur de l'Union.* Mais la délégation italienne est obligée de déclarer, aujourd'hui, que, à son avis, il est douteux que le Parlement soit
disposé à aller plus loin, et à prendre l'engagement de faire saisir, en
Italie, tous les produits portant une fausse indication de provenance.

Le délégué de la France proteste, et soutient que le nom
d'une localité appartient collectivement à tous les fabricants
de cette localité.

M. MONZILLI revient à la charge. Selon lui, la disposition

proposée servirait à protéger, non pas la propriété industrielle, mais le *régime économique* d'un pays, en lui permettant de *repousser les produits étrangers.*

Le délégué de la Tunisie soutient, que la Conférence de
1880, n'a pas prétendu limiter, aux seules hypothèses prévues, les cas où la saisie pourrait être pratiquée, mais
qu'elle a seulement visé les espèces les plus probables [1].

Il insiste sur la nécessité d'assimiler, au point de vue de la
protection, les noms de villes et les noms d'individus, et de
laisser aux tribunaux le soin d'apprécier, si un nom de ville
est une indication de provenance ou une dénomination
usuelle. C'est, comme on l'a vu, la solution proposée par nous
au Groupe Industriel de la Chambre, l'auteur véritable des
instructions données aux délégués français. Cette argumentation du délégué de la Tunisie provoque, de la part de M.
MONZILLI, la réponse catégorique, ainsi analysée par le compte-
rendu officiel de la Conférence de Rome [2] :

M. MONZILLI conteste les conclusions tirées, par le préopinant, de
l'historique de l'article 10. Selon le délégué italien, la Conférence de
Paris employa trois séances pour cet article, et elle n'approuva ce texte
actuel qu'après s'être convaincue que sa formule excluait toute possibilité de saisie des produits portant *seulement des indications de fausse
provenance.* La proposition de la Grande-Bretagne tendrait à revenir à la première rédaction rejetée en 1880, ce qui ne constituerait certes
pas un progrès, ni un perfectionnement du système de l'Union, mais
une modification radicale du but que l'Union se propose.

Il déclare que le gouvernement italien ne pourrait pas accepter cette
proposition, car il ne saurait s'engager à des obligations qu'il ne serait
pas en mesure de remplir.

Il estime que la disposition proposée [3] obligerait tous les Etats de
l'Union à saisir, sur la demande de la partie lésée, les objets portant
une indication de provenance mensongère. Il se demande alors quelle
serait sa valeur, si elle avait un caractère facultatif [4]. L'Italie, par exem-

[1] Celles où il y a un nom commercial fictif ou un nom emprunté dans une intention frauduleuse joint à la fausse indication de provenance. C'est la théorie du *minimum* soutenue par M. Bozérian.
[2] M. MONZILLI s'opposait donc à ce qu'on annulât le texte de l'article 10 voté en
1883. Son langage est fort clair, et pose admirablement la question; quant il parle
des intérêts des consommateurs qui doivent être sauvegardés par des lois de police,
il ne fait allusion qu'aux objets de consommation qui peuvent nuire à la santé; car,
pour ce qui est des autres, il revendique hautement, pour les étrangers, le droit
à l'importation, même avec de fausses indications de provenance, puisqu'il prétend
que cette pratique très usitée en Italie, fait à l'industrie étrangère une *réclame
gratuite.*
[3] C'est-à-dire la suppression de l'article 10.
[4] Le délégué de la Suède venait de soutenir que la saisie dont il avait été question, à la conférence de 1880, était facultative, selon la décision de chaque gouvernement.

ple, ne serait pas disposée à faire saisir les produits portant l'indication de *mode de Paris, nouveautés de Paris,* ou de celle de *London*
qu'on lit sur les doublures des chapeaux et des cravates.

Il tient encore à faire remarquer que les délégations britannique et
française, qui soutiennent la proposition, ne poursuivent pas le même
but. Les Français veulent être mis à même de saisir, en France, les
objets étrangers revêtus d'indications mensongères[1], tandis que les Anglais désirent en opérer la saisie à l'étranger. Dans ce dernier cas, comment les législations intérieures pourraient-elles demeurer intactes ?

Malgré cette vive opposition de l'Italie, qui n'avait pas oublié l'arrêt de cassation rendu le 23 février 1881, contre une
maison italienne, la proposition relatée plus haut, et qui
corrigeait la mauvaise rédaction de l'article 10, au point de
vue français, fut votée. Si on s'en fût tenu là, c'eût été un
succès pour la France. Mais nous démontrerons plus loin
que M. MONZILLI et le Docteur STUVE firent habilement revenir la Conférence sur ce vote, en lui faisant adopter
une proposition diamétralement contraire au texte de celle
de la Grande-Bretagne, et en faisant ainsi revenir la Conférence sur un vote acquis, sans que nos délégués aient entrevu
la contradiction entre les deux textes.

*Le vote des alinéas ci-dessus, malgré l'opposition des délégués
italiens, n'aurait aucun sens, si les États contractants n'étaient
tenus que dans les limites d'un minimum.*

On ne pouvait vraiment revendiquer, avec plus de clarté et de
précision, que ne l'a fait M. MONZILLI le droit, pour les nations
qui exploitent le bon marché, d'imiter le geai de la Fable, en
se parant des plumes du paon français, et ce ne devait pas être
des conseils absolument désintéressés, que l'Allemagne donnait, dans ces circonstances à l'Italie, puisqu'elle défendait
les intérêts des Allemands assimilés, en faisant maintenir
le droit pour eux, de nous envoyer des *eaux-de-vie de Cognac,
des soieries de Lyon, du champagne de Reims, des draps de
Sedan,* etc...

On comprend maintenant, au point où nous en sommes,
que, si l'article 10, de la Convention de 1883 n'enchaînait pas
la liberté des États contractants, c'est-à-dire, s'il ne leur in-
terdisait pas de faire procéder à des saisies d'objets importés

---

[1] C'est-à-dire, tout nom fictif ou emprunté.

avec des fausses indications de provenance, (mais sans un nom
fictif ou emprunté), la proposition de la Grande-Bretagne,
reproduite plus haut, n'aurait pas eu de sens en 1886. C'est
précisément parce qu'elle tenait, ainsi que la France, à recouvrer toute sa liberté, sous ce rapport, qu'elle a pris l'initiative d'une semblable proposition, de compte à demi avec la puissance, aussi intéressée qu'elle à réprimer la fraude. L'historique même de cette proposition, son origine, son texte, tout
concourt à démontrer, qu'elle avait pour but d'aller à l'encontre des visées italiennes et allemandes, auxquelles elle a
donné l'occasion de s'étaler au grand jour d'un compte-rendu
officiel, et que, la France elle-même reconnaissait avoir besoin d'une modification de texte pour recouvrer sa liberté,
quant à la répression de la fraude, commise avec des produits étrangers, revêtus de noms de villes françaises.

*Déclaration du délégué Hollandais incompatible avec la théorie du
minimum*

Le délégué des Pays-Bas, à la conférence de Rome, M.
SNYDER, déclara que la Hollande, n'entendait pas mettre son
Code Pénal, qui exigeait, selon lui, pour la saisie, les deux
raudes combinées, de la fausse mention d'une localité et du
nom ficti fou emprunté frauduleusement, en harmonie avec
la proposition franco-anglaise. Parlant au nom de la commission, il ajouta que l'article nouveau ne serait pas impératif.

Cela signifie, en d'autres termes, que l'article 10 de 1883,
sera seul obligatoire, et que le nouvel article 10 ne le sera
pas [1]. L'article 10 primitif étant plus favorable, que le nouvel
article, à ceux qui pratiquent la fraude, l'observation du délégué des Pays-Bas, prouve que la Conférence de Rome n'a
été, sur ce point, qu'un malentendu; car si on veut tirer de
cette observation, un argument pour soutenir que la Convention de 1884, n'a établi, dans l'Union, qu'un *minimum*, on
est obligé de reconnaître qu'il s'agissait, dans la pensée de
M. SNYDER d'un *minimum*, — non de répression, selon la
théorie de M. Bozérian, — mais, bien d'un *minimum* de tolérance, autrement dit, d'un *minimum* d'unification, ce qui est

---

[1] On sait que les articles, votés en 1886, n'ont pas été ratifiés. Mais nous raison-
nons dans l'hypothèse où la ratification aurait eu lieu.

l'opposé. Car il déclarait que la Hollande entendait s'en tenir
pour la répression de la fraude, aux conditions rigoureuses
de l'article 10 primitif. Or ce *minimum* de tolérance, ou ce
minimum d'unification, pourrait être invoqué par les nations
qui professent et mettent en pratique la théorie de M. MON-
ZILLI. [1]

Le soin qu'a pris la commission, chargée d'examiner la
proposition anglo-française, dont la formule avait été fournie
par le Groupe Industriel, — et empruntée par lui à notre lettre
à M. Dautresme, — de faire déclarer nettement, par M. Snyder,
que cet article ne serait pas impératif, prouve bien que, sans
cette déclaration, il l'eût été. Or aucune déclaration de ce
genre n'a été faite en 1880, ni en 1883, à propos de l'article 10.
Qu'en conclure, si ce n'est que cet article 10 est, par opposition avec ce qu'eût été le nouvel article additionnel, — en cas
de promulgation — absolument impératif? Or s'il a ce caractère, on ne peut y déroger que par une nouvelle disposition
qui l'abroge et qui ait le même caractère impératif. Donc
l'article additionnel se fût trouvé, même s'il eût été ratifié et
promulgué, dépourvu, par avance, de toute efficacité, au point
de vue de l'unification des lois sur la propriété industrielle,
puisque chaque Etat eût été libre de l'insérer dans sa législation, ou de légiférer en sens contraire, en vertu d'un droit
expressément et exceptionnellement réservé. La déclaration
de M. Snyder, bien loin de pouvoir étayer la théorie du *minimum*, établissait, au contraire, celle d'un *maximum*. De
plus, se rattachant exclusivement à l'article additionnel de
1880, elle fournit, pour le texte de 1883, un argument à *contrario*, qui peut se formuler ainsi : si des réserves ont été
faites en 1880, c'est qu'elles était considérées comme nécessaires. Or il n'en a pas été fait en 1883. Donc le texte de 1883
est impératif et doit être appliqué à la lettre.

---

[1] La déclaration officielle de la Commission que l'article nouveau, — qui étend le
cercle des saisies possibles, — ne sera pas obligatoire, équivaut à cette déclaration
que l'article 10 de 1883 consacre au *minimum* de tolérance. Car les Etats contractants, d'après cette déclaration, ne sont tenus que de ne pas exiger, pour la saisie,
d'autres complications que celles énoncées dans l'article 10. Ils ne sont pas tenus de
renoncer au bénéfice de ces complications nécessaires d'après le texte primitif pour
qu'il y ait saisie. Le délégué hollandais déclara nettement que son pays n'entendait
pas y renoncer. Ce serait donc d'un *minimum* de tolérance qu'il s'agirait, si la théorie du *minimum* était juridique, et non d'un *minimum* de répression, comme l'a
soutenu M. Bozérian. L'esprit de l'article 10 serait moins alors d'empêcher la fraude,
que d'entraver la saisie dans l'intérêt de la liberté du commerce.

Piège tendu à la délégation française, par les délégués étrangers

Le résultat de la conférence de Rome, n'est peut-être pas, au fond, aussi incohérent qu'il paraît, en ce qui concerne cette question des produits étrangers. Les délégués des différents pays de contractants connaissaient le *tolle* à peu près général, qui s'était élevé, dans les chambres de commerce françaises contre l'Union, diplomatique. On connaissait, par l'envoi à la *Consultà*, effectué à l'avance, des propositions de la France, l'intention bien arrêtée de son gouvernement de faire tous ses efforts, pour reprendre une partie des concessions imprudemment faites en 1883. Repousser nettement ces propositions, c'eût été donner une force dangereuse, pour la collectivité des États signataires, à l'école nouvelle qui demande en France, la dénonciation de la Convention. D'un autre côté, accéder aux propositions de nos délégués, c'eût été restituer bénévolement notre pays, contre les conséquences d'un traité mauvais pour lui, par conséquent bon pour les étrangers.

On paraît avoir adopté un moyen terme très habile, consistant à ne pas trop heurter de front les prétentions de la France et à donner, au contraire, à nos délégués, des satisfactions purement apparentes sur deux points (sur les articles 3 et 5), et en leur faisant, au sujet de l'article 10, une concession réellement importante, que l'on ne manquerait pas d'annuler par une contre-proposition contradictoire, dont l'antagonisme avec la proposition votée, n'apparaîtrait pas nettement à l'esprit de nos délégués. De cette façon, on retirerait d'une main, par des moyens détournés, ce qu'on aurait donné de l'autre, à la France, en lui imposant, du même coup, une concession onéreuse. Nos délégués ne manqueraient pas, à leur tour, d'exagérer la portée de ces concessions, pour faire croire à un succès diplomatique, ce qui écarterait, au moins, pour trois années, l'éventualité d'une dénonciation difficile à éviter, au cas d'un échec, par trop évident, infligé aux idées françaises. De là, le vote des propositions additionnelles aux articles 3 et 5 et des deux propositions émanant du Groupe Industriel, atténuées par la déclaration bizarre faite, au nom de la commission, par M. SNYDER, puis annulées par la proposition DUJEUX qui, en interprétant un paragraphe supprimé à la demande de la France, devait avoir pour effet de faire revivre ce paragraphe, en aggravant encore le texte primitif[1].

Ce plan, qui paraît avoir été concerté entre les délégués étrangers, réussit à souhait comme nous allons le voir.

La discussion elle-même qui a précédé le vote de cette double proposition, est inintelligible, si on admet la théorie du minimum.

M. Monzilli a pu affirmer sans qu'aucun délégué protestât, que la Conférence de Paris n'avait approuvé le texte de l'article 18, qu'après s'être convaincu que sa formule *excluait* (sic) toute *possibilité de saisie des produits portant seulement des indications de fausse provenance.*

Sans doute, M. NICOLAS, à l'appui de la proposition du Groupe Industriel, qui avait pour but de rétablir cette possibilité de saisie des objets portant une indication mensongère de provenance française, protesta énergiquement, au nom de la France, contre la prétention contraire de M. MONZILLI de conserver, dans son intégrité, le texte de 1883. M. NICOLAS remporta même, sur ce point, un succès, que la rouerie italienne devait rendre bien éphémère, puisque, l'instant d'après, elle faisait voter, comme nous allons le voir, par la même conférence, une proposition qui n'était que le retrait déguisé de la proposition franco-anglaise.

Mais, loin de confirmer la théorie du *minimum*, cette discussion en fait, au contraire, ressortir l'inexactitude ; car il est à noter que les protestations du délégué de la France ne portèrent que sur le peu de cas, que faisait le délégué italien, du droit des cités industrielles renommées de faire respecter leur nom. M NICOLAS ne visait que la résistance de l'Italie à la proposition franco-anglaise de modifier, dans ce sens, l'article 10 de 1883 ; il ne contesta nullement le sens attribué, par M. MONZILLI, à l'article 10, interprété par le délégué italien, comme devant autoriser l'importation des *Modes de Paris*, des *Nouveautés de Paris*, des *Boutons de*

---

[1] Nous publions plus loin le texte de cette proposition DUJEUX.

Paris, et rendre impossible toute saisie de produits portant seulement des indications fausses de provenance.

Le vote, par la Conférence de 1886, de la proposition anglo-française enlevait, d'ailleurs, tout intérêt à la question du minimum.

La question, telle qu'elle est soulevée par M. Bozérian, étant celle de savoir, si un Etat lié par le pacte de 1883, peut appliquer une loi particulière sur les marques, non conforme à la Convention, ne pouvait, pour ce motif, relever d'une conférence internationale, qu'autant qu'une conférence de cette nature serait officiellement saisie de la question. Jusque là, elle est une pure question d'interprétation d'un texte législatif ; elle regarde chacun des Etats de l'Union, en particulier, et dépend du point de savoir, dans quelle mesure chacun des Etats contractants se croit lié par le traité de 1883. C'est donc une question d'ordre purement judiciaire, et éventuellement, en cas de désaccord, d'ordre diplomatique. On aurait pu, et on aurait dû couper court à toutes difficultés, et empêcher des divergences de vues, toujours dangereuses, quand elles éclatent entre les gouvernements, en faisant passer cette grosse question, du domaine diplomatique dans le domaine législatif international. Il suffisait, pour cela, de faire voter la Conférence sur la question du *minimum*. En cas de rejet, la France aurait su à quoi s'en tenir, sur les dispositions des autres Etats, à l'égard de son industrie. Elle n'aurait eu qu'à dénoncer le pacte. En cas d'adoption, la Convention ne présentait plus aucun inconvénient au point de vue national.

Le fait que M. Bozérian avait déclaré, dès 1885, que la Convention ne liait les Etats, que dans les limites d'un *minimum*, et que cette théorie fantaisiste avait été adoptée par toute la *Commission permanente de la propriété industrielle*, ne nous permet pas d'admettre, un seul instant, que nos délégués à la conférence de Rome aient oublié de formuler dans ce sens, une proposition qui devait figurer, à coup sûr, dans leurs instructions générales. Ils ont pensé, peut-être, tourner la difficulté, en faisant insérer, dans la Convention internationale, une disposition qui enlèverait tout intérêt à la question de législation intérieure. En effet, il devenait inutile, après le vote de la proposition officiellement présentée par l'Angleterre, mais émanant de la France, que nous avons reproduite, de réserver à chaque pays, en faisant adopter par la Conférence la théorie du *minimum*, le droit de rendre possible la saisie de tout produit revêtu seulement d'une fausse indication de provenance Cette saisie ne devait-elle pas, si on s'en tenait au vote de la proposition anglo-française être ordonnée par la Convention elle-même (article additionnel à l'article 10 § 1)?.

Dès lors, cette saisie étant autorisée, même au point de vue international, par la proposition qui venait d'être votée, et les produits, revêtus d'une indication inexacte de provenance, devant être saisis, même de par la Convention internationale, une loi intérieure devenait inutile à cet effet. En tous cas, rien ne s'opposant plus à son adoption, la question du *minimum* n'eût jamais existé. Ce vote semblait donc rendre sans intérêt pour la défense de notre industrie, la théorie du *minimum*, qui n'avait germé dans l'imagination du promoteur principal de la Convention, que pour rendre encore possible, la saisie dans de pareilles conditions, aux termes de la loi du 23 juin 1857 (art. 19).

C'est ainsi, que, malgré l'article 10 de cette convention, on peut expliquer qu'elle n'ait pas fait l'objet d'une proposition formelle. Mais, nous allons voir, qu'en présence de la rouerie et de l'astuce des diplomaties italienne et allemande, la précaution, que nous indiquons, n'eût pas été néanmoins inutile, pour conserver la liberté d'empêcher, en France, l'exploitation, par les étrangers, de la vieille renommée de nos centres industriels et de nos produits spéciaux.

Il n'en est pas de même de la proposition belge qui est en contradiction avec la proposition anglo-française.

En somme, le vote de la proposition de la Grande-Bretagne, si on s'en fût tenu là, ne laissait plus les États contractants désarmés contre la fraude. Il consacrait, pour les pays intéressés, à la réprimer, un succès correspondant aux deux chefs de réclamation que nous avions indiqués, dans notre lettre à M. Dautresme, comme le programme des réclamations qu'il était nécessaire de porter devant la conférence de Rome : 1° saisie dans tous les cas de fraude; 2° appréciation par les tribunaux des cas, où l'usage habituel d'un nom de ville ou de localité fait qu'il n'est plus employé, dans le commerce, comme indication de provenance, et que, dès lors, son emploi ne saurait être frauduleux.

Mais l'Italie, battue sur ce point, malgré les protestations de M. MONZILLI, qui n'avait pas craint de proclamer hardiment le droit à la fraude, prit une revanche éclatante, en faisant présenter par le délégué belge, et voter, malgré la résistance de M. NICOLAS, délégué français, l'étrange proposition suivante :

« Il n'y a pas intention frauduleuse dans le cas prévu par le paragraphe Ier de l'article 10 de la Convention, lorsqu'il sera prouvé que c'est du consentement du fabricant, dont le nom se trouve apposé, sur les produits importés, que cette apposition a été faite. »

La question, déjà débattue par la Conférence, de savoir si on permettrait à un fabricant étranger, d'expédier à un destinataire, ayant une fabrique dans le pays d'importation, des objets manufacturés, revêtus de la marque de fabrique de ce destinataire, avait été tranchée dans le sens de la négative, c'est-à-dire dans le sens de la moralité commerciale, par le vote de la proposition franco-anglaise, émanant du Groupe industriel, en conformité de notre lettre à M. Dautresme, reproduite plus haut. L'historique de cette suppression dans le nouvel article 10, des mots : *lorsque à cette indication... ne permet pas à cet égard l'ombre d'un doute.

Cette phrase incidente et malencontreuse, ajoutée en 1880, au texte primitif de l'avant-projet de convention, malgré la résistance des commissaires français, ayant été supprimée à la demande de la Grande-Bretagne, en 1886, il n'y avait plus lieu de la commenter.

Or, la proposition DUJEUX n'est pas autre chose que le commentaire de ce membre de phrase, qui avait été rayé d'un trait de plume, malgré la résistance de l'Italie.

Ou la proposition DUJEUX n'a pas de sens, où elle signifie, que l'on n'a voulu donner satisfaction aux réclamations de la France, que pour la forme, en se hâtant de lui reprendre au de-là de ce qu'on venait de lui concéder, non-seulement en faisant revenir la Conférence sur un vote acquis, corrigeant l'article 10 dans le sens des intérêts français, mais en aggravant encore le texte primitif de cet article 10, déjà inacceptable pour nous, tel qu'il figure dans le texte exécutoire.

Nous croyons devoir insister sur ce point, parce qu'il tend à prouver que le vrai sens de la proposition DUJEUX a échappé à nos délégués.

Puisque le texte, proposé par la Grande Bretagne, document évidemment destiné à remplacer l'article 10 primitif, texte déjà voté par la Conférence, venait de supprimer implicitement la nécessité des deux fraudes géminées, qui avait alarmé, à juste titre, le Groupe Industriel de la Chambre des députés, et nos chambres de commerce, puisque la simple indication inexacte de provenance devait suffire, pour rendre la saisie possible, après la ratification officielle du nouvel article 10, cela devenait un non-sens d'indiquer, dans quel cas particulier, un nom emprunté, cesserait exceptionnellement d'apporter à la fausse indication de provenance, l'appoint nécessaire pour permettre la saisie. En d'autres termes, cet appoint, où plutôt cette complication d'un nom emprunté, joint à l'indication inexacte de provenance, étant implicitement déclarée inutile, pour la saisie, par la proposition anglo-française, votée malgré l'Italie, à quoi servait-il de préciser, par la proposition belge, dans quel cas cette complication serait inopérante, au point de vue de l'existence de la fraude nécessaire à la légalité de la saisie? C'est cependant à cela que tendait exclusivement le texte étrange proposé par M. DUJEUX, évidemment d'accord avec M. MONZILLI. On ne pouvait déclarer plus clairement que la Belgique entend, comme l'Italie, se réserver le droit d'apposer impunément sur ses produits, des noms de villes et de localités étrangères, et de ne tolérer la saisie qu'au cas d'un nom fictif ou d'un nom emprunté frauduleusement, en ne permettant même pas à la jurisprudence, de déclarer frauduleuse l'entente entre le fabricant destinataire et l'importateur étranger. Car, en présence d'un texte formel, elle serait obligée d'appliquer la loi à la lettre.

C'est à cela que tendaient les efforts réunis de la Belgique et de l'Italie; mais, en déclarant, dans un texte formel, que cette entente serait licite, on faisait, d'une prohibition d'importer des objets étrangers, avec des noms de villes françaises accompagnés d'un nom fictif, une mesure d'ordre purement théorique ; car, pourquoi un fabricant s'exposerait-il à une saisie, en employant un nom fictif, quand il lui est si facile de s'entendre, avec un correspondant, (sinon d'en établir un dans le pays d'importation), et de se servir de son nom réel, comme d'un talisman contre les saisies de la douane, puisque celle-ci ne pourrait saisir qu'en cas d'un nom fictif, ne le peut plus, au cas d'un nom prêté ?

On comprend, dès lors, l'aggravation du texte de 1883, dont nous venons de parler. Non seulement la condition du nom emprunté — à défaut de nom fictif, — condition rendue nécessaire, pour la saisie, par le texte de 1883, mais supprimé par le vote acquis de la proposition franco-anglaise, reparaît implicitement dans la proposition Dujeux, ce qui est un premier coup porté à notre industrie, très jalousée par les étrangers; mais encore on exclut des cas de saisie possibles, la fraude classique, celle qui résulte de l'entente entre le fabricant français peu scrupuleux, et l'étranger devenu son complice.

Car après avoir supprimé, pour la saisie, la nécessité du cumul des deux fraudes, on fait de nouveau dépendre la possibilité de saisir du même cumul, mais en légalisant pour la soustraire à un article de loi répressif, la tromperie la plus usuelle, et, en cantonnant la fraude dans l'emploi du moins fictif. De sorte, qu'après avoir posé le principe de la saisie, on l'anéantit par des exceptions tellement nombreuses, qu'elles deviennent la règle, et le principe, favorable à notre industrie, l'exception.

Le vote de la proposition belge, si jamais cet article devenait exécutoire, serait donc de nature à faire regretter même le texte primitif; car du moins le texte de 1883, en autorisant la saisie au cas de *nom emprunté dans une intention frauduleuse*, n'empêchait pas, comme la proposition Dujeux, la jurisprudence française de continuer à déclarer frauduleuse, ainsi que l'avait fait la Cour de cassation, en 1884, l'entente entre l'expéditeur étranger et le destinataire français, au cas d'apposition de la marque de fabrique du second sur des articles fabriqués et importés par le premier.

Cette manœuvre habile, consistant à remettre sur le tapis

une question résolue, en jetant dans le débat, une proposition, en apparence assez nouvelle, pour que nos délégués ne comprissent pas immédiatement qu'on demandait à la Conférence de se déjuger, ' semble avoir été concertée dans des réunions préparatoires officieuses des délégués étrangers, convoqués dans le but de faire revenir, par surprise, la Conférence sur le vote précédent qui avait donné satisfaction au Groupe Industriel de la Chambre des députés français.

De ce que le vote de la proposition anglo-française, qui supprimait les mots de l'article 10 : *lorsque cette indication sera jointe à un nom fictif ou emprunté dans une intention frauduleuse* avait, par là même, enlevé tout intérêt à la question du *minimum*, qui n'avait pu être logiquement qu'une question subsidiaire, réservée pour le cas, où cette proposition anglo-française eût été repoussée par la Conférence, on peut conclure que nos délégués, au point ou la discussion en était arrivée, avant que la proposition de M. DUJEUX ne fût discutée et votée, ont eu raison de ne pas soulever cette question inutile de *minimum*.

Mais, après le vote de cette proposition belge, légalisant, — au cas où elle serait ratifiée et promulguée, — la fraude classique, qui s'attaque surtout à la réputation de la fabrique française, il devenait alors utile pour la France, qui avait ainsi perdu le bénéfice d'un premier vote acquis, de se replier au moins, sur la question subsidiaire du *minimum*.

L'intérêt de cette question, un instant supprimé, renaissait alors au cours des délibérations de la Conférence ; nos délégués devaient la mettre dans le cas de la trancher par un vote formel, destiné à prévenir les controverses qui ne manqueraient pas de surgir, à ce sujet, entre les chancelleries Européennes.

Il faut même convenir, que, si cette théorie du *minimum* était soutenable, en face des États contractants, c'était une belle occasion de lui faire un sort, que celle qui s'offrait après le vote de la proposition DUJEUX. L'Italie, battue dans un

---

' Il paraît peu vraisemblable, que personne n'eût relevé cette contradiction entre la proposition anglo-française, et celle de la Belgique, si celle-ci eût été communiquée d'avance à notre chancellerie, comme la France avait communiqué d'avance ses propositions à la *Consulta*.

premier vote, — peut-être, parce qu'il avait été convenu, d'a-
vance, qu'elle serait battue sur ce point, pour triompher d'une
façon plus décisive sur un autre, — ayant repris ses premières positions défendues, sans doute, pour la forme, et même
gagné du terrain, avec l'aide de la Belgique, la déclaration
très catégorique que la France n'entendait se lier que dans la
limite d'un *minimum*, devenait nécessaire, à ce moment, pour
éviter tout malentendu.

Notre délégué avait protesté énergiquement contre les prétentions de l'Italie ; mais il avait invoqué une jurisprudence
française antérieure à la promulgation de la Convention. La
discussion ne pouvait être portée utilement sur ce terrain,
avec des étrangers qui voulaient précisément prendre des su-
retés diplomatiques contre le renouvellement de cette jurisprudence, et l'obliger, par un texte précis, à se réformer
elle-même dans l'avenir.

Si réellement la théorie, que nous refutons, était soutenable, comme M. NICOLAS ne pouvait l'ignorer, il n'eût pas
manqué de l'opposer au discours de M. MONZILLI ; car, au
lieu de défendre la jurisprudence française antérieure à la
Convention, ce qui était bien inutile, il eût formellement
déclaré que la France, ne se trouvait liée que dans les
limites d'un *minimum*, jugé en fait, insuffisant, par la jurisprudence, et qu'elle se réservait le droit d'adopter une loi
intérieure plus sévère.

Or, il n'est pas fait mention d'une réserve de ce genre
dans le compte-rendu officiel. C'était cependant la seule réponse à faire à la théorie de M. MONZILLI, lorsqu'il soutenait
que la Convention de 1883 donne le droit à l'Italie de faire de
la réclame gratuite à notre industrie, en apposant des noms
de villes françaises sur des produits italiens. Car, le délégué
de l'Italie, combattait ainsi implicitement la théorie du *minimum*. Personne ne lui a répondu dans cet ordre d'idées.

Dès lors, que doit-on conclure de ce que, la théorie du *minimum* ayant retrouvé, après le vote de la proposition DUJEUX,
l'intérêt que lui avait fait perdre, un instant, le vote de la proposition franco-anglaise, aucun de nos délégués n'a fait de
réserves explicites dans ce sens ?

Ont-ils jugé prudent de ne pas soulever cette question délicate, qui leur réservait, peut-être, dans leur pensée, un échec certain ? — N'ont-ils pas compris que la théorie du *minimum*, développée déjà par M. Bozérian dans sa brochure, devenait le seul refuge de notre industrie dans cette levée de boucliers contre les intérêts français?

Cette dernière supposition ne laisse pas que d'être la plus vraisemblable ; car la filière du nouvel article 10 établit nettement, qu'il avait pour but, de donner satisfaction aux réclamations anglo-françaises, en supprimant le membre de phrase de l'article 10 de 1883, qui a le grave inconvénient de restreindre le droit de saisie dans des limites inacceptables. Cette filière, que nous avons tenu à établir, fait ressortir, par conséquent, la contradiction absolue qui existe entre ce nouvel article déjà voté, quand la proposition DUJEUX a été présentée, et cette dernière proposition restreignant le droit de saisie dans des limites plus étroites encore. Nos délégués n'avaient qu'à relever cette contradiction formelle, pour mettre la Conférence dans son tort, si elle s'obstinait, malgré l'observation qui en aurait été faite, à se déjuger. Une semblable observation aurait eu l'avantage de mettre en relief, d'une façon saisissante, le parti pris, contre lequel les efforts de la France viendraient se briser, si elle persistait à vouloir corriger la Convention dans le sens de ses intérêts particuliers. Cette contradiction, nos délégués ne l'ont pas relevée, évidemment parce qu'ils ne l'ont pas nettement aperçue. Comment admettre, s'ils l'avaient comprise, qu'ils n'aient pas saisi l'occasion, qui s'offrait à eux, de constater le parti-pris des délégués groupés autour de MM. MONZILLI et STUVE, en mettant la Conférence en contradiction avec elle-même? Comment expliquer surtout qu'ils n'aient, pas au moins, couvert la retraite, en se repliant sur la question du *minimum*, et en déclarant franchement que la Convention de 1883 ne pourrait empêcher les Etats contractants de légiférer chez eux, selon leurs intérêts particuliers, en respectant ce *minimum* et d'appliquer leur loi intérieure ?

Soit qu'ils aient craint de soulever cette question, devant une conférence, dont l'hostilité, à l'égard de la France, était manifeste, soit qu'ils n'aient pas compris l'utilité des réserves, qu'ils auraient, peut-être, dû formuler, n'ayant même pas saisi, comme nous allons le voir, la vraie portée de la discussion, nos délégués ont laissé, sans protester, la Conférence revenir sur un vote acquis.

Qu'en résulterait-il, si le Parlement ratifiait les articles additionnels de 1886?

D'après la proposition anglo-française, un nom de ville française apposé sur un produit belge, même sans nom fictif ou emprunté, pourrait légitimer une saisie à la frontière, aussi bien en vertu de l'article additionnel à l'article 10 de la Convention de 1883, qu'en vertu de l'article 19 de la loi du 23 juin 1857. Mais, d'après la proposition belge précitée, nous venons de voir qu'il suffirait de la marque de fabrique du destinataire, apposée à côté du nom de la localité ou de la ville, où il a son usine, pour désarmer la Douane et le Parquet, en vertu de la fiction légale, votée par la Conférence de Rome, qui supprime la fraude, dans le cas, où c'est avec le consentement de celui à qui il appartient, que le nom a été employé.

Fausse interprétation, par la délégation française, de la proposition belge votée par la Conférence de Rome

On peut juger, par là, de l'incohérence des travaux de la Conférence de Rome, incohérence complétée encore par la résolution prise, dans la première séance, de ne pas toucher au texte de la Convention de 1883, et de se borner à l'interpréter, tandis qu'on votait, quelques instants après, un article additionnel nouveau, n'ayant, en réalité, aucun sens, s'il ne devait être substitué au texte ancien, avec lequel il est en contradiction.

Nos délégués, désireux, peut-être, d'atténuer l'échec de négociations auxquelles ils ont pris part, suppriment cette incohérence, en faisant violence au texte officiel, et en rattachant à l'article 9 de la Convention de 1883, la proposition DUJEUX que la conférence de Rome a déclaré être additionnelle à l'article 10. De cette façon le nouveau texte qui autorise l'emploi, par un étranger, du nom d'un national avec son consentement, se rattacherait exclusivement au cas, où le nom ou la marque du fabricant n'est pas accompagnée d'un nom de localité. Cela résulte, selon nos délégués, de cette observation de M. Peruzzi, président de la Conférence, qui n'a pas été contredite, que l'honorable M. Dujeux, dans sa proposition, ne visait nullement l'indication de provenance. Dès lors, disent MM. Nicolas et Pelletier, quand il y aura une fausse indication de provenance, qu'elle se complique ou non, d'un nom fictif, ou emprunté dans une intention frauduleuse, soit même d'un nom apposé, sur l'ordre de celui que le possède, on appli[uera l'article 10 de 1883, amendé par la proposition anglo-française de 1886. On saisira et on confisquera.

Quand, au contraire, il y aura un nom tout seul, non accompagné d'un nom de provenance, alors seulement on appliquera la proposition Dujeux, qui déclare qu'il n'y a pas fraude, si celui, auquel il appartient, en a autorisé l'apposition.

Et ils ajoutent en substance : cantonnée sur ce terrain, la fraude ne sera plus à l'aise. Elle ne pourra plus se donner libre carrière ; une seule fraude étant nécessaire, on saisira, *à fortiori*, quand il y aura la combinaison des deux fraudes géminées, exigée par l'article 10 de la convention de 1883.

Cette explication ne résiste pas à l'examen. L'observation de M. Peruzzi, tendrait à prouver qu'il a pu y avoir, dans son esprit, une confusion d'autant moins étonnante, que personne, dans la Conférence, ne parait avoir compris toute la discussion, et que, si quelques délégués, intéressés à garder le silence, ont saisi la contradiction flagrante qu'il y avait entre la proposition Dujeux, et celle votée précédemment, cette contradiction a échappé à la clairvoyance de notre délégation.

Il n'y a, pour s'en convaincre, qu'à rapprocher les textes.

Article 10 § 1

Les dispositions de l'article précédent, seront applicables à tout produit portant faussement, comme indication de provenance le nom d'une localité déterminée, *lorsque cette indication sera jointe à un nom commercial fictif ou emprunté dans une intention frauduleuse*.

Article additionnel à l'article 10

Il n'y a pas intention frauduleuse, *dans le cas du § 1 de l'article 10*, quand il est prouvé que c'est avec le consentement de celui à qui il appartient.

Or, dans le cas du § 1 de l'article 10, il s'agit du cas des fraudes géminées, cela est certain.

C'est donc bien, lorsqu'il y aura, à la fois, une indication fausse de provenance et un nom emprunté, qu'il n'y aura pas de délit, si celui à qui ce nom appartient, consent à ce qu'il soit opposé [1].

Divergence d'opinion entre le délégué de la Tunisie et le Groupe Industriel.

En voulant limiter, d'après la proposition belge, la faculté d'entente, entre le fabricant étranger et le destinataire, au cas exclusif, où le nom seul de ce dernier est apposé sur le produit importé, sans le nom de la ville où il a son usine, MM. NICOLAS et PELLETIER font bon marché d'un texte formel qu'ils ne semblent pas avoir compris, ni lors de la discussion, ni depuis, puisqu'ils persistent officiellement, d'après leur *Manuel de la propriété industrielle*, dans une explication véritablement insoutenable, et qui, au surplus, n'a pas grand intérêt. Un nom connu de fabricant n'est-il donc pas, en effet, une indication de provenance industrielle, même sans le nom de la localité où ce fabricant a son usine?

L'interprétation, que donne la délégation française, à la proposition belge, convertie en article par la Conférence de Rome, semble attester, au moins chez l'un des délégués, cette croyance que les intérêts français pourraient s'en accommoder, si cet article devenait exécutoire après ratification.

Ce point vaut, sans doute, la peine d'être éclairci; car il tendrait à prouver que les idées du Groupe Industriel, n'avaient pas été acceptées, sans réserve, par ceux qui étaient cependant chargés de les défendre à la Conférence de Rome.

Dans une conférence faite au syndicat des agents de bre-

---

[1] L'explication de l'article additionnel adoptée officiellement, par MM. Nicolas et Pelletier, dans leur livre, développée verbalement par M. Pelletier devant le syndicat des agents de brevets, a provoqué de la part de M. Charles Lyon-Caen, l'éminent professeur à la Faculté de droit de Paris, l'observation suivante :

« Il est bien certain que l'article est mal rédigé, et la preuve, c'est que les deux délégués français, MM. Nicolas et Pelletier s'y sont *trompés*. Quand le délégué belge a fait sa proposition additionnelle, M. Nicolas a dit : « Mais vous allez contre l'arrêt de la Cour de Cassation de 1884. » Dans cet arrêt de quoi s'agit-il? Ce n'est pas de l'apposition d'un nom de commerçant, c'est de l'apposition d'un nom de localité française. Ces messieurs s'y sont *trompés*, nous pouvons bien nous tromper aussi. »

V. *Le Bulletin du Syndicat des Ingénieurs*, n° 5, p. 45.

vets, sur les nouveaux articles additionnels votés à Rome,
le délégué de la Tunisie formula ainsi, au sujet de l'apposition des noms des fabricants, les deux systèmes connus.

« Les uns veulent interdire au fabricant français de mettre sur
« des produits étrangers toute indication quelconque, de nature à
« faire supposer que ces produits viennent de France, cette indication
« ne consistât-elle, que dans un nom patronymique. Tel est le but de la
« loi, proposée au Sénat, par M. Bozérian.

« D'autres soutiennent que, s'il est juste d'empêcher le fabricant de
« tromper l'acheteur, sur l'origine d'un produit, on doit cependant lui
« laisser le libre usage de son nom.

« *Pour moi, c'est à cette dernière opinion que je me range.* » (sic)

« Pourquoi le fabricant ne pourrait-il disposer de son nom à sa
« guise? Pourquoi lui enlever le droit de l'apposer sur les produits
« qu'il fait fabriquer, même à l'étranger? Que peut-il compromettre
« ainsi? ce n'est pas la notoriété de la ville où il est établi; mais seule-
« ment son nom. »

A cette opinion personnelle de M. MICHEL PELLETIER, qu'il
nous soit permis d'opposer celle de MM. de Comberousse et
Chaptal :

Il n'y a pas, disait Chaptal, de propriété plus sacrée que le nom
d'un fabricant qui, par un travail absolu, une conduite sans taches et
des découvertes heureuses, s'est placé honorablement parmi les créateurs des industries utiles.

Le nom d'un fabricant devenu célèbre par la supériorité constante de
ses produits, la fidélité et la bonne foi dans ses relations commerciales,
de même que celui d'une ville, qui a créé un genre d'industrie connu et
réputé sont plus qu'une propriété privée, ils forment une propriété publique et nationale.

Mettre son nom au lieu et place de celui d'un autre, disait M. de
Comberousse, le 16 octobre 1885, à la société des ingénieurs civils,
c'est voler une industrie ; *mettre le nom d'une ville étrangère sur sa
marchandise, c'est voler une ville entière, au lieu de ne voler qu'un individu. Le vol est plus considérable.*

C'était, il ne faut pas l'oublier, en rendant compte des travaux
de la Conférence, que le délégué de la Tunisie soutenait une
opinion opposée, oubliant peut-être, qu'il faisait part aux
agents de brevets, en parlant de la sorte, de la profonde divergence d'idées qui le séparait, sur un point essentiel, des
Chambres de commerce, du Groupe Industriel, des ministères du Commerce et des Affaires étrangères eux-mêmes, qui
l'avaient chargé de défendre les idées absolument contraires,
devant les délégués étrangers.

La théorie singulière développée par lui, devant les agents

de brevets, n'avait-elle pas pour but, en palliant les inconvénients de l'article additionnel, voté par la Conférence, de
dissimuler l'étendue de l'échec remporté à Rome par notre
délégation? Elle prouverait, dans ce cas, l'extrême habileté
des diplomaties italienne et allemande, qui ont eu l'air de
céder sur trois points, mais ont repris, sur le quatrième,
plus qu'elle n'avaient donné, ayant d'avance la certitude
qu'on pouvait s'en rapporter aux délégués français, pour
exagérer leur succès, et embrouiller ainsi la question, au
point de fortifier le *statu quo*, par une controverse subtile.

Nous croyons avoir démontré que nos délégués se sont
trompés à la conférence de Rome, lorsqu'ils ont cru que la
proposition belge ne concernait que les noms commerciaux,
et non les noms de localités françaises. La vérité est qu'elle
concerne bien ces dernières. Ne fût-elle, d'ailleurs, relative
qu'aux noms, cette proposition, transformée en article, par un
vote, n'en serait pas moins défectueuse; car un nom de fabricant connu, est une véritable indication de provenance
industrielle, même s'il n'est pas accompagné du nom de la
ville où ce fabricant possède une usine. A plus forte raison, la
fraude peut-elle en prendre plus à son aise, si l'usage d'un nom
de localité quelconque est mis légalement à la disposition des
fabricants étrangers, qui veulent exploiter la vieille renommée des produits d'une autre nation, comme le permet
le nouvel article 10, qui se rattache, non pas à l'article 9 de
1883, (version de MM. Pelletier et Nicolas,) mais bien à l'article 10 primitif.

Enfin la théorie du minimum est contraire au respect des traités

M. Dietz-Monnin, rapporteur au Sénat, du projet de loi sur
les marques, rédigé en collaboration avec M. de Maillard de
Marafy, a bien compris que jamais le Parlement ne voudrait
faire passer, dans une loi française, la disposition de l'article
10 de la Convention de 1883. Ne voulant pas saisir la Chambre Haute de la difficulté, que soulève cette grosse question,
il s'en est tiré, en adoptant la théorie du *minimum*, et en
soutenant qu'il n'y avait pas à se préoccuper de la Convention, autrement que pour corriger ses imperfections par la
loi française. Or, on subit une convention internationale, ou

on la dénonce; mais on ne peut la tenir en échec, avec une loi intérieure, sans s'exposer à être rappelé au respect des traités, ce qu'il vaut mieux éviter.

Une lettre, écrite par nous, à l'honorable Sénateur, au nom de la *Ligue pou....défense des marques de fabrique* [1], développe cette idée que ... orie du *minimum* est contraire au respect des traités. (.. verra plus loin quelles hautes autorités en matière de droit international, ont adopté cette manière de voir.

Paris, le 1er mars 1883.

Monsieur le Sénateur,

Je viens de lire, avec beaucoup d'intérêt, le rapport que vous avez déposé sur le bureau du Sénat, concernant la question de la propriété industrielle.

Je regrette de ne pas partager votre opinion, au sujet de la nécessité de refondre, en une seule, les lois de 1824 et de 1857 sur le nom commercial et les marques de fabrique, lois que la jurisprudence a commentées et complétées.

Je crains aussi que vous n'induisiez, sans le vouloir, vos collègues en erreur, lorsque vous représentez la France, comme libre de réglementer, selon ses convenances, le régime international des marques, sans plus se soucier de la Convention de 1883, signée aujourd'hui avec dix-sept nations, que si cette convention n'existait pas.

La circulation des personnes et des produits est absolument libre, en principe du moins, sur le territoire de la nation. On a apporté, à ce principe, certaines exceptions, chaque fois qu'on a réglementé cette matière. Car, qui dit : réglement, dit : entrave. Des règles spéciales ont d'abord fixé les formalités de douane et les tarifs d'importation dans tous les pays civilisés, chaque nation restant libre de modifier, au gré de ses intérêts, ses réglements intérieurs ou lois de douane, émanation du pouvoir législatif qui est libre par essence.

Plus tard, on fit des traités de commerce pour réglementer, d'accord avec les nations étrangères, les conditions fiscales dans lesquelles un produit pourrait franchir la frontière.

Il y eut, de ce jour, deux régimes pour le transit international : 1° le régime ordinaire, applicable comme par le passé, en règle générale ; 2° le régime conventionnel applicable, par exception, aux pays avec lesquels on avait traité. Celui-ci se distingue de l'autre, en ce que, si la nation est libre de modifier, comme elle l'entend, le réglement intérieur qu'elle s'est donnée sous forme de loi douanière, elle doit respecter le régime conventionnel résultant des traités, tant que ceux-ci sont en vigueur. Cette obligation n'a-t-elle pas été contractée dans la forme synallagma-

---

[1] La *Ligue pour la défense des marques de fabrique* poursuit la dénonciation, ou tout au moins la révision de la *Convention internationale pour la protection de la propriété industrielle*

tique qui lie les nations, comme les individus, lorsqu'elles ont signé un engagement réciproque ?

Pourquoi cela ne s'appliquerait-il pas aux conventions internationales, qui déterminent dans quelles conditions on pourra saisir, à l'importation, des produits étrangers portant une indication mensongère de provenance, conventions qui organisent des formalités douanières ?

Appliquons donc ces principes au sujet traité dans votre rapport, puisque la question de la répression des fraudes, relatives à l'estampille française, apposée sur des produits étrangers, préoccupe en ce moment le Parlement.

Tant que nous n'avons eu que les lois de 1824 et de 1857, nous vivions sous le régime légal ordinaire. La France conservait toute sa liberté d'aggraver pour les étrangers, si cela était conforme à ses intérêts, les formalités de douane.

Le régime des traités de nation à nation, ou des clauses, relatives aux marques, insérées dans les traités de commerce, a commencé par nous lier, sous ce rapport, dans une mesure raisonnable, à certains égards nécessaire, en vertu de concessions réciproques établissant l'échange du traitement du national pour les marques de fabrique.

Ne devant aux étrangers, en vertu de ce régime, que le traitement du national, le Parlement restait encore libre de légiférer comme il l'entendait sur les formalités douanières, destinées à empêcher les fraudes commises par les nationaux.

Alors, est survenu le nouveau régime international résultant de la Convention de 1883, qui a provoqué les récriminations ardentes des chambres de Commerce. De ce jour, la France passait, en ce qui concerne les pays de l'Union, du régime du règlement intérieur, impliquant la liberté d'action du Parlement, au régime conventionnel qui l'enchaîne, tant que la Convention n'aura pas été dénoncée depuis plus d'un an.

Voilà, Monsieur le Sénateur, un point important, dont votre rapport ne tient aucun compte. Tout en protestant de votre respect pour la Convention de 1883, qui n'en est certainement pas digne, vous contestez qu'elle lie la France, quant à un *maximum* de prohibition douanière, et votre rapport suppose démontré que l'Union repose, au contraire, sur l'adoption d'un *minimum* de répression, laissant à chaque pays adhérent pleine liberté.

Cette base est fragile ; elle ne résiste pas à la discussion, car elle est le contre pied de la vérité légale.

Vous invoquez l'autorité du Congrès de la propriété industrielle, tenu en 1878, au Trocadéro. Ce Congrès a été, comme tous les autres, une *parlotte* internationale, et rien de plus. On y entrait comme dans un moulin. Les Français étaient en majorité énorme. Ce congrès ne peut donc figurer parmi les travaux préparatoires à consulter. Il a une valeur doctrinale incontestable, pour les jurisconsultes, au point de vue international. Mais ses actes ne doivent pas être pris en considération.

Ce n'est pas au Congrès du Trocadéro qu'il fallait proclamer la théorie du *minimum* (elle ne figure même pas dans le texte des vœux votés au congrès), mais à la conférence internationale, officielle de 1880, et à celle de 1883. Or, cela n'a pas été fait.

Puisque, dès janvier 1886, M. Bozérian, qui l'avait imaginée après coup, pour calmer les Chambres de commerce, soutenait cette théorie fantaisiste, dans une brochure approuvée par toute la *Commission per-*

manente de la propriété industrielle, qui a endossé la responsabilité du
nouveau régime international, il fallait donner des instructions précises
à nos délégués, pour proposer cette interprétation à la Conférence qui
s'est réunie à Rome en 1886. On n'a pas osé le faire ; mais les protestations soulevées par l'affirmation très catégorique de M. Nicolas, que la
France ne tolérerait pas l'importation d'articles étrangers revêtus d'indications de provenance française, donne une idée de l'accueil qu'aurait
reçue cette théorie, si elle eût été formulée.

M. Monzilli, directeur du Commerce italien n'a-t-il pas accusé le gouvernement français de violer les traités, au sujet de la circulaire ministérielle du 26 février 1886, basée sur la théorie du *minimum*, c'est-à-dire
ne tenant aucun compte des articles 9 et 10 de la Convention de 1883 ?
Quand on lit les textes, il est impossible de lui donner tort sur ce point.

Vous citez l'exemple de l'Angleterre, qui vient d'adopter une législation rigoureuse sur cette matière, sans se soucier de la Convention de
1883 ? Mais ce règlement intérieur ne s'appliquera qu'à ses colonies, qui
ne font pas partie de l'Union. Tant qu'elle n'aura pas refusé d'appliquer
loyalement le nouveau régime international, auquel elle a adhéré, il n'y
a aucune conclusion à en tirer, si ce n'est qu'elle a fait cette loi pour
l'appliquer en dehors de l'Union, peut-être aussi, en prévision du cas
où elle dénoncerait la Convention de 1883.

En résumé, votre théorie du *minimum*, laissant les pays de l'Union
libres de légiférer, comme ils l'entendent', sur les marques, sans se soucier
du pacte international de 1883, ne pourrait se soutenir, qu'en présence
d'un texte formel et précis, qui fait défaut. Votre projet de loi est en
contradiction avec les art. 9 et 10 de la Convention.

Vous avez éludé, Monsieur le Sénateur, la vraie question, la seule
qui préoccupe le monde des affaires. Oui ou non, devons-nous rester
plus longtemps sous l'empire du nouveau régime international de la
propriété industrielle, qui est en contradiction manifeste avec nos lois,
mais qui s'applique, malgré cela, aux étrangers en France et aux Français à l'étranger?

Si oui, le Parlement ne doit pas y toucher, car, il n'est pas libre de
faire une loi contre un traité. Votre rapport, alors, serait à réviser.

Si non, qu'on dénonce la Convention, ce qui replacera le pays sous
l'empire des anciens traités non abrogés, qui expireront en même temps
que les traités de commerce, et pourront être modifiés en 1892, dans le
sens de la réciprocité stricte et absolue, en dehors de laquelle nous
n'obtiendrons jamais, dans certains pays, le respect de notre propriété
industrielle.

Si, au lieu de se borner à la répression des fraudes que visait uniquement le projet primitif de M. Bozérian ', le Sénat veut suivre le plan de
refonte générale que vous lui tracez, en collaboration avec l'Union des
Fabricants, vingt séances n'y suffiront pas, et je crois avoir démontré
qu'il perdra son temps.

' Nous voulons dire : libres de légiférer *utilement*. Les Parlements des pays intéressés dans les questions peuvent toujours faire les lois qu'ils veulent. Mais ces lois
ne peuvent prévaloir contre une convention internationale, avec laquelle elles sont
en conflit, chaque fois que le nouveau régime international de la propriété industrielle est applicable.
' Ce projet remonte à l'année 1884.

En ce qui concerne ce point particulier, le seul urgent, la loi, que vous lui demandez de voter, n'aura aucune efficacité, quand il s'agira des deux catégories que voici :

1° Les citoyens ou sujets des États suivants : Angleterre, Belgique, Brésil, Espagne, États-Unis, Guatemalas ; Hollande, Italie, Norwège, Portugal, République Dominicaine, Salvador, Serbie, Suède, Suisse, Tunisie ;

2° Les citoyens ou sujets de tous les autres pays (par conséquent les Allemands) pourvu qu'ils aient dans une des seize nations ci-dessus nommées (ou en France) un simple établissement commercial. Ils sont, dans ce cas, assimilés par l'article 3 de la convention internationale aux sujets ou citoyens des États contractants.

S'il a fallu près de dix ans pour arriver à ce résultat, il faut reconnaître qu'il ne vaut pas la peine que le Sénat lui consacre une bien longue attention.

Veuillez agréer, Monsieur le Sénateur, mes salutations respectueuses.

Louis DONZEL.

Avocat à la Cour d'Appel.

L'opinion que nous avons ainsi développée, dans notre lettre au rapporteur du projet de loi sur les marques, tranche une question trop grave, et trop importante, pour que nous n'ayions pas songé à consulter, à ce sujet, plusieurs jurisconsultes, dont le nom fait autorité, en matière de droit international. Nous consignons plus loin les réponses qui nous ont été faites.

Opinion de M. Rouard de Card, professeur a la Faculté de droit de Toulouse

Toulouse, 28 octobre 1888

Monsieur,

En réponse à votre lettre du 28 octobre, je vous fais connaitre mon opinion sur la question que vous m'avez soumise.

La théorie du *minimum* ne peut être sérieusement soutenue : elle est contraire aux principes du droit international, et dangereuse au point de vue politique.

1° *Contraire aux principes du droit international* :

La Convention de 1883 est une convention diplomatique, et, comme tout traité, elle lie les parties signataires. Donc, la France ne peut, par sa seule volonté, aggraver la situation des commerçants et industriels appartenant aux États signataires, ou celle des commerçants et industriels assimilés (art. 3).

Il en serait autrement, si une réserve formelle avait été insérée dans la Convention ; mais rien de semblable ne s'y trouve.

On voit seulement, en parcourant le texte, que deux facultés particulières ont été stipulées : A). Le droit, pour les nations signataires, de prendre entre elles des arrangements spéciaux, *non contraires* aux *dispositions de la Convention* (art. 15). B... Le droit de dénoncer la Convention et de se libérer, par ce moyen, des obligations qu'elle entraine (art. 18).

Mais, en dehors de ces deux facultés, la Convention doit être observée strictement par les parties contractantes.

Le but de la commission permanente nommée par le congrès était ainsi défini : « Un des buts de cette commission créée par l'*initiative* « *privée* sera d'obtenir de l'un des gouvernements, la réunion d'une « conférence internationale officielle, à l'effet de déterminer les bases « d'une législation uniforme. » Cela est clair.

Vainement, on cherche à opposer l'autorité du congrès tenu à Paris en 1878.

Cette réunion n'avait pas un caractère officiel. Elle comprenait des jurisconsultes français ou étrangers, qui voulaient répandre une idée nouvelle, et attirer l'attention des divers gouvernements sur les avantages d'une Union pour la protection de la propriété industrielle. Donc les opinions manifestées, dans ce congrès, n'ont qu'une valeur doctrinale.

2° *Dangereuse au point de vue politique* :

Si la solution que vous combattez venait à triompher, la France serait considérée au dehors, comme ne respectant pas ses engagements, et ses ennemis nombreux ne manqueraient pas de saisir cette occasion de la discréditer. L'Italie, par l'organe du directeur du commerce, a, comme vous l'indiquez dans votre lettre, pris déjà cette attitude.

Telles sont, Monsieur, les conclusions que je vous adresse en vous autorisant à les publier.

Recevez, etc.

ROUARD DE CARD,
Agrégé à la faculté de droit de Toulouse.

OPINION DE M. DE MARTENS PROFESSEUR A L'UNIVESITÉ DE ST-PÉTERSBOURG

St-Pétersbourg, 10, 22 décembre 1883.

Monsieur,

Par votre lettre, datée du 10 décembre, vous avez bien voulu me poser la question celle-ci : une loi intérieure plus répressive de la contrefaçon ou de la tromperie sur la provenance, qu'une convention internationale en vigueur, peut elle prévaloir sur cette convention, à l'encontre des étrangers qui peuvent réclamer le bénéfice de cette dernière?

J'ai l'honneur de répondre à cette question :

Non, la loi intérieure ne peut pas, dans ce cas, abroger la convention internationale, parceque cette dernière prime la loi intérieure, et l'a abrogée dans les parties contraires à la convention, si la loi intérieure était en vigueur *avant* la signature ou la ratification de la convention. Si, au contraire, une loi intérieure est publiée, *après* la convention concernant les mêmes matières, la loi ne peut être appliquée contraire-

ment au pacte international. La pratique de tous les jours nous en
donne la preuve. Ainsi, d'après le code civil russe (art. 1003), la succession des étrangers morts en Russie, même relativement aux meubles,
est réglée d'après la loi russe, c'est-à-dire, territoriale. Mais des conventions internationales conclues, par la Russie, avec la France, l'Allemagne, l'Italie et l'Espagne, abrogent cette stipulation, en reconnaissant,
pour les ressortissants de ces puissances, l'application, de la loi nationale du défunt concernant les meubles. Il n'y a aucun doute que dans
des cas analogues, la convention internationale a mis de côté la législation intérieure.

Je serai heureux, si ces quelques observations sont reconnues sa-
tisfaisantes, et je vous prie, monsieur d'agréer, etc...

DE MARTENS.

OPINION DE M. PRADIER-FODÉRÉ

Lyon 3 novembre 1888.

Monsieur et estimé Maître,

Vous m'avez fait l'honneur de me communiquer une copie autographiée de la lettre que vous avez adressée à M. le Sénateur Dietz-Monnin, sur la question des marques de fabrique, et vous me demandez si
je partage l'opinion que vous avez développée dans cette lettre? Peut-
on, dites-vous, rayer d'un trait de plume les articles 9 et 10 de la convention internationale du 20 mars 1883, relative à la garantie réciproque
de la propriété industrielle, en insérant, dans la future loi, l'article 23
du projet de M. Dietz-Monnin, qui est en contradiction avec ces articles?
Votre question peut être traduite en ces termes : un Etat peut-il abroger par une loi nouvelle les conventions qu'il a conclues antérieurement
à la promulgation de cette loi? En d'autres termes : les Etats peuvent-
ils se dégager unilatéralement des traités conclus par eux?

Raisonnerons nous en fait? Raisonnerons nous en droit?

En fait, un Etat qui ne tient pas à faire honneur à ses engagements,
est toujours libre de les violer. Lorsque Louis XIV publia la fameuse
ordonnance de 1681 sur la marine, il était lié envers l'Angleterre, l'Espagne, la Hollande, la Suède, et par les édits de 1655, 1659, 1677,
et 1678, qui proclamaient la maxime humaine et juste : *navire libre,
marchandises libres* ! Cela ne l'a pas empêché de consacrer, dans son
ordonnance de 1681, le principe que le pavillon neutre ne couvre pas la
marchandise, tandis que le pavillon ennemi la confisque. Il le fit à ses
risques et périls : en pareil cas, il y a toujours plus de risques à courir,
que d'avantages à récolter, car les Etats ont, aussi bien que les particuliers, besoin de la bonne renommée qui résulte de la fidélité aux engagements. Qu'on soit Louis XIV, ou le dernier de ses sujets, on ne gagne
rien à être un malhonnête homme. Je me permettrai d'ajouter que les
Républiques doivent être encore plus scrupuleuses que Louis XIV.
Mais passons sur le fait, et arrivons au droit.

Sur ce terrain, Monsieur, il me parait absolument impossible de soutenir qu'un Etat puisse se dégager unilatéralement des traités qu'il a

conclus, et vous me semblez être complètement dans la vérité théorique, lorsque vous dites qu'une nation est toujours libre de modifier comme elle l'entend le règlement intérieur qu'elle s'est donnée sous forme de loi douanière, mais qu'elle doit respecter le régime conventionnel résultant des traités, tant que ceux-ci sont en vigueur. La convention du 20 mars 1883 n'a certes pas interdit aux Puissances contractantes de légiférer sur la propriété industrielle, ou de compléter leur législation sur la matière ; mais ce droit est nécessairement limité, dans son exercice, par le respect du régime conventionnel synallagmatiquement débattu et adopté. De même que les puissances contractantes se sont réservées respectivement le droit de prendre, séparément entre elles, des arrangements particuliers, pour la protection de la propriété industrielle, en tant que ces arrangements ne contreviendront point aux dispositions de la Convention, elles ont, par la force des choses, conservé le droit d'enrichir leur législation intérieure sur la propriété industrielle de n'importe quelles lois nouvelles, quels nouveaux règlements, qu'elles jugeront à propos d'imaginer, pour le mieux de leurs intérêts, *sous la réserve toujours que ces règlements, ou ces lois, ne seront point en contradiction avec la Convention de 1883.*

Voilà, Monsieur, suivant moi, la vraie théorie. Il se peut que je me trompe, mais dans ce cas, mon erreur sera partagée par tous ceux qui estiment que les engagements pris doivent être respectés par les individus et par les États.

Veuillez agréer, je vous prie, Monsieur et estimé maître, l'assurance de ma considération la plus distinguée.

PRADIER-FODÉRÉ,
Conseiller à la Cour de Lyon,
Membre de l'Institut de Droit International.

Opinion de M. André Weiss, agrégé a la Faculté de droit de Dijon

Mon cher Confrère et Ami,

Il n'est pas douteux, pour moi, qu'une loi nationale peut être appliquée à une marque de fabrique étrangère, nonobstant les dispositions d'un traité qui s'en écarte, *mais seulement dans le cas où cette loi est plus favorable à l'étranger que le traité.* Eu d'autres termes, j'estime que la Convention de 1883 n'empêche nullement la France d'édicter au profit des marques étrangères des mesures de protection plus avantageuses que celles qui résultent de cette convention, et que l'étranger est fondé à s'en prévaloir ; mais, qu'en sens inverse, une loi plus rigoureuse que le traité d'Union ne pourrait être appliquée en France, aux ressortissants des États qui l'ont signée. (c. f. nat. mon *traité* p. 381).

Mon sentiment vous le voyez, est absolument d'accord avec le vôtre, et j'en suis très heureux.

Croyez mon cher confrère et ami, à mes sentiments cordialement dévoués.

André Weiss,
Dijon, 18 novembre 1888.

OPINION DE M. SURVILLE, PROFESSEUR A LA FACULTÉ DE DROIT DE POITIERS

Monsieur,

J'enseigne, et il me semble indiscutable que la loi intérieure d'un État doit fléchir devant une Convention internationale, c'est-à-dire devant un véritable contrat entre nations.

Quant à la théorie du *minimum*, qui ne peut s'induire en aucune manière de la Convention d'Union de 1883, non plus que des travaux qui l'ont accompagnée, elle me parait, comme à vous, être une théorie peu juridique, inventée après coup pour les besoins de la cause.

Est-ce à dire toutefois qu'une loi nouvelle sur les marques de fabrique n'aurait à l'heure actuelle aucune valeur en France? Il est certain que sa portée pratique internationale ne serait pas bien considérable. Toutefois, en la supposant votée, et en admettant que l'on ait pris soin d'y tenir compte des vœux des chambres de commerce, elle aurait l'avantage de donner peut-être plus de poids aux observations présentées par la France aux époques auxquelles la Convention d'Union est soumise à des révisions. La loi aurait en outre cet autre avantage d'être prête et applicable, aussitôt après la dénonciation de la Convention faite par la France, en supposant qu'elle devint nécessaire, à une époque qui n'est peut-être pas éloignée.

Agréez, etc...

SURVILLE,
Poitiers, 3 novembre 1883.

OPINION DE M. EDMOND PICARD, AVOCAT A LA COUR DE CASSATION DE BELGIQUE

Monsieur et cher Confrère,

Par la lettre que vous m'avez fait l'honneur de m'écrire le 10 décembre, combinée avec la copie autographiée d'une lettre que vous avez adressée à M. le sénateur Dietz-Monnin, le 1er mars précédent, qui y était jointe, vous me posez la question de savoir :

« Si une loi intérieure plus répressive de la contrefaçon ou de la trom-
« perie sur la provenance, qu'une Convention internationale en vigueur,
« peut prévaloir sur cette convention à l'encontre des étrangers qui
« pouvaient réclamer le bénéfice de cette dernière.

« Et plus spécialement, s'il est permis au gouvernement français
« agissant isolément, de modifier les articles 9 et 10 de la Convention
« internationale pour la protection de la propriété industrielle conclue à
« Paris le 20 mars 1883, qui déterminent dans quelles conditions on
« pourra saisir à l'*importation* les produits étrangers portant une indi-
« cation mensongère de provenance et qui organisent ainsi des forma-
« lités douanières spéciales. »

A mon avis : non.

Il est certain que chacun des gouvernements, qui sont intervenus à la Convention internationale sus-dite, reste maître de modifier chez lui comme il l'entend, le régime de protection de toutes les matières énumérées à l'art. 2 : les brevets d'invention, les dessins ou modèles, les marques de fabrique ou de commerce, et le nom, par conséquent de transformer, en plus ou en moins, les avantages que la loi accorde à ses nationaux, de même que la protection accordée à ceux-ci, et le recours égal contre toute atteinte portée à leurs droits. Par suite, lorsqu'il s'agira de ce régime intérieur, les étrangers ne pourront pas se plaindre d'avoir à subir ces modifications, si elles sont plus onéreuses. Ils restent, en effet, sur le même pied que ces indigènes ; mais pour tout le monde et de la même façon, c'est là, d'après moi, le sens de l'article 2.

Mais cette même Convention contient aux articles 9 et 10 des dispositions nouvelles relatives à l'*importation* et à un droit de saisie à la *frontière* des produits venant de l'étranger. Ceci constitue un objet particulier, synallagmatiquement convenu, entre les hautes parties contractantes et qui ne peut subir aucune modification sans leur consentement commun. En d'autres termes, dès que des produits ordinaires ont passé la frontière, ils sont régis par la législation intérieure, toujours susceptible de modifications, et qui fait aux étrangers le même régime qu'aux indigènes.

Mais, lorsque ces produits sont présentés à la frontière, ils sont exposés, à certaines mesures destinées à réprimer des fraudes d'un genre spécial, mesures qui ne sont plus dans le domaine de la législation intérieure mais constituent un objet de législation internationale réglé par un traité.

Elles ne peuvent, en conséquence, être modifiées que par un accord également international

Je crois, Monsieur et cher Confrère, avoir ainsi répondu suffisamment aux questions de droit que vous m'avez posées, et je vous prie d'agréer l'expression de mes sentiments bien dévoués.

EDMOND PICARD,
Avocat à la Cour de Cassation.

Bruxelles, 12 décembre 1888.

OPINION DE M. DESPAGNET, PROFESSEUR A LA FACULTÉ DE DROIT DE BORDEAUX

M. le Professeur Despagnet nous a écrit qu'il adhère aux conclusions développées dans notre lettre à M. Dietz-Monnin, et qui sont conformes à ce qu'il a enseigné dans son traité de droit international.

OPINION DE M. ERNEST LEHR

D'une lettre écrite par le savant professeur de l'Académie de Lauzanne, nous détachons le passage suivant :

« Il est un point sur lequel je n'ai aucun doute : c'est qu'il est interdit de déroger à une convention internationale par une loi locale, en d'autres termes, qu'une loi nationale ne peut valablement déroger aux dispositions d'un traité international. »

ERNEST LEHR,

Membre effectif de l'Institut de droit international.

OPINION DE M. DANIEL DE FOLLEVILLE, PROFESSEUR A LA FACULTÉ DE DROIT DE LILLE

L'avocat soussigné déclare adhérer pleinement et entièrement à la lettre adressée par son honorable confrère M. Louis Donzel, sous la date du 1ᵉʳ mars 1888, à M. le sénateur Dietz-Monnin, concernant la situation faite à la propriété industrielle par la Convention internationale du 20 mars 1883 (D. P. 1884, 4, 116 et 117).

Il se peut, en effet, que la Convention du 20 mars 1883, doive être dénoncée, pour arriver à telle ou telle modification réclamée par des besoins quelconques. Nous ne serions pas éloigné de le penser. Mais aujourd'hui, là n'est pas la question.

Nous devons maintenir les vrais principes du droit international, et ne pas les laisser entamer sans protester. Or, il est évident que, si les nations peuvent réglementer, sans contrôle, leur régime intérieur, autant qu'elles le jugent convenable, elles sont liées néanmoins par les engagements pris sous la forme de traités, et ne peuvent édicter une loi intérieure ayant une action réflexe sur le traité, pour le rendre plus onéreux. Ceci parait tout à fait élémentaire.

Il serait contraire à tous les principes politiques, d'autre part, d'affaiblir les conventions synallagmatiques arrêtées entre les puissances, dont l'une ne pourrait changer un détail, parût-il d'ailleurs insignifiant, ce qui ne se présente pas dans la circonstance, — sans que les autres parties contractantes s'attribuassent aussitôt un droit semblable. Ce serait donc, à ce point de vue, l'anéantissement de toute la force appartenant aux actes diplomatiques conclus et solennellement ratifiés.

Le soussigné admet, comme explication conforme aux vrais principes, que, sans consulter les autres parties contractantes, une nation peut s'écarter du traité international, dans sa législation intérieure, toutes les fois que la loi à intervenir sera plus favorable à l'étranger que le traité lui-même. En dehors de ce cas, le droit commun réside dans la faculté de dénoncer les traités, mais tant que les traités ne sont pas dénoncés, il ne peut dépendre de la volonté unilatérale d'une seule des parties contractantes d'en altérer la substance ou d'en dénaturer les ffets. Une semblable manière d'agir serait à la fois contraire aux principes essentiels du droit international privé et public : elle serait pleine de dangers au point de vue politique.

L'avocat soussigné, et ancien doyen de la faculté de droit de Douai, se rallie donc entièrement aux conclusions si judicieusement déduites par son honorable confrère du barreau de Paris, M. Louis Donzel.

Délibéré à Lille, le 24 juin 1889.

DANIEL DE FOLLEVILLE,

Avocat à la Cour d'appel et ancien doyen de la Faculté de Droit de Douai, professeur à la Faculté de Droit de Lille.

Nous avons tenu à faire connaître l'opinion de MM. de Martens, Pradier-Fodéré, Edmond Picard, Ernest Lehr, Despagnet, Surville, Rouard de Card, André Weiss et Daniel de Folleville.

Notre impartialité nous fait un devoir de publier aussi les réponses de MM. Chrétien et Numa-Droz, qui ne partagent pas l'avis de ces savants jurisconsultes, et pensent que M. Dietz-Monnin est dans le vrai, quand il soutient que la Convention de 1883 ne lie la France que dans la limite d'un *minimum*.

OPINION DE M. CHRÉTIEN, PROFESSEUR AGRÉGÉ A LA FACULTÉ DE DROIT DE NANCY

Mon cher Confrère,

Vous me demandez mon sentiment sur le point de droit, traité d'une façon si remarquable, dans votre lettre au rapporteur de la question des marques au Sénat. Le voici formulé aussi brièvement que possible.

Les Etats signataires de la Convention de 1883 ont, à mon avis, entendu purement et simplement assurer sur leurs territoires respectifs, à la propriété industrielle étrangère, un *minimum* de protection. Ils doivent donc aux étrangers, aptes à en bénéficier, toute cette protection, et ils violeraient la Convention s'ils prétendaient, par des dispositions législatives postérieures, innocenter des fraudes prévues dans l'acte diplomatique ou soumettre, à des conditions nouvelles et plus rigoureuses l'emploi de mesures répressives vis-à-vis des mêmes fraudes. Mais ils restent libres d'édicter des dispositions plus favorables à la garantie de la propriété industrielle. Une modification de notre législation, en ce sens, n'emporterait donc pas violation du pacte signé en 1883 à Paris. La France a les mains libres, lorsqu'elle prétend organiser d'une façon plus sévère, la répression d'une fraude prévue, ou pourvoir à la répression d'une fraude imprévue par le traité. Sa liberté n'est, jusqu'à dénonciation, entravée qu'à deux points de vue. Elle ne pourrait:

(a) autoriser ce que prohibe une clause de l'accord[1] ;
(b) exclure, sur son territoire, les sujets des Etats signataires, (ou assimilés), du bénéfice des dispositions nouvelles qu'elle prendrait. (Art. 2).

En formulant ces conclusions, j'ai le regret de me trouver en complet

[1] La question est précisément de savoir, si l'article 23 du projet Diez-Monnin, qui prohibe la fraude simple, comme l'article 19 de la loi du 13 juin 1857, alors que l'article 10 de la Convention ne prohibe que la fraude compliquée, peut, non pas autoriser ce que prohibe cet article, comme soutient M. le Professeur Chrétien, mais plutôt prohiber ce que cet article autorise, sous forme d'exception à la règle de la saisie, à savoir l'importation de produits revêtus de noms de villes françaises, sans nom fictif, ni non emprunté frauduleusement. Il ne s'agit donc pas de savoir, en d'autres termes, si une loi intérieure peut autoriser ce que prohibe une Convention internationale, mais si elle peut prohiber ce que la Convention internationale permet. Ce n'est pas tout à fait la même chose.

désaccord avec vous, et cela soulève en moi des craintes sur leur exactitude.

Croyez, mon cher confrère, à mes sentiments bien dévoués.

A. CHRÉTIEN.

OPINION DE M. LE CONSEILLER FÉDÉRAL NUMA DROZ [1]

D'une lettre, écrite à ce sujet, par M. le Conseiller fédéral Numa Droz nous détachons le passage suivant conforme d'ailleurs à l'opinion de M. le professeur Chrétien :

« Je ne puis me déclarer d'accord avec votre interprétation de l'article 10 de la Convention. Cet article crée bien, pour chaque Etat, l'obligation de saisir tout produit portant faussement, comme indication de provenance, le nom d'une localité, lorsque cette indication est accompagnée d'un nom commercial fictif ou emprunté dans une intention frauduleuse ; mais j'envisage que rien ne peut empêcher au pays de l'Union d'aller plus loin dans la répression de la fraude, et de saisir les produits portant uniquement le nom d'une localité autre que celle d'où ces produits proviennent réellement. C'est ce que font du reste la France et la Grande-Bretagne, et ce que s'apprête à faire la Suisse.

« Il ne me paraît pas correct d'assimiler d'une manière complète, comme vous le faites, la Convention pour la protection de la propriété industrielle à un traité de commerce. L'un et l'autre ont bien en vue la protection des intérêts et de l'industrie ; mais ils suivent pour cela des voies différentes. Tandis que les traités poursuivent leur but en facilitant les relations commerciales et en faisant disparaître les entraves qui pourraient empêcher le développement de ces relations, la Convention, elle, est destinée avant tout à réprimer les manœuvres frauduleuses qui portent atteinte à la propriété industrielle, et à faire triompher les principes de probité dans les rapports internationaux ; au lieu d'abaisser des barrières, elle en élève mais seulement contre le commerce déloyal.

Je ne puis admettre que les Etats aient voulu s'interdire réciproquement de poursuivre les indications frauduleuses qui ne revêtiraient pas telle forme spéciale, ni que les rédacteurs de la Convention aient entendu indiquer au commerce peu honnête le point exact jusqu'où, dans toute l'Union, il faut aller sans danger dans ses indications mensongères.

« Je regrette de devoir me limiter à cette réponse sommaire, je vous présente, Monsieur, mes salutations empressées.

NUMA DROZ.

Que reste-t-il, après celà de la théorie du *minimum* ?

Il faut convenir que si cette théorie, difficile à défendre,

---

[1] M. Numa-Droz, ancien Président de la Confédération Helvétique, a tenu tête à M. de Bismarck dans un incident diplomatique récent que l'on a pas oublié.

surtout après la conférence de Rome, avait ses racines
dans la discussion des conférences de 1880 et de 1883, et
n'avait pas été imaginée, après coup, par M. Bozérian, rien
n'eût été plus facile que de la faire consacrer par un texte
précis à la Conférence de 1886.

C'était une belle occasion pour lui faire un sort. Nos délégués avaient évidemment reçu des instructions à ce sujet,
puisque c'était là le palliatif inventé pour défendre quand
même l'Union diplomatique. Cependant, aucun texte ne fut
proposé dans ce sens par eux. La tournure que prit la discussion, avec M. MONZILLI, prouve que toute proposition de cette
nature eût reçu un mauvais accueil. Car elle eût eu, pour
objet, principalement de réserver à la France le droit d'empêcher, par une loi spéciale, des fabricants peu scrupuleux de
faire venir des produits étrangers, et de les revendre comme
étant de leur fabrication, avec le nom de leur localité ou leur
propre nom commercial inscrit sur ces produits. C'est précisément ce qui enrichit les pays qui sont nos rivaux industriels. La théorie du *minimum* ne fut donc pas même formulée dans ces conditions.

Nous croyons avoir démontré que la théorie du *minimum*
se trouve en opposition avec les discussions de la Conférence
de Rome et l'historique des nouveaux articles additionnels.
Sans doute, ils n'ont pas de valeur, n'ayant pas été ratifiés;
mais ils n'en constituent pas moins des éléments précieux
d'appréciation, pour contester l'exactitude des intentions,
que M. Bozérian à prêtées à la Conférence de 1880. L'esprit
de la Conférence était le même en 1886, qu'en 1883 et en
1880. En ce qui concerne celle de 1886, rien n'autorise à croire
que la théorie du *minimum* ait dominé tacitement, et sans
être nettement formulée dans un texte précis, les travaux de
cette assemblée internationale.

Il paraît certain, au contraire, que nos délégués avaient reçu,
entre autres instructions, celle d'obtenir la modification de l'art.
10. par la suppression des mots : *lorsqu'à cette indication de
provenance sera joint... etc.* et subsidiairement, en cas d'échec,
sur ce point, de formuler nettement la théorie du *minimum*,
en la présentant à la Conférence sous forme d'un projet d'article interpretatif du sens général de la Convention de 1883.

Ce texte n'a pas été présenté à la Conférence. On ne peut cependant admettre que cette restriction, oubliée en 1889, l'ait été en 1886, après que M. Bozérian eut formulé officiellement cette théorie du *minimum*, devenue la pierre angulaire de la défense de la Convention, présentée par lui dans la Presse, et devant le Groupe Industriel de la Chambre des dé, putés.

Ou nos délégués n'ont pas compris que le vote de la proposition DUJEUX, rendait à la question subsidiaire du *minimum* l'intérêt que lui avait enlevé le vote de la proposition anglo-française, émanant du Groupe Industriel, et empruntée à notre lettre à M. Dautresme.

Ou ils ont pensé que soulever cette question à Rome, c'était s'exposer à un échec rendu certain d'avance, par un esprit d'hostilité si peu dissimulé à l'égard des idées françaises, qu'il avait obligé notre délégation, à faire présenter par les délégués anglais une première proposition dont nous avons fait connaître l'origine.

Que l'on admette l'une ou l'autre version, on est obligé de reconnaître que la théorie du *minimum* est anti-juridique jusqu'à ce qu'un texte précis inséré dans la Convention l'ait imposée. C'est ce qui pourra être fait à la prochaine conférence qui doit se réunir cette année à Madrid, mais pour l'avenir seulement, d'après une opinion très plausible.

Les consultations des savants professeurs, que nous avons cités, malgré l'avis contraire de MM. CHRÉTIEN et NUMA DROZ, ne laissent pas subsister l'ombre d'un doute à cet égard.

Il en résulte que, tant que l'article 10 de la Convention n'aura pas été modifié, ou la Convention dénoncée, la tromperie sur l'origine d'un produit, que le droit commun punit comme fraude, cessera d'être un acte délictueux, quand on s'y livrera sous son vrai nom, ou d'une façon anonyme; car il n'y a, dans ce cas, ni nom fictif, ni nom emprunté dans une intention frauduleuse. La règle stricte n'étant pas applicable, on bénéficiera de l'exception contenue implicitement dans tout article de loi répressif, qui contient l'indication précise d'un ou de plusieurs cas punissables. Il ne pourra y avoir ni saisie, ni confiscation, en dehors de ce cas.

La jurisprudence contraire de 1881, visée par la circulaire

très sévère adressée, à ce sujet, par M. Lockroy, le 26 février
1886, pourra être maintenue, surtout après le vote du projet
Dietz-Monnin, quand on se trouvera en dehors de la sphère
d'application de la Convention internationale de 1883; mais
chaque fois qu'il s'agira d'un citoyen ou sujet d'une des dix-
sept nations contractantes, ou d'un assimilé, la Convention
prévaudra sur la loi antérieure de 1857 et sur celle qui aura
été promulguée postérieurement, quand celle qui est à l'étude,
sera devenue exécutoire. Il en résulte que la loi intérieure
sera à peu près lettre morte.

La Conférence de Madrid, si elle aboutit pourra atténuer,
dans une certaine mesure, les inconvénients de l'article 10
tels que nous venons de les signaler.

Protection temporaire en cas d'expositions internationales

ARTICLE 11

Les Hautes-Parties contractantes s'engagent à accorder une protection temporaire aux inventions brevetables, aux dessins ou modèles
industriels, ainsi qu'aux marques de fabrique ou de commerce, pour les
produits qui figurent aux expositions internationales officielles ou officiellement reconnues.

Cette disposition oblige les Etats contractants à considérer
dès à présent, et sans qu'il soit besoin, pour cela, de lois spéciales, pour chaque exposition, le certificat de dépôt délivré
aux exposants, comme suffisant pour empêcher leur propriété
industrielle de tomber dans le domaine public. La portée de
cet article est d'autant moindre que son texte, trop laconique,
est insuffisant pour dispenser le législateur de régler cette
matière, par une loi plus détaillée et spéciale à chaque exposition.

Il a le grave inconvénient de laisser dans l'obscurité la plus
complète, des questions qui ne manqueront pas de surgir à
chaque exposition. La protection provisoire, acquise aux
inventions exposées, est-elle limitée au territoire de la nation où a lieu l'exposition, ou s'étend-elle à toute l'*Union* ?
Un brevet pris dans un autre pays concordataire, dans l'intervalle entre le dépôt à l'exposition et le dépôt d'origine pris

au cours, où à l'expiration de cette exposition, dans le pays où elle a lieu, sera-t-il primé par le dépôt antérieur? Ces faits de publicité, d'exécution, d'exploitation à l'étranger, mais dans l'*Union*, seront-ils opposables au brevet initial pris postérieurement, pour une invention, dans le pays où elle aura été exposée, s'ils ont eu lieu dans l'intervalle entre le dépôt à l'exposition et la prise de ce brevet initial?

Dans le premier cas, le délai de priorité se trouve-t-il allongé par l'exposition elle-même, si le brevet n'a été demandé que pendant la durée de la protection temporaire? Dans le deuxième cas, l'article 11 reste-t-il étranger à la question du droit de priorité, et n'a-t-il trait qu'au droit privatif de l'inventeur dans le pays de l'exposition, sans pouvoir le protéger à l'étranger contre des faits de divulgation ou d'exploitation antérieurs à la prise du brevet initial, dans le pays où il jouit d'une protection temporaire?

Le délai de priorité de six mois courra-t-il, dans ce cas, du jour du brevet initial seulement ou du jour du dépôt à l'exposition.

Quid si l'invention est divulguée avant l'ouverture officielle de l'exposition ?

Il nous semble impossible de rien préjuger, à cet égard, avant que la jurisprudence ait fait son œuvre.

Révisions périodiques

ARTICLE 14 [1]

Cette Convention sera soumise à des révisions périodiques en vue d'y introduire les améliorations de nature à perfectionner le système de l'*Union*.

A cet effet, des conférences auront lieu successivement dans l'un des Etats contractants entre les délégués desdits Etats.

La prochaine réunion aura lieu à Rome en 1885.

La réunion annoncée par l'article 14 a eu lieu à Rome en 1886. Ses travaux ont duré du 24 avril au 11 mai.

---

[1] Les articles 12 et 13 dont on trouvera le texte plus loin ne comportent aucun commentaire. Il en est de même de ceux auxquels nous n'avons consacré aucune explication.

Les articles additionnels votés à Rome n'ont pas été soumis à la ratification du Parlement. Dans aucun pays ils n'ont été ratifiés.

La Conférence de Rome a décidé que la prochaine réunion se tiendrait à Madrid en 1889. La date en a été fixée au 15 novembre 1889, sauf ajournement ultérieur.

La Convention de 1883, telle qu'elle est, soulève une quantité de questions nouvelles que l'on semble hésiter à soumettre aux tribunaux ; car la jurisprudence ne s'est encore prononcée que sur le maintien de la caution *judicatum solvi*. On peut dire que la Convention a jeté le désarroi dans l'esprit des jurisconsultes. La discussion qui a eu lieu, à ce sujet, au syndicat des agents de brevets, prouve que ceux-là même qui ont été les promoteurs, et qui se posent en interprètes autorisés, sinon officiels, du nouveau régime international de la propriété industrielle, ne peuvent s'entendre sur les points essentiels et capitaux.

Si une seule convention a suffi pour soulever des difficultés inextricables d'interprétation, que sera-ce, lorsque plusieurs révisions auront greffé sur cette convention toute une série d'autres, non rétroactives, qui susciteront une suite d'interprétations successives, se modifiant elles-mêmes, selon les diverses évolutions du régime international de la propriété industrielle, mais ne pouvant s'appliquer qu'à une seule période de cette série d'évolutions ! Il en résultera, à défaut d'indications sur le droit nouveau, une incertitude telle, dans l'esprit des intéressés, qu'aucun d'eux n'osera provoquer, à ses frais, une interprétation judiciaire, que nulle probabilité juridique ne pourra lui faire entrevoir comme devant lui être très probablement favorable. N'en est-on pas encore à se demander si la Convention peut être invoquée en France par des citoyens français ?

Cette série de conventions, greffées les unes sur les autres, ayant cependant, chacune prise isolément, sa période d'application, ramènera le droit industriel, pour les citoyens français, à l'époque où il n'y avait pas de livres sur la matière. Quant aux étrangers, le nouveau régime international des brevets et des marques leur fournira de nombreuses occasions de plaintes et de récriminations par la voie diplomatique.

Faculté des Etats étrangers d'adhérer à l'Union

ARTICLE 16

Les Etats qui n'ont point pris part à la présente Convention, seront admis à y adhérer sur leur demande.

Cette adhésion sera notifiée par la voie diplomatique au gouvernement de la Confédération Suisse, et par celui-ci à tous les autres.

Elle emportera, de plein droit, accession à toutes les clauses, et admission à tous les avantages stipulés par la présente Convention.

ARTICLE 17

L'exécution des engagements réciproques contenus dans la présente Convention est subordonnée, en tant que de besoin, à l'accomplissement des formalités et règles établies par les lois constitutionnelles de celle des hautes parties contractantes qui sont tenues d'en provoquer l'application, ce qu'elles s'obligent à faire dans le plus bref délai possible.

Il résulte de l'article 16 que la Convention de 1883 constitue un traité de commerce en blanc et au porteur. La porte de l'Union est ouverte. Entrera qui voudra. Il suffira, pour cela, de notifier l'adhésion au gouvernement fédéral de Berne. La notification est un fait. D'après la lettre de l'article, aucun Etat membre de l'Union, n'a le droit de refuser l'adhésion d'un Etat quelconque, ou de la soumettre à la condition d'une ratification.

Ainsi donc, voilà un traité de commerce conclu d'avance avec des Etats dont la liste ne peut être définitivement close. On ne pouvait fouler aux pieds plus imprudemment le principe élémentaire de défense industrielle, qui veut que chaque traité soit pesé et délibéré, en contemplation de l'intérêt que la nation peut avoir à obtenir, de tel ou tel Etat particulier, telle ou telle concession spéciale, qui peut être achetée au prix d'une concession réciproque. On a beau dire qu'il s'agit de probité internationale et de loyauté commerciale. Nous n'avons pas à donner de leçons, à ce sujet, aux étrangers, en prêchant à travers le monde la morale commerciale, comme les missionnaires prêchent la foi. Mais nous devons discuter une à une les clauses de nos conventions internationales, et ne les conclure qu'à bon escient. L'Angleterre s'était lancée, en 1862, la première dans cette voie de la protection des marques étrangères sans réciprocité. Nous avons indiqué plus haut comment elle est revenue de ces errements, et ne se préoccupe plus aujourd'hui que de ses intérêts particuliers.

Le principe que l'adhésion d'un Etat emporte, *de plein droit*, admission aux avantages de l'Union, a été méconnu par M. Flourens, ministre des Affaires étrangères, dans la réponse qu'il adressa le 15 juillet 1886 à une interpellation de M. Bourgeois, député du Jura. Cette interpellation, provoquée par un article que nous avions publié dans le *Journal des Chambres de Commerce*, pour établir que l'adhésion des Etats-Unis à l'Union n'était qu'un piège tendu aux Etats contractants par le gouvernement fédéral de Washington [1], donna à M. Flourens l'occasion de dire à la tribune que certaines questions de détail n'étaient pas définitivement tranchées avec les Etats Unis, et que les négociations se poursuivaient encore. Le ministre des Affaires étrangères d'alors ne tenait donc aucun compte de ce que l'adhésion du gouvernement fédéral emportait de *plein droit* l'admission aux avantages de l'Union, et constitue en somme, un fait brutal qu'il faut subir quand même, à moins de dénoncer la Convention.

En France et dans l'Union, les citoyens des Etats-Unis ont le droit d'invoquer l'article 16.

Aux Etats-Unis, les citoyens de l'Union se verront opposer l'article 17, qui n'a pas encore été obéi par le gouvernement fédéral de Washington.

Le délégué des Etats-Unis à la prochaine conférence

---

[1] Nous avons soutenu cette thèse que les Etats contractants, liés par l'adhésion des Etats-Unis, ne jouiraient pas, sur le territoire de cet Etat, du bénéfice de la réciprocité. Un arrêt de la Cour suprême, l'avait admis en 1879, pour le traité franco-américain postérieur. On nous objecta qu'une loi votée en 1881, rendait impossible le renouvellement d'une semblable jurisprudence. Nous avons maintenu notre opinion, en nous basant sur les réserves faites à la conférence de 1883 par le délégué des Etats-Unis. Le journal officiel de l'Union, qui se publie à Berne, ne nous a ménagé, à ce sujet, ni ses critiques ni ses sarcasmes. Or il vient de publier dans un de ses derniers numéros un deuxième arrêt Américain qui, malgré la loi de 1881, confirme celui de 1879, et admet que l'adhésion des Etats-Unis ne lie nullement cet Etat, parce que la sanction législative n'a pas été donnée à l'accession signifiée à la Suisse par le gouvernement fédéral de Washington. La même question a été tranchée dans le même sens par la jurisprudence anglaise. De sorte que les citoyens de l'Union ne jouissent de la réciprocité, ni aux Etats-Unis ni en Angleterre. Voir *Journal des Chambres de commerce* juin et août 1887.

de Madrid sera-t il mis en demeure de s'en expliquer nettement? Il est permis d'en douter.

Faculté de dénonciation

ARTICLE 18

La présente Convention sera mise en exécution dans le délai d'un
mois à partir de l'échange des ratifications et demeurera en ·vigueur
pendant un temps indéterminé, jusqu'à l'expiration d'une année à partir
du jour où la dénonciation sera faite.
Cette dénonciation sera adressée au Gouvernement chargé de recevoir les adhésions.
Elle ne produira son effet qu'à l'égard de l'Etat qui l'aura faite, la Convention restant exécutoire pour les autres parties contractantes.

Qu'arriverait-il en cas de dénonciation?

Le régime international n'existerait plus pour les brevets
d'invention, qui retomberaient sous le régime de la loi du
5 juillet 1884. Il consisterait, pour les marques de fabrique
et les dessins, dans le régime antérieur des traités de commerce, qui ont été conclus à différentes dates, et qui tous consacrent un article, ou deux, aux marques de fabrique. La dénonciation de la Convention de 1883, qui ne les a pas abrogés, ferait revivre celles de leurs dispositions qui, faisant double emploi avec les articles de la Convention, étaient sans
effet utile, depuis le 8 juillet 1884, sans avoir cependant cessé
d'être en vigueur.

Les défenseurs de la Convention objectent qu'elle a abrogé
le régime international antérieur, et qu'en cas de dénonciation, par la France, du pacte de 1883, il ne resterait plus
aucune législation internationale de la propriété industrielle.

Cet argument, qui n'a aucune valeur, est mis en avant pour
sauver l'Union diplomatique, par la considération d'une solution de continuité que cela établirait dans la protection des
marques françaises à l'étranger.

L'article 15 admet le principe formel de l'indépendance du
régime collectif de l'*Union* entre dix-sept nations, et du régime
des traités de commerce ou articles de traités concernant

les marques, et conclus entre deux nations.[1] Cette indépendance résulte, *dans l'avenir*, des arrangements particuliers que les Hautes-parties contractantes se réservent de prendre séparément, entre elles, pour la protection de la propriété industrielle. Pourquoi n'existerait-elle pas dans le passé, comme dans l'avenir? Pourquoi y aurait-il plus d'incompatibilité, entre les stipulations antérieures à 1883, et la Convention promulguée le 8 juillet de cette année, qu'entre la Convention et les arrangements particuliers de nation à nation qui pourront intervenir plus tard aux termes de l'article 15? On ne le comprend vraiment pas.

Or si cette indépendance doit logiquement exister dans le passé, aussi bien que dans l'avenir, il est bien évident qu'en cas de dénonciation de la Convention, par un des Etats contractants, le régime antérieur des traités de commerce reprendrait son empire.

Mais il y a une autre raison, pour que le régime international de la propriété industrielle, antérieur à la Convention, survive à l'Union diplomatique, bien que faisant, en général, double emploi avec les articles promulgués en 1884. C'est que ce régime résulte d'articles de traités de commerce aujourd'hui en vigueur, et que l'on ne comprendrait pas qu'une Convention relative à la propriété industrielle, ait pu abroger, même partiellement, un traité de commerce, sans que cela ait été formellement spécifié dans un article de la Convention.

En l'absence d'un article formel, déclarant que les dispositions, relatives à la propriété industrielle, des traités de commerce, signés entre la France et les Etats de l'Union, antérieurement au 8 juillet 1884, sont abrogées par la Convention, personne ne peut déclarer que cette abrogation existe, sans suppléer à un texte qui fait défaut, ce qui est contraire aux principes élémentaires du droit.

Il n'y a donc aucun doute que, en cas de dénonciation de la Convention de 1883, les stipulations insérées dans les trai-

---

[1] Cet article est ainsi conçu :

ART. 15. — Il est entendu que les Hautes-Parties contractantes se réservent respectivement le droit de prendre séparément, entre elles, des arrangements particuliers pour la protection de la propriété industrielle, en tant que ces arrangements ne contreviendraient point aux dispositions de la présente Convention.

tés de commerce, seraient par la force des choses remises
en vigueur.

Ces traités de commerce, ont été conclus par la France,
aux dates suivantes :

Avec l'Allemagne............ le 12 octobre 1871.
— l'Angleterre............ le 28 février 1882.
— l'Autriche .... le 22 novembee 1879.
— la Belgique ....' le 31 octobre 1881.
— l'Espagne.............. le 6 février 1882.
— les États-Unis.......... le 16 avril 1869.
— la Grèce............... le 22 mars 1872.
— la Hollande............ le 19 avril 1881.
— l'Italie................. le 5 juillet 1876.
·· le Luxembourg......... le 27 mars 1880.
— les Pays-Bas .... le 19 avril 1881.
— le Portugal .... le 11 juillet 1866.
— la Suède et la Norwège.. le 14 juin 1865, art. 12.
— la Russie............... le 1er avril 1874, art. 20.
— le Vénézuéla .... le 3 mai 1879.

On objecte, à cette théorie, qu'il ne suffit pas qu'elle soit juridique et admise en France, mais qu'il faut aussi que les Etats
contractants l'acceptent. En cas de dénonciation, dit-on, les
marques françaises tomberaient dans le domaine public, dans
celui ou ceux des Etats contractants, dont les gouvernements
refuseraient de faire revivre les stipulations relatives aux
marques et aux dessins de fabrique insérées dans les traités
de commerce antérieurs à 1884. En raisonnant dé la sorte,
on ne tient aucun compte de ce qu'un Etat n'a jamais d'intérêt à faire tomber les marques d'un pays étranger dans le
domaine public, en s'exposant à ce que celles de ses citoyens
subissent le même sort. Une guerre de tarifs, telle que celle
qui se pratique entre la France et l'Italie, est un acte de défense plus ou moins avantageux ou défavorable ; mais enfin
c'est un acte de défense. La guerre des marques de fabrique,
serait, au point de vue du commerce, une guerre au couteau,
dans laquelle les Etats rappelleraient les combattants, dont l'a-
veuglement les portent à se donner des coups d'estoc et de taille,
sans se préoccuper, le moins du monde, de parer ceux qu'ils

reçoivent. Et on craindrait de voir un Etat étranger déclarer à la France, en cas de dénonciation, une guerre commerciale aussi sauvage, et cela en pleine paix! Cela est invraisemblable; car si on cherche à ruiner son voisin pour s'enrichir à ses dépens, on n'a nulle envie de se ruiner, pour le ruiner lui-même.

Un fait très connu vient corrober ce raisonnement. Ce n'est un mystère pour personne que l'Allemagne n'eut pas plutôt signé le traité de Francfort, que le Chancelier se repentit de n'avoir pas été plus exigeant, et se vanta alors d'achever la France, par une guerre industrielle sans merci. Or de même que, les négociateurs de l'armistice avaient oublié l'armée de l'Est, ceux du traité de paix avaient oublié les marques de fabrique. C'était une belle occasion pour M. de Bismarck, de prendre ses avantages, si l'Allemagne avait pu retirer un profit économique quelconque, d'une interruption dans la protection réciproque des marques de fabrique stipulé dans l'article 28 du traité conclu en 1862, et promulgué en 1865, entre la France et le Zollverein. Or, bien loin d'entrer dans cette voie, l'Allemagne consentit à signer la déclaration réciproque du 8 octobre 1873, pour réparer l'oubli que nous venons de signaler [1]. Ce fait rend invraisemblable, à lui seul, au cas où la France userait de la faculté de dénonciation, l'éventualité d'une interprétation de la Convention de 1883 par un seul des Etats contractants, dans le sens d'une solution de continuité dans la protection réciproque des marques, résultant d'une abrogation, par la Convention, des stipulations diplomatiques, signées relativement à la propriété industrielle, antérieurement au 8 juillet 1884.

Au surplus, si les nations étrangères, comprises dans l'Union, voulaient, à l'expiration des traités de commerce, qui ne seront vraisemblablement pas renouvelés, interrompre avec la France, la protection réciproque des marques de fabrique, ce n'est pas la Convention de 1883, qui pourrait s'y opposer; car ces nations auraient toujours le droit de la dénoncer. Il n'est donc pas exact de dire que c'est l'Union diplomatique, qui nous met à l'abri d'une pareille éventualité.

[1] Journal des Procès en contrefaçon.

Nous avons expliqué, d'ailleurs, pour quels motifs cette éventualité n'est pas à redouter.

ARTICLE 19

La présente Convention sera ratifiée, et les ratifications en seront échangées à Paris, dans le délai d'un an au plus tard.

On sait que les articles additionnels, votés à Rome, n'ont point été encore ratifiés par le gouvernement français. Quel est le point de départ du délai d'un an? Et-ce le jour du rôle, ou le jour de la ratification par le gouvernement? Dans le premier cas, l'œuvre de la Conférence de Rome est caduque Dans le deuxième cas, le délai d'un an n'a pas encore commencé à courir. Nous n'hésitons pas à adopter la seconde opinion, en nous appuyant sur les précédents.

Les délégués à la Conférence de 1880 avaient reçu mandat d'arrêter un avant-projet de Convention, *ad referendum*, sans avoir le pouvoir de lier leur gouvernement. Les délégués de 1883, au contraire, se réunissant, après ratification par leurs chancelleries respectives de l'avant-projet, avaient mandat de signer la Convention, au nom de leur gouvernement, et l'engageaient dans les limites constitutionnelles, c'est-à-dire, sauf approbation par les Chambres. Cette approbation, aux termes de l'article 18 devait être donnée dans une année, évidemment à partir du 23 mars 1883 date de la signature de l'avant-projet accepté. Ainsi le délai part de l'acceptation de l'avant-projet par le gouvernement, représenté, soit par le ministre des Affaires étrangères, soit, comme en 1883, par des délégués spéciaux autorisés.

Le délai pour soumettre la Convention additionnelle de 1886 à l'approbation du Parlement, qualifiée de « ratification » dans cet acte, ne courra que du jour où le Gouvernement aura accepté, sauf à en référer au Parlement, le texte voté à Rome, ou modifié par des négociations ultérieures. Nos délégués à la Conférence de 1886 n'avaient pas plus de pouvoir que les délégués à la Conférence de 1880. Il reste à procéder comme en 1883. Alors seulement courra le délai d'un an.

La Convention du 20 mars 1883 n'a-t-elle pas été ratifiée, malgré l'article 19, plus d'un an après la signature du traité

international? Donc le délai d'un an n'a pas été imparti à
peine de nullité.

RÉSUMÉ

La Chambre et le Sénat, s'inclinant devant la compétence des
promoteurs de la Convention internationale du 20 mars 1883,
ont ratifié sans examen des propositions suggérées par une commission trop cosmopolite pour n'être pas suspecte à ceux qui
pensent que l'uniformisation des législations sur la propriété
industrielle restera un jeu d'esprit, à l'usage des professeurs
de droit international, tant que les conditions économiques
de la lutte industrielle et de la concurrence entre nations ne
seront pas elles-mêmes uniformisées, et que l'on n'aura pas
pu s'entendre sur les bases fondamentales des lois sur les
brevets et les marques de fabrique.

Brevets d'invention

La situation de la France, au point de vue des brevets, lui
donnait, depuis le 8 juillet 1884, sur les pays étrangers, deux
avantages marqués : 1° les inventions étrangères tombaient
chez nous dans le domaine public, avec une extrême facilité ;
2° la fabrication des machines et objets brevetés était réservée à l'industrie nationale, par l'article 32 de la loi du 5
juillet 1884, sans que le consommateur en éprouvât le moindre préjudice, puisque la fabrication n'est point libre.

Sous prétexte de poursuivre cette chimère de l'uniformité
des législations, on a supprimé une inégalité qui était toute
au profit de la France, et compensait dans une mesure
modeste, mais cependant utile, d'autres inégalités existant au
profit des nations étrangères.

Le droit de priorité de six mois que le congrès international
de la propriété industrielle, tenu en 1880, a déjà demandé de
porter à un an, produit ce résultat bizarre qu'aucun industriel ne peut améliorer son outillage, et réaliser la moindre innovation mécanique ou chimique, sans redouter des poursuites correctionnelles. Il passera au delà, ou restera en deçà des
limites qui séparent le domaine public du domaine des droits
privatifs, selon que, dans les six mois qui suivront la mise à

exécution d'un procédé ou d'un engin nouveau, un étranger viendra, ou non, réclamer un brevet, en France, en vertu du droit de priorité. Il serait donc imprudent de rien tenter de nouveau, dans l'ordre industriel, à moins de braver d'avance la police correctionnelle, sans faire au préalable des recherches d'antériorités brevetées depuis moins de six mois dans les dix-sept nations contractantes. Le délit consistant dans la contrefaçon d'un objet breveté pourra ainsi être antérieur à la prise du brevet, et être commis à une époque, où il est matériellement impossible de savoir si l'objet ou le procédé a été ou même sera brèveté ! Il faudrait lire dans l'avenir pour savoir ce qui est actuellement permis ou défendu de faire.

Si nous ajoutons, à cela, que les Français avaient tout le temps nécessaire pour se faire breveter dans le pays de l'Union, avant la formation de cette Union, et que le droit de priorité ne profitera qu'aux inventeurs étrangers en France, on ne peut attribuer la signature de la Convention qu'à l'influence prépondérante, dans le congrès international de 1878, qui en a été le promoteur, d'éléments étrangers au monde industriel directement intéressé.

Marques de fabrique

Le droit de priorité pour les marques de fabrique est incompatible avec le principe que le dépôt est déclaratif, et non attributif de propriété. Il ne peut que soulever des questions internationales difficiles à résoudre.

La tromperie qui consiste à apposer des noms de villes d'un pays sur des produits fabriqués dans un autre, qualifiée de délit par l'article 19 de la loi du 23 juin 1857, lorsqu'il s'agit du nom d'une ville ou localité française, devient licite dans les cas les plus usuels, en vertu des articles 9 et 10 de la Convention de 1883 qui domine la loi elle-même, chaque fois qu'il s'agira d'un citoyen de l'Union ou d'un assimilé aux termes de l'article 3. Il suffira qu'il ne soit fait usage, ni d'un nom fictif, ni d'un nom emprunté dans une intention frauduleuse. Il en résulte que la fraude en question échappera à toute répression, quand elle sera exploitée sous un vrai nom, ou sans nom commercial. L'emploi d'un nom fictif ou d'un nom

emprunté frauduleusement deviendra ainsi une complication
d'autant moins usitée, qu'il suffira, et qu'il sera même indispensable de n'y avoir pas recours, pour braver la Douane
et le Parquet. La Convention de 1883 a donc compliqué les
conditions constitutives du délit de tromperie sur la provenance des produits étrangers, prévu par l'article 19 de la loi
du 23 juin 1857. Elle a rendu, par cela même, plus difficile la
saisie des produits étrangers importés en France, avec des
marques de fabriques françaises, ou des noms de villes ou de
localités situées en France. Elle a ainsi contribué au développement de la contrefaçon des produits français.

Dessins de fabrique

Le droit de priorité n'a aucun sens pour des dessins dont
le dépôt est secret.

En matière de dessins de fabrique ou de modèles industriels, et de nom commercial, la Convention a abrogé, dans
le ressort de l'Union, l'article 9 de la loi du 26 novembre 1873,
qui exige pour les dessins modèles et noms d'étrangers, la
réciprocité légale ou diplomatique. C'est là, il faut le reconnaitre, le moindre de ses défauts.

Nom commercial

La protection du nom commercial est acquise en vertu du
droit des gens et du droit commun dans tous les pays de
l'Union. Il n'est dépourvu de protection que, quand il est
tombé dans le domaine public, et est devenu une dénomination usuelle. Dans ce cas, la Convention internationale de
1883 ne peut empêcher les tribunaux d'un pays de l'union de
juger, en fait, que tel ou tel nom est devenu une désignation nécessaire ou une dénomination usuelle d'un produit.

L'article 8 consacre une règle généralement admise partout,
en vertu du droit commun. Quant à l'exception, elle échappe
à la réglementation internationale, étant de la compétence
exclusive du juge du fait. La Convention internationale de
1883 est donc aussi inutile pour le nom commercial, que
pour les autres éléments de la propriété industrielle.

Réciprocité illusoire

La Convention internationale de 1883 viole ouvertement le principe équitable de la réciprocité pure et simple.

L'échange du traitement du national est, dans certains cas, la négation même de la réciprocité.

Dans l'ordre d'idées des brevets d'inventions, il ne peut pas y avoir de réciprocité diplomatique véritable; car les avantages concédés au petit nombre de Français, joignant la fortune à la qualité d'inventeurs véritables, se trouvent achetés par la France, au prix de sacrifices très-onéreux imposés, à l'industrie tout entière, à une époque où sa situation est loin d'être prospère.

D'autre part, la jurisprudence Anglaise et celle des Etats-Unis refusent de déclarer la Convention applicable, sur le territoire de ces pays [1], sous prétexte, que les formalités nécessaires pour la rendre exécutoire, n'ont pas été remplies, et que l'adhésion à la Convention n'a pas reçu la consécration législative.

Clause de la nation la plus favorisée

La réglementation des conditions, dans lesquelles les produits étrangers peuvent être importés sans être saisis, appartient indubitablement au domaine des questions douanières. (*Voir les annexes*). En conséquence, la législation internationale des marques de fabrique tombe sous l'empire de la clause de la nation la plus favorisée.

CONCLUSION

La dénonciation de la Convention s'impose donc dans le plus bref délai possible. Elle doit être remplacée par une formule-type de convention à conclure séparément avec cha-

---

[1] Nous avions pressenti cette jurisprudence, en déclarant dès l'année 1887 que les Etats-Unis s'étaient joués des autres Etats adhérents en entrant dans l'Union (*Journal des Chambres de Commerce*, avril et juin 1887).

que Etat, selon les besoins du jour, comme a été conclue récemment la convention franco-roumane.

Nous adhérons donc sans réserve aux conclusions formulées par la Chambre de Commerce de Toulouse, et qui nous paraissent apprécier très sainement la situation faite à la France par la Convention de 1883 :

« Empreinte de cet esprit d'innovations économiques prématurées, contre lesquelles s'élève, avec juste raison, la grande majorité des industriels français, la Convention de 1883 cache mal, sous la forme spécieuse ou ambigue des termes, les tendances doctrinales d'une école, qui en poursuit, avec plus de persistance que de raison, et par tous les moyens, l'application, sans se préoccuper des répulsions fondées qu'elles inspirent à tous ceux qui ont à cœur la prospérité de notre pays. Les sophismes économiques des promoteurs de l'Union, et de la Convention, à laquelle elle a donné lieu, sont loin de nous avoir convaincus des avantages qu'ils prétendent devoir résulter, pour notre industrie, des clauses étrangement contradictoires, dangereuses ou exclusivement favorables à l'aggravation de la concurrence des inventeurs étrangers, que contient cet acte inopportun, et dont les bases d'ailleurs, n'ont été soumises qu'à une étude incomplète des situations respectives des Etats contractants. »

ANNEXES ET DOCUMENTS

Législation internationale franco-allemande sur les marques de fabrique

D'après le traité conclu entre la France et le Zollverein (le 2 août 1862)

Cette législation résidait, avant 1884, dans l'article 28 du traité conclu avec le Zollverein. L'échange du traitement de la nation la plus favorisée, stipulé dans l'article 11 du traité de Francfort, rend la Convention de 1883, applicable aux Allemands, qui en invoqueront le bénéfice, de même que la convention franco-roumaine, signée récemment.

Comme elles sont, l'une et l'autre, susceptibles de dénonciation, et qu'en ce cas l'article 28 du traité conclu avec le Zollverein, remis en vigueur par la déclaration du 11 octobre 1873, reprendrait son empire, nous allons commencer par commenter l'article 28 du traité franco-allemand.

ARTICLE 28

En ce qui concerne les marques ou étiquettes de marchandises ou de leurs emballages les desseins et marques de fabrique ou de commerce, les sujets de chacun des Etats contractants jouiront respectivement, dans l'autre, de la même protection que les nationaux.

Il n'y aura lieu à aucune poursuite à raison de l'emploi dans un des deux pays, des marques de fabrique ou de commerce de l'autre; lorsque la création de ces marques, dans le pays de provenance des produits, remontera à une époque antérieure à l'appropriation de ces marques par dépôt ou autrement, dans le pays d'importation.

Pour bien comprendre la portée de l'article 28, il importe de ne pas oublier la différence entre le fondement du droit de l'inventeur breveté, droit qui est essentiellement exclusif, et celui du droit d'un propriétaire d'une marque de fabrique, qui n'a qu'une valeur essentiellement relative, n'étant qu'un signe arbitraire et de fantaisie, choisi comme signature commerciale.

Légalement parlant, un seul homme peut être inventeur d'un procédé nouveau, sauf un cas de collaboration déclarée dans la demande de brevet. On ne comprendrait donc pas, en dehors de ce cas spécial, qu'un procédé ou un produit nouveau eut été inventé, au sens légal du mot, en France, par Paul, et en Amérique par Pierre, puisque, pour être inventeur aux termes de la loi; il faut avoir réalisé, le premier, quelque chose d'absolument nouveau sur la surface du globe. Si donc, en fait, deux inventeurs peuvent se rencontrer dans le domaine des idées, sans se connaître et sans s'être concertés, cela ne peut avoir lieu en droit.

Il en est tout autrement, en matière de marques de fabrique. La marque est un signe purement conventionnel. Elle n'a par elle-même, qu'une valeur relative étant une signature commerciale. Or, il peut arriver, et il est arrivé fréquemment que deux fabricants, sans se connaître, adoptent la même marque de fabrique. Dans le même pays, la priorité d'usage constitue le droit acquis, si le dépôt est, comme en France, purement déclaratif. Nous disons, à dessein, *dans le même pays* ; car l'industriel qui fait choix d'une marque, doit s'enquérir si cette marque est déjà employée, dans son pays par une industrie similaire; mais on ne peut rationnellement exiger que ses recherches s'exercent hors du territoire. La jurisprudence a admis, avec raison, que la bonne foi de celui qui exploite une marque en France, par exemple, doit le mettre à l'abri des poursuites de celui qui aurait commencé antérieurement à exploiter la même marque, dans un pays étranger, s'il n'a pas été signé, entre les deux pays, de con-

vention pour la protection des marques de fabrique. En cas
de convention, les territoires des deux Etats contractants
sont censés n'en faire qu'un, au point de vue de l'antériorité
de la marque de fabrique. L'impossibilité présumée par la
jurisprudence, de faire des recherches d'antériorités en dehors du territoire est supprimée par une simple fiction
légale pour les Etats signataires.

Ainsi, dans le cas où il n'y a ni convention internationale,
ni article d'un traité de commerce relatif aux marques,
entre deux pays, une marque de fabrique peut appartenir légitimément, dans chacun de ces deux pays, à un propriétaire
différent. C'est ce qui a été jugé par la cour de Riom à propos de la marque *le Chameau* apposée sur des couteaux. Cette
marque appartient légitimément en France, d'après un arrêt
récent de cette Cour, à une maison française, et non moins
légitimément, à Buenos-Ayres, à un citoyen de la République
Argentine. Au contraire dans le cas où un traité a été conclu
pour la protection des marques de fabrique entre deux nations, et où une marque a été employée dans les deux pays,
mais à des époques différentes, pour la première fois, l'effet
du traité est de ne faire des deux pays contractants qu'une
seule et même nation au point de vue des marques de fabrique et de l'antériorité dans leur possession. Au point de vue
de la recherche de l'antériorité, la frontière disparait, mais
seulement pour les faits d'usage postérieurs à la mise en vigueur du traité ou de la convention diplomatique.

Les faits de contrefaçon antérieurs au traité, et par conséquent antérieurs au dépôt, que ce traité seul a rendu possible, peuvent être invoqués, comme antériorités, à l'encontre
d'une poursuite en contrefaçon. Ils ne peuvent donc donner
lieu à une action de dommages et intérêts.

La convention franco-roumaine a précisément édicté une
mesure contraire comme nous l'expliquerons plus loin.

L'étude de l'article 28 nous oblige à envisager deux hypothèses bien distinctes, auxquelles il est possible que le législateur ait songé.

Cet article suppose que la marque litigieuse a été apposée
sur des produits qui, revêtus d'une marque, dans un des
deux Etats contractants, ont été transportés dans l'autre.

Il faut donc qu'il y ait antagonisme, entre la marque d'un pays de provenance et la marque du pays d'importation ; le texte même, pris à la lettre, suppose que la question surgit dans le pays d'importation.

En d'autres termes, l'article 28 suppose que la marque importée est la plus ancienne au point de vue de la création. Il n'y a pas, à vrai dire, d'autre hypothèse permise en droit international. Car toute marque dans le pays de provenance est sous l'empire de la loi particulière à ce pays.

Quelle est donc la difficulté que l'article 28 *in fine* a pour but de trancher ?

Première hypothèse. — Une marque de fabrique a été créée en Allemagne, antérieurement à la promulgation, du traité franco-allemand. Plus tard, elle a été utilisée et déposée en France, mais avant cette promulgation, par un concurrent du premier créateur de cette marque. Aucune poursuite n'était alors possible, en l'absence du traité. Postérieurement à la promulgation du traité franco-allemand, le premier possesseur de la marque Allemande poursuit en France, pour contrefaçon, l'industriel français qui exploite cette marque, et qui est peut-être de bonne foi, ayant ignoré l'antériorité allemande, dont il n'avait pas du reste à se préoccuper, en l'absence du traité.

Deuxième hypothèse. — Les rôles sont renversés. Le soi-disant usurpateur poursuit, comme usurpateur, en France, celui qui a créé le premier la marque en Allemagne, sous prétexte qu'il n'a pas à se préoccuper d'une antériorité étrangère, qui a précédé la signature du traité, et qu'il est, en France, le seul propriétaire légitime de cette marque employée et déposée par lui, comme se l'étant appropriée le premier à une époque où le concurrent allemand n'avait aucune action dans ce pays.

Telles sont les deux hypothèses auxquelles le rédacteur de l'article 28 a pu songer également. La difficulté est de préciser son intention formelle. On peut, à cet égard, proposer trois systèmes.

A. — L'article 28 a eu en vue la première hypothèse. Il a

voulu imposer le respect des droits, acquis, à une époque
où il n'y avait pas de traité, et par conséquent décourager
celui qui serait tenté de faire un procès rétrospectif. Le traité
obligera à rechercher, pour le choix d'une marque en France,
les antériorités allemandes, mais pour l'avenir seulement; car
il ne doit pas produire d'effet rétroactif.

L'article 28 a donc eu pour but de sauvegarder les intérêts
de celui qui, ayant créé dans son pays, et employé une marque de fabrique ou de commerce, antérieurement au jour de
la signature d'un traité survenu postérieurement avec un
autre État, pour la protection des marques de fabrique, alors
même que cette marque aurait été déjà employée, à son insu,
dans cet autre État, et qu'il serait exposé, de ce chef, *sans
cet article 28*, à des poursuites en contrefaçon à la requête
des premiers possesseurs, aussi bien dans l'un que dans l'autre État. — Dans ce cas, l'action sera refusée au premier possesseur légitime, contre celui dont la prise de possession,
dans le pays d'importation, aurait été postérieure.

Dans le pays d'origine où a eu lieu la première prise de
possession de la marque, le traité de 1865 ne pourra amoindrir les droits acquis antérieurement. L'article 28 suppose que
la question se présente dans le pays d'importation

Voilà un premier système. Exposons maintenant le second.

B. — Ce n'est pas au premier exploitant que l'action est
refusée par l'article 28, *même après la promulgation du traité*
contre le citoyen de l'État contractant qui aurait employé la
même marque dans cet État, postérieurement à son appropriation dans le pays de provenance, — mais avant la promulgation du traité — que ce citoyen soit de bonne ou de
mauvaise foi. Mais c'est à celui là seul, qui serait un usurpateur s'il n'était pas de bonne foi, c'est à-dire, au second occupant, protégé jusqu'au jour de la promulgation du traité par
l'inexistence d'une entente diplomatique, que l'article 28 dénie
toute action contre un citoyen de l'autre État, possesseur plus
ancien, et créateur de la marque originaire. Le législateur n'a
pas voulu que le premier possesseur pût, après la promulgation du traité, être déclaré contrefacteur de la marque qu'il
avait créée lui-même originairement, et que cette marque, dont
ta contrefaçon dans le pays de provenance, peut être déférée

aux tribunaux, puisse elle-même être taxée de marque contrefaite dans le pays d'importation où, en l'absence de traité diplomatique, la même marque a pu être l'objet d'une appropriation postérieure à la première création.

Celui qui avait adopté, dans le pays d'importation, une marque déjà employée, à son insu, dans le pays de provenance, ne pourra donc, malgré le traité, exercer des poursuites contre l'étranger qui invoquerait l'antériorité du pays d'origine. Pourra-t-il être poursuivi par lui? Dans le pays de provenance, cela ne pourait pas faire de doute. Mais *quid* dans le pays d'importation? La négative peut invoquer ce principe qu'un traité diplomatique ne peut léser des droits acquis. Mais les partisans de l'affirmative contesteront que l'impunité résultant de l'impossibilité de poursuivre constitue un droit acquis.

C. — Le troisième système réunit les deux autres en les conciliant.

L'article 28 s'applique aussi bien à un cas qu'à l'autre. Il a eu pour but de trancher la question des droits acquis antérieurement à la promulgation du traité, aussi bien dans le premier cas que dans le second.

La marque du pays d'importation ne baissera pas plus pavillon devant l'ancienneté de la marque du pays de provenance, que celle du pays de provenance devant celle du pays d'importation.

Il y aura en réalité, dans ce système, deux propriétaires de la marque ayant des droits égaux, parcequ'aucun d'eux n'aura le droit de poursuivre l'autre, chacun pouvant invoquer, au même titre, les droits acquis antérieurement à la signature du traité.

Législation internationale franco-roumaine

SUR LES MARQUES DE FABRIQUE (CONVENTION DU 31 AVRIL 1889)

Cette législation réside tout entière dans la convention franco-roumaine signée à Paris le 31 avril 1889, et dont nous publions le texte plus loin.

L'article 5 mérite un commentaire spécial.

ART. 5. — Le dépôt des marques étant déclaratif, et non attributif de propriété, la contrefaçon ou l'usurpation qui serait faite et d'une marque de fabrique, de commerce, ou d'une raison sociale, avant que le dépôt en ait été opéré conformément aux dispositions des articles 2 et 4, *n'infirment pas les droits des propriétaires des dites marques* contre les auteurs de cette contrefaçon ou de cette usurpation. Toutefois, *le droit n'implique pas, pour lui, la faculté de recourir à des dommages et intérêts, en raison de l'usage de la contrefaçon ou usurpation antérieure au dépôt.*

Ainsi que nous l'avons expliqué déjà, l'article 28 du traité conclu entre la France et le *Zollverein* le 2 août 1862, a eu, pour but, de couper court aux procès rétrospectifs, en imposant le respect des faits acquis, à l'encontre des droits privatifs nés dans un autre pays, pourvu que ces faits fussent acquis antérieurement à la signature du traité. Le législateur de 1862 n'a donc voulu admettre, que pour l'avenir seulement, l'effet destructif de toute propriété sur une marque, d'une antériorité d'usage opposée, dans un des deux pays contractants, à raison d'une appropriation antérieure dans l'autre pays. En d'autres termes, on a voulu, dans les relations franco-allemandes, que la contrefaçon d'une marque allemande en France, ou d'une marque française en Allemagne, antérieure au traité conclu avec le *Zollverein*, *infirmât* même après le traité, dans le pays d'importation, *les droits des propriétaires des dites marques.* La marque en question tombera donc dans le domaine public, dans le pays où elle ne pouvait être revendiquée, faute de convention internationale, sur la matière, signée entre les deux nations, et cela au mépris de la règle : *contra non valentem agere non currit præscriptio,* que l'on serait tenté d'invoquer par analogie.

C'est l'application du principe que le domaine public ne rend jamais ce dont il s'est une fois saisi.

Des faits d'usage, de contrefaçon ou d'usurpation, antérieurs à la promulgation du traité franco-allemand du 2 août 1862, infirmaient donc les droits des propriétaires des marques usurpées, contre les auteurs de ces usurpations.

C'est ce qui avait été admis, par la jurisprudence, dans l'affaire Beissel (1).

Or, c'est précisément dans un sens diamétralement opposé que la question a été tranchée, dans les relations de la France et de la Roumanie, par l'article 5 de la récente convention internationale, signée entre ces deux Etats, pour les marques de fabrique, le 31 avril 1889.

L'article 5 précité a eu pour but, en effet, de rendre impossible le retour de la jurisprudence qui s'est affirmée dans l'affaire Beissel, et de ne pas laisser infirmer, dans un des deux Etats, les droits du propriétaire d'une marque créée dans l'autre, pour cela qu'à une certaine époque, antérieure au traité, aucune poursuite ni aucun dépôt n'était possible, faute d'entente diplomatique.

Il suffit, pour se rendre compte de cette divergence fondamentale, de mettre les textes en regard l'un de l'autre, et de les comparer :

Article 5 de la convention franco-roumaine	*Article 28 du traité conclu le avec le Zollverein*
Le dépôt des marques étant déclaratif et non attributif de propriété, la contrefaçon ou l'usurpation qui serait faite d'une marque de fabrique de commerce ou d'une raison sociale, avant que le dépôt en ait été opéré conformément aux	Il n'y aura lieu à aucune poursuite, à raison de l'emploi, dans un des deux pays, des marques de fabrique de l'autre, lorsque la création de ces marques, dans le pays de provenance des produits, remontera à une époque antérieure

(1) Arrêt Ch. des requêtes 13 janvier 1880.

dispositions des articles 2 et 4, n'infirment pas les droits des propriétaires des dites marques contre les auteurs de cette contrefaçon ou de cette usurpation. Toutefois, ce droit n'implique pas, pour lui, la faculté de recourir à des dommages et intérêts, en raison de l'usage de la contrefaçon ou usurpation antérieure au dépôt.

à l'appropriation de ces marques, par dépôt ou autrement, dans le pays d'importation.

Le vieux brocart *contra non valentem agere non currit præscriptio*, repoussé par la jurisprudence dans l'interprétation de l'article 28 du traité conclu avec le *Zollverein*, au sujet des faits de contrefaçon antérieurs au traité, sera donc admis, en vertu de l'article 5, dans les relations avec la Roumanie, depuis la promulgation de la récente convention franco-roumaine.

La clause insérée dans cette convention n'a de sens évidemment, que si elle reçoit une application dans les rapports internationaux. Dans l'intérieur du territoire de l'un ou de l'autre des Etats contractants, elle constituerait une vérité de M. de la Palisse qui n'a jamais donné prise à la moindre contestation. Il faut donc l'interpréter dans le sens international, qui lui donne le caractère d'une innovation, dont nous allons indiquer la gravité.

L'intention évidente du rédacteur de l'article 5 a été de substituer, au respect des droits acquis, antérieurement au traité, par l'usage et la bonne foi, qui donnent toute sécurité à ceux qui ont les premiers employé une marque dans leur propre pays, a été, disons-nous de substituer le système de la recherche de la priorité d'usage, ou de dépôt, dans les nations signataires d'un traité, envisagées, au point de vue de cette antériorité, comme ne faisant qu'un seul et même pays, et sans tenir compte de la date du dépôt, dans le pays où ont lieu les poursuites. On comprend la portée de cette innovation réclamée par quelques fabricants de produits pharmaceutiques, membres de l'Union des fabricants, victimes, en Roumanie, de contrefaçons antérieures au traité franco-roumain et, à qui on aurait pu donner pleine satisfaction, en n'admettant pas, au cas de mauvaise foi, la fin de non recevoir tirée, d'après la jurisprudence, d'un usage de la marque antérieure à la signature du traité.

Il résulte, en somme, de l'article 5 que, dorénavant, on aura à rechercher, en cas de contestation, quel est celui qui a employé le premier la marque en France ou en Roumanie. Un industriel français qui possède une marque depuis trente années, sera donc exposé à être condamné, même en France, pour contrefaçon, à l'égard d'un industriel roumain, qui aurait créé cette marque, il y a trente et un ans, dans son pays. La réciproque existe sans doute; mais le législateur peut-il compenser l'échec judiciaire infligé à un citoyen français, en France, avec le gain d'un procès, procuré à un autre citoyen français, en Roumanie ? Cela paraît douteux.

D'un autre côté, étant donnée la propension marquée qu'a la jurisprudence à étendre, à toutes les questions commerciales, le bénéfice de la clause de la nation la plus favorisée, ce n'est pas seulement vis-à-vis de la Roumanie que l'inconvénient de l'article 8, signalé par nous, se produira, mais aussi vis-à-vis des Anglais, des Autrichiens, des Allemands, et de tous les pays qui jouissent de la clause sus-énoncée.

Quelle est la marque française, quelque ancienne et réputée qu'elle soit, dont on peut affirmer qu'elle ne sera pas, un jour, obligée de s'effacer devant une marque étrangère identique, invoquant la combinaison de la clause de la nation la plus favorisée, et de l'article 5 de la convention franco-roumaine, si elle prouve que son emploi à l'étranger a précédé son usage en France ? L'industrie la plus menacée par cet article 5 est, sans contredit, celle de la coutellerie, dans laquelle on a continué d'employer des marques emblématiques, représentant des figures d'animaux, pour le choix desquelles on peut se rencontrer, sans le savoir, dans deux pays différents.

Décidément les intérêts français sont singulièrement défendus, depuis quelques années, dans les conventions internationales relatives à la propriété industrielle.

DÉFAUT DE RÉCIPROCITÉ AVEC LES ÉTATS-UNIS

Accession du gouvernement fédéral sous réserve d'inconstitutionnalité

On lit dans la *Propriété industrielle,* organe officiel du bureau international de l'*Union pour la protection de la propriété industrielle,* (*numéro du 1ᵉʳ mai* 1887, *page* 40):

> Par note du 18 mars 1887, adressée à la légation de Suisse à Washington, le gouvernement des Etats-Unis a déclaré accéder à l'Union pour la protection de la propriété industrielle.
>
> En notifiant cette accession aux Etats contractants, le conseil fédéral Suisse a attiré leur attention sur la mention insérée au procès-verbal de la séance du 12 mars 1883 de la seconde conférence de Paris (procès-verbaux, page 87), et d'après laquelle le gouvernement Suisse est autorisé à accepter l'accession ultérieure des Etats-Unis, sous la réserve formulée en ces termes, au quatrième paragraphe du projet de protocole de clôture de 1880 :
>
> « Le plénipotentiaire des Etats-Unis d'Amérique ayant déclaré, qu'aux termes de la Constitution fédérale, le droit de légiférer en ce qui concerne les marques de fabrique ou de commerce, est, dans une certaine mesure, réservé à chacun des Etats de l'Union américaine, il est convenu que les dispositions de la Convention ne seront applicables que dans les limites des pouvoirs constitutionnels des Hautes Parties contractantes. »

Cette note de l'organe officiel de l'*Union pour la protection de la propriété industrielle* comporte quelques éclaircissements.

Dans les républiques fédératives, comme la Suisse et les Etats-Unis, le domaine de la législation fédérale, applicable sur tout le territoire, est strictement limité par la constitution. Ce qui n'est pas compris expressément dans la législation fédérale rentre dans le cadre de la législation particulière, et indépendante des Etats fédérés.

La constitution des Etats-Unis a énuméré limitativement les pouvoirs législatifs du congrès fédéral de Washington. Le pouvoir d'édicter une législation commune à tous les Etats sur les marques de fabrique, n'étant pas compris dans cette énumération limitative. un arrêt, rendu sous la forme réglementaire, le 18 novembre 1879, par la Cour Suprême de Washington, déclare nulles, *comme inconstitutionnelles*, les lois des 10 juillet 1870 et 14 août 1876, accordant la sanction législative, pour le rendre exécutoire, au traité conclu entre la France et les Etats-Unis le 16 avril 1869, pour la protection réciproque des marques de fabrique.

Il résulte, de cette jurisprudence, que le Congrès fédéral n'a pas le droit, tant que la Constitution n'aura pas été amendée, de légiférer dans la matière des marques de fabrique qui, n'ayant pas été réservée à la législation fédérale, appartient de droit de par la Constitution, à la législation particulière des Etats.

Ne pouvant imposer à toute la fédération une loi commune sur les marques de fabrique, le Congrès ne peut, par conséquent, donner valablement la sanction législative à un traité conclu, pour cette matière spéciale, entre le gouvernement fédéral de Washington et un gouvernement étranger.

C'est ce qui explique que M. Putnam, délégué du gouvernement fédéral à la Conférence internationale de 1880, ait déclaré nettement que, si les Etats-Unis entraient un jour dans l'Union, ils ne pourraient le faire, que *sous réserve de la constitutionnalité de cette adhésion.*

Trois ans après, lors de la seconde et dernière conférence tenue à Paris, un autre délégué des Etats-Unis, M. Morton, accrédité par le gouvernement fédéral de Washington, avait renouvelé les mêmes réserves, dans des termes identiques.

C'est dans ces conditions, qu'a été notifiée, par le gouvernement fédéral américain, à la législation suisse à Washington, la note du 18 mars 1887.

Si cette accession produisait son plein et entier effet en France, il en résulterait que les citoyens des Etats-Unis jouiraient, dans ce pays, des avantages multiples de l'Union, sans que les citoyens français pussent compter sur la réciprocité de traitement aux États-Unis.

Comment un arrêt de la Cour suprême a-t-il pu annuler une loi votée par le Congrès ?

La Cour suprême domine le Congrès lui-même, parcequ'elle statue souverainement par des arrêts qui ont, aux Etats-Unis, force de lois. En déniant au Congrès, au nom de la Constitution, le droit de voter les lois qu'il avait édictées, en 1870 et en 1876, pour rendre exécutoire le traité franco-américain du 16 avril 1869, elle paralysait, selon l'expression de M. Kelly, le pouvoir de faire des traités, en lui refusant le droit de voter les lois nécessaires à leur exécution. Mais elle paralysait ce pouvoir dans l'avenir. Dans le passé, elle ne pouvait que constater qu'il n'avait jamais existé.

Nous n'en continuions pas moins à protéger, en France, les marques américaines, en vertu de ce traité que la jurisprudence de la Cour suprême des États-Unis a déclaré inapplicable aux Français, comme dépourvue de sanction, et les industriels de ce pays continuaient à se réclamer, chez nous, d'une réciprocité absolument fictive, que nos tribunaux tenaient sans doute pour sérieuse, ayant à leur disposition le recueil des traités diplomatiques, conclus avec la France, mais non, selon toute probabilité, celui des arrêts de la Cour de Washington. Cette réciprocité étant illusoire, on aurait dû, aux termes de la loi française, traiter en France les marques des États-Unis, comme les marques de nos nationaux y sont traitées elles-mêmes, c'est-à-dire, refuser toute action aux Américains devant les tribunaux français, pour leurs marques, jusqu'à ce qu'ils cessent de déclarer les plaintes en contrefaçons des Français non recevables, en raison de ce que le traité franco-américain, du 8 juillet 1870 est inconstitutionnel, c'est-à-dire, jusqu'à ce qu'ils aient amendé leur constitution sous ce rapport.

Les procès gagnés, dans ces conditions, par les Américains devant les tribunaux français, au sujet de leurs marques, l'ont été contrairement à l'obligation de réciprocité contenue dans nos lois, et non remplie par le gouvernement fédéral, à l'insu des tribunaux français. Mais, dans tous les cas, ce n'était pas une raison pour donner aux citoyens des États-Unis de nouveaux avantages en matière de propriété industrielle, en leur permettant l'accession à l'Union.

Puisque la Constitution n'avait pas énuméré, dans les pouvoirs conférés au Congrès, celui de légiférer en matière de marques de fabrique, et que l'inconstitutionnalité des lois de 1870 et de 1876 découlait de là, n'est-il pas évident que le seul moyen de remédier à cette lacune, si on tenait véritablement à y remédier, était de la combler en amendant la constitution fédérale dans ce sens? Un membre du Congrès, M. Mac-Cold

l'avait proposé. Cette proposition fut repoussée. C'est alors
que le Congrès vota la loi du 3 mars 1881, sur l'enregistrement des marques, en vertu de son pouvoir constitutionnel
d'édicter des lois sur le développement du commerce avec
l'étranger.

Pour admettre que cette dernière loi ne soit pas entachée
du même vice d'inconstitutionnalité, que celles de 1870 et de
1876, il faut distinguer, entre le fait de légiférer sur les marques d'une façon générale, qui est interdit au Congrès par la
Constitution fédérale, et le fait d'organiser à Washington l'enregistrement des marques utiles au développement du commerce avec l'étranger. L'organe officiel de l'*Union pour la
protection de la propriété industrielle*, ne recule pas devant
cette distinction subtile.

Il admet donc que le Congrès a le droit de prendre des mesures législatives dans ce sens, et que la loi du 3 mars 1881
est constitutionnelle.

Elle rendrait possible, selon lui, l'exécution de la Convention
internationale de 1883.

M. le Professeur Lyon-Caen expose ainsi, dans l'annuaire
de législation étrangère, et, d'après des documents américains
cette distinction insidieuse :

M. Mac-Cold avait proposé de modifier la constitution fédérale, en y
ajoutant une disposition conférant expressément au Congrès le pouvoir de faire des lois sur les marques de fabrique et de commerce. Cet
amendement à la constitution était ainsi libellé : « Le Congrès aura le
« droit pour r favoriser les progrès du commerce et de l'industrie, et
« pour assurer l'exécution des traités internationaux, de reconnaître de
« protéger et de régler le droit exclusif, d'adopter des marques de fa-
« brique et de commerce, et d'en user. » On préféra voter une loi
spéciale relative aux marques concernant les relations entre les Etats-
Unis et les nations étrangères ou les tribus indiennes. Telle est l'origine de la loi du 23 mars 1881. Il paraît résulter des débats que le Congrès américain n'a pas le pouvoir de faire des lois sur les marques,
en vertu de l'article de la constitution qui l'autorise à faire des lois relatives au commerce entre les Etats de l'Union, ou entre les Etats-Unis
et les nations étrangères, ou les tribus indiennes ; mais qu'il a le droit
de faire des lois pour assurer l'exécution des traités qui ne sont pas
INCONSTITUTIONNELS EN EUX-MÊMES (?)

Si l'on fait à la Convention internationale du 20 mars 1883, l'application du principe américain exposé par M. Lyon-Caen, toute la question est de savoir si cette convention est, ou n'est pas inconstitutionnelle en elle-même.

Nous pensons qu'il faut distinguer entre la matière des brevets d'invention, et celle des marques.

En ce qui concerne les brevets, le pouvoir de légiférer sur cette matière étant compris dans l'énumération de ceux que la constitution fédérale accorde au congrès, on ne peut pas considérer la convention de 1883 comme inconstitutionnelle, en tant qu'elle s'applique aux brevets d'invention. On peut seulement réserver la question de savoir si les dispositions relatives à cet objet sont applicables aux Etats-Unis sans même que la législation fédérale ait été mise en harmonie avec la convention, ce que le congrès a le pouvoir de faire, en vertu de la constitution même. Un arrêt récent, mentionné plus loin, vient d'adopter la négation.

En ce qui concerne les marques de fabrique, la même objection tirée du défaut d'harmonie entre la convention et la loi, surgit; mais il s'y en ajoute une autre plus grave, d'ordre constitutionnel, puisque le pouvoir de légiférer sur les brevets concédé expressément au Congrès par la constitution lui est formellement dénié, pour les marques de fabrique, par la Cour suprême qui domine le Congrès.

Dès lors, comment la loi du 3 mars 1881, et, après elle, la Convention de 1883 seraient-elles plus constitutionnelles *en elles-mêmes*, que les lois du 8 juillet 1870 et du 14 août 1876, relatives aux marques de fabrique, lois que l'arrêt du 18 novembre 1879 a déclarées contraires à la constitution ?

C'est ce qu'il n'est pas facile de comprendre, en dehors d'une ambiguïté recherchée par le gouvernement fédéral pour faire obtenir, grâce à elle, à ses nationaux, à l'étranger des avantages dont ceux-ci ne jouissent plus aux Etats-Unis, sans que la jouissance de ces droits leur soit officiellement refusée.

Il est, du reste, à remarquer que la loi nouvelle du 3 mars 1881, ne contient aucune disposition pénale destinée à réprimer l'usurpation des marques, et que, par conséquent, fût-elle constitutionnelle, elle ne serait pas suffisante pour faire jouir les étrangers de l'Union du bénéfice de la réciprocité aux Etats-Unis.

Nous avions exprimé, en 1887 [1], la crainte que le gouvernement fédéral, en évitant la réforme constitutionnelle réclamée par M. Mac-Cold, n'eût édicté la loi de 1881, évidemment entachée du même vice d'inconstitutionnalité, que celles de 1870 et 1876, que pour donner aux fabricants étrangers une satisfaction apparente, et une fausse sécurité. Le but était, selon nous, de maintenir, sans compromettre les intérêts des fabricants américains en Europe, le déni de justice, dont les fabricants français s'étaient plaints en 1879.

Pour que ce but fût atteint, pour que l'agitation causée dans l'industrie Européenne, par l'arrêt du 16 novembre 1879, fût calmée, pour que les Américains fussent protégés du même coup, par une réciprocité apparente, contre l'éventualité de justes représailles en Europe, il fallait que le Congrès de Washington se donnât l'air d'édicter une loi efficace pour assurer désormais l'exécution des traités diplomatiques.

Telle est, selon nous, l'origine de la loi du 3 mars 1881.

Aujourd'hui, l'évènement s'est chargé de démontrer que nous avions sainement apprécié la stratégie diplomatique des États-Unis, et l'intention du gouvernement fédéral de faire passer, de l'ordre politique, dans l'ordre économique et industriel, la doctrine de Monroë : l'*Amérique aux Américains* !

En d'autres termes, un arrêt récent de la Cour de Washington, cité par le *Bulletin officiel de la propriété industrielle*, déclare que l'accession des États-Unis à l'Union diplomatique, ne donne aucun droit aux citoyens de l'Union de réclamer, aux États-Unis, le bénéfice de la Convention internationale de 1883, attendu qu'elle n'a point encore reçu la sanction législative. Elle se trouve, de ce chef, dépourvue de toute validité à Washington ; car il est à remarquer que, si, en 1879, la Cour suprême a déclaré inconstitutionnelle, et par conséquent nulle, la sanction législative donnée par le Congrès au traité franco-américain du 16 avril 1869, aujourd'hui la même Cour suprême aurait à constater, non pas l'inconstitutionnalité, mais le défaut même de toute sanction législative.

Cette sanction qui n'a jamais été donnée à la Convention, pourrait-elle être accordée par une loi, nonobstant l'arrêt du 16 novembre 1879 ?

(1) Voir le Journal des *Chambres de Commerce* n^os de juin et d'août 1887.

Si elle ne le peut pas, il n'y a aucun espoir, pour nos fabricants, de voir leurs marques protégées par la répression des contrefaçons, et de jouir aux Etats-Unis du bénéfice de la réciprocité pour les droits découlant de l'Union diplomatique, tant que la législation sur les marques de fabrique n'aura pas été, comme celle concernant les brevets et la propriété littéraire, dévolue, par un amendement de la constitution, à la législation fédérale.

Si elle le peut, l'abstention prolongée du gouvernement fédéral, tendrait à prouver qu'il n'est pas très disposé à renoncer aux avantages qui résultent, pour ses nationaux contrefacteurs de nos marques de fabrique, de la jurisprudence de 1879.

Ou la loi du 3 mars 1881, a eu pour but, de calmer les inquiétudes et l'émotion excitées, dans le commerce européen, par l'arrêt du 18 novembre 1879, afin de prévenir l'application aux marques américaines de la réciprocité stricte; et l'on a cherché simplement à nous leurrer avec le vote d'une loi qu'on savait, à Washington, devoir être inapplicable comme inconstitutionnelle.

Ou la loi du 3 mars 1881, a eu pour but direct, comme le soutient, avec les défenseurs de la Convention de 1883, le *Bulletin officiel de la propriété industrielle*, sinon de donner la sanction législative au traité de 1869 déclaré inconstitutionnel par la Cour suprème, du moins d'habiliter, dans l'avenir, le Congrès à voter les lois nécessaires à l'exécution des traités diplomatiques. Dans ce cas, on se demande comment le Congrès, dont la Cour suprème avait à constater souverainement, et par voie de règlement, l'impuissance constitutionnelle de donner à des traités internationaux, conclus pour les marques, la sanction législative, a pu, en votant la loi du 3 mars 1881, s'arroger efficacement un droit qu'il ne pourrait constitutionnellement exercer, que si la constitution avait été modifiée sur ce point spécial.

Il nous reste, pour édifier ceux que cette question intéresse, sur la valeur de l'objection faite par l'organe officiel de l'Union, à nos articles de 1887, et à notre conférence à la Chambre de commerce de Paris, concernant le défaut de réciprocité existant aux Etats-Unis, pour la protection des marques de fabrique, il nous reste, disons-nous, à reproduire l'article consacré par le même journal officiel, a un arrêt américain tout récent, qui a refusé, à des citoyens de l'Union, le bénéfice de la Convention internationale de 1883, nonobstant l'accession des Etats-Unis signifiée le 18 mars 1887 :

La section 4902 des statuts révisés permet aux citoyens des Etats-Unis ou aux étrangers ayant résidé dans ce pays, depuis plus d'un an, et ayant déclaré, sous serment, leur intention de se faire naturaliser, de s'assurer, dans une certaine mesure, par le dépôt d'un *caveat*, un droit de priorité sur les inventions ébauchées par eux et qui ne sont pa encore assez mures pour pouvoir faire l'objet d'un brevet. Le *caveat* est une déclaration indiquant le but de l'invention et ses caractères distinctifs ; il est conservé aux archives secrètes du Bureau des brevets pendant un an, et si, pendant ce terme, il est déposé une demande de brevet paraissant être en collision avec l'invention décrite dans le *caveat*, le commissaire en donne avis au premier inventeur, en l'invitant à déposer une demande de brevet dans le délai de trois mois.

De cette manière, le déposant du *caveat* peut obtenir un brevet pour l'invention qu'il a faite le premier, et qui, sans cela, serait devenue la propriété d'un autre.

S'appuyant sur l'article 2 de la Convention internationale du 20 mars 1883 — qui assimile les sujets au citoyens de l'Union aux nationaux en ce qui concerne les brevets d'invention, les dessins ou modèles industriels, les marques de fabrique ou de commerce, et le nom commercial, — M. Ferdinand Bourquin, citoyen Suisse, a demandé à déposer un *caveat* pour une invention, faite par lui. Cette demande a été repoussée par le Bureau des brevets, pour la raison qu'elle était contraire à la législation en vigueur aux États-Unis. Sur les instances du déposant, qui réclamait l'application de la Convention internationale, la question a été soumise à l'*Attorney général*, lequel a été d'avis qu'un étranger ne pouvait être admis à déposer un *caveat*. Nous résumerons les motifs donnés par l'Atorney général à l'appui de son opinion.

« D'après l'article 2 de la constitution, le président des Etats-Unis a le pouvoir de conclure des traités internationaux avec l'assentiment du Sénat, sans le concours du Congrès, et les traités, ainsi conclus, constituent la loi suprême du pays. D'autre part, l'article 8 de la constitution confère au Congrès tout le pouvoir législatif en matière de brevets.

Le droit du président, en matière de traités s'étend à toutes les matières qui sont de la compétence du gouvernement des Etats-Unis, même à celles que la constitution soumet exclusivement au Congrès. Or, d'après les précédents de la Jurisprudence un traité doit être envisagé comme équivalent à un acte de législature chaque fois qu'il déploie ses effets de lui-même, et que son application ne dépend pas d'une disposition législative ; mais si ce traité constitue un contrat où chacune des parties s'engage à accomplir un acte spécial, la législature doit exécuter le contrat avant que celui-ci puisse servir de règle aux tribunaux.

Si, après la promulgation de la Convention internationale, l'article 2 invoqué par M. Bourquin avait pu, sans l'intervention du pouvoir législatif, s'appliquer de lui-même, comme faisant partie de la législation inférieure, le *caveat* aurait du être admis. Mais il n'en est pas ainsi, car il s'agit d'un contrat devant déployer ultérieurement ses effets dans le pays, et dont *l'application est subordonnée à la modification des lois existantes.*

DÉFAUT DE RÉCIPROCITÉ EN ANGLETERRE

En 1879, la *Californian Fig. Syrup. and C°*, qui possède des établissements dans diverses parties des États-Unis, commença à employer, comme marque de fabrique, les mots *Syrup of Figs.* » Cette marque a été déposée aux États-Unis le 14 février 1885, et l'enregistrement en a été effectué, dans ce pays, le 14 avril suivant. Sous la date du 23 janvier 1888, la compagnie a demandé au contrôleur général d'enregistrer les mots ci-dessus, comme marque de fabrique pour produits médicinaux, en vertu de la loi anglaise de 1883 sur les brevets, dessins et marques de fabrique. Sur le refus du contrôleur, la compagnie a recouru au département du commerce, prétendant qu'aux termes de la section 103 de la loi de 1883 et de la Convention internationale pour la protection de la propriété industrielle, elle avait droit à l'enregistrement de la marque. Le département du commerce a renvoyé l'affaire à la Cour, sur quoi la compagnie a demandé à cette dernière une ordonnance enjoignant au contrôleur de procéder à l'enregistrement.

Elle invoquait le droit de priorité de quatre mois résultant soit de la section 103 de la loi de 1883, soit de l'article 4 de la Convention internationale du 20 mars 1883. Subsidiairement elle se réclamait de l'article 6 qui édicte que toute marque déposée dans un des états de l'Union sera admise au dépôt et protégée *telle quelle*, dans tous les autres pays de l'Union.

La demande de la compagnie déposante n'ayant pas été présentée en Angleterre dans les quatre mois, qui ont suivi le dépôt de la marque aux États-Unis, la question du droit de priorité a été écartée par la Cour.

Quant à l'application de l'article 6, (*dépôt de la marque telle quelle*), le juge Stirling, qui a prononcé l'arrêt, s'explique en ces termes :

Mais je dois tenir compte d'un argument qui m'a été soumis, et qui est fondé sur la Convention conclue entre divers États en mars 1883,

mais à laquelle Sa Majesté n'avait pas encore accédé, au moment où la
loi a été adoptée. Cette convention dispose manifestement que toute
marque de fabrique, régulièrement enregistrée dans les pays d'origine,
doit être admise à l'enregistrement, et protégée *telle quelle*, dans tous
les pays de l'Union. Sa Majesté est maintenant liée par cet article. D'a-
près l'interprétation que j'ai donnée de la loi, il est évident *que cette
dernière ne fournit pas les moyens de mettre à exécution l'article 6 de*
la Convention; le gouvernement de Sa Majesté aura à examiner quelles
mesures législatives devront être prises pour l'application de cet article, si cela est nécessaire; et voyant devant moi l'*Attorney général*, je
ne doute pas que cette question ne soit examinée. Mais cela n'est
pas mon affaire. Je dois simplement résoudre la question de savoir
si, ayant à appliquer une loi de ce royaume qui me lie, je puis donner
à celle-ci une autre interprétation que celle qui me paraît correcte, pour
la seule raison, qu'au moment où la loi est entrée en vigueur, la convention dont il s'agit avait été conclue entre divers Etats étrangers,
qu'il était possible que Sa Majesté y accédât dans la suite, et qu'en fait
Sa Majesté y a accédé quelque temps après. *Or je ne crois pas avoir
ce droit.* (sic) »[1]

« Je puis dire, — comme je l'ai fait récemment au sujet d'un testa-
ment, — en employant les mots d'un autre juge : Si j'avais le droit de
conjectures, je pourrais adopter l'argumentation de la compagnie déposante ; mais comme je n'ai qu'à interpréter, je dois lui donner tort. »

Il résulte de cette citation que les magistrats anglais considèrent la Convention comme un engagement de modifier la loi
intérieure, de façon à la mettre en harmonie avec l'arrangement
international. Ils constatent que, jusqu'à présent, cet engagement n'a pas encore été tenu par le gouvernement de la Reine,
et refusent d'appliquer la Convention.

D'après cette singulière jurisprudence, qu'on devrait appliquer en France, aux Anglais, par mesure de rétorsion, la
Convention ne serait même pas applicable en France.

Quel gâchis international !

Lettre de M. Louis Donzel à M. le Président de la Chambre de commerce de Paris

sur la *Convention internationale du 20 mars 1883*

Monsieur le Président,

En faisant hommage à la Chambre de commerce de Paris d'une étude
sur le nouveau régime international de la propriété industrielle, j'ai
l'honneur d'appeler l'attention de la Chambre, que vous présidez sur

les effets déplorables, selon moi, pour l'industrie française déjà si éprouvée, de la Convention internationale pour la protection de la propriété industrielle, signée le 21 mars 1883 avec onze États, approuvée de confiance et sans discussion par les Chambres, et devenue applicable depuis le 8 juillet 1884. Il résulte de cette convention, pour qui se donne la peine de l'analyser et de lire entre les lignes, que :

1° On a relevé, de leur déchéance au profit des inventeurs étrangers, des privilèges relatifs à des inventions que la loi du 5 juillet 1884 déclare acquises au domaine public pour cause d'antériorités ou de divulgation.

2° La liberté de l'industrie française, plus nécessaire que jamais pour lutter contre la concurrence étrangère, fera seule les frais de ces nouveaux privilèges concédés en France, avec ou sans réciprocité, aux inventeurs des cinq parties du monde, parmi lesquels les nationaux représentent à peine un vingtième. Cela lui sera donc vingt fois plus onéreux que si l'on s'était borné à améliorer le sort des inventeurs français.

3° On a concédé aux citoyens ou sujets des États non contractants tels que la Russie, l'Allemagne, les États-Unis, où les Français éprouvent de très grandes difficultés à se faire breveter, les mêmes avantages (ou peu s'en faut) qu'à ceux des pays qui ont adhéré à la Convention. L'article 3 qui constitue une clause de la nation la plus favorisée s'appliquant, en fait, même aux nations qui n'ont pas signé de traité est certainement sans précédent dans les annales diplomatiques. (Art. 3.)

4° On a laissé entrer sans condition, dans l'Union pour la protection de la propriété industrielle, des pays qui, comme la Hollande, la Suisse, la Serbie, la Roumanie n'admettent point le privilège temporaire de l'inventeur. Les Suisses peuvent donc, plus que jamais, faire de la contrefaçon chez eux et poursuivre en France, devant la police correctionnelle, ceux qui porteraient atteinte à leur privilège que la Convention internationale élargit singulièrement. (Article premier.) (¹)

5° On a supprimé la déchéance des brevets pour cause d'importation par le breveté d'articles similaires fabriqués à l'étranger. C'est un dernier coup porté à l'industrie française, sans que le consommateur puisse en profiter, puisqu'il s'agit d'une fabrication protégée par un privilège et non ouverte à la libre concurrence. (Art. 5.)

6° On a fait de la ville de Berne la métropole de l'Union pour la protection de la propriété industrielle que la Suisse ne reconnaît ni pour les brevets ni pour les modèles et les dessins, et l'on fait participer la France à l'entretien, dans cette ville, d'un bureau international, où seront centralisés, à nos frais, les documents relatifs à ce sujet, bureau qui sera, pour l'industrie suisse, un véritable conservatoire de la contrefaçon. (Art. 13) (¹).

Vous remarquerez en outre, Monsieur le Président, que, quoiqu'on déclare pompeusement dans les préliminaires que c'est un premier pas

_____

(1) Depuis que cette lettre a été écrite, la Suisse a adopté une législation complète sur la propriété industrielle, à la suite des réclamations provoquées par notre lettre à la Chambre de commerce de Paris.

(2) Ce grief a été relevé avec une grande énergie par les Chambres de commerce et le groupe industriel de la Chambre. Les délégués à la Conférence de Rome ont reçu la mission de mettre la Suisse en demeure de compléter sa législation. Aujourd'hui, c'est plus loin la un fait accompli. (Voir circulaire du Président du Conseil fédéral aux nations de l'Union).

de fait dans la voie de l'unification des lois sur la propriété industrielle, il a été convenu que chaque pays garderait sa loi. (Art. 2.)

L'Allemagne, à qui l'article 11 du traité de Francfort, et, en fait, l'article 5 de la Convention internationale, combiné avec l'article 3, permettent, depuis le 8 juillet 1884, l'importation en France, sans déchéance, des objets brevetés, refuse son adhésion, sans doute pour ne point multiplier chez elle, comme la France, la prise des brevets par les étrangers, et conserver un régime international qui permet à ses nationaux de déposer en France des dessins et des modèles, et de copier impunément chez eux les dessins et modèles français.

Un seul article me paraît donc en harmonie avec les intérêts français ; c'est l'article 18, qui permet de dénoncer la Convention un an d'avance. C'est sur ce terrain-là et sur celui de la revision, toujours possible que la question conserve son intérêt. Je serais heureux que la Chambre de commerce voulût bien l'étudier au point de vue pratique. Elle appréciera s'il ne conviendrait pas de consulter, à ce sujet, les représentants autorisés de l'industrie française, et de faire demander à la tribune au ministre des Affaires étrangères quelles instructions il donnera au représentant chargé de se rendre, cette année, à la Conférence qui doit se réunir à Rome, pour réviser la Convention internationale aux termes de l'article 14.

Veuillez agréer, Monsieur le Président, mes salutations respectueuses.

Louis DONZEL,
Avocat à la Cour d'appel de Paris.

Paris, le 29 avril 1885.

Chambre Syndicale Métallurgique de Lille et du Nord

Séance du 18 juin 1889

PRÉSIDENCE DE M. ROCHART, PRÉSIDENT DE LA CHAMBRE

La Chambre syndicale métallurgique de Lille et du Nord, réunie dans le local ordinaire de ses séances, au Grand-Hôtel, à Lille, le mardi 18 juin, a adopté, à l'unanimité des membres présents, la délibération suivante, au sujet de la question de la Convention internationale pour la protection de la propriété industrielle, et du Congrès international relatif au même objet, qui doit se tenir à Paris du 3 au 10 août 1889 :

Exposé de la question

L'article 32 de la loi du 5 juillet 1844 sur les brevets d'invention réserve à l'industrie nationale la fabrication des machines et des objets brevetés. Cette disposition fort sage ne procède nullement d'une préoccupation protectionniste, bien qu'elle soit favorable à notre industrie ; mais elle emprunte uniquement ses motifs au besoin de tempérer, par une faible compensation, — en réservant la fabrication aux industriels français — le dommage que leur cause l'abus énorme des brevets d'invention, délivrés, neuf fois sur dix, à des gens qui ne sont pas inventeurs, au sens légal du mot.

L'article 5 de la Convention internationale du 20 mars 1883, élaborée par une commission cosmopolite, avec la collaboration d'un membre du *Patentamt* allemand, votée par le Parlement, en 1883, sans examen, sans discussion, sans lecture du texte, abroge cet article 32 pour les deux catégories de citoyens suivantes :

1° Les citoyens ou sujets des États suivants : Angleterre, Belgique, Brésil, Espagne, États-Unis, Guatemala, Hollande, Italie, Norwège, Portugal, République Dominicaine, Salvador, Serbie, Suède, Suisse, Tunisie.

2° Les citoyens ou sujets de tous les autres pays, par conséquent les Allemands, pourvu qu'ils aient, dans une des seize nations ci-dessus nommées (ou en France) un simple établissement commercial. Ils sont, dans ce cas, assimilés par l'article 3 aux sujets ou citoyens des États contractants.

Il en résulte pour l'industrie française un préjudice considérable. C'est ainsi que les machines brevetées, qui se fabriquaient dans le Nord, sont importées aujourd'hui de Gand et de Bradfort.

D'autre part, l'article 4 de la même Convention, en créant un droit de priorité de six mois pour la prise des brevets dans l'Union, donne des facilités nouvelles à ceux qui veulent intimider la concurrence, avec la mention : *breveté s. g. d. g.* Cet article, en relevant les inventeurs étrangers, en France, d'une cause de nullité de brevet, encore encourue, dans leur propre pays, par les inventeurs français, reprend au domaine public des inventions étrangères connues et divulguées. En réalité, il ressuscite, par un artifice diplomatique, au profit des inventeurs étrangers, des privilèges industriels légalement éteints, d'après l'article premier de la loi de 1844, qui ne s'applique plus aux deux catégories d'individus énoncées plus haut.

Les maigres avantages qu'en retirent, à l'étranger, les inventeurs français, très peu nombreux, si on ne compte que les brevetés ayant vraiment fait progresser l'industrie, ne sauraient entrer, un seul instant, en balance avec l'aggravation des charges qui pèsent sur le travail, du chef des six mille brevets délivrés annuellement à tous ceux qui veulent s'offrir, moyennant cent francs, la satisfaction d'écrire sur un objet : *breveté s. g. d. g.*

Lorsqu'une invention acquise à la liberté de l'industrie, en vertu de la loi de 1844, à cause d'une divulgation ou d'une exploitation antérieure au brevet, se trouve redevenir, par une fiction internationale, brevetable en France, malgré la loi, au profit d'un inventeur étranger (citoyen

d'une des dix-sept nations contractantes, ou assimilé (art. 3), aux
dépens de qui sera restaurée la virginité déflorée de cette invention? —
Aux dépens de l'industrie nationale d'abord, de l'acheteur ensuite ; car
on ne peut soustraire au domaine public une invention qui n'est plus
brevetable, sans faire renchérir la machine brevetée pour l'acheteur de
cette machine, dont la fabrication est monopolisée, contrairement à la
loi, par une convention internationale supérieure à la loi elle-même.

Le droit de priorité, de six mois pour la prise des brevets dans
l'Union, a encore un autre inconvénient non moins grave, au point de
vue de l'amélioration de l'outillage industriel.

Le fabricant, désireux de réaliser, par le perfectionnement de ses
machines, des économies utiles pour réduire le prix de revient, se
trouve, grâce à l'éventualité, toujours possible, d'un brevet pris en
France par un étranger, avec rétroactivité de six mois, se trouve, disons-
nous, dans l'impossibilité de s'assurer s'il a le droit de réaliser la plus
petite amélioration, sans s'exposer à des poursuites correctionnelles.
Pour acquérir la certitude qu'il n'est pas exposé à des poursuites, il lui
faudrait lire dans l'avenir.

Pour la même raison, l'inventeur ne peut pas s'assurer, avant de faire
les dépenses d'un brevet, qu'il n'a pas été devancé quelque part, dans
l'Union, parce qu'il devra, peut-être, s'incliner devant un brevet rétroactif, pris en France par un étranger de l'Union, après que lui-même
aura fait inutilement des dépenses importantes pour se faire breveter
dans divers pays.

En résumé, l'abrogation, pour les membres de l'Union, de l'article 32
de la loi du 5 juillet 1844 sur les brevets d'invention, est onéreuse pour
l'industrie française, sans profiter à l'acheteur, puisque le brevet soustrait la machine ou l'objet breveté à la libre concurrence.

Le droit de priorité de six mois pour la prise des brevets dans l'Union,
fait revivre, au profit d'étrangers, des privilèges légalement éteints; il
aggrave donc, pour l'industrie française, la charge déjà trop lourde des
brevets d'invention. En multipliant les brevets pris en France, il fait
renchérir, par le monopole, un plus grand nombre d'objets soustraits à
la liberté de l'industrie et du commerce.

Dans la pratique, il nuira souvent à l'inventeur lui-même que le droit
de priorité permettra à des mandataires infidèles de dépouiller de son
invention.

Déplorable pour les brevets, la Convention de 1883 est encore plus
mauvaise pour les marques de fabrique [1].

Cette innovation législative, dont les chambres de commerce se sont
plaintes, a été, on peut le dire, l'œuvre du *Congrès international de la
propriété industrielle*, qui s'est tenu, en 1878, au Trocadéro; car la
Convention internationale de 1883 n'a été que la réalisation d'un vœu
émis par cette réunion cosmopolite, qui ne comptait pas un seul
constructeur-mécanicien parmi les votants, composés exclusivement de
théoriciens, de spécialistes non industriels, d'agents de brevets de tous
pays, et de membres d'une société industrielle de fabricants de parfumerie et de produits pharmaceutiques [1].

C'est ainsi que l'on a transformé en une loi économique fort importante, et très préjudiciable à l'industrie française, les *desiderata* d'une

[1] Cette assemblée internationale était présidée alternativement par M. Bozérian,
sénateur ; l'amiral anglais Selwyn ; le conseiller intime à Berlin, Reuleaux.

assemblée internationale, dans laquelle jouaient un rôle important des agents de brevets suisses, américains, allemands, belges, un conseiller d'État italien. un ministre autrichien, un conseiller intime à Berlin. On s'est incliné devant leur compétence suspecte ; et le patronage de quelques spécialistes français, membres de la commission internationale, a suffi pour que personne ne s'avisât, dans le Parlement, de passer les articles de la Convention au crible de la critique.

L'union soi-disant *pour la protection* de la *propriété industrielle* est défendue aujourd'hui, avec énergie, par un petit nombre de spécialistes qui, ayant été les promoteurs du nouveau régime international des brevets et des marques de fabrique, peuvent difficilement reconnaître qu'il a aggravé la situation du travail national. Si l'on ajoute qu'ils sont personnellement intéressés, pour la plupart, à la multiplicité des brevets et des procès en contrefaçon, on reconnaîtra qu'ils sont sans autorité, sinon sans compétence, pour prendre la haute direction des réformes internationales concernant leur spécialité.

Dans tous les cas, l'industrie a le droit de faire entendre sa voix, quand il s'agit d'un accroissement de monopoles d'inventeurs, ou de soi-disant tels, à une époque où la concurrence internationale prend les proportions d'une guerre industrielle.

Délibération

En conséquence, la Chambre syndicale métallurgique de Lille et du Nord appelle de nouveau l'attention des ministres compétents sur cette question, dont la solution, réclamée par les représentants autorisés de l'industrie, se fait tant attendre.

Elle incite les constructeurs-mécaniciens et les fabricants d'objets brevetés, qui sont le plus lésés par la Convention de 1883, à assister au Congrès du 3 août 1889, ou à s'y faire représenter, pour le cas où l'on voudrait faire de ce Congrès une manifestation en faveur de l'Union diplomatique.

Elle proteste, dès à présent, contre les votes qui pourraient être émis, par une Assemblée cosmopolite, dans des questions purement économiques, pour lesquelles il est inadmissible que la France demande l'avis des étrangers.

Lettre de M. Bozèrian relative à l'article 5

Paris, le 18 juillet 1885.

Monsieur le Directeur de la *Revue industrielle*,

Une violente campagne contre la *Convention internationale pour la propriété industrielle* conclue à Paris le 20 mars 1883, a été entamée par Me Donzel, avocat à la cour de Paris.

Cette convention, préparée par le Congrès de la propriété industrielle, qui s'est tenu, en 1878, au Trocadéro, lors de l'Exposition, congrès dont M. Donzel faisait partie, est dénoncée à l'opinion publique comme ayant sacrifié les intérêts français.

On lui reproche notamment son article 5, qui, contrairement à l'article 32 de la loi du 5 juillet 1844, décide que l'introduction, par le breveté, dans le pays où le brevet a été délivré, d'objets fabriqués dans l'un ou l'autre des Etats de l'Union, n'entrainera pas la déchéance du brevet.

Si quelqu'un avait mérité ce reproche, ce serait, non pas la Convention, mais le Président de la Conférence internationale qui l'a élaborée, c'est-à-dire votre serviteur.

J'estimais en effet, me plaçant au point de vue de l'intérêt des consommateurs, que l'article 32 de la loi du 5 juillet 1844, qui n'a pas son pareil dans aucune des lois étrangères relatives aux brevets, devait disparaitre (¹). J'aurais voulu la liberté et le libre-échange en matière de fabrication d'objets brevetés.

Mais mon opinion n'a pas prévalu devant la Conférence.

Sur les instances des délégués de l'Autriche et de la Suisse (*Voir pages 56, 64 et suivantes des procès verbaux publiés par l'Imprimerie Nationale*), un second paragraphe a été ajouté à l'article 5 de la Convention : ce paragraphe, qui a sans doute échappé à M. Donzel est ainsi conçu :

« Toutefois le breveté restera soumis à l'obligation d'exploiter son
« brevet conformément aux lois du pays où il introduit les objets breve-
« tés. »

Maintenant, que faut-il entendre par ce mot exploiter ? S'agit-il seulement de la vente ? Ne s'agit-il pas aussi de la fabrication ? Ce sont là des questions qui seront résolues conformément à la jurisprudence adoptée dans chacun des pays de l'Union.

En France, il résulte des divers arrêts, et notamment d'un arrêt rendu par la cour de Paris le 23 mars 1870. (Affaire Wilcox contre Aubineau et consorts) que lorsqu'un brevet a été pris pour un objet fabriqué l'exploitation, dans le sens légal du mot, consiste non seulement dans le fait de la vente, mais dans le fait de la fabrication (²).

Cette jurisprudence n'est point touchée par la Convention de 1883; elle continuera à pouvoir être appliquée. Ce qui seulement, d'après cette convention, n'entrainera pas la déchéance, ce sera des faits d'introduction, lorsqu'il existera en France un centre de fabrication suffisant pour que satisfaction soit donnée aux exigences de la loi de 1844.

Il y aura d'ailleurs là une question de mesure, qui sera appréciée par les tribunaux suivant les circonstances.

J'ai pensé, Monsieur, qu'il serait bon de porter ces explications à la connaissance des intéressés; c'est ce qui m'a déterminé à vous adresser la présente.

Veuillez agréer, etc., etc.

BOZERIAN,
Sénateur,

Président de la Conférence internationale
pour la protection de la propriété industrielle.

(1) Nous avons établi le contraire pour le Mexique, le Canada, la Turquie, la Belgique et l'Italie (*Jour. des Procès en contref.*, p. 40).

(2) La même question ayant été agitée par la première conférence internationale tenue en 1880 à Paris, M. Bozérian a déclaré de son siège de Président que le mot *exploiter* signifiait non pas : *fabriquer*, mais *vendre*. (V. Procès-verbaux cités, p. 56).

RÉPUBLIQUE ARGENTINE

Facilités accordées aux étrangers pour le dépôt de leurs marques

La loi du 14 août 1876 sur les marques de fabrique a admis le principe du dépôt attributif de propriété dans son article 15 ainsi conçu :

« Le droit de propriété de la marque sera reconnu de préférence à celui qui aura la priorité de dépôt et qui, le premier aura présenté sa requête. La priorité datera du jour et de l'heure. »

C'est le système du dépôt attributif, dans ce qu'il a de plus rigoureux. Mais il convient d'ajouter que, dans l'intérêt même du consommateur, une loi postérieure du 13 septembre 1877 a supprimé le délai d'un an accordé, par disposition transitoire (art. 38), pour effectuer le dépôt, aux industriels possesseurs d'une marque déposée antérieurement au 14 août 1876.

Les étrangers peuvent donc déposer à toute époque leur marque dans la République Argentine; car le dépôt qui est attributif de propriété, pour les marques indigènes, est simplement déclaratif pour les marques étrangères.

AUTRICHE-HONGRIE

Avis concernant l'application de la nouvelle loi autrichienne sur les marques

La Chambre de Commerce de Vienne (Autriche) a publié, le 2 mai 1890, une circulaire qui a pour objet d'appeler l'attention des négociants étrangers sur les prescriptions du § 16 de la loi du 6 janvier 1890, laquelle est entrée en vigueur le 19 mai de la même année.

Aux termes de cette loi, l'enregistrement des marques de fabrique doit être renouvelé de 10 ans en 10 ans, à partir de la date du premier enregistrement, sous peine de déchéance.

Les demandes de réenregistrement (pour les marques) ayant été enregistrées jusqu'au 18 mai 1880 inclusivement, seront reçues du 19 mai au 19 août 1890 ; pour celles enregistrées après le 19 mai 1880, les demandes devront être faites avant l'expiration du délai de 10 ans.

A propos de la détermination de ce délai, il y a lieu d'observer que les transcriptions faites, conformément à l'ancienne loi, ne peuvent être considérées comme renouvellement des enregistrements, et que, par conséquent, le délai pour le renouvellement est compté à partir du jour de l'inscription de la marque, et non à partir de la transcription.

La lettre de la Chambre de Commerce de Vienne ajoute qu'à partir de 1891, les fondés de pouvoirs des propriétaires étrangers de marques de fabrique inscrites sur ses propres registres, seront informés par ses soins, de la date de la déchéance, afin qu'ils soient en mesure de faire procéder en temps utile, au renouvellement des enregistrements; mais que cependant elle n'entend pas prendre de responsabilité, au sujet de la remise, en temps utile, de l'avis dont il s'agit.

Dans les dispositions qui sont le commentaire de la nouvelle loi, la Chambre de Commerce de Vienne appuie notamment sur les avantages qu'auront les étrangers (§ 32 de la loi) à charger sur place des fondés de pouvoirs de la demande de l'enregistrement de leurs marques, afin d'assurer l'exacte exécution des formalités, tout en évitant une longue correspondance.

Deux points sont encore à signaler: 1º Les clichés des marques dont il est question au §13 devront avoir 20 centimètres de longueur sur 13 de largeur et 25 millimètres de hauteur.

2º Dans le cas où un enregistrement de marque serait refusé, les motifs du refus seront portés à la connaissance de l'intéressé qui aura le droit, dans le délai de 30 jours, de déposer à la Chambre de Commerce une plainte adressée au Ministre Impérial et Royal du commerce.

BRÉSIL

Loi sur les marques de fabrique et de commerce (promulguée le 14 octobre 1887)

(EXTRAITS.)

Art. 1. — Tout industriel ou négociant a le droit de distinguer ses marchandises ou ses produits au moyen de marques spéciales.

Art. 2. — Les marques de fabrique et de commerce peuvent consister en tout ce qui n'est pas prohibé par la présente loi (Art. 8) et peut faire distinguer les objets d'autres objets identiques ou semblables, de provenances diverses.

Tout nom, dénomination nécessaire ou vulgaire, signature ou raison sociale, de même que toute lettre ou chiffre, ne pourra servir à cet effet qu'autant qu'il sera revêtu d'une forme distinctive.

Art. 3. — L'enregistrement, le dépôt et la publication, selon les termes de la présente loi, sont indispensables pour la garantie de l'usage exclusif des susdites marques.

Art. 4. — Est compétente pour l'enregistrement la *junta* ou *inspectoria*.

Art. 5. — Pour effectuer l'enregistrement, il faut une pétition de l'intéressé ou de son mandataire spécial, accompagnée de trois exemplaires de la marque, et contenant :

1º — La représentation de ce qui constitue la marque, avec tous ses accessoires et leurs explications;

2º — La déclaration du genre d'industrie ou de commerce auquel elle est destinée, la profession du requérant et l'indication de son domicile.

Art. 8. — Est prohibé l'enregistrement de toute marque qui consiste en l'un des objets suivants, ou le contient :

1º — Armes, armoiries, médailles ou attributs publics ou officiels, lorsque n'aura pas été accordée l'autorisation compétente pour leur usage ;

2° — Nom commercial ou raison sociale, dont le requérant ne puisse user légitimement ;

3° — Indication d'une localité déterminée ou d'un établissement autre que celle ou celui de la provenance de l'objet, soit qu'à cette indication soit joint un nom supposé, ou étranger, ou non ;

4° - Mots, images ou allégories constituant une offense individuelle, ou un outrage à la moralité publique ;

5° — Reproduction d'une autre marque déjà enregistrée pour un objet de la même espèce.

6° — Imitation totale ou partielle d'une marque déjà enregistrée, pour un objet de la même espèce, qui puisse induire l'acheteur en erreur ou en confusion. La possibilité de l'erreur ou de la confusion sera considérée comme vérifiée, chaque fois que les différences des deux marques ne pourront être reconnues sans un examen attentif ou une confrontation.

Art. 9.— Pour l'enregistrement, il sera observé les règles suivantes :

1° — La priorité du jour et de l'heure de la présentation de la marque établira la préférence pour l'enregistrement en faveur du requérant; dans le cas où la présentation de deux ou plusieurs marques, identiques ou semblables, serait simultanée, il sera préféré celle dont le propriétaire se sera servi, ou qu'il aura possédée depuis plus de temps ; faute de ces conditions, aucune des marques ne sera enregistrée sans que les intéressés l'aient modifiée ;

2° — En cas de doute sur l'usage ou la possession d'une marque, la *junta* ou *inspectoria* renverra les intéressés liquider la question devant la juridiction commerciale (*juizo commercial*), et elle procédera ensuite à l'enregistrement conformément à la sentence rendue :

3° Dans le cas où des marques identiques ou semblables, dans les termes de l'art. 8 n°s 5 et 6, seraient enregistrées dans des *juntas* ou *inspectorias* différentes, celle qui aura priorité de date prévaudra, et, s'il y a eu simultanéité d'enregistrement, chacun des intéressés pourra recourir à la même juridiction commerciale, qui décidera quelle est celle qui devra être maintenue, en ayant égard au dispositif du n° 1 de cet article ;

4° La *junta* ou *inspectoria*, à laquelle sera présentée l'attestation d'être pendante l'action à laquelle se réfère le numéro précédent, ordonnera aussitôt la suspension des effets de l'enregistrement, jusqu'à décision finale de cause. Cette résolution sera publiée dans le journal officiel, aux frais de l'intéressé.

Art. 23. — Les dispositions de cette loi sont applicables aux brésiliens ou étrangers, dont les établissements seront situés hors de l'Empire, pourvu que soient remplies les conditions suivantes :

1° Qu'il existe, entre l'Empire et la nation sur le territoire de laquelle existent les mêmes établissements une convention diplomatique assurant la réciprocité de garantie pour les marques brésiliennes :

2° Que les marques aient été enregistrées conformément à la législation locale ;

3° Que l'exemplaire respectif et le certificat de l'enregistrement aient été déposés à la *junta* commerciale de Rio Janeiro.

4° Que ce certificat et l'explication de la marque aient été publiés au *Diaro official*.

Art. 26. — La disposition de l'article 9, n° 3, dans le cas des conditions de l'article précédent, n°s 2 à 4, prévaut en faveur des marques enregistrées dans les pays étrangers qui ont signé la convention promulguée par le décret n° 9.333 du 23 juin 1884, ou y adhéreront, pendant le délai de quatre mois, à dater du jour où sera effectué l'enregistrement, suivant la législation locale.

Art. 27. — L'enregistrement des marques de fabrique ou de commerce devra être précédé du paiement des émoluments que le gouvernement fixera par un règlement, et qui ne pourront excéder ceux qui seront payés pour l'enregistrement et les annotations des contrats commerciaux, et 20 0/0 en plus.

Une partie de leur produit sera attribuée à la *junta* commerciale de Rio de Janeiro, comme compensation du surcroît de travail qui en résultera pour elle.

ETATS-UNIS

Loi fédérale du 3 mars 1881 relative à l'enregistrement des marques de fabrique et de commerce (')

Art. 1. — Les propriétaires de marques de fabrique et de commerce, en usage dans les relations avec des nations étrangères ou avec des tribus indiennes, peuvent faire enregistrer ces marques, en remplissant les formalités suivantes, pourvu qu'ils soient domiciliés aux Etats-Unis ou qu'ils résident, soit dans un pays, soit dans une tribu dans lesquels, en vertu d'un traité, d'une convention ou d'une loi, des droits semblables appartiennent aux citoyens des Etats-Unis.

1° En déposant au *Patent-Office* (administration des brevets d'invention) pour en faire opérer l'enregistrement, un état contenant les noms, domicile, résidence et nationalité du déposant ; la nature des marchandises et la description spéciale des articles auxquels la marque dont il s'agit s'applique ; une description de la marque elle-même, avec un fac similé indiquant la manière dont la marque est appliquée et fixée aux marchandises, et l'époque depuis laquelle il est fait usage de ladite marque ; 2° en payant au trésor des Etats-Unis la somme de 25 dollars, et en remplissant les formalités prescrites par le *Commissionner of patents* (Commissaire des brevets).

Art. 2. — La demande prescrite par l'article précédent doit, pour pro-

---

(1) L'art. 1 (8e alinéa) de la Constitution fédérale est ainsi conçu :
« Le Congrès est autorisé à encourager les progrès des sciences et des arts utiles, en assurant aux auteurs et inventeurs, pour des délais déterminés, la propriété de leurs œuvres et de leurs découvertes ou inventions. »
Le 3e alinéa du n° 8 de l'article 1 de la Constitution porte : « Le Congrès aura le droit de réglementer le commerce avec les nations étrangères, entre les divers Etats de l'Union, et, en outre, avec les tribus indiennes. »
C'est sur ces textes qu'on s'est appuyé pour concilier la loi fédérale du 3 mars 1881 avec la Constitution qui ne permet pas au Congrès de légiférer sur les marques de fabrique au point de vue de l'intérieur, mais lui donne le pouvoir de réglementer le commerce avec les nations étrangères.
La Cour suprême ratifiera-t-elle cette distinction subtile !

curer un droit quelconque au déposant, être accompagnée d'une déclaration écrite, signée par le déposant, ou par un associé, ou par un administrateur de la corporation requérante, constatant que le déposant a actuellement le droit de se servir de la marque dont l'enregistrement est requis, qu'aucune autre société ou corporation n'a le droit d'user d'une marque identique, ou d'une marque tellement semblable qu'elle paraisse combinée dans un but de fraude ; que cette marque est employée dans les relations avec des nations étrangères ou des tribus indiennes, comme cela a été dit plus haut, et que la description et les fac-similé présentés pour l'enregistrement sont exactement conformes à la marque dont l'enregistrement est demandé.

Art. 3. — La date de la réception de chaque demande sera notée et enregistrée. Toutefois, s'il appert qu'elle n'est pas employée légalement par le requérant dans ses relations avec des pays étrangers ou des tribus indiennes, comme il est dit ci-dessus, ou s'il n'y a pas lieu de lui appliquer un traité ou une convention conclue avec une nation étrangère ou une déclaration concertée avec elle ; si elle consiste exclusivement dans le nom du requérant ; si elle est identique à une marque déjà enregistrée comme appartenant à une autre personne, et appliquée à la même espèce de marchandises, ou si elle a tant de ressemblance avec la marque légale d'une autre personne, qu'elle puisse être véritablement une cause de confusion et d'erreur dans l'esprit du public et tromper les acheteurs, quand il s'agira d'une demande d'enregistrement, le Commissaire des brevets décidera s'il y a lieu de présumer que cette demande est légale ; et dans toute contestation entre un requérant et une personne ayant déjà fait enregistrer une marque, ou entre deux requérants, il suivra autant que possible la jurisprudence des cours d'équité des Etats-Unis dans des cas analogues.

Art. 4. — Les certificats d'enregistrement des marques seront délivrés, au nom des Etats-Unis d'Amérique, sous le Sceau du Département de l'Intérieur; ils seront signés par le Commissaire des brevets. La délivrance de ces certificats sera mentionnée sur des registres spéciaux dans lesquels on conserve des copies imprimées des descriptions. Des copies des marques des états et des déclarations et des certificats dûment signés, et revêtus du sceau, serviront de preuve dans tous les procès relatifs aux dites marques.

Art. 5. — Le certificat d'enregistrement conservera ses effets pendant trente ans à compter de sa date. Il en sera toutefois autrement, dans le cas où les marques ne sont pas appliquées à des marchandises fabriquées aux Etats-Unis, et sont protégées par une loi étrangère pendant un délai plus court. Dans ce cas, le certificat cessera d'avoir ses effets aux Etats-Unis, en vertu de la présente loi, en même temps que la marque cessera d'être l'objet d'un droit exclusif dans le pays étranger. Dans les six mois qui précèdent l'expiration des trente ans, l'enregistrement pourra être renouvelé à tout moment et pour une égale période.

Art. 6. — Les personnes qui requerront l'enregistrement d'une marque, en vertu de la présente loi, seront créditées de tout droit ou portion de droit qu'elles auraient précédemment payé au Trésor des Etats-Unis, à l'effet d'obtenir la protection de la dite marque (¹).

(1) Il s'agit de droits payés sous l'Empire des lois de 1871 et de 1876 que l'arrêt de la Cour suprême du 18 décembre 1879 avait déclarés nulles pour inconstitutionalité.

Art. 7. — L'enregistrement d'une marque en prouvera *a priori* la propriété. Toute personne qui contrefera, reproduira, copiera ou imitera une marque enregistrée en vertu de la présente loi, et l'appliquera à des marchandises semblables à celles écrites lors de l'enregistrement, sera passible, à la requête des propriétaires de la marque, d'une action en dommages et intérêts pour l'usage illégal de la dite marque, et la partie lésée aura, en outre, le droit, conformément aux règles de l'équité, de faire interdire l'usage illégal de la marque dans le commerce avec les nations étrangères et avec les tribus indiennes, comme il est dit plus haut, et de réclamer une indemnité devant tout tribunal ayant la juridiction sur les personnes coupables de l'usage illégal, les cours des Etats-Unis ayant compétence en premier ressort, et en appel, quel que soit le montant du litige.

Art. 8. — Aucune action de poursuite ne sera recevable en vertu de la présente loi, si la marque est employée dans un commerce illégal, si elle est appliquée à des marchandises nuisibles en elles-mêmes, ou s'il en est fait usage afin de tromper le public dans l'achat des marchandises ou en vertu d'un certificat d'enregistrement frauduleusement obtenu.

Art. 9. — Toute personne qui fera enregistrer une marque, ou se fera mentionner comme propriétaire d'une marque, ou se fera inscrire au bureau du Commissaire des brevets d'invention, en présentant une déclaration écrite ou orale fausse ou frauduleuse, sera, à raison de ces faits, tenue, envers la partie lésée, de dommages et intérêts qui pourront être réclamés en justice.

Art. 10. — Aucune disposition de la présente loi n'empêchera, ne diminuera, ne préviendra, ne supprimera les droits fondés sur la loi, ou sur l'équité dont toute partie lésée aurait joui, si la présente loi n'avait pas été faite.

Art. 11. — Aucune disposition de la présente loi ne sera interprétée dans un sens défavorable à la revendication d'une marque après l'expiration du délai de l'enregistrement, ni pour donner à une cour des Etats-Unis compétence pour les procès entre citoyens d'un même Etat, à moins que la marque faisant l'objet du litige ne soit appliquée sur des marchandises destinées à être transportées dans un pays étranger, ou à servir à un commerce licite avec une tribu indienne.

Art. 12. — Le Commissaire des brevets est autorisé à poser des règles, à faire des règlements et à prescrire les formes à observer, pour la cession du droit à l'usage des marques, et pour l'enregistrement de ces cessions à son bureau.

Art. 13. — Les nationaux et les résidents de ce pays qui désireront obtenir la protection de leurs marques dans des pays étrangers dont les lois exigent l'enregistrement aux Etats-Unis, comme une condition préalable à cette protection, peuvent faire enregistrer leurs marques, comme le peuvent les étrangers, en vertu des dispositions précédentes et obtenir un certificat d'enregistrement du *Patent-Office*.

BILL MAC-KINLEY

Loi portant modification des lois relatives à la perception des douanes aux Etats-Unis.

(exécutoire à partir du 1er août 1890.)

SECTION I. — Qu'il soit décrété par le Sénat et la Chambre des représentants des Etats-Unis d'Amérique, assemblés en congrès, que toute marchandise importée aux Etats-Unis sera, par l'application de cet acte, jugée et réputée être la propriété de la personne à qui elle sera consignée ; aussi bien le détenteur d'un connaissement consigné à ordre et endossé par le consignateur sera réputé en être le consignataire, et qu'au cas de l'abandon d'une marchandise quelconque aux assureurs, ceux-ci peuvent être reconnus comme étant les consignataires.

SECT. 8. — Que, quand une marchandise, entrée pour subir les droits de douane, aura été consignée pour la vente, par ou pour le compte de son propre fabricant, à une personne, agent, associé ou consignataire aux Etats-Unis, ladite personne, agent, associé ou consignataire devra, au moment de la déclaration d'entrée de ladite marchandise, présenter au receveur des douanes du port dans lequel ladite entrée est effectuée, et en addition de la facture certifiée ou de la déclaration en forme de facture requise par la loi, une déclaration signée par ledit fabricant, établissant le prix de production de ladite marchandise ; lequel prix de production devra comprendre tous les éléments détaillés dans la section XI du présent acte ; quand la marchandise entrée pour subir les droits de douane aura été consignée pour la vente, par ou pour le compte de toute personne autre que son propre fabricant, à une personne agent, associé ou consignataire aux Etats-Unis, ladite personne, agent, associé, ou consignataire, devra, au moment de la déclaration d'entrée de ladite marchandise, présenter au receveur des douanes du port dans lequel ladite entrée est effectuée comme partie intéressante de ladite entrée, une déclaration signée par le consignataire de ladite marchandise, établissant que la dite marchandise a été effectivement achetée par *lui ou pour son compte, déterminant l'époque à laquelle elle a été achetée, la place sur laquelle a été achetée, et la personne de qui elle a été achetée,* et fixant en détail le prix auquel elle a été achetée.

Il est établi que les déclarations requises par la présente section, devront être faites en triple exemplaire et produire l'attestation de l'agent consulaire des Etats-Unis dans le district où ladite marchandise a été fabriquée, si elle a été consignée par le fabricant ou pour son compte, ou dans le district d'où elle a été importée, si elle a été consignée par une personne autre que le fabricant; l'un des trois exemplaires pour être délivré à la personne qui fait la déclaration, un autre pour être transmis avec la facture de ladite marchandise au receveur des douanes du port des Etats-Unis dans lequel ladite marchandise sera consignée, et le troisième pour être conservé par l'agent consulaire du district.

SECT. 9. — Que, si quelque propriétaire, importateur, consignataire, agent ou tout autre personne, fait ou essaie de faire une déclaration d'entrée de marchandises par le moyen de quelque frauduleuse ou fausse facture, affidavit, lettres, papier, ou par le moyen de *quelque frauduleuse ou fausse description, écrite ou verbale, ou par le moyen de tout autre pratique fausse ou frauduleuse,* ou se rend coupable de quelque acte volontaire d'omission par suite duquel les Etats-Unis soient frustrés des droits légaux, ou d'une portion des droits légaux établis sur ladite marchandise ou sur un article de ladite marchandise auquel s'adresse ladite facture, affidavit. lettre, papier ou déclaration ou que concerne ledit acte d'omission, ladite marchandise ou sa valeur à recouvrer par la personne qui fait la déclaration d'entrée, *sera passible de confiscation;* laquelle confiscation ne s'appliquera qu'à la totalité de la marchandise ou de sa valeur contenue dans la boîte ou colis où se trouve l'article ou les les articles particuliers que concerne ladite déclaration fausse ou frauduleuse; et ladite personne sera punie, pour chaque contravention, d'une amende n'excédant pas 5,000 francs, ou d'un emprisonnement ne dépassant pas deux années, ou à la fois de l'amende et de l'emprisonnement, au choix de la Cour.

FRANCE

Extrait d'une protestation de la Chambre de commerce de Lyon contre l'article 8 du bill

L'article 8 ordonne que la légalisation des factures sera faite par l'agent consulaire du district où la marchandise a été fabriquée ou d'où elle a été importée. Cette disposition ne vise évidemment, si l'on se place, comme il convient de le faire, au point de vue américain, que le point de départ des expéditions. Ce n'est cependant pas ainsi que l'envisage M. le Consul des Etats-Unis à Lyon, lorsqu'il exige la légalisation consulaire de l'agence de Zurich, par exemple, pour les étoffes que nos maisons de commission achètent en Suisse, et réexpédient ensuite de Lyon en Amérique. N'est-il pas plus rationnel que la légalisation consulaire soit faite à Lyon pour toutes les expéditions qui partent de cette ville[1]?

Circulaire adressée aux chefs de service par le Directeur général des Douanes

Paris, le 11 mai 1886.

La circulaire du 7 juillet 1864, n° 962, a notifié au service un arrêt de la Cour de Cassation du 9 avril de la même année, des termes duquel il avait paru résulter que les dispositions de l'article 19 de la loi du 23 juin 1857 sur les marques de fabrique et de commerce n'étaient pas ap-

[1] Il est à remarquer que la question de fausses indications de provenance, étant réglée par les articles 9 et 10 de la Convention internationale 1883, le Bill Mac-Kinley se trouve, dans ses articles 8 et 9, la violation de la convention à laquelle les Etats-Unis ont adhéré le 18 mars 1887. Nous publions plus loin, à l'occasion de la Conférence qui s'est tenue à Madrid, en 1890 une proposition des Etats-Unis qui ne tendait à rien moins qu'à légaliser, au point de vue international la fraude sur les indications de provenance, qui se trouve réprimée si sévèrement par l'article 8 du Bill Mac-Kinley. Il y a entre les deux textes une contradiction étrange.

plicables au fabricant français important lui-même des produits étrangers revêtus de sa marque; un nouvel arrêt du 23 février 1884 a infirmé cette jurisprudence. Cet arrêt dispose en effet que « l'article 1er de la loi du 28 juillet 1824, édicté en vue de maintenir et de protéger la loyauté du commerce, prohibe, d'une manière absolue, et punit l'application, sur un produit industriel du nom d'un lieu autre que celui de la fabrication, ou son apparition par suite d'une altération quelconque; que cette disposition n'atteint pas seulement le fabricant; qu'elle s'applique au marchand, commissionnaire ou débitant quelconque qui, sciemment, expose en vente ou met en circulation les objets marqués de noms supposés ou altérés; que les principes posés par cette loi ont été maintenus et confirmés par l'article 19 de la loi du 23 juin 1857, aux termes duquel tous produits étrangers, portant soit la marque, soit le nom d'un fabricant résidant en France, soit l'indication du nom ou du lieu d'une fabrique française, sont prohibés à l'entrée, exclus du transit et de l'entrepôt, et peuvent être saisis en quelque lieu que ce soit, soit à la diligence de l'administration des douanes, soit à la requête du ministère public ou de la partie lesée. »

En présence de cet arrêt, les trois Départements de la Justice, du Commerce et des Finances ont décidé, d'un commun accord, qu'il y avait lieu de rapporter les instructions données en 1861 et d'appliquer, sans exception d'aucune sorte, la loi du 28 juillet 1824 et celle du 23 juin 1857.

En conséquence, toutes les fois que des produits étrangers porteront soit la marque, soit le nom d'un fabricant français, soit l'indication du nom ou du lieu d'une fabrique située en France, le service devra rédiger procès-verbal de saisie, et l'adresser au ministère public, conformément aux instructions tracées par la circulaire du 6 août 1857, n° 481.

Je prie les Directeurs de porter ces dispositions à la connaissance du service et du commerce.

Je joins également ici une copie de la circulaire que M. le Ministre du Commerce et de l'Industrie a adressée, dans le même objet, aux chambres de commerce. M. le Ministre de la Justice a donné son adhésion aux dispositions qu'elle contient, et il vient d'annoncer qu'il la communique à MM. les procureurs généraux, en priant ces magistrats d'en assurer l'exécution.

Le Conseiller d'Etat, Directeur général,

G. PALLAIN.

Pour ampliation :

L'Administrateur,

RAMOND.

Il s'agit de la circulaire du 26 février 1886 que nous avons publiée plus haut.

GRANDE-BRETAGNE

Loi anglaise de 1887 sur les marques de commerce

(Extraits)

Nous reproduisons ci-dessous les dispositions qui intéressent spécialement les industriels qui exportent en Angleterre :

III I. Aux fins de la présente Loi, les mots « marque de fabrique » (*trade mark*) s'appliquent à une marque de fabrique inscrite aux registres des marques de fabrique, tenu en conformité de la loi de 1883 sur les brevets d'invention, dessins et marques de fabrique, et comprennent toute marque de fabrique qui, enregistrée ou non, est protégée par la loi dans les possessions britanniques ou les pays étrangers auxquels les dispositions de l'article 103 de la loi de 1883 sur les brevets d'invention, dessins et marques de fabrique sont applicables, en vertu d'une ordonnance du Conseil privé.

XIV. Considérant qu'il importe de prendre des dispositions pour empêcher l'importation de marchandises qui, vendues, seraient passibles de confiscation en vertu de la présente loi, il est arrêté ce qui suit :

1. Toutes marchandises de ce genre, ainsi que toutes marchandises de fabrication étrangère portant un nom ou une marque de fabrique, qui est, ou peut être prise pour le nom ou la marque de fabrique d'un industriel, marchand ou commerçant du Royaume-Uni, à moins que ce nom ou cette marque de fabrique ne soit accompagnée de l'indication précise du pays où ces marchandises ont été faites ou produites, ne peuvent être importées dans le Royaume-Uni, et, en vertu des dispositions du présent article, sont comprises parmi les marchandises dont l'importation est interdite, comme si elles étaient mentionnées à l'article 42 des lois de douanes coordonnées, (1876. *Customs consolidation Act. 1876.)

2. Avant de détenir ces marchandises ou de prendre d'autres mesures en vue de la confiscation, conformément à la loi sur les douanes, les commissaires des douanes peuvent, en vertu de la présente loi, requérir l'observation des règlements prescrits par le présent article, en ce qui concerne les avis, cautions, formalités et autres matières, et s'assurer que les marchandises se trouvent bien dans le cas d'être prohibées à l'importation.

3. Les Commissaires des douanes peuvent, en tout temps, faire, rapporter ou modifier des règlements généraux ou spéciaux, concernant la détention et la confiscation de marchandises dont l'importation est interdite en vertu de la présente disposition, et les formalités à observer, le cas échéant, avant la détention et la confiscation. Ils peuvent,

dans ces règlements, déterminer les renseignements, avis et cautions
à fournir, les pièces requises aux fins du présent article et le mode
d'authentiquer ces pièces.

4. S'il est apposé sur des marchandises un nom d'une localité du
Royaume-Uni, ce nom, à moins qu'il ne soit accompagné du nom du
pays dans lequel cette localité est située, sera, aux fins du présent article de loi, considéré comme étant celui de la localité du Royaume-Uni.

5. Les mêmes règlements peuvent être appliqués à toutes les marchandises dont l'importation est interdite dans le Royaume-Uni par le
présent article de loi ; mais des règlements différents peuvent être faits
pour les diverses classes de marchandises ou pour les différents catégories d'infractions concernant ces marchandises.

6. Les Commissaires des douanes, dans la confection et l'application
du présent article, agissent sous le contrôle des Commissaires du trésor
de Sa Majesté.

7. Les règlements peuvent disposer que le dénonciateur remboursera
aux Commissaires des douanes tous frais et dommages occasionnés par
la détention effectuée sur sa dénonciation et par toutes mesures résultant de cette détention.

8. Tous les règlements, pris en vertu du présent article de loi, seront
publiés dans la « London Gazette » et dans le « Board of trade
Journal ».

9. Le présent article de loi sortira ses effets, comme s'il faisait partie
des lois de douane coordonnées, 1876, et, en conséquence, s'appliquera à l'île de Man, comme si elle faisait partie du Royaume-Uni.

Règlement arrêté par les Commissaires des douanes conformément à l'article 16 du « Merchandise Marks Act » 1887

Les Commissaires des douanes, agissant en vertu des pouvoirs qui
leur ont été conférés à cet effet, ont rédigé les règlements ci-après et
en requièrent l'observance :

1. Toutes les marchandises qui, sur perquisition. seront reconnues
par les officiers des douanes être revêtues de marques de fabrique ou
de commerce contrefaites, de fausses descriptions commerciales ou de
marques, noms ou descriptions autrement illégales, et dont l'importation
est interdite, comme il a été dit plus haut, seront détenues par eux,
sans qu'il soit besoin d'une dénonciation préalable.

2. A l'appui de sa dénonciation et demande de détention de marchandises, le dénonciateur remplira les formalités ci-après :

i. Il donnera au receveur ou superintendant (colletar cr super-
entendent) ou à l'officier commandant des douanes (chief officer
cumstos) du port d'importation présumée, une notice par écrit, constatant : le nombre de colis attendus, pour autant qu'il soit possible de
l'indiquer ;

La désignation des marchandises par les marques dont elles sont
revêtues ou autres particularités propres à les faire reconnaître,

Le nom ou autre indication suffisante du navire importateur ;

Sous quel rapport les dites marchandises violent la loi, et le jour présumé de l'arrivage du navire.

ii. Il déposera entre les mains du receveur, ou d'un autre officier, comme il est dit plus haut, une somme suffisante, de l'avis du dit officier, pour couvrir une dépense qui pourrait résulter de l'examen requis par sa demande.

3. Si, à l'arrivée des marchandises, et après examen de celles-ci, l'officier des douanes acquiert la conviction qu'il n'a pas de raison pour les détenir, il les laisse aller. S'il n'acquiert pas cette conviction il décidera, ou de détenir les marchandises, comme dans les cas de détention sur perquisition, ou de requérir une caution de dénonciateur, pour rembourser aux Commissaires des douanes, ou à leurs officiers, tous les frais et dommages à résulter de la détention des marchandises opérée sur sa dénonciation et des actions judiciaires qui peuvent en être la suite.

4. La caution ainsi requise sera : 1° une somme, déposée immédiatement, de 10 livres p. c. de la valeur des aticles, et dont le montant sera fixé par l'officier des douanes, d'après les quantité ou valeur inscrite à l'entrée ; 2° ou un billet, à fournir dans les quatre jours, du double de la valeur des articles avec deux cautions approuvées. Le dépôt de 10 p. c. sera restitué après la remise du billet. Il ne sera pas exigé, si, en temps opportun, le dénonciateur préfère délivrer, avant l'examen des marchandises, un billet d'une somme basée sur l'estimation de la valeur des dites marchandises.

5. Si la caution n'est pas donnée, comme il vient d'être dit, les marchandises ne seront pas détenues plus longtemps.

Dans le présent règlement, les mots « officiers des douanes » se rapportent à tout officier placé sous la direction des Commissaires des douanes, et les mots « valeur des marchandises » signifient la valeur, abstraction faite du droit d'entrée.

6. L'avis et le billet requis par les dispositions précédentes doivent être rédigés dans la forme indiquée par la cédule annexée au présent règlement, ou dans tout autre forme que les Commissaires des douanes pourront prescrire quand elles le jugeront convenable.

7. La caution remise conformément au présent règlement sera restituée :

Sans délai, si elle a été donnée avant l'examen des marchandises, et si celles-ci ne sont pas détenues ;

Après la confiscation, si la caution a été donnée pendant la détention des marchandises et que la confiscation ait lieu, soit par prescription soit par suite d'une condamnation judiciaire ;

Après l'expiration des trois mois de détention, si la confiscation n'a pas eu lieu et que les marchandises aient été relevées de la détention par les Commissaires des douanes, et qu'aucune action ou instance n'ait été entamée contre eux ou un de leurs officiers, en raison de la détention ;

Après l'expiration du délai fixé pour porter plainte, si la confiscation n'a pas eu lieu et que les marchandises soient relevées de la détention, en confiscation et de condamnation obtenue sur dénonciation, faute d'action conformément à l'article 207 du « Customs Consolidatio. Act. 1876 » et qu'aucune action ou procès n'ait été commencé contre les Commissaires des douanes, ou un de leurs officiers, en raison de la détention des marchandises ;

Enfin, si dans les détails précités, une action ou procès et après l'obtention du résultat pour lequel caution a été donnée.

8. Le présent réglement s'applique aux marchandises en transit ou en transbordement, aussi bien qu'aux marchandises débarquées pour être emmagasinées ou livrées à la consommation intérieure,

9. L'article 2 du « Revenue Act, 1883 » est abrogé à partir du 1er Janvier 1888, et le présent réglement entrera en vigueur à la même date.

Admin. des douanes, Londres, 1er décembre 1887.

(Signé) CHARLES DU CANE,

H. MURRAY, HORACE SEYMOUR,

Commissaires des douanes de Sa Majesté.

ORDONNANCE GÉNÉRALE
concernant certains pouvoirs discrétionnaires conférés aux officiers des douanes anglaises

Hôtel des Douanes, Londres, 1er février 1889.

Maintenant que les sections relatives à l'importation de la loi de 1887 sur les marques de marchandises ont été en vigueur pendant plus de douze mois, et que les dispositions de cette loi sont devenues familières aux importateurs de marchandises, aussi bien qu'aux officiers des douanes, le Conseil a examiné la question de savoir si l'on ne pourrait pas donner aux receveurs, contrôleurs et autres officiers supérieurs des douanes un certain pouvoir discrétionnaire les autorisant à délivrer des marchandises qui, bien que paraissant à première vue sujettes à détention, peuvent néanmoins, sur les explications de l'importateur, être relâchées à bon droit, pour autant que cela concerne l'application de la loi sur les marques de marchandises ; tels sont, par exemple, des produits britanniques portant leur marque d'origine et retournés de l'étranger, ou des objets de propriété privée en usage actuel.

En conséquence, le Conseil donne aux receveurs et contrôleurs des ports secondaires, et aux inspecteurs et contrôleurs de Londres, un pouvoir discrétionnaire pour délivrer les marchandises sans ordre spécial, quand ils se seront convaincus que ces marchandises peuvent être rangées sous un des chefs suivants :

(1) Objets exempts de droits d'entrée, marqués de quelque manière que ce soit, envoyés à quelqu'un à titre de présent ou pour son usage personnel, et non en cours de vente ou d'achat, après que les officiers se seront convaincus que la déclaration de l'importateur, à cet égard, est correcte.

(2) Objets qui ne sont pas neufs, et qui constituent manifestement une propriété privée, tels que des vêtements ou autres effets personnels, ainsi que des objets vieux, usagés, endommagés et envoyés dans ce pays pour y être réparés, et qui sont importés par les personnes dont le nom se trouve sur les produits, ou expédiés à leur adresse. Ne sont toutefois pas compris sous ce chef les produits, tels que les vieilles dentelles, la vieille porcelaine, les vieux violons et les objets similaires, que

26

les marchands envoient pour être vendus comme antiquités ; les produits de cette nature doivent être traités comme marchandises ordinaires. Dès que l'âge, apparent ou réel, ajoute à la valeur des marchandises, elles ne doivent pas être délivrées en vertu du présent paragraphe sans instructions préalables du Conseil, à moins qu'ils ne constituent une propriété privée non en cours d'achat ou de vente.

(3) Les échantillons *sans valeur*, faits par des maisons concurrentes du Royaume-Uni, et envoyés à des fabricants de ce pays pour les besoins du commerce, pourront être délivrés moyennant une déclaration écrite de l'importateur, exposant que les produits, dont il s'agit, sont des échantillons sans valeur, qu'ils sont importés pour les besoins du commerce, et non pour la vente ou l'usage, — à la condition que les officiers se soient convaincus que ces produits sont bien de fabrication britannique.

(4) Les échantillons étrangers ne portant *pas* de noms ou de marques de fabricants ou de commerçants du Royaume-Uni, mais portant des désignations commerciales dont les termes sont de nature à induire en erreur quant au pays d'où ils proviennent, peuvent aussi être admis après avoir été munis d'une adjonction indiquant dûment leur origine (*upon being duly qualified*), et après que les officiers se seront convaincus que ces échantillons ont été importés dans ce pays pour les besoins de l'industrie ou de la comparaison. En revanche, les échantillons étrangers portant des noms ou des marques de fabricants ou de commerçants britanniques, ou des indications indirectes de fabrication britannique et dépourvus d'une adjonction indiquant leur origine réelle (*without qualification*), expédiés en vue de solliciter des ordres de vente dans ce pays, devront être détenus, et n'être délivrés qu'avec l'autorisation du Conseil.

(5) Les marchandises britanniques retournées qui sont exemptes de droits, ou pour lesquelles aucun drawback n'a pu être reçu, peuvent, pour autant que cela concerne les marques, être délivrées en vertu de la section 6 de la loi 42 et 43 Victoria, chapitre 2, sans ordre spécial du Conseil, soit sur la présentation d'un permis d'avitaillement, soit sur la déclaration de l'importateur portant, qu'à sa connaissance, les produits en question sont des produits britanniques de retour, — et cela aussi longtemps que le receveur ou le contrôleur n'aura pas de raison de douter de la vérité de cette déclaration.

Si, toutefois, les marchandises sont admises à l'importation comme marchandises britanniques, en vertu de la seconde alternative prévue par la susdite section, c'est-à-dire « sur le consentement écrit du propriétaire dudit nom ou marque, ou de son représentant légal », ce consentement doit être accompagné, dans chaque cas, d'une déclaration émanant des personnes dont le nom figure sur les marchandises, et portant que celles-ci ont été fabriquées par elles dans ce pays.

Au cas où l'officier examinant les marchandises aurait quelque doute quant à la vérité de cette déclaration, l'affaire devrait être soumise au Conseil.

Les officiers ne demanderont des déclarations légales faites en vertu de la loi de 1835 sur les déclarations légales, qu'après avoir obtenu dans chaque cas, l'assentiment du Conseil.

(6). A Londres, les marchandises qui auront été détenues pour apposition de marques illégales, et à l'égard desquelles il n'aura pas été fait de demandes de la part des importateurs, ni de démarches tendant à accomplir les conditions mises par le Conseil à leur délivrance, seront, deux mois, à partir de la date où le Conseil aura ordonné leur détention, transportées dans l'entrepôt de la Reine, sans qu'il soit besoin d'instructions spéciales pour chaque cas, à moins que les officiers ne soient en présence de circonstances qui exigent un traitement exceptionnel.

(7) Dans tous les cas, où le Conseil autorisera la délivrance des marchandises, après l'adjonction de mots indiquant leur origine, les officiers veilleront à ce que ces mots y soient apposés en caractères clairs, visibles et aussi indélébiles que les marques exigeant la susdite adjonction, et à ce qu'ils se trouvent à proximité immédiate desdites marques.

Par ordre :

E. Goodwin.

COLONIES ET POSSESSIONS BRITANNIQUES

Application dans les colonies et possessions britanniques de la loi de 1887, sur les marques de marchandises ou de lois basées sur les mêmes principes.

La loi de la métropole a été déclarée applicable, telle quelle, à Ste-Hélène.

Un grand nombre d'autres colonies ont édicté des lois ou des ordonnances qui en reproduisent à peu près textuellement les dispositions essentielles. Ce sont : Gibraltar, (ordonnance du 23 mai 1888), Ceylan, (22 décembre 1888), les Straits Settlements (23 février 1888), le Canada (22 mai 1888), Terre-Neuve, (9 mai 1888), la Jamaïque (22 novembre 1888), les Iles-sous-le-Vent (31 décembre 1887), Sainte-Lucie (21 septermbre 1888), Saint-Vincent (5 avril 1888), Trinité (11 juin et 8 septembre 1888), Honduras (26 juin 1888), la Guyanne Anglaise (1888), le cap de Bonne-Espérance, (27 juillet 1888), Natal, (24 octobre 1888), la Gambie, (21 décembre 1888), la Côte d'Or, (9 mars et 10 juillet 1888) Lagos, (6 novembre 1888), Maurice, (3 septembre 1888), l'Australie occidentale, (26 novembre 1888).

La loi des Straits Settlements est appliquée à Labouan ; celle de la Trinité à Tobago.

Aux Bermudes et à Chypre, les dispositions proposées dans le sens indiqué ont été rejetées.

On considère comme inutile de réglementer la matière des marqnes de marchandises à Helgoland et aux iles Fidji.

Les débuts de la loi anglaise sur les marques de marchandises

La nouvelle loi anglaise sur les marques de marchandises a opéré une vraie révolution, tant dans le commerce intérieur de la Grande-Bretagne, que dans le trafic des marchandises qui sont dirigées de l'étranger sur ce pays pour y être consommées, ou pour rayonner de là sur le monde entier. Lors de son entrée en vigueur, le 1er janvier de l'année dernière, ses dispositions étaient encore mal connues du monde commerçant, et plusieurs d'entre elles avaient en outre besoin d'être fixées par la pratique administrative ; aussi ne faut-il pas s'étonner qu'il y ait eu, au commencement, de fréquentes contestations et de nombreux retards dans la délivrance des marchandises. Le commerce s'est maintenant familiarisé avec le nouvel état de choses, et l'on n'entend plus les mêmes plaintes passionnées que les premiers temps ; mais il est néanmoins encore facile de violer inconsciemment la loi, et nous croyons être utiles à quelques-uns en donnant sur son application des renseignements empruntés aux rapports des commissaires des douanes sur l'exercice qui a pris fin le 31 mars 1888. Il ne s'agira que des marchandises introduites du dehors de la Grande-Bretagne ; mais c'est précisément à propos de l'importation que s'élèvent les difficultés les plus nombreuses.

Lors de l'entrée en vigueur de la loi, certaines classes d'industriels, particulièrement les couteliers et les horlogers espéraient que l'examen des marchandises par les fonctionnaires des douanes serait fait à fond d'une manière absolument parfaite. Mais on ne pouvait songer à pousser l'application de la loi jusqu'à ses plus extrêmes limites, à cause des frais qui en seraient résultés, et des retards qui auraient été apportés à la délivrance des marchandises ; la loi prévoyait du reste elle-même des infractions qui, par leur nature ne pouvaient être découvertes sur la seule initiative des douaniers. Les commissaires ont donc indiqué à leurs fonctionnaires certains cas où ils n'étaient tenus d'agir que sur la plainte des intéressés.

Les marques de marchandises rentrant dans cette catégorie sont celles qui consistent dans de fausses désignations commerciales concernant le mode de fabrication ou la composition des marchandises, et l'existence de brevets ou de brevets y relatifs ; dans l'emploi illicite de certains noms ou initiales ; dans la contrefaçon des marques de fabrique. Tout ce qu'on demande des fonctionnaires des douanes, c'est qu'ils retiennent les marchandises munies d'indication de provenance directement ou indirectement fausses.

D'après l'article 16 de la loi, les marchandises dont l'importation est prohibée sont : 1° Celles portant des faux noms, des marques contrefaites ou de fausses désignations commerciales, et qui, si elles étaient vendues dans la Grande-Bretagne, seraient sujettes à la confiscation ; 2° celles qui portent un nom ou une marque de fabrique étant, ou étant censé être le nom ou la marque d'un fabricant ou d'un négociant du Royaume-Uni, à moins que ce nom ou cette marque ne soit accompagnée de l'indication du pays d'origine.

Un grand nombre de contraventions rentrant sous le chiffre 1 ne peuvent être constatées qu'ensuite de dénonciations émanant des parties intéressées. Pour éviter des dénonciations malicieuses ou frivoles, les Commissaires ont prescrit des règles strictes à cet égard, comprenant le dépôt d'une sûreté proportionnée à la valeur des marchandises en cause.

Dès l'entrée en vigueur de la loi, on s'est trouvé en face de la question de savoir si des désignations commerciales en langue anglaise apposées sur des marchandises de provenance étrangère devaient, ou non, être considérées comme indiquant que ces marchandises avaient été fabriquées dans le Royaume-Uni. Il a été fait une distinction à cet égard, en partant du point de vue que la loi envisage comme fausses non seulement les désignations destinées à représenter les marchandises sous un faux jour, dans le pays auquel elles sont destinées, mais aussi celles qui sont fausses dans leur application originale. Les indications en langue anglaise employées dans le pays où cette langue n'est pas parlée sont dans ce cas; en revanche, celles qui proviennent de colonies britaniques, ou des Etats-Unis, sont parfaitement régulières. Ces dernières ont donc été admises sans aucune adjonction mentionnant qu'elles ne provenaient pas du Royaume-Uni.

Il a été envisagé comme contraire à l'intérêt public d'appliquer la loi dès l'abord d'une manière rigoureuse. Les autorités douanières ont donc laissé passer sans confiscation les marchandises étrangères munies de désignations anglaises, et se sont bornées à faire effacer ces indications ou à les faire compléter par une mention telle que « made abroad » (fabriqué à l'étranger).

Au début, les importateurs insistaient vivement sur la nécessité qu'il y avait de munir d'indications anglaises les marchandises destinées à être vendues dans les pays de race anglo-saxonne; on leur a répondu que rien ne s'y opposait, pourvu que ces indications fussent accompagnées d'une mention, également en langue anglaise, constatant que les marchandises en question étaient d'origine étrangère. Mais la nature de cette mention a été mal comprise, et l'on a prétendu que l'obligation d'indiquer le pays d'origine ruinerait les agents ou autres intermédiaires anglais; car les acheteurs ne manqueraient pas de s'adresser directement au pays de production. Il faut distinguer entre les indications d'origine indirectes, comme celles qui consistent dans l'emploi de désignations en langue anglaise, et les indications d'origine directes, qui comprennent des noms de lieux ou de pays. Pour les premières, la mention additionnelle peut aussi être indirecte, et consiste par exemple dans les mots « fabriqué à l'étranger »; pour les seconds, cette mention doit consister dans l'indication du vrai pays d'origine. Dans l'un et l'autre cas, la mention doit faire partie de l'indication qu'elle rectifie; elle ne peut être apposée à un endroit où elle serait moins en vue que celle-ci, ni figurer sur une étiquette séparée.

Certains mots anglais ont toutefois été admis dès l'abord sans aucune adjonction relative à l'origine du produit; ce sont ceux dont l'emploi est exigé, ou autorisé par des lois antérieures, comme les suivants : *Patent, registred, copyright,* etc. Après une courte expérience de la loi, l'administration s'est rendu compte que bien des signes et étiquettes pouvant, à la rigueur, être classées parmi les désignations commerciales, avaient pour seul but de faciliter la manutention des marchandises, et ne s'adressaient nullement au public acheteur; on peut ranger dans

cette catégorie les indications relatives à la nature du produit, qui sont
utiles pour le classement et le rangement des marchandises, ainsi que
celles qui désignent la matière, la quantité, la longueur, etc., des objets
auxquels elles se rapportent. En ce qui concerne les désignations de
cette nature, il a été décidé qu'elles seraient admises en langue anglaise,
sans être accompagnées d'aucune mention relative au pays d'origine,
à condition qu'elles ne continssent rien qui eût le caractère laudatif, et
qu'elles ne fussent pas disposées de manière à attirer l'attention de
l'acheteur.

En appliquant aux marchandises importées les dispositions de la loi
relative aux « désignations commerciales », l'administration s'est
trouvée en présence de questions fort délicates, par exemple quand il
s'est agi de déterminer si tel mot constituait la « désignation » d'un
produit ou s'il « faisait partie » de ce dernier. L'administration des
douanes a décidé que les inscriptions en langue anglaise seraient considérées comme faisant partie du produit, en ce qui concerne les vers
et textes figurant sur les cartes de félicitations ; il en a été de même
des noms d'hôtels figurant sur la vaisselle destinée à ces établissements,
ainsi que de l'apposition des mots : *Photographs, Stamps, Scrap Book,*
sur des albums ; *Tabacco,* sur des bourses à tabac, *fast* et *slow* (avance
et retard) sur les régulateurs de montres, etc. Dans les cas cités, et dans
ceux qui leur sont analogues, les mots anglais n'ont pas besoin d'être
accompagnés d'une contre-indication relative au pays d'origine.

Il va sans dire que, dans la plupart des cas, les dispositions de la loi
concernant les désignations commerciales ont été appliquées à des
mentions en langue anglaise. Les mêmes principes sont toutefois aussi
applicables aux mentions rédigées en d'autres langues, si les marchandises, qui en sont munies, proviennent d'un pays où la langue en
question n'est parlée ; ainsi l'on n'admet les produits allemands munis
d'inscriptions françaises, ou les produits français munis d'indications
espagnoles, que s'ils sont accompagnés de l'indication du pays d'origine ;
mais, dans ce cas, la mention « fabriqué à l'étranger » n'est pas suffisante, et les importateurs sont tenus d'indiquer le vrai pays de production.

Nous ne nous sommes occupés, jusqu'ici, que de la première catégorie
des marques de marchandises visées par l'article 16 de la loi : ce sont
celles qui, même apposées dans le Royaume-Uni, donneraient lieu à la
confiscation des produits qui en sont munis. Les marques de la seconde
catégorie sont celles qui, appliquées à des marchandises étrangères,
consistent en un « nom ou une marque de fabrique étant, ou étant
censé être le nom ou la marque de fabrique d'un fabricant, négociant
ou commerçant du Royaume-Uni ». Les marchandises munies de
marques semblables sont admises, si le nom ou la marque de fabrique
est « accompagné d'une indication précise du pays où les marchandises
ont été faites ou produites ».

Les noms, dont il s'agit, peuvent être ceux de maisons anglaises
connues des fonctionnaires, ou des noms inconnus ayant une apparence
anglaise. Ce peut être le nom de l'acheteur anglais, ou celui de l'agent
chargé de placer le produit étranger dans la Grande-Bretagne ; ce peut
être aussi celui d'un Anglais établi sur le continent. Quant aux marques
de fabrique qui sont mises sur le même pied que les noms ci-dessus,
ce peut être celles connues pour appartenir à des maisons anglaises, ou
d'autres marques auxquelles ces emblèmes nationaux, ou l'emploi de
mots anglais, donnent une apparence britannique.

Les Commissaires des douanes ont eu à déterminer la nature de « l'indication précise » du pays d'origine, dont l'adjonction rend possible l'importation des marchandises munies de noms ou de marques de fabrique d'apparence anglaise. D'après les instructions qu'ils ont données à leurs fonctionnaires, cette indication doit consister dans l'adjonction du nom du pays d'origine immédiatement avant, ou après le nom ou la marque, dont il s'agit, adjonction qui doit être aussi en vue que le nom ou la marque eux-mêmes.

Si un importateur sépare l'indication précise du pays d'origine du nom ou de la fabrique qu'elle doit accompagner, s'il la place sur une étiquette séparée facile à enlever, ou s'il l'appose sur le produit, en lettres petites et peu visibles, de manière que l'œil de l'acheteur en soit moins frappé que du nom ou de la marque, cet importateur s'expose à un retard dans la délivrance des marchandises, sinon aux pénalités édictées par la loi.

En principe, la douane réclame une contre-indication pour chaque nom ou marque qui a besoin d'un complément de cette nature, quelque soit l'endroit de la marchandise où se trouve ce nom ou cette marque. Mais, dans la pratique, elle s'est laissée guider par les circonstances de chaque cas, et n'a pas réclamé la répétition de l'adjonction prescrite, quand une seule apposition de cette dernière lui paraissait suffisamment apparente, pour faire face à un nom ou à une marque répétée plusieurs fois sur un produit. L'administration admet aussi des exceptions aux règles relatives à l'indication du lieu d'origine, quand leur application pourrait nuire à l'aspect de la marchandise ; ainsi, quand il s'agit de tasses, de pots, etc., en porcelaine ou en faïence, cette indication peut être apposée sur le fond des dits objets, et quand il s'agit de livres portant le nom d'un éditeur du Royaume-Uni, le pays d'origine peut être indiqué à la première ou à la dernière page.

Quand un nom d'apparence anglaise figure sur un produit, sans être accompagné d'une désignation géographique, il suffit de lui adjoindre le nom du pays d'origine. Ainsi, le nom *John Brown* peut être complété par le mot *Germany*. Mais si ce nom est suivi d'un nom de ville autre que celui où le produit a été fabriqué, la mention additionnelle ne pourra pas consister simplement dans le nom du pays d'origine, mais devra indiquer expressément que le produit *a été fabriqué* dans ce pays. Les adresses *John Brown, London* ou *John London and Berlin* devraient donc être complétées par la mention *made in Germany (fabriqué en Allemagne)*.

Les cas que nous venons de citer appartiennent aux catégories pour lesquelles l'application de la loi a rencontré le plus de difficultés. Les Commissaires des douanes se plaisent à reconnaître qu'en général le monde commerçant a mis beaucoup de bonne volonté à se conformer aux prescriptions de la loi ; mais comme la matière était fort difficile, il y a eu, au début, beaucoup de tâtonnements, tant de la part du commerce, que de celle des fonctionnaires chargés d'appliquer la loi. Du 1er janvier au 31 mars 1888, le nombre des correspondances enregistrées au bureau central des douanes à Londres, en ce qui concerne l'application de la loi sur les marques de marchandises, s'est élevé à plus de 5,200 pièces. L'augmentation du travail a été très inégale pour les différents ports, et a frappé ceux d'entre eux dont les importations consistaient en grande partie en produits manufacturés du continent. Pendant la période indiquée plus haut, et sans compter les paquets postaux, qui sont aussi soumis à la loi, le nombre des expéditions retenues, et pour lesquelles il a été demandé des directions aux Commissaires des douanes s'est élevé à 2,152 pour Londres et Liverpool, et à 1,739 pour les ports secondaires, soit ensemble à 3,891 expéditions, comprenant plus de 110,000 caisses et colis divers.

Nous empruntons au journal *Die Industrie Zugleich deutsche Konsulats Zeitung* le tableau ci-après, concernant les expéditions retenues par la douane anglaise pendant l'année 1888.

Pays	Expéditions	Colis	Produits en vrac (rails, barres, etc.)
Allemagne	3.896	53.240	7.455
Pays-Bas	861	41.099	15.021
Belgique	705	14.372	38.618
Etats-Unis	628	70.390	5.161
France	622	13.589	80
Autriche	221	7.250	»
Suisse	207	1.115	»
Suède et Norwège	201	13.024	22.239
Autres pays	524	32.934	3.791
Total........	7.865	250.013	92.365

Comparés aux indications données plus haut sur les trois premiers mois de l'année, ces chiffres prouvent que le nombre des expéditions retenues a diminué de beaucoup dans les trois derniers trimestres de 1888. Nul doute que cette diminution ne s'accentue encore davantage, à mesure que le public connaîtra mieux les dispositions de la loi et la manière dont elle est appliquée.

(Journal Officiel de l'Union).

MEXIQUE

Loi sur les marques de fabrique (promulguée le 1er janvier 1890)

(Extrait)

Les nationaux et étrangers qui résident hors du pays peuvent faire enregistrer leurs marques, quand ils ont, au Mexique, un établissement ou un agent industriel ou commercial pour la vente de leurs produits, sans préjudice, pour les étrangers, des conditions établies par les traités.

Les états légalisés en vertu desquels l'agence sus-mentionnée a été établie devront être déposés au ministère des travaux publics.

La marque industrielle d'un propriétaire étranger, ne résidant pas dans la République, ne pourra être enregistrée si elle ne l'a pas été au préalable dans le pays d'origine.

PORTUGAL

Loi du 4 juin 1883 sur les marques de fabrique

(Extrait)

Art. 30. « Les produits d'origine étrangère qui, à leur entrée en Portugal, porteront une marque portugaise, ou une marque contenant le nom ou la raison sociale d'un industriel ou commerçant résidant en Portugal, ou d'un établissement de commerce ou d'industrie ayant son siège en Portugal, ou l'indication d'une localité de ce pays, seront saisis, dès leur arrivée dans l'une des douanes portugaises. — La saisie sera ordonnée par le directeur de la douane, etc.... »

Art. 31. « La disposition de l'article précédent ne sera pas applicable, s'il est présenté un document authentique ou légalisé, qui prouve que c'est du consentement de l'intéressé qu'il est fait usage de la marque, du nom ou de la raison sociale figurant sur les produits venus de l'étranger. »

SUISSE

CIRCULAIRE ADRESSÉE PAR LE CONSEIL FÉDÉRAL SUISSE AUX ÉTATS DE L'UNION

pour les informer que la législation Suisse protège désormais toutes les branches de la propriété industrielle

Le Conseil fédéral Suisse a adressé, en date du 7 mai 1889, la circulaire suivante aux ministres des Affaires étrangères des États qui ont accédé à la Convention du 20 mars 1883, pour la protection de la propriété industrielle :

Monsieur le Ministre,

Le 6 juin 1884, au moment de procéder à la signature du procès-verbal constatant le dépôt des actes de notification et des actes d'accession, délivrées par les Hautes Puissances, signataires de la Convention du 20 mars 1883, constituant une Union internationale pour la protection de la propriété industrielle, le représentant de la Confédération Suisse et celui des Pays-Bas, ont renouvelé les déclarations précédemment émises par les délégués de leurs gouvernements respectifs et consignés dans les procès-verbaux des conférences de 1880 et 1883, savoir :

« Que les brevets d'invention n'étant pas encore protégés dans ces « deux pays, leurs gouvernements ne seront en mesure de se confor- « mer à l'engagement contenu dans l'article 11, au sujet de la protection

« temporaire à accorder aux inventions brevetables, pour les produits
« qui figurent aux expositions internationales, avant que la matière n'ait
« été ultérieurement réglée, à titre général, par une loi. »

« La Conférence des délégués des Etats de l'Union, réunis à Rome,
en 1886, émettait, dans sa séance du 11 mai, le vœu suivant :

« Les Etats faisant partie de l'Union qui ne possèdent pas de lois sur
toutes les branches de la propriété industrielle, devront compléter,
dans le plus court délai possible, leur législation sur ce point.

« Il sera de même, pour tous les Etats qui entreraient ultérieurement
dans l'Union. »

Aux dates ci-dessus, la Confédération Suisse n'avait de dispositions
législatives que sur deux des quatre branches de la propriété industrielle
mentionnées à l'article 2 de la Convention.

Ces branches étaient :

1° Les marques de fabrique et de commerce, régies par une loi spéciale, du 19 décembre 1879, entrée en vigueur le 16 avril 1880.

2° Le nom commercial, régie par le code fédéral des obligations, du
14 juin, entré en vigueur le 1er janvier 1883.

Des lois ont été élaborées :

1° Une loi sur les brevets d'inventions, du 39 juin 1888, entrée en vigueur le 15 novembre suivant ;

2° Une loi sur les dessins et modèles industriels, du 21 décembre
1888, qui entrera en vigueur en 1889.

Ces prescriptions nouvelles régissent les deux autres branches mentionnées à l'article 2 de la Convention, et la loi sur les brevets contient
une disposition spéciale au sujet de la protection temporaire à accorder
aux inventions brevetables, pour les produits qui figureront aux expositions internationales.

Notre législation sur la matière étant ainsi complétée, la déclaration
transcrite, du 6 juin 1884, est devenue sans objet, en ce qui concerne
la Confédération Suisse, et celle-ci a satisfait au vœu de la conférence
de Rome.

Notre service de la propriété intellectuelle préparera et remettra ensuite au bureau international de l'Union des collections de tous les
documents se rattachant à la législation . .   .e sur la propriété industrielle, avec prière de la répartir aux o. .s spéciaux des Etats de
l'Union.

En communiquant ce qui précède à Votre Excellence, nous saisis-
sons cette occasion pour renouveler à Votre Excellence les assurances
de notre haute considération.

Au nom du Conseil fédéral Suisse,

Le Président de la Confédération,

HAMMER.

Le Chancelier de la Confédération,

BINGIER.

Loi fédérale sur les brevets d'invention

(*Extrait*)

Art. 1. — La Confédération Suisse accorde, sous la forme de brevets d'invention, aux auteurs d'inventions nouvelles, applicables à l'industrie, et représentées par des modèles, ou à leurs ayant cause, les droits spécifiés dans la présente loi.

Art. 2. — Ne seront pas considérées comme nouvelles les inventions qui, au moment de la demande de brevet, seront suffisamment connues en Suisse, pour pouvoir être exécutées par un homme du métier.

Art. 9. — Le brevet tombera en déchéance :

1° Si le propriétaire du brevet y renonce par déclaration écrite adressée au bureau fédéral de la propriété industrielle.

2° S'il n'a pas acquitté la taxe annuelle au plus tard dans le délai de trois mois, après l'échéance. Art. 6.

Le bureau fédéral de la propriété industrielle donnera immédiatement sans toutefois y être obligé, avis au propriétaire que la taxe est échue.

3° Si l'invention n'a reçu aucune application à l'expiration de la 3° année, depuis la date de la demande.

4° Si l'objet breveté est importé de l'étranger et qu'en même temps le propriétaire du brevet ait refusé des demandes de licence en Suisse présentées sur des bases équitables.

La déchéance prévue aux articles 3 et 4 ci-dessus pourra être prononcée, à la demande de toute personne intéressée, par les tribunaux compétents pour les procès en contrefaçon.

Jurisprudence de la Cour de Genève au sujet du conflit entre une loi particulière et une convention internationale.

La Cour de justice de Genève, par un arrêt relaté dans le *Droit* du 10 juillet 1889, vient de juger que les droits des auteurs français en Suisse, découlant du traité franco-suisse du 23 février 1882, n'ont pas été réduits par la Convention d'union du 9 septembre 1886. Il résulte des motifs que la loi fédérale du 23 avril 1883, sur la propriété littéraire, promulguée antérieurement au traité franco-suisse, ne peut prévaloir contre ce traité, alors même qu'il a été stipulé dans son article 18, qu'il pourrait être remplacé par une législature postérieure. Il aurait fallu, pour cela, que la Suisse eut dénoncé le traité depuis plus d'un an. La Cour de Genève n'admet donc pas que l'entrée en vigueur d'une loi intérieure puisse faire subir une modification quelconque à un traité antérieur, comme l'avait admis le tribunal de commerce. La jurisprudence Suisse, est comme on le voit, d'accord, en tous points, avec la théorie juridique de l'application littérale des traités, nonobstant les lois intérieures, théorie admise par les savants jurisconsultes que nous avons cités. (V. le *Droit* du 10 juillet 1889, page 648.) Il est à remarquer que l'arrêt de la Cour de Genève a d'autant plus de portée, dans ce cas, qu'il avait été stipulé, dans le traité, qu'on pourrait lui substituer une législation postérieure.

On voit combien cette jurisprudence est éloignée de la théorie du *minimum* sur laquelle reposent le rapport de M. *Dietz-Monnin*, et l'avis motivé de M. *Numa Droz* que nous avons relaté plus haut.

TUNISIE

Loi sur les brevets d'invention

DÉCRET DU 22 RABIA-ET-TANI 1306 (26 DÉCEMBRE 1888)

(Extrait)

TITRE IV

DROITS DES ÉTRANGERS

Art. 21. — Les étrangers pourront, en Tunisie, obtenir des brevets d'invention.

Art. 22. — Les formalités et conditions déterminées par la présente loi seront applicables aux brevets demandés ou délivrés en exécution de l'article précédent.

Art. 23. — L'auteur d'une invention ou découverte déjà brevetée à l'étranger pourra obtenir un brevet en Tunisie ; mais la durée de ce brevet ne pourra excéder celle des brevets antérieurement pris à l'étranger.

. . . .

TITRE V

DES NULLITÉS ET DÉCHÉANCES

. . . .

Art. 25. — Ne sera pas réputée nouvelle toute découverte, invention ou application qui, dans la Régence ou à l'étranger, et antérieurement à la date du dépôt de la demande, aura reçu une publicité suffisante pour pouvoir être exécutée.

Art. 26. — Sera déchu de tous ses droits : 1° le breveté qui n'aura pas acquitté son annuité avant le commencement de chacune des années de la durée de son brevet; 2° le breveté qui n'aura pas mis en exploitation sa découverte ou invention dans la Régence dans le délai de deux ans à partir du jour de la signature du brevet, ou qui aura cessé de l'exploiter pendant deux années consécutives, à moins que, dans l'un ou l'autre cas, il ne justifie des causes de son inaction; 3° le breveté qui aura introduit dans la Régence des objets fabriqués en pays étrangers et semblables à ceux qui sont garantis par son brevet.

Néanmoins, pourra être autorisée l'introduction : 1° des modèles de machines; 2° des objets fabriqués à l'étranger destinés à des expositions publiques ou à des essais faits avec l'assentiment du Gouvernement.

DISPOSITIONS

ARRÊTÉES DE CONCERT ENTRE LE BUREAU INTERNATIONAL DE BERNE ET L'ADMINISTRATION ESPAGNOLE AU SUJET DE LA CONFÉRENCE INTERNATIONALE QUI S'EST TENUE A MADRID EN 1890

I.

PROJET D'ARRANGEMENT

concernant la répression des fausses indications de provenance sur les marchandises

Les soussignés plénipotentiaires des gouvernements des Etats ci-dessus énumérés ;

Vu l'article 14 de la Convention internationale du 20 mars 1883 pour la protection de la propriété industrielle, ont, d'un commun accord et sous réserve de ratification, arrêté l'arrangement suivant :

Article premier

Tout produit portant *illicitement* une fausse indication de provenance, dans laquelle un des Etats contractants, ou un lieu situé dans l'un d'entre-eux, serait directement ou indirectement mentionné, comme pays ou comme lieu d'origine, *pourra être* saisi à l'importation dans chacun desdits Etats.

La saisie pourra aussi s'effectuer dans l'Etat où la fausse indication de provenance aura été apposée, ou dans celui où aura été introduit le produit muni de cette fausse indication.

Article 2

La saisie aura lieu à la requête, soit du ministère public, soit d'une partie intéressée, individu ou société, conformément à la législation intérieure de chaque Etat. Elle ne pourra être refusée aux sujets ou citoyens des Etats contractants, ni aux ressortissants d'autres pays qui auront des établissements industriels ou commerciaux sur le territoire d'un de ces Etats.

Les autorités ne seront pas tenues d'effectuer la saisie en cas de transit.

Article 3

Les tribunaux de chaque pays auront à décider dans quels cas les dénominations de produits comprenant des noms de lieux ou de pays se rapportent à la nature des produits, et non à leur provenance, et doivent, par conséquent, échapper aux dispositions du présent Arrangement.

Article 4

Les Etats de l'Union pour la protection de la propriété industrielle, qui n'ont pas pris part au présent Arrangement pourront y accéder en tout temps, en en donnant avis au bureau international.

Article 5

Le présent Arrangement entrera en vigueur le......

Il sera ratifié aussitôt que faire se pourra, ses actes de ratification seront échangés à Madrid.

En foi de quoi les plénipotentiaires des Etats ci-dessus énumérés ont signé le présent arrangement à Madrid le...... avril mil huit cent quatre-vingt-dix.

II.

PROJET DE PROTOCOLE

déterminant l'interprétation et l'application de la Convention conclue à Paris le 20 mars 1883, entre :

LA BELGIQUE, LE BRÉSIL, L'ESPAGNE, LES ÉTATS-UNIS D'AMÉRIQUE, LA FRANCE, LA GRANDE-BRETAGNE, LE GUATEMALA, L'ITALIE, LA NORWÈGE, LES PAYS-BAS, LE PORTUGAL, LA SERBIE, LA SUÈDE, LA SUISSE, ET LA TUNISIE.

Les soussignés, plénipotentiaires des gouvernements ci-dessus énumérés,

Dans le but d'assurer l'interprétation et l'application uniformes de la Convention conclue à Paris le 20 mars 1883 pour la constitution de l'Union, pour la protection de la propriété industrielle,

Ont d'un commun accord, et sous réserve de ratification, arrêté le Protocole suivant :

Assimilation des étrangers

1. — Pour pouvoir être assimilés aux sujets ou citoyens des Etats con-tractants, aux termes de l'article 3 de la Convention, les sujets ou citoyens d'Etat ne faisant pas partie de l'Union et qui, sans y avoir leur domicile, possèdent des établissements industriels ou commerciaux sur le territoire d'un des Etats contractants, doivent être propriétaires exclusifs desdits établissements, y être représentés par un mandataire général, et justifier, en cas de contestation, qu'ils y exercent d'une manière réelle et continue leur industrie ou leur commerce.

Pays d'Outre Mer

2. — Relativement aux Etats de l'Union situés en Europe, sont con-sidérés, comme *pays d'Outre-Mer* (art. 4), les pays extra-européens qui ne sont pas riverains de la Méditerranée.

Indépendance réciproque des brevets délivrés dans divers Etats

3. — Lorsque, dans les délais fixés à l'article 4 de la Convention, une personne aura déposé dans plusieurs Etats de l'Union des demandes de brevets pour la même invention, les droits résultant des brevets ainsi demandés seront indépendants les uns des autres.

Interprétation du mot « exploiter »

4. — Chaque pays aura à déterminer le sens dans lequel il y a lieu d'interpréter chez lui le terme *exploiter*, au point de vue de l'application de l'article 5 de la Convention.

Expositions internationales

5. — La protection temporaire prévue à l'article 11 de la Convention consiste dans un délai de priorité s'étendant au minimun jusqu'à six mois à partir de l'admission du produit à l'exposition, et pendant lequel l'exhibition, l'application ou l'emploi, non autorisés par l'ayant droit, de l'invention, du dessin, du modèle ou de la marque ainsi protégés ne pourront pas empêcher celui qui a obtenu ladite protection temporaire de faire valablement, dans ledit délai, la demande de brevet ou le dépôt nécessaire pour s'assurer la protection dans tout le territoire de l'Union.
Chaque Etat aura la faculté d'étendre ledit délai.
6. — La susdite protection temporaire n'aura d'effet que si, pendant sa durée, il est présenté une demande de brevet ou fait un dépôt en vue d'assurer à l'objet auquel elle s'applique la protection définitive dans un des Etats contractants.
7. — Les délais de priorité mentionnés à l'article 4 de la Convention sont indépendants de celui dont il est question dans le premier para-graphe du présent article.

8. — Les inventions brevetables auxquelles la protection provisoire aura été accordée, en vertu du présent article, devront être notifiées au bureau international et faire l'objet d'une publication dans l'organe officiel dudit bureau. .

Accession de nouveaux Etats à l'Union

9. — Lorsqu'un nouvel Etat adhérera à la Convention, la date de la note par laquelle son accession sera annoncée au Conseil fédéral suisse sera considérée comme celle de l'entrée dudit Etat dans l'Union, à moins que son gouvernement n'indique une date d'accession postérieure.

Colonies et possessions étrangères

10. — Lorsqu'un des Etats contractants désirera qu'une de ses colonies ou possessions étrangères soit considérée comme appartenant à l'Union par le fait de l'accession de la métropole, il devra le notifier au gouvernement de la Confédération suisse, qui en donnera avis à tous les autres.

11. — Si, lors de l'accession à l'Union d'une colonie ou d'une possession étrangère appartenant à un des Etats contractants, il est demandé pour cette colonie ou possession une voix délibérante dans les conférences de délégués de l'Union, cette demande formera le premier sujet à l'ordre du jour de la prochaine conférence.

Attestations de protection légale

12. — Toute demande tendant à étendre un brevet à d'autres pays de l'Union devra être accompagnée d'un exemplaire, manuscrit ou imprimé, de la description de l'invention et des dessins (s'il en existe), tels qu'ils auront été déposés dans le pays où la première demande a été faite.

Cette copie devra être certifiée par le service spécial de la propriété industrielle de ce dernier pays.

13. — Pour assurer la protection des marques de fabrique ou de commerce de leurs ressortissants, dans tout le territoire de l'Union, les administrations du pays d'origine délivreront à ces derniers une attestation constatant le dépôt régulier desdites marques.

14. — La légalisation des pièces mentionnées sous les chiffres 12 et 13 n'est pas requise.

Statistique

15. — Avant la fin du premier semestre de chaque année, les administrations de l'Union transmettront au bureau international les indications statistiques suivantes concernant l'année précédente, savoir :

a. — Brevets d'invention

1° Nombre des brevets demandés ;
2° Nombre des brevets délivrés ;
3° Sommes perçues pour brevets.

b. — *Dessins ou modèles industriels*

1° Nombre des dessins ou modèles déposés ;
2° Nombre des dessins ou modèles enregistrés ;
3° Sommes perçues pour dessins ou modèles.

c. — *Marques de fabrique ou de commerce*

1° Nombre des marques déposées ;
2° Nombre des marques enregistrées ;
3° Sommes perçues pour marques.

16. — Le bureau international est autorisé à adresser aux administrations contractantes, sur divers points concernant la propriété industrielle, des formulaires statistiques que lesdites administrations rempliront dans la mesure où cela leur sera possible.

Renseignements à fournir par le Bureau international

17. — Le Bureau international est tenu de fournir gratuitement aux diverses administrations les renseignements qu'elles pourront lui demander sur des questions relatives à la propriété industrielle.

18. — Les mêmes renseignements seront fournis aux particuliers domiciliés dans le territoire de l'Union, moyennant une taxe de 1 franc par renseignement demandé.

Cette taxe pourra être payée en timbres-poste des divers États contractants, et cela sur la base suivante pour les États qui n'ont pas le franc pour unité monétaire, savoir :

Brésil .... 1 fr. = 400 reis.
Espagne......................... 1 » = 1 piecette.
États-Unis d'Amérique........... 1 » = 20 cents.
Grande-Bretagne .... 1 » = 10 pence.
Guatemala.. .... 1 » = 20 centavos de peso.
Norwège .... 1 » = 80 œre.
Pays-Bas........................ 1 » = 50 cents.
Portugal........................ 1 » = 200 reis.
Suède .... 1 » = 80 œre.

19. — Les administrations des États contractants accepteront aux taux indiqués dans le paragraphe précédent, les timbres de leur pays que le bureau international aura reçus à titre de frais de renseignements.

Dispositions finales

20. — Le présent Protocole sera considéré comme faisant partie intégrante de la Convention du 20 mars 1883, et aura même force, valeur et durée. Il entrera en vigueur le......

Il sera ratifié aussitôt que faire se pourra. Les actes de ratification seront échangés à Madrid.

En foi de quoi, les plénipotentiaires des États énumérés ont signé le présent Protocole à Madrid le...... mil huit cent quatre-vingt-dix.

Circulaire de M. Tirard aux chambres de Commerce

Au sujet de la Conférence de Madrid

MINISTÈRE DU COMMERCE,
    DE L'INDUSTRIE   République   Française
ET DES COLONIES
                                      Paris, le 22 janvier 1890.

Messieurs, une conférence doit se réunir à Madrid au mois d'avril prochain, dans le but d'examiner les modifications qu'il pourrait y avoir lieu d'apporter à la Convention internationale du 20 mars 1883 pour la protection de la propriété industrielle.

L'Administration espagnole et le Bureau international de Berne ont préparé, conformément à l'article 6 du protocole de clôture, un certain nombre de propositions qui seront soumises à cette conférence. Ces propositions se divisent en deux parties. La première consiste en un projet d'Arrangement relatif à la répression des fausses indications de provenance. Cet Arrangement ne deviendrait exécutoire que pour les États de l'Union qui y donneraient leur adhésion et qui formeraient ainsi une sorte d'Union restreinte dans le sein de l'Union primitive.

La seconde partie des propositions de l'Administration espagnole et du Bureau international de Berne détermine l'interprétation et l'application de certains articles de la Convention de 1883.

Le gouvernement de la République tient à avoir, sur toutes les propositions précitées, et sur toutes les questions que peut soulever la Convention de 1883, l'opinion des représentants autorisés de l'industrie et du commerce de notre pays. Je vous prie, en conséquence, de vouloir bien en délibérer et de me transmettre dans les premiers jours du mois prochain, au plus tard', le résultat de vos délibérations.

Vous trouverez ci-annexé le texte de la Convention internationale de 1883 et des propositions formulées par l'administration espagnole et par le bureau de Berne. J'y joins à titre de renseignements, le texte des résolutions adoptées par la conférence tenue à Rome en 1886 et qui n'ont pas été ratifiées.

Recevez, Messieurs, l'assurance de ma considération très distinguée.

                    Le Président du Conseil,
        ministre du Commerce, de l'Industrie et des Colonies,
                        P. TIRARD

' Il est à noter que cette circulaire qui réclame une réponse pour les premiers jours du mois de Février *au plus tard*, est datée du 22 Janvier et n'est parvenue aux Chambres de commerce que le 28 Janvier. Elle sollicite une réponse pour les premiers jours de Février ! — Il est à remarquer que cette circulaire ne consulte pas les Chambres de commerce au sujet du projet d'enregistrement international des marques, qui fait l'objet de la deuxième circulaire que nous publions plus loin et signée de M. Jules Roche.

PROPOSITION
du Bureau international de Berne

ARRANGEMENT CONCERNANT L'ENREGISTREMENT INTERNATIONAL DES
MARQUES DE FABRIQUE OU DE COMMERCE (1)

Les soussignés, plénipotentiaires des Etats ci-dessus énumérés,
Vu l'article 15 de la Convention internationale du 20 mars 1883 pour
la protection de la propriété industrielle,
Ont, d'un commun accord, et sous réserve de ratification, arrêté l'Arrangement suivant :

ARTICLE PREMIER

Les sujets ou citoyens de chacun des Etats contractants pourront
s'assurer dans tous les autres Etats, la protection de leurs marques de
fabrique ou de commerce, acceptées au dépôt dans le pays d'origine,
moyennant le dépôt desdits marques au bureau international à Berne,
fait par l'entremise de l'administration dudit pays d'origine.

ARTICLE 2

Sont assimilés aux sujets ou citoyens des Etats contractants les sujets
ou citoyens n'ayant pas adhéré au présent Arrangement qui ont satisfait
aux conditions de l'article 3 de la Convention.

ARTICLE 3

Le Bureau international enregistrera immédiatement les marques
déposées conformément à l'article 1er. Il notifiera cet enregistrement
aux Etats contractants. Les marques enregistrées seront publiés dans
un supplément du journal du Bureau international, au moyen, soit d'un
dessin, soit d'une description présentée en langue française par le
déposant.

En vue de la publicité à donner dans les divers Etats aux marques
ainsi enregistrées, chaque administration recevra gratuitement du Bureau international le nombre d'exemplaires de la susdite publication
qu'il lui plaira de demander.

ARTICLE 4

A partir de l'enregistrement ainsi fait au Bureau international, la protection dans chacun des Etats contractants sera la même que si la
marque y avait été directement déposée.

ARTICLE 5

Dans les pays, où leur législation les y autorise, les administrations
auxquelles le Bureau international notifiera l'enregistrement d'une
marque auront la faculté de déclarer que la protection ne peut être
accordée à cette marque sur leur territoire.

(1) Cette proposition, non soumise aux Chambres de Commerce par la circulaire de
M. Tirard, a fait l'objet d'une nouvelle circulaire adressée, le 27 mai, à ces Chambres par M. Jules Roche, et dont on trouvera le texte plus loin.

Elles devront exercer cette faculté dans l'année de la notification prévue par l'article 3.

Ladite déclaration, ainsi notifiée au Bureau international, sera par lui transmise sans délai à l'administration du pays d'origine et au propriétaire de la marque. — L'intéressé aura les mêmes moyens de recours que si la marque avait été par lui directement déposée dans les pays où la protection est refusée[1].

ARTICLE 6

La protection résultant de l'enregistrement au Bureau international durera 20 ans, à partir de cet enregistrement, mais ne pourra être invoquée en faveur d'une marque qui ne jouirait plus de la protection légale dans le pays d'origine.

ARTICLE 7

L'enregistrement pourra toujours être renouvelé suivant les prescriptions des articles 1 et 2.

Six mois avant l'expiration du terme de protection, le Bureau international donnera un avis officieux à l'administration du pays d'origine et au propriétaire de la marque.

ARTICLE 8

L'administration du pays d'origine fixera à son gré et percevra, à son profit, une taxe qu'elle réclamera du propriétaire de la marque dont l'enregistrement international est demandé.

A cette taxe s'ajoutera un émolument international de 200 francs dont le produit annuel sera réparti par parts égales entre les Etats contractants, par les soins du Bureau international, après déduction des frais communs nécessités par l'exécution de cet Arrangement.

L'émolument de 200 francs est un maximum qui pourra être réduit lors de l'échange des ratifications.

ARTICLE 9

L'administration du pays d'origine notifiera au Bureau international les annulations, radiations, renonciations, transmissions et autres changements qui se produiront dans la propriété de la marque.

Les Bureau international enregistrera ces changements, les notifiera aux administrations contractantes et les publiera aussitôt dans son journal.

ARTICLE 10

Les administrations règleront d'un commun accord les détails relatifs à l'exécution du présent Arrangement.

ARTICLE 11

Les Etats de l'Union pour la protection de la propriété industrielle qui n'ont pas pris part au présent Arrangement seront admis à y adhérer sur leur demande et dans la forme prescrite par l'article 6 de la Convention du 20 mars 1883 pour la protection de la propriété industrielle.

Dès que le Bureau international sera informé qu'un Etat a adhéré au

---

(1) Voir, au sujet de cet article 5, la fin de la Circulaire de Jules Roche (p. 329).

présent Arrangement, il adressera à l'administration de cet État, conformément à l'article 3, une notification collective des marques qui à ce moment, jouissent de la protection internationale.

Cette notification assurera, par elle-même, aux dites marques le bénéfice des précédentes dispositions sur le territoire de l'État adhérent et fera courir le délai d'un an, pendant lequel l'administration intéressée peut faire la déclaration prévue par l'article 5.

ARTICLE 12

Le présent Arrangement sera ratifié, et les ratifications en seront échangées à Madrid, dans le délai de six mois au plus tard.

Il entrera en vigueur un mois à partir de l'échange des ratifications, et aura la même force et durée que la Convention du 20 mars 1883.

En foi de quoi, les plénipotentiaires des États ci-dessus énumérés ont signé le présent arrangement à Madrid, le   mil huit cent quatre-vingt-dix.

RÉGLEMENT D'EXÉCUTION

Le réglement pour l'exécution de l'Arrangement ci-dessus sera mis en harmonie avec le texte définitif dudit Arrangement, par le Bureau international, sous le contrôle du Gouvernement Suisse qui le transmettra aux États constractants par la voie diplomatique.

PROPOSITIONS DES ÉTATS-UNIS

A LA CONFÉRENCE DE MADRID

I. — *Amendement à l'article 4*

D'après un premier amendement proposé par les États-Unis, au lieu d'avoir, pour point de départ, la date du dépôt de la demande de protection, les délais de priorité partiraient de la publication de l'invention du dessin du modèle ou de la marque. Cela permettrait aux inventeurs Américains, dont l'invention n'est publiée qu'à la délivrance du brevet, de déposer leurs demandes de brevets à l'étranger, après l'obtention de leur brevet national, tandis que maintenant ils sont forcés d'effectuer ces dépôts avant de connaître le résultat de l'examen préalable s'ils veulent encore jouir du délai de priorité.

II. — *Amendement à l'article 5*

D'après un second amendement proposé par les délégués des États-Unis, l'exploitation d'un brevet dans un des États de l'union suffirait pour éviter la déchéance ; cette déchéance serait aussi évitée, non seulement au cas d'introduction, mais aussi au cas de non exploitation.

III. — *Amendement à l'article 9*

« Aucun produit portant illicitement une marque de fabrique ou de commerce, ou un nom commercial, ayant droit à la protection légale dans un des États de l'Union, ne pourra être admis à l'importation par la douane de cet Etat, sans le consentement du propriétaire légitime de cette marque de fabrique ou de commerce, ou de ce nom commercial. La proposition, dont il s'agit dans le présent article, sera accordée conformément à la législation intérieure de chaque Etat, de la manière établie par la loi pour la protection des nationaux, et à la requête, soit du ministère public, soit de la partie intéressée.»

Exposé des motifs

Les raisons invoquées à l'appui de l'*amendement* à l'article 9 sont de même nature que celles exposées au sujet de l'article 4 (relatif aux brevets). Elles ont pour but de rendre la Convention acceptable pour les Etats-Unis. L'esprit américain répugne absolument à l'idée de saisir des marchandises pour des délits du genre de ceux qui sont visés par l'article 9.

L'amendement proposé reproduit en substance les termes du statut des Etats-Unis (sect   2496 et rev.) et marque probablement la limite jusqu'à laquelle la législation du Congrès pourrait aller dans cette direction. Il parait suffisant, au point de vue de la Convention, que chacun des Etats contractants s'engage à réprimer les fraudes de cette nature par des moyens admis dans sa législation constitutionnelle, et tel qu'il les emploie pour la protection de ses propres citoyens. D'après son esprit, la Convention devrait avoir un caractère plus souple; chaque pays devrait pouvoir adapter ses dispositions, et celles-ci devraient être formulées de telle manière que, pour s'acquitter des obligations que leur impose l Union, les gouvernements n'eussent pas à outrepasser leurs pouvoirs constitutionnels, et à froisser l'opinion publique, sur laquelle ces pouvoirs reposent.»

Voici l'article des *Statuts révisés* sect. 2496 auquel l'exposé des motifs que nous venons de citer fait allusion:

« Les montres, boites de montres ou parties de mouvements de montres, de fabrication étrangère, reproduisant ou imitant le nom ou la marque de fabrique d'un fabricant indigène seront prohibées à l'entrée en douane des Etats Unis, s'ils se sont importés par le fabricant indigène en question. Et, afin de faciliter aux fonctionnaires des douanes l'explication de cette mesure, tout fabricant indigène de montres. qui a adopté des marques de fabrique, peut demander que son nom, le lieu de sa résidence et la descaiption de ses marques soient enregistrés dans des livres tenus à cet effet au ministère du trésor. Conformément à des réglements qui seront prescrits par le secrétaire du trésor, et il pourra également remettre à ce département du fac-similé de ces marques. Pour le secrétaire du Trésor on fera transmettre un ou plusieurs exemplaires à tous les receveurs des douanes ayant intérêt à les connaitre.»

Après avoir cité ces textes, la *Revue internationale de la propriété industrielle*, organe de l'*Union des fabricants*, ajoute:

«Nous ne saurions partager l'opinion du rédacteur de l'Exposé des motifs, sur ce point que la Convention du 20 mars doit être suffisamment élastique pour permettre à tous les Etats, quelles que soient leurs lois ou leur constitution, de se mouvoir dans la Convention, et surtout d'en bénéficier, sans avoir à modifier les dispositions qui régissent la propriété industrielle à l'intérieur, en quelque circonstance que ce soit. Il est facile de voir que cette théorie conduirait à des injustices que la Convention a précisément pour but de réprimer. Si le pacte commun ne pouvait, en aucun cas, modifier la législation intérieure, on se demande quelle en serait l'utilité, mais on se demande surtout quel intérêt pourraient avoir à se lier les peuples qui donneraient tout, sans rien recevoir, ou du moins sans recevoir un équivalent équitable.

. . . .
. . . .

On se demande comment les exigences d'une pareille jurisprudence pourraient se concilier avec la rédaction de l'article 9 proposée par les Etats-Unis. N'est-il pas évident, en effet, que par l'application de l'article ainsi libellé, le consommateur serait induit en erreur sur l'origine même du produit. Nous croyons donc que les craintes, manifestées par l'Exposé des motifs ne sont pas fondées, et qu'au contraire, l'article 9, tel qu'il existe aujourd'hui, répond infiniment mieux au besoin de sincérité des tribunaux américains que la proposition soumise à la Conférence de Madrid (1).

---

(1) Revue internationale de la propriété industrielle, livraison de mars 1890.
Comme nous l'avons fait remarquer plus haut. il y a une contradiction manifeste entre cette proposition, qui a été repoussée, et même les articles 9 et 10 de la Convention internationale du 20 mars 1883, exécutoire pour les Etats-Unis et la section 8 du Bill-Mac-Kinley.

RAPPORT

adressé sur sa demande

A MONSIEUR SPULLER

Ministre des Affaires étrangères

AU SUJET DE LA PROCHAINE

CONFÉRENCE DE MADRID

RELATIVE A LA

PROPRIÉTÉ INDUSTRIELLE

PAR

Louis DONZEL

Avocat à la Cour d'Appel de Paris

———————

Le projet de loi de M. le Député Philipon, pour la protection de la propriété littéraire et artistique, soulève les protestations des écrivains et des artistes, dont il a pour but de défendre les intérêts.

De même, la Convention internationale du 20 mars 1883, dite *pour la protection de la propriété industrielle*, a soulevé d'énergiques protestations dans les milieux industriels qu'elle était destinée à satisfaire.

Tant qu'on abandonnera à des congrès internationaux, composés de théoriciens, de spécialistes et d'agents d'affaires de tous les pays, le soin de diriger la réforme de nos lois, concernant la situation économique du travail national, cette réforme sera dirigée dans le sens le plus favorable à nos rivaux industriels. Et cela ne cessera (¹) que du jour où l'on n'attachera plus aucune importance à ces « parlottes » internationales, qui deviendraient un fléau, si on continuait à les prendre au sérieux ; car elles justifient cette plainte de la Chambre syndicale des constructeurs-mécaniciens du Nord :

« *C'est une majorité d'étrangers qu'on a fait délibérer autour d'un tapis vert français, sur l'opportunité de réformes législatives d'ordre économique, se rattachant à la lutte industrielle que nous avons à soutenir contre eux*². »

---

¹ Nous ne parlons que des congrès internationaux d'ordre économique ; nos critiques ne visent pas les congrès scientifiques.

² Lorsque nous avons commencé à soulever les chambres de commerce contre les innovations de la Commission exécutive permanente du Congrès de 1878, qui a pris l'initiative de la Convention, et qui la défend *mordicus*, aujourd'hui, qu'elle est devenue la *Commission exécutive permanente internationale du Congrès de 1889*, nous avons reçu d'une Chambre de commerce libre-échangiste d'une des quatre premières villes de France la lettre suivante :

« Au nom de mes collègues, je vous remercie, Monsieur, du zèle que vous déployez

Les chambres de commerce, qui ont critiqué la convention de 1883, se sont divisées, à ce sujet, en deux catégories :

1° Les unes demandaient la dénonciation immédiate de la Convention :

2° Les autres chambres émettaient cet avis, qu'il fallait profiter de la faculté de dénonciation, pour peser sur les autres Etats de l'Union, lors de la première des conférences de révision prévues par l'article 14, qui devait bientôt avoir lieu à Rome, et ne dénoncer la Convention qu'au cas d'insuccès.

La première catégorie était composée des chambres de commerce de Paris, Bordeaux, Lille, Perpignan, Morlaix, Dieppe, Cette, Brest, La Rochelle, Gray, Bourges, Toulon, Toulouse, Mâcon, Amiens, Nancy, Besançon, Le Mans, Nantes, Sedan, Lons-le-Saunier, Grenoble.

Dans la deuxième catégorie figuraient les chambres de Lyon, Rennes, Valenciennes, Angoulême, Tours, Saint-Omer, Rouen, Le Hâvre, Cambrai, Nîmes, Boulogne-sur-Mer, Quimper, Châlon-sur-Saône, Clermont-Ferrand, Troyes, Epinal, Avignon.

Les chambres de Paris, Besançon, Lyon, Toulouse, se distinguaient par la vivacité de leurs critiques et l'énergie de leurs réclamations.

La chambre de commerce libre-échangiste par excellence, celle de Marseille, se bornait à formuler contre la libre importation des objets brevetés, en vertu de l'art. 5 de la Convention, des critiques, que les défenseurs de l'Union ont trouvé ingénieux de rapporter à des tendances protectionnistes.

Seules, à notre connaissance, du moins, les chambres de commerce de Beauvais, Reims, Saint-Etienne et Vienne se sont montrées favorables à l'Union, celle de Vienne sans exposé de motifs, celle de Reims dans des termes presque enthousiastes.

C'est dans ces conditions, et après ces consultations, que la Conférence de Rome s'est réunie du 24 avril au 11 mai 1886.

Des améliorations, non sans importance, de plusieurs articles ont été votées, conformément aux vues exprimées par le Groupe Industriel de l'ancienne Chambre, et aux critiques des chambres de commerce ; mais les dispositions nouvelles, qui paraissaient avantageuses pour l'industrie française, ont été, en fait, compensées par les inconvénients d'autres dispositions, pires que le texte primitif, ce qui fait que la Convention de 1886 n'a pas été proposée à la ratification du Parlement.

Cette convention est donc lettre morte.

Mais la seconde des conférences de révision, prévues et autorisées par l'art. 14, va se tenir à Madrid le 1er avril 1890, et cette prochaine

---

« pour défendre notre industrie et notre commerce contre le faux libéralisme et l'ini-
« tiative imprudente, pour ne pas dire plus, de quelques hommes téméraires ou mal
« informés. A force de vouloir nous rendre des services que nous ne leur demandons
« point, ces messieurs finiront par nous tuer ou par nous rendre très malades.
« Cette rage de s'ingérer dans les affaires d'autrui appelle le concours d'un nouveau
« Pasteur, car la passion des réformes est un virus qui aurait singulièrement besoin
« d'être atténué ! »
Avis aux amateurs de Congrès internationaux qui ont la rage de vouloir rendre à notre *industrie des services qu'on ne leur demande pas !* La Convention de 1883 n'a pas d'autre origine.

conférence remet sur le tapis, avec un intérêt nouveau, la question de la propriété industrielle au point de vue international.

Le Bureau international de l'Union qui réside à Berne, a arrêté, d'accord avec l'Administration espagnole, le texte de nouvelles propositions, sur lesquelles la conférence de Madrid aura à statuer, et qui ont été notifiées au quai d'Orsay.

Le ministre du Commerce vient de soumettre ces propositions à l'examen des chambres de commerce, dans sa circulaire du 22 janvier, sans les modifier, et sans y ajouter lui-même aucune disposition nouvelle, au nom de la France. Elles comprennent :

1° Un projet d'Arrangement, au sujet de la répression des fausses indications de provenance des marchandises circulant dans l'Union ;

2° Un projet de Protocole pour l'interprétation de certains articles de la Convention de 1883 ;

3° De son côté, le bureau international de Berne propose un projet d'Enregistrement international des marques de l'Union à Berne.

Le premier pourrait devenir partie intégrante de la Convention de 1883, si l'unanimité des Etats de l'Union l'adoptaient. A défaut de cette unanimité, et dans le cas où une partie seulement des Etats seraient consentants, il pourrait se former dans l'Union, sur cette base, une nouvelle Union plus restreinte et plus perfectionnée. Telle est du moins l'opinion du Bureau international de Berne, que M. le Ministre du Commerce a faite sienne dans sa circulaire du 22 janvier 1890.

Examinons successivement le projet d'Arrangement, le projet de Protocole et le projet d'Enregistrement international.

I

PROJET D'ARRANGEMENT

Pour la répression des fausses indications
de provenance.

Le projet d'Arrangement, concernant l'indication d'une fausse provenance, améliore l'article 10 de la Convention de 1883. De même que le deuxième alinéa du paragraphe 1er de l'article additionnel à l'art. 10, voté par la première conférence de révision, tenue à Rome en 1886 — mais non ratifiée par le Parlement, — ce projet supprime les mots : *lorsque cette indication sera jointe à un nom commercial fictif, ou emprunté dans une intention frauduleuse*, qui terminent l'article 10 de la Convention de 1883. Ces mots ont pour résultat d'exiger, pour la saisie des produits étrangers revêtus d'une fausse indication de provenance française, une double fraude ; car il ne suffit pas, pour que la saisie soit légale, qu'il y ait, sur la marchandise, une fausse indication de provenance ; mais il faut encore qu'il y ait un nom commercial fictif, ou un nom emprunté dans une intention frauduleuse. La saisie serait donc illégale, au cas où la loi du 19 juin 1857 et la jurisprudence la déclaraient auparavant licite, c'est-à-dire au cas d'une fraude simple. On peut ainsi, en prenant à la lettre l'article 10, introduire en France des draps étrangers avec la mention *Sedan*, des eaux-de-vie allemandes avec le nom de *Cognac*, des soieries suisses intitulées *Soieries de Lyon*, soit sans nom, soit avec le nom réel de l'importateur. Car, dans les deux cas, il y a une fraude simple, et la combinaison de deux fraudes nécessaire pour la saisie, fait défaut, puisqu'il n'y a *ni non fictif*, *ni nom emprunté dans une intention frauduleuse*.

Il est indéniable, qu'en abrogeant la théorie de la fraude compliquée, pour revenir à celle de la fraude simple, par la suppression des mots que nous venons de souligner, le projet d'Arrangement, émanant du bureau de Berne, réaliserait une amélioration du texte de 1883. Mais le mot *illicitement*, qui avait son utilité, dans le texte de 1886, — puisque l'article voté à Rome, et non ratifié, admet que la tromperie pourra, dans certains cas, devenir licite, — ce mot *illicitement*, maintenu dans le projet d'Arrangement, où il n'a plus de raison d'être, ouvre une porte toute grande à la Chicane qui disputera sur le cas, où l'emploi d'une fausse indication de provenance sera licite ou illicite. Ainsi se trouverait perpétuée une controverse, dont l'industrie française paierait les frais, si on jugeait, comme l'a fait la Cour de cassation en 1864, que cet emploi est licite, au cas de connivence entre le destinataire, résidant dans le pays qui est désigné comme indication de provenance, et le fabricant étranger qui a apposé, sur son ordre, soit la fausse indication de provenance, soit le nom du destinataire lui-même, soit les deux mentions réunies.

Le projet d'Arrangement proposé par le bureau de Berne, constituerait donc une amélioration sensible de la Convention de 1883, s'il devait être adopté à l'unanimité. Mais l'hypothèse, prévue d'avance, et visée avec raison, comme certaine, par la circulaire ministérielle du 22 janvier, d'une acceptation de cette proposition par une partie seulement des États contractants, et le souvenir des discussions qui se sont élevées, en 1886, à la Conférence de Rome, ne permettent pas d'admettre, un seul instant, que les nouvelles propositions soient acceptées à l'unanimité.

Nous savons, dans ce cas, par la circulaire du 22 janvier 1890, ce qu'il adviendra de l'Union, d'après les auteurs des nouvelles propositions. Le moment est donc venu de rechercher, s'il est possible, et en tous cas, s'il est expédient, de greffer une nouvelle convention sur celle de 1883. Ne vaudrait-il pas mieux dénoncer celle-ci, soit pour rééditer, si cela est nécessaire, l'Union sur d'autres bases, soit pour substituer au système de l'Union, qui présente de très graves inconvénients, celui d'une convention-type, signée séparément avec les nations susceptibles d'entrer dans la voie de la protection réciproque des marques et des dessins de fabrique, et de la répression de la fraude sur les indications de provenance ?

C'est ce que nous allons examiner.

Est-il possible de former dans l'Union, pour la protection de la propriété industrielle, une union nouvelle limitée aux États qui adhèreront aux nouvelles propositions ?

En principe, la question ne fait pas de doute, puisque l'article 15, visé dans la circulaire du 22 janvier, édicte précisément la possibilité de resserrer quelques États de l'Union par les liens d'une union plus étroite et plus perfectionnée. Il est ainsi conçu :

ATT. 11. — Il est entendu que les Hautes parties contractantes se réservent respectivement le droit de prendre séparément, entre elles, des arrangements particuliers pour la protection de la propriété industrielle, *en tant que des arrangements ne contreviendrait point aux dispositions de la présente convention.*

En fait, le projet de nouvelle union, qui émane du bureau de Berne, est impraticable, parce que ce projet d'arrangement contreviendrait, s'il était accepté par quelques États, aux dispositions de la Convention de 1883. N'a-t-il pas, pour effet, de substituer, pour la saisie, au système de l'article 10 de la Convention de 1883, celui de la fraude simple, consacré par la loi du 19 juin 1877, et la circulaire ministérielle du 26 janvier 1886?

Il n'est donc pas possible de former, dans l'*Union pour la protection de la propriété industrielle*, une union circonscrite et restreinte, sur la base des nouvelles propositions faites par le bureau de Berne.

L'Arrangement proposé, pour déroger à la convention primitive, sans violer l'art. 15, devrait être adopté par l'unanimité des États de l'Union. Il perdrait alors son caractère d'arrangement particulier, et pourrait, dès lors, contrevenir à la Convention de 1883, sans que l'article 15, applicable aux seuls arrangements particuliers, pût s'y opposer.

On ne manquera pas d'opposer à ce raisonnement, la théorie du *minimum*, qui a été inventée, en 1885, pour défendre l'Union, théorie d'après laquelle les dispositions de la Convention de 1883 réaliseraient un *minimum* de protection, qui pourrait être complété par des dispositions subséquentes plus protectrices.

On pourrait ainsi, sans contrevenir à la Convention de 1883, modifier l'article 10, dans le sens d'une saisie possible, même au cas d'une fraude simple, conformément à l'article I⁰ʳ du projet d'Arrangement, c'est-à-dire, même au cas d'une fausse indication de provenance, non accompagnée d'un nom fictif ou d'un nom emprunté dans une intention frauduleuse.

Mais nous croyons avoir démontré que la théorie du *minimum* est anti-juridique et ne repose, ni sur le texte, ni sur l'historique, ni sur l'esprit de l'Union, qui a été de réaliser un *minimum* d'unification législative, qui se trouverait entamé, le jour où des arrangements particuliers feraient disparaitre l'uniformité de législation que la Convention de 1883 a eu pour but d'établir.

Une lettre adressée par nous à M. Dietz-Monnin[1], en novembre 1888, pour réfuter la théorie du *minimum*, sur laquelle il a basé les articles du projet de loi sur les marques, qui ne sont pas en harmonie avec le texte de la Convention, a reçu l'adhésion de MM:

DESPAGNET, professeur de droit international à la Faculté de droit de Bordeaux:

DANIEL DE FOLLEVILLE, professeur de droit international à la Faculté de droit de Lille:

ERNEST LEHR, professeur à l'Université de Lausanne;

DE MARTENS, professeur à l'Université de St-Pétersbourg;

EDMOND PICARD, avocat à la Cour de cassation de Bruxelles;

PRADIER-FODÉRÉ, conseiller à la Cour de Lyon;

[1] Nous avons donné plus haut le texte de cette lettre.

ROUARD DE CARD, professeur à la Faculté de droit de Toulouse;
SURVILLE, professeur à la Faculté de droit de Poitiers ;
ANDRÉ WEISS, professeur a la Faculté de droit de Dijon.

Devant de telles autorités, les inventeurs de la théorie du *minimum*, sur laquelle repose le projet d'Arrangement, qui émane du bureau international, n'ont qu'à s'incliner [1].

L'article 15 s'oppose donc, en droit, à ce qu'il soit formé, dans l'Union de 1883, une nouvelle union plus restreinte, greffée sur l'autre et contenant des dispositions qui ne seraient pas en harmonie avec le texte primitif.

Un des articles additionnels à l'article 10 voté, en 1886, à Rome, pose le principe de la répression des fraudes de toute nature commises avec de fausses indications de provenance.

Mais un article, qui suit immédiatement, supprime le délit, quand c'est du consentement du fabricant intéressé que son nom a été apposé sur un produit étranger.

« Le principe qui est la base du second article additionnel à l'article
« 10 de la Convention, est-il dit dans l'exposé des motifs, paraît devoir
« être écarté ; car il ne serait adopté que par un petit nombre d'Etats,
« et pourrait avoir des conséquences contraires au but poursuivi par
« l'Union. Quant au premier de ces articles, il a été généralement
« accueilli avec faveur. Il est conforme à la tendance du jour, qui de-
« vient de plus en plus sévère pour les fausses indications de provenance,
« et il tend à assurer la loyauté dans le commerce international. Il con-
« vient donc d'en conserver le principe, mais sous une forme qui ne
« soit pas obligatoire pour tous les Etats de l'Union, afin qu'on ne doive
« pas renoncer à toute disposition de cette nature, au cas où il n'y aurait
« pas d'unanimité sur ce point C'est pour cela que l'Administration es-
« pagnole et le Bureau international proposent de consacrer ce principe
« sous la forme d'un Arrangement particulier, forme très usitée dans
« l'*Union postale*, quand un certain nombre d'Etats s'entendent entre
« eux pour introduire un progrès que les autres pays contractants ne
« sont pas encore en mesure de réaliser. On crée ainsi, dans le sein de
« l'Union mère, des unions restreintes, qui s'accroissent sans cesse, et
« finissent parfois par atteindre la même extension que l'union princi-
« pale. »

Le bureau international oublie, en s'exprimant ainsi, qu'il n'y a aucune assimilation possible entre une union postale, taillée toute entière dans une matière administrative, qui est à la discrétion des gouvernements, et une union, comme celle dont il s'agit, qui met en jeu des intérêts privés aussi considérables que difficiles à concilier.

D'autre part, il résulte du passage que nous venons de citer, que la future Convention de Madrid ne serait pas une convention nouvelle, se suffisant à elle seule, mais bien une annexe de celle de 1883. Les deux conventions deviendraient solidaires l'une de l'autre. On ne pourrait plus se dégager des liens de la première, en la dénonçant vis-à-vis des Etats qui n'auraient pas accepté les propositions apportées par le bureau international, à Madrid, sans renoncer aux avantages du nouveau

---

[1] Propositions soumises à la conférence de Madrid par l'administration espagnole et le bureau international (page 2).

pacte. Car on ne peut dénoncer la Convention vis-à-vis d'un ou plusieurs États, sans la dénoncer vis-à-vis de toute l'Union. Les défenseurs obstinés de ce régime auraient ainsi beau jeu pour faire ajourner indéfiniment la dénonciation réclamée par les Chambres de commerce, en établissant une compensation entre les mauvais effets de la Convention de 1883, et les bienfaits de celle de Madrid acceptée par quelques-uns des États contractants. Les fonctionnaires du bureau international de Berne se débarrasseraient ainsi du cauchemar de la dénonciation, qu'ils redoutent, pour des raisons particulières, que la France n'a pas à prendre en considération.

Telle est la critique que nous avions à formuler au sujet de l'article Ier du projet d'Arrangement, sur lequel se concentre tout l'intérêt de ce projet.

L'article 2 rend la saisie obligatoire, de facultative qu'elle était.

L'article 3 consacre une vérité banale qui n'a pas besoin d'être inscrite dans une convention.

L'article 4 maintient à la Convention de 1883 le caractère d'un traité diplomatique en blanc et au porteur. Il laisse la porte de l'Union toute grande ouverte pour des pays, qui n'ont, ni loi sur les brevets, ni loi sur les marques ou les dessins, et peuvent échanger, dans ces conditions, le traitement du national avec les pays contractants, sans rien accorder, en réalité, aux citoyens de l'Union.

L'article 5 qui règle l'entrée en vigueur; devrait être ainsi conçu :

« Le présent arrangement entrera en vigueur vis-à-vis de chaque na-
« tion, à partir du jour où toutes les formalités constitutionnelles auront
« été remplies, et, dans les pays où il est admis que la Convention ne peut
« s'appliquer qu'après que la loi particulière de ces pays aura été mise
« en harmonie avec elle, à partir du jour où les dispositions qui précè-
« dent auront reçu la sanction législative. » [1]

II

PROJET DE PROTOCOLE

Pour l'interprétation de certains articles de la Convention de 1883

L'article 3 de la Convention de 1883 accorde les mêmes avantages, qu'aux citoyens faisant partie de l'Union, à ceux qui, bien que lui étant étrangers, possèdent, quelque part, dans l'Union, un domicile ou un établissement industriel ou commercial.

---

[1] Il suffit, pour justifier cette rédaction, de se reporter à ce que nous avons déjà dit du refus des tribunaux américains et anglais d'appliquer la Convention, de préférence à leur loi particulière, tant que celle-ci n'aura pas été mise en harmonie avec celle-là, refus qui constitue une violation des traités.

Cet article présente deux graves inconvénients :

1° L'établissement en question peut-être simplement commercial, et peu sérieux. Il peut appartenir à un prête-nom.

2° Fût-il sérieux, la présomption, sur laquelle repose l'article 3, à savoir qu'un établissement situé en Belgique, au Brésil, aux Etats-Unis, en Angleterre, en Italie, par exemple, assurera au citoyen d'un Etat qui ne protège pas les marques françaises, les mêmes avantages que si cet établissement était situé en France, — cette présomption est absurde, et marquée au coin d'un cosmopolitisme industriel, qui ne cadre pas avec la répartition actuelle des forces économiques de l'Europe.

L'article I⁰ʳ du projet de Protocole pour l'interprétation de certains articles de la Convention internationale de 1883 supprime l'un de ces inconvénients, celui de la possession fictive d'établissements industriels dans l'Union; mais il laisse subsister l'autre, résultant de ce que le système de l'Union supprime les frontières, par une fiction regretable, dans l'ordre d'idées des marques de fabrique :

Ce point mérite quelques explications.

Deux systèmes sont en présence, pour le régime international des marques de fabrique:

1° Le système de conventions ou d'articles de traités de commerce, liant séparément la France avec les nations étrangères. C'est le régime actuel franco-roumain, depuis la conclusion de la Convention du 29 avril 1889, signée avec la Roumanie pour la protection des marques de fabrique.

Une convention-type peut ainsi être conclue séparément et successivement, *sans aucune solidarité*, avec les nations qui voudront entrer dans la voie de la protection des marques.

2° Le système d'une union conclue entre toutes les nations qui voudront protéger les marques, par la signature simultanée d'une convention unique, ou l'adhésion subséquente d'Etats nouveaux. Tel est celui qui a été inauguré par la Convention internationale du 20 mars 1883. Ce système se distingue de l'autre, en ce que l'Etat, qui entre dans l'Union, contracte du même coup avec tous les pays signataires, de même qu'en dénonçant la convention, il se délie, au bout d'une année, vis-à-vis de tous. Dans ce système, le régime franco-suisse des marques de fabrique se trouve solidaire des régimes franco-belge, franco-italien, franco espagnol, etc. En outre, comme la convention d'Union a, pour résultat inévitable, de faire que tous les Etats de l'Union soient réputés n'en faire qu'un seul, au point de vue des marques, l'assimilation, dont le principe, admis par l'article 3 de la Convention, se trouve confirmé par l'article 1ᵉʳ du projet de protocole reproduit ci-dessus, devient comme une conséquence, pour ainsi dire nécessaire, de la substitution du régime de l'Union, au régime d'une série de conventions séparées, signées successivement avec les mêmes nations. Il n'y a pas d'Union possible sans le principe de l'assimilation contenu dans l'article 3 Or cette assimilation est une innovation, d'ordre cosmopolite et international, qui ne cadre pas avec la défense de nos intérêts nationaux et n'est bonne qu'à donner satisfaction aux théoriciens et aux professeurs de législation internationale comparée.

C'est ce qu'il nous sera facile de démontrer.

D'après l'article 5 de la loi du 23 juin 1857, sur les marques de fabrique, les étrangers, même appartenant à des pays où les marques fran-

çaises ne sont pas protégées, s'ils possèdent en France dès établissements industriels, jouissent, *pour les produits de leurs établissements,* du
bénéfice de la loi française sur les marques, en remplissant les
formalités qu'elle prescrit.

C'est juste, équitable et conforme anx intérêts nationaux; car il s'agit
d'établissements occupant des ouvriers, des capitaux français et payant
des impôts à l'Etat.

Ce qui distingue le régime d'une union du régime de conventions, signées séparément avec chaque nation étrangère voulant entrer dans la
voie de la protection réciproque des marques de fabrique, c'est que
l'article 5 de la loi de 1857 se trouve, pour ainsi dire, transporté obliga-
toirement, du domaine de la législation nationale, où il est à sa place,
dans celui de la législation internationale, où il offre de graves inconvénients; car, loin de présenter dans le deuxième cas, comme dans le
premier, un caractère de disposition protectrice des intérêts nationaux,
il revêt, au contraire, un caractère non équivoque de cosmopolitisme
industriel. L'article 5 de la loi de 1857, transporté dans le domaine international, devient alors l'article 3 de la Convention internationale,
ainsi conçu:

Art. 3. — « Seront assimilés aux sujets ou citoyens de l'Union, les
sujets ou citoyens de pays non signataires, qui possèdent dans l'une des
nations contractantes, soit un domicile, soit un établissement industriel
ou commercial. »

Il suffit de le lire, pour comprendre combien est imprudent le trans-
port, dans le domaine international, d'une disposition, excellente en soi,
quand elle figure dans une loi intérieure.

Nous n'avons, par exemple, de convention, pour les marques, ni avec
la Bolivie, ni avec le Pérou, ni avec la R publique Argentine. Eh quoi !
il suffira à un citoyen d'un de ces Etats d'avoir un dépôt de caoutchouc,
par exemple, quelque part (?) au Brésil (pays d'Union), pour voir sa
marque protégée en France, à l'égal d'une marque anglaise, suisse ou
belge? Et l'on réputera, sous ce rapport, situé en France tout établissement situé dans l'Union !

A ce point de vue, le système de l'Union, qui réside tout entier dans
l'application de cette disposition, ne peut se prêter à la défense des intérêts d'un pays qui, comme la France, recherchant moins le bon marché que la qualité, verrait les établissements, destinés à assurer à leur
propriétaires le bénéfice de l'Union, s'implanter, de préférence, dans les
pays de production à bon marché, tels que l'Angleterre, la Belgique ou la
Hollande.

Art. 2. — L'article 2 du Protocole concerne les pays d'outre-mer.

Art. 3. — L'article 3 a organisé l'indépendance des brevets pris dans
divers pays de l'Union. — C'est une question qui regarde les législations
particulières.

Art. 4. — L'article 4 concède à chaque pays le droit d'interpréter selon ses intérêts le mot « exploiter » contenu dans l'article 5.

On sait que l'article 32 de la loi du 5 juillet 1844 interdit, sous peine de
déchéance du brevet, *et avec juste raison,* l'introduction de produits
brevetés fabriqués à l'étranger [1]. L'inventeur est tenu, en outre, d'ex-

---

[1] Une loi de 1856 tempère cette interdiction en permettant de se faire autoriser
à introduire un modèle.

ploiter dans un délai de deux ans. Mais il peut interrompre l'exploitation commencée pendant une période de deux années.

L'article 5 de la Convention de 1883, abrogeant l'article 32 de la loi de 1844, a décidé que l'introduction des produits brevetés n'entraînerait plus la déchéance du brevet.

L'article 4 du projet de Protocole, reprenant un article voté, en 1886, par la conférence de Rome, qui n'a jamais été ratifiée, concède aux divers Etats le droit d'interpréter le mot « *exploiter* » conformément à leurs intérêts. Et l'on fait ressortir que cette faculté d'interprétation, que les Etats tiennent de leur propre indépendance, sans qu'ils aient besoin, pour l'exercer, d'y être autorisés par une convention internationale, est de nature à pallier les inconvénients de l'article 5.

Mais, en raisonnant de la sorte, on oublie que l'exploitation n'est obligatoire qu'au bout de deux ans, et peut, si elle a été commencée dans ce délai, être interrompue à nouveau, pendant plusieurs périodes de deux ans, séparées par une période d'exploitation. A quoi servira-t-il, dès lors, d'interpréter dans un sens étroit et rigoureux le mot « exploiter », puisqu'on ne peut faire grief, à l'inventeur, de ne pas exploiter, qu'après la deuxième année, et puisqu'il tient de la loi elle-même la faculté d'interrompre l'exploitation commencée, pendant une série de périodes de deux années, séparées par une période d'exploitation sérieuse, dont le législateur n'a pas fixé la durée ?

Il faut donc choisir entre la libre introduction *sans aucune obligation d'exploiter*, qui serait désastreuse pour notre industrie, ou l'interdiction formelle d'introduire autre chose que des modèles, rétablie par la radiation de l'article 5, et le retour à la loi de 1844.

La radiation de l'article 5, réclamée par les chambres de commerce, doit être demandée à Madrid en 1890, comme elle l'a été à Rome en 1886. L'article 4 du projet de Protocole deviendra alors sans objet.

Les proposition du bureau de Berne et de l'Administration espagnole, bien que tenant compte de certains *desiderata* des Chambres de commerce, et devant améliorer notablement le système de l'Union, nous paraissent donc inacceptables, telles qu'elles ont été transmises aux Chambres de commerce par la circulaire du 22 janvier : [1]

1° Parce que le système d'une Union doit être abandonné, dans l'état actuel de la concurrence étrangère, et parce qu'il faut que la France revienne au système, bien préférable, des conventions signées séparément, sans aucune solidarité. et en dehors des traités de commerce ;

2° Parce que le système d'une Union internationale, fût-il reconnu le meilleur de tous, il importe de ne pas solidariser la convention qui pourra sortir de la Conférence de Madrid, avec celle de 1883; car celle-ci continuera à être en vigueur, pour deux des Etats qui, comme l'Italie, refuseront de renoncer aux concessions obtenues de la France en 1883 ; et la France ne pourra se délier vis-à-vis de ces nations, sans dénoncer la Convention, vis-à-vis de tous, et perdre ainsi le bénéfice des résultats qui pourront être acquis à Madrid.

---

[1] Nous publions à la suite de notre rapport à M. Spuller le texte de la circulaire du 22 janvier 1890.

Impossibilité de concilier le système actuel de l'Union internationale avec la défense des intérêts français

La Convention de 1883 s'applique : 1° aux brevets ; 2° aux marques ; 3° aux dessins de fabrique ; 4° aux noms commerciaux ; 5° aux fraudes commises avec les produits étrangers.

Brevets d'invention

Aucune entente internationale n'est possible, pour les brevets, tant qu'on ne se sera pas mis d'accord, pour adopter ou rejeter l'examen préalable, pierre d'achoppement de toute unification. Cette entente n'est pas à désirer pour l'industrie française, qui paiera toujours les frais de toute innovation internationale, dont doivent profiter les inventeurs étrangers en France. Il ne peut y avoir, au surplus, de compensation, pour notre industrie, entre l'aggravation de la charge des brevets pour la fabrique étrangère, au profit de nos inventeurs, et cette même aggravation, en France, au profit des inventeurs étrangers.

L'assimilation des étrangers aux nationaux pour la prise des brevets, admise par toute les législations est parfaitement suffisante.

La constitution de l'Union de 1883 a entraîné la France dans la voie d'une double concession, faite *sans aucune contre-partie diplomatique*.

A. DROIT DE PRIORITÉ. — La délibération remarquable de la Chambre syndicale métallurgique de Lille et du Nord, jointe à ce rapport, établit péremptoirement que le droit de priorité pour la prise des brevets, quelque séduisant qu'il soit, en apparence, n'est, en réalité, qu'une traite tirée à vue sur l'industrie française et la liberté du travail, au nom des inventeurs — cela ne profite, pour ainsi dire, presque pas aux inventeurs français — par ceux qui exploitent, dans les congrès internationaux, et dans un intérêt professionnel, la soi-disant défense des intérêts des inventeurs, toujours enclins à se laisser séduire par de belles paroles, et disposés à se croire tenus à une dette de reconnaissance, envers ceux qui ont toujours à la bouche, dans ces congrès internationaux, ces mots : Défendons les inventeurs !

Faire dépendre d'un évènement futur et incertain, tel que la prise d'un brevet dans les six mois, par un citoyen d'une des dix-sept nations contractantes, — ou un assimilé, — faire dépendre de cela le caractère licite ou illicite d'une fabrication, en faisant produire à ce brevet, même au point de vue de la sanction correctionnelle, un effet rétroactif, est une innovation dangereuse, contraire aux principes élémentaires du droit pénal, et de nature à paralyser l'esprit d'initiative ; car elle entrave les industriels qui voudraient améliorer leur outillage, par la crainte de poursuites correctionnelles, contre lesquelles le droit de priorité ne leur permet plus jamais d'être rassurés.

B. LIBRE INTRODUCTION SANS DÉCHÉANCE DU BREVET. — Quant à la libre introduction des objets brevetés, sans déchéance du brevet, elle permettra, sans profit pour l'acheteur, puisqu'il y a un monopole, de transporter à l'étranger la fabrication exclusive, moins celle nécessaire pour satisfaire à l'obligation d'exploiter, et qui peut être, en réalité, insignifiante.

Il importe donc de laisser les brevets d'invention en dehors des conventions internationales, relatives à la propriété industrielle, et de s'en tenir à la disposition commune à toutes les lois sur les brevets, d'après laquelle, les étrangers sont assimilés aux nationaux pour la prise des brevets d'invention et la défense de leurs droits.

Marques de fabrique

Le droit de priorité de trois mois pour le dépôt dans l'Union, n'a pas de sens, tant que le principe du dépôt constitutif de la propriété, contraire aux traditions françaises, n'aura pas remplacé le principe du dépôt déclaratif.

De même que pour les brevets d'invention, aucune entente internationale ne sera utile, tant qu'on n'aura pas accepté ou rejeté, dans tous les Etats contractants, le principe de l'examen préalable en matière de dépôt de marques de fabrique.

La réciprocité pour la protection des marques est, d'ailleurs, inscrite dans tous les traités de commerce, et se trouve ainsi assurée, en cas de dénonciation de l'Union, jusqu'au 1er février 1892.

Dessins et modèles

L'échange du traitement du national, substitué, pour les dessins de fabrique, à la réciprocité diplomatique ou légale inscrite dans l'article 9 de la loi du 26 novembre 1873, fait que nous protégeons à perpétuité les modèles allemands et italiens, bien que nos modèles soient pillés impunément en Allemagne, et que la loi italienne n'accorde qu'une prosection de deux ans à nos modèles.

Nom commercial

Le nom commercial est protégé partout, en vertu du droit des gens. Les exemples invoqués pour prouver le contraire sont empruntés à des décisions de tribunaux étrangers, jugeant, EN FAIT, que tel nom de personne est devenu un nom générique, une qualification usuelle. C'est ce qui est arrivé en Italie pour le nom de *Christophle*. Une convention internationale, destinée à rayonner exclusivement dans le domaine du droit, sera toujours impuissante à empêcher les tribunaux étrangers de juger EN FAIT, que tel ou tel nom propre est devenu un nom commun [1]. Les abus, dont on se plaint, pourront donc se perpétuer de la sorte, grâce à ce subterfuge de tribunaux, dont nos nationaux n'ont pas toujours la sympathie.

On trompe d'honorables commerçants, victimes de ces abus, en leur faisant accroire que la Convention peut en rendre le retour impossible.

---

[1] Un arrêt très récent de la Cour de Paris, ayant à infirmer ou confirmer une théorie du droit international reposant sur l'article 6 de la Convention de 1883, a supprimé les considérants juridiques du jugement, qu'il a infirmé, pour supprimer la question de droit, et a jugé uniquement, EN FAIT en augmentant le chiffre des dommages et intérêts. Pour prévenir les réclamations diplomatiques les tribunaux évitent, avec soin, chaque fois qu'ils le peuvent, d'interpréter les traités internationaux, en se cantonnant sur le terrain des faits.

Dépôt de la marque telle quelle

Cet avantage qui résulte, pour nos fabricants, de l'article 6 de la Convention, n'existe, que sous la réserve de cet autre principe, maintenu par la jurisprudence, qu'on ne peut avoir plus de droit dans l'Union que dans le pays du dépôt d'origine.

Il en résulte que les citoyens des pays, où la loi est moins large que la législation française, pour le choix de la marque, ne peuvent, malgré les promesses de la Convention, déposer valablement en France, leur marque *telle quelle*, si elle n'est pas conforme à la législation de leur pays.

Il résultera donc, de cet article 6, pour les étrangers en France, des déceptions, qui pourront se traduire par des réclamations diplomatiques embarrassantes.

Fraudes commises avec les produits étrangers

L'article 10 encourage la tromperie.

La nouvelle rédaction proposée par le bureau international, il est vrai, mettrait un terme à cette consécration de la fraude ; mais l'article 10 primitif subsistera, pour les pays qui n'adhéreront pas aux nouvelles propositions. L'Italie persiste à soutenir qu'en mettant des noms de villes françaises sur des produits italiens, elle fait à notre industrie *une réclame gratuite* (sic). [1]

Les prescriptions législatives relatives à la tromperie sur la provenance des marchandises se rattachant à la législation sur les douanes, la *clause de la nation la plus favorisée* s'y applique incontestablement. L'attitude de l'Italie permettra donc à l'Allemagne de revendiquer un jour, pour ses nationaux, l'impunité pour la fraude classique dont souffre l'industrie française.

Incompatibilité entre une Union internationale quelconque pour la propriété industrielle et la défense des intérêts français

Brevets d'invention. — L'industrie française paiera fatalement les frais de toute innovation internationale dans cette matière.

Aucune convention d'unification ne pourra être conclue sans que la France abandonne les deux avantages qu'elles possèdent sur les nations étrangères, et que nous avons indiqués plus haut.

Marques de fabrique. — La disposition de l'article 3, sans laquelle on ne conçoit pas de véritable Union, supprime, en fait, l'intérêt que peu-avoir à protéger les marques de l'Union, les nations qui n'ont ni loi, ni convention relative aux marques.

[1] Ce sont les expressions dont s'est servi le délégué italien à la Conférence de Rome en 1886,

Fraudes commises avec les produits étrangers. — Une Union organise la répression de cette fraude, même au profit des pays qui l'exploitent le plus, et cela sans réciprocité. Leurs assimilés peuvent se réclamer de l'article 3, même sans que ces nations entrent dans l'Union.

Dessins et modèles. — Même observation que pour les marques et les fraudes.

III

PROJET D'ENREGISTREMENT INTERNATIONAL
des marques au bureau de l'Union de Berne

Ce projet, présenté par le Bureau international de Berne, est la conséquence logique du système de l'Union.

Il est un acheminement vers le remplacement du dépôt, au greffe du tribunal de commerce local, par un dépôt central établi à Berne, et dispensant de tous les autres. La nouveauté de la marque, nécessaire pour la validité du dépôt, étant relative, c'est-à-dire envisagée seulement au point de vue régional, le système de l'enregistrement central, proposé par le bureau de Berne, élargirait singulièrement le cadre des recherches d'antériorités. Car la nouveauté, exigée pour la validité du dépôt d'une marque, deviendrait absolue dans l'Union, comme la nouveauté en en matière d'inventions. Il ne suffirait plus, pour qu'une marque fût nouvelle, qu'elle n'eût pas encore été employée antérieurement, en France, par une industrie similaire ; mais il faudrait qu'elle n'eût encore été utilisée dans aucune des 17 nations de l'Union, chose absolument impossible à vérifier. Tout créateur d'une marque dans un pays l'Union serait ainsi exposé, lorsqu'il aurait fait des frais considérables pour la faire connaître, à être évincé au bout de quelques années, dans son propre pays, par un étranger qui prouverait l'avoir devancé, au delà des mers, dans l'exploitation de cette marque, et bénéficierait ainsi, en France, de la notoriété acquise à grands frais par celui qui ignorait l'antériorité étrangère. Sous prétexte de consolider la protection de nos marques à l'étranger, nous risquerions de la compromettre même sur le territoire.

Ce grave inconvénient ne pourrait être évité, que par le système d'un dépôt à Berne, attributif de la propriété de la marque dans l'Union, système qui est contraire aux traditions et à la pratique de l'industrie nationale.

Tant il est vrai que, dans cette matière, comme dans d'autres, le mieux est l'ennemi du bien !

Clause de la nation la plus favorisée

Il faut s'attendre à voir un jour se poser diplomatiquement la question de la *nation la plus favorisée*, à propos de la propriété industrielle. Une commission allemande, s'occupant officiellement de la réforme des brevets, a reconnu formellement que cette clause ne pouvait être invoquée en matière de brevets d'invention ; mais elle a demandé que des brevets allemands fussent refusés, dans le projet de loi à l'étude, aux citoyens des pays de l'Union, où les Allemands ne jouiraient pas, en matière de brevets, du bénéfice de la clause de la nation la plus favorisée.

La question est grave pour les marques, et surtout pour les fraudes commises au moyen de fausses indications de provenance. Car la législation sur cette matière est, au premier chef, une législation douanière, ainsi que M. le sénateur Bozérian l'a déclaré à la tribune du Sénat, le 6 novembre 1886. Jusqu'au 22 novembre 1879, on pouvait soutenir, que, si les marques et les dessins tombaient sur le coup de l'article 11 du traité de Francfort, la convention additionnelle, signée à Berlin le 12 octobre 1871, pour remettre en vigueur le traité du 2 août 1862 conclu, pour cet objet, avec le *Zollverein*, eût été inutile, et qu'en conséquence la clause de cet article ne s'applique pas aux marques de fabrique et aux dessins.

Mais, à la date du 22 novembre 1879, a été conclue, avec l'Autriche-Hongrie, une convention relative aux marques et aux dessins, aux termes de laquelle les parties contractantes échangent le *traitement de la nation la plus favorisée*. L'expression n'est pas heureuse ; mais elle figure en toutes lettres dans la Convention.

On ne peut donc plus soutenir que cette clause ne s'applique pas à notre matière. D'ailleurs, la jurisprudence française l'étend, peu à peu, à toutes les question commerciales, telles que billets à ordre, compétence, etc. [1]. La jurisprudence belge l'a appliquée à une question de propriété littéraire [2].

Défaut de réprocité aux Etats-Unis et en Angleterre

Ces deux nations ont adhéré à l'Union, l'Angleterre en 1883, les Etats-Unis en 1887. Aucun tribunal français ne refuserait de faire profiter, en France, les citoyens ou sujets de ces pays, du nouveau régime international de la propriété industrielle. Cependant la jurisprudence anglaise, comme celle de Washington, vient de refuser d'accorder à des citoyens de l'Union le bénéfice de la Convention, sous prétexte que la loi intérieure n'est pas en harmonie avec elle.

Déjà, aux Etats-Unis, un arrêt de la Cour suprême du 18 novembre 1879, avait déclaré les traités franco-américains de 1874 et de 1876, conclus pour la protection des marques, nuls comme inconstitutionnels. Tandis que le droit de légiférer pour les brevets d'invention et la propriété littéraire a été énuméré dans les pouvoirs accordés au Congrès, par la Constitution, celui de légiférer sur les marques n'y est pas compris.

De là, l'inconstitutionnalité des traités de 1876.

Une loi du 3 mars 1881 a organisé l'enregistrement des marques

---

[1] Tribunal de Saint-Etienne, 20 juillet 1886, aff. Weill; *Gazette des Tribunaux*, 12 avril 1888, aff. Soulet et Billot c. Hentch. — Vincent et Penaud, *Dictionnaire de droit international*, page 263, n° 143 et suivants.

[2] Tribunal civil de Bruxelles, 3 août 1880.

étrangères aux Etats-Unis ; mais la Constitution n'ayant pas été amendée, il est clair que, si le Congrès était impuissant pour légiférer sur la
matière en 1876, il ne l'était pas moins en 1881. Cette loi n'a eu vraisemblablement pour but que de calmer l'agitation produite en Europe
par l'arrêt de 1879, et d'épargner des représailles législatives aux industriels des Etats-Unis. Elle organise l'enregistrement des marques
étrangères, mais sans aucune sanction : elle est conçue, d'ailleurs, dans
des termes très obscurs.

L'objection d'*inconstitutionnalité*, soulevée, en 1879, par la Cour suprême, dont les arrêts dominent le Congrès lui-même, était spéciale à la
matière des marques, et ne pouvait être invoquée pour les brevets d'invention, puisque l'énumération des pouvoirs, attribués au Congrès par
la Constitution, comprend celui de légiférer en matière de brevets d'invention. On pouvait donc croire que, si l'adhésion à la Convention de
1883 était un jour déclarée inconstitutionnelle, pour les marques, elle ne
soulèverait aucune objection pour les brevets.

Cependant, un arrêt récent, commenté par le discours de l'attorney
général américain, a refusé à M. Bourquin, citoyen suisse, le bénéfice
du droit de priorité de six mois, sous prétexte que l'adhésion du gouvernement fédéral de Washington à la Convention n'avait pas reçu la
sanction législative.

Qu'il s'agisse de conventions diplomatiques, destinées à donner, soit
un supplément de garantie aux étrangers inventeurs, propriétaires de
marques et de dessins, aux écrivains, soit une garantie quelconque aux
artistes et aux sculpteurs, c'est se leurrer que de compter sur la réprocité
aux Etats-Unis.

Un arrêt identique a été rendu en Angleterre, au sujet de la marque
Sirup of Figs. Le bénéfice du *telle quelle* de l'article 6 a été refusé au
demandeur, citoyen de l'Union. L'attorney général, dont les conclusions ont été adoptées, a déclaré qu'il aurait fallut, pour que la Convention fût applicable, que la législation intérieure eût été mise en harmonie avec elle. C'est là un principe subversif de toute entente internationale. Ce qu'il importe de noter, c'est que la législation anglaise, dra-
conienne sur les marques de fabrique, qui s'oppose, paraît-il, à l'exécution loyale de la Convention de 1883, est postérieure en date à cette
Convention.

Les Anglais savent que le bénéfice de la *clause de la nation la plus favorisée* leur est acquis chez nous, en vertu de la loi du 27 février 1882.
Cela leur suffit.

CONCLUSION

La France n'échappera pas à la nécessité de dénoncer tôt ou tard la
Convention de 1883, bien qu'elle en ait pris l'initiative. Nous croyons,
pour les raisons que nous venons d'expliquer, que le plus tôt sera le

meilleur. C'est ce que démontrerait clairement une discussion contradictoire, si elle avait lieu, devant une commission impartiale [1].

Néanmoins, nous reconnaissons volontiers qu'il est trop tard pour prendre une pareille mesure, avant la conférence de Madrid, et qu'il faut que la France s'y fasse représenter.

Dans quel sens devront être conçues les instructions à donner à nos délégués? — Ils devront, selon nous, faire tous leurs efforts pour trouver et faire adopter la formule la plus protectrice de la loyauté commerciale, sans s'occuper des dissidences qui pourront se produire, et des inconvénients graves de l'article 10 de la Convention de 1883.

Alors, de deux choses l'une :

Ou l'on voudra persister dans la voie d'une Union internationale, et les Etats signataires des nouvelles propositions faites à la conférence de Madrid n'auront qu'à dénoncer la Convention de 1883, pour en signer immédiatement après, entre eux, une nouvelle, basée sur les articles votés à la conférence de 1890.

Ou l'on voudra renoncer au système d'une Union, pour revenir au régime des conventions séparées et des traités de commerce. Dans ce cas, il n'y aura, après avoir dénoncé la Convention de 1883, qu'à extraire des conventions de 1883, 1886 et 1890, les dispositions qui sembleront, *après mûr examen*, favorables aux intérêts français, et à en composer la formule unique d'une convention-type qui sera offerte à la signature des nations désireuses d'assurer la protection des marques et des dessins industriels, (mais qui sera signée séparément avec chacun de ces pays, sans aucune solidarité).

La délibération ci-jointe de la Chambre syndicale des constructeurs-mécaniciens du Nord prouve que les conventions à intervenir devront laisser de côté les brevets d'invention.

La dénonciation qui devra avoir lieu, après la Conférence de Madrid, quelle que soit celle des deux solutions qui soit adoptée, rendra leur effet utile aux stipulations, relatives aux marques et aux dessins, insérées dans les traités de commerce, et qui, depuis le 8 juillet 1884, faisaient double emploi avec la Convention de 1883.

La protection des marques et dessins sera ainsi assurée, jusqu'au 1er février 1892, si on dénonce les traités de commerce.

On aura tout le temps nécessaire pour conclure de nouvelles conventions spéciales, séparément avec chaque nation étrangère, aucune nation civilisée n'étant intéressée à interrompre, dans les rapports internationaux, la protection des marques de fabrique et des dessins.

Qu'on ne dise pas qu'il est à craindre, que ces conventions ne soient pas signées, et que le régime actuel soit remplacé par le néant, si on fait table rase. Car, si les nations de l'Union avaient un intérêt quelconque à voir se produire cette interruption dans la protection réciproque des marques, après que nous aurons dénoncé les traités de commerce, elles n'auraient qu'à dénoncer elles-mêmes la Convention de 1883.

Cette convention ne peut donc avoir pour effet d'empêcher cette interruption, si les nations étrangères la désiraient, ce qui est, d'ailleurs, invraisemblable.

---

[1] Nous avons souvent demandé cette discussion contradictoire devant une commission impartiale; nous n'avons jamais pu l'obtenir d'adversaires qui se sont toujours dérobés.

Telle est, Monsieur le Ministre, l'opinion qui résulte, pour nous, de l'étude attentive de la Convention internationale de 1883, et que vous avez bien voulu nous prier de formuler dans ce rapport.

Nous remettons, à l'appui, la collection des articles consacrés à cette question par le *Journal des Procès en contrefaçon*, auquel on peut se reporter pour les détails.

Veuillez, agréer, Monsieur le Ministre, l'assurance de mon profond respect.

LOUIS DONZEL,
Avocat à la Cour d'appel de Paris.

Paris, le 11 mars 1890.

CONVENTION INTERNATIONALE DE MADRID

Les trois projets ci-dessus reproduits ont été votés par la Conférence tenue à Madrid du 1er au 15 avril 1890, sauf les modifications indiquées par la comparaison des projets et du texte adopté par la Conférence, et sauf le deuxième protocole et le vœu qui ne figuraient pas dans le projet.

I

ARRANGEMENT

concernant la répression des fausses indications de provenance

ARTICLE PREMIER

Tout produit portant une fausse indication de provenance, dans laquelle un des Etats contractants ou un lieu situé dans l'un d'entre eux, serait, directement ou indirectement *indiqué* comme pays ou comme lieu d'origine *sera* saisi à l'importation dans chacun des dits Etats.

La saisie pourra aussi s'effectuer dans l'Etat, où la fausse indication de provenance aura été apposée ou dans celui où aura été introduit le produit muni de cette fausse indication.

---

[1] Il est à remarquer que le mot *illicitement*, de l'article 10 de la Convention de 1883, reproduit par le projet présenté par l'Espagne et la Suisse est supprimé dans le texte voté à Madrid. — Le mot *Indiqué* remplace dans ce texte le mot *mentionné*. Enfin ces mots : *pourra être saisi* du projet sont remplacés par ceux-ci : *sera saisi.*
Les deux derniers paragraphes qui ne figurent pas dans ce projet d'Arrangement concerté entre l'Administration Espagnole et le Bureau international de Berne, ont été ajoutés par la Conférence de Madrid.
Nous reproduisons en lettres italiques les dispositions votées par la Conférence de Madrid et qui ne figuraient point dans les projets soumis par M. Tirard aux Chambres de commerce.

*Si la législation d'un État n'admet pas la saisie à l'importation, cette
saisie sera remplacée par la prohibition d'importation.*

*Si la législation d'un État n'admet pas la saisie à l'intérieur, cette
saisie sera remplacée par les actions et moyens que la loi de cet État
assure, en pareil cas, aux nationaux.*

ARTICLE II

La saisie aura lieu à la requête, soit du Ministère public, soit d'une
partie intéressée, individu ou société, conformément à la législation intérieure de chaque État.

Les autorités ne seront pas tenues d'effectuer la saisie, en cas de transit.

ARTICLE III

*Les présentes dispositions ne font pas obstacle à ce que le vendeur in-
dique son nom ou son adresse sur les produits provenant d'un pays différents de celui de la vérité ; mais dans ce cas, l'adresse ou le nom doit
être accompagné de l'indication précise et en caractères apparents du
pays ou du lieu de fabrication ou de production.*

ARTICLE IV

Les tribunaux de chaque pays auront à décider quelles sont les appellations, qui, à raison de leur caractère générique, échappent aux
dispositions du présent arrangement, *les appellations régionales de provenance des produits vinicoles n'étant cependant pas comprises dans la
réserve statuée par cet article.*

ARTICLE V

Les États de l'Union pour la protection de la propriété industrielle,
qui n'ont pas pris par au présent arrangement seront admis à y adhérer
sur leur demande et dans la forme prescrite par l'article 16 de la Convention du 20 mars 1883 pour la protection de la propriété individuelle.

ARTICLE VI

Le présent arrangement sera ratifié, et les ratifications en seront
échangées à Madrid, dans le délai de six mois au plus tard.

Il entrera en vigueur un mois à partir de l'échange des ratifications et
aura la même force et durée que la Convention du 20 mars 1883.

En foi de quoi, les plénipotentiaires des États ci-dessus énumérés
ont signé le présent Arrangement à Madrid, le.... mil huit-cent quatre
vingt-dix.

II

ARRANGEMENT

concernant l'enregistrement international des marques de fabrique ou de commerce.

Le projet présenté par le Bureau international de Berne, et relaté plus haut [1], a été voté sans aucune modification.

III

PROTOCOLE

concernant l'interprétation et l'application de la Convention

Ce protocole qui fait l'objet du deuxième projet relaté plus haut, a été adopté par la Conférence de Madrid, tel qu'il a été proposé par l'Administration espagnole et le Bureau international de Berne, sauf l'addition de l'article suivant qui suit, dans le texte, l'article 4 [2] :

ART. 5. — *Marques de fabrique*

1. Les marques de fabrique municipales ou collectives seront protégées au même titre que les marques individuelles. Le dépôt pourra en être effectué et l'usurpation poursuivie, par toute autorité, association ou particulier intéressé.

2. Une marque de fabrique ne pourra tomber dans le domaine public dans l'un des Etats de l'Union, aussi longtemps qu'elle sera l'objet d'un droit privatif dans le pays d'origine.

Outre le Protocole et les deux Arrangements ci-dessus, la Conférence de Madrid a voté le Protocole et le vœu qui suivent :

---

[1] Voir plus haut le texte de l'Arrangement, page 326.
[2] L'article 5, relatif aux expositions internationales, devient l'article 6.

IV

PROTOCOLE

concernant la dotation du bureau international de l'Union pour la protection de la propriété industrielle

(*Enumération des parties contractantes*)

Les soussignés plénipotentiaires des gouvernements ci-dessus énumérés,

Vu la déclaration adoptée le 12 mars 1883 par la Conférence internationale pour la protection de la propriété industrielle, réunie à Paris

Ont d'un commun accord, et sous réserve de ratification arrêté le Protocole suivant :

ARTICLE PREMIER

Le premier alinéa du chiffre 6 du Protocole de clôture annexé à la Convention du 20 mars 1883 pour la protection de la propriété est remplacé par la disposition suivante :

Les dépenses du bureau international institué par l'article 13 seront supportées en commun par les Etats contractants. Elles ne pourront, en aucun cas, dépasser la somme de soixante mille francs par année.

ARTICLE 2

Le présent Protocole sera ratifié et les ratifications en seront échangées à Madrid, dans le délai de six mois au plus tard.

Il entrera en vigueur un mois à partir de l'échange des ratificationst et aura la même force et durée que la Convention du 20 mars 1883, dont il sera considéré comme faisant partie intégrante.

En foi de quoi, les plénipotensiaires des Etats ci-dessus énumérés, ont signé le présent arrangement à Madrid, le   mil huit cent quatre-vingt-dix.

Les Gouvernements respectifs auront à signer dans un délai de six mois ceux des projets ci dessus qu'ils voudront bien accepter.

La signature et l'échange des ratifications aura lieu de la manière consignée dans ces instruments eux-mêmes.

La prochaine Conférence se réunira à Bruxelles.

VŒU ÉMIS PAR LA CONFÉRENCE

Pour pouvoir délibérer dans la prochaine Conférence sur une proposition ayant pour but de modifier la Convention de 1883, ou de provoquer la conclusion d'Arrangements particuliers, il est désirable que cette proposition ait été présentée au Bureau international six mois au plus tard avant la réunion de la Conférence.

Au reçu de cette proposition, le Bureau international la communiquera immédiatement aux diverses puissances pour leur examen.

Les amendements et contre-projets seront présentés dans le délai de trois mois.

Pour mieux remplir le but de cette proposition, le Gouvernement de l'Etat dans lequel la Conférence doit se tenir, aura à fixer, d'accord avec le Bureau de Berne, le jour où l'ouverture s'effectuera et à le notifier aux diverses Puissances contractantes dans le délai de deux ans à partir de la clôture de la Conférence de Madrid.

En foi de quoi les soussignés délégués par leurs Gouvernements respectifs à la Conférence internationale de Madrid ont dressé le présent Protocole final et y ont apposé leurs signatures.

Fait à Madrid en un seul exemplaire qui demeurera déposé dans les archives du Gouvernement espagnol, le quatorze avril mil huit cent quatre-vingt-dix.

(Suivent les signatures).

Circulaire adressée par M. Jules Roche

aux Chambres de commerce

relativement au projet d'enregistrement international voté par la Conférence de Madrid

Paris, 27 mai 1890.

Monsieur le Président,

Vous savez qu'une Conférence s'est réunie à Madrid, au mois d'avril dernier, dans le but d'examiner les modifications que pourrait comporter la Convention internationale du 20 mars 1883, pour la protection de la propriété industrielle. Cette Conférence a été saisie, par l'Administration espagnole et le Bureau international de Berne, d'un projet d'Arrangement concernant l'enregistrement international des marques de fabrique et de commerce. Vous trouverez annexé le texte de ce projet, tel qu'il a été adopté par les délégués des Etats suivants : Belgique, Espagne, Guatemala, Italie, Norvège, Pays Bas, Portugal, Suède et Suisse.

Les délégués du Brésil, des Etats-Unis d'Amérique, de la Grande-Bretagne, de la Tunisie et de la France se sont abstenus. Les délégués français ont expliqué leur abstention par ce motif que le Gouvernement de la République n'avait pu encore consulter les représentants du Commerce et de l'Industrie, et que, par conséquent, il ne pourrait connaître qu'à une époque ultérieure le parti auquel il se serait arrêté.

Je vous prie, en conséquence, de vouloir bien soumettre le projet d'Arrangement dont il s'agit, à l'examen de votre Chambre, et de me transmettre, le plus tôt possible, le résultat de sa délibération.

Par suite de remaniement, l'article 5 se trouve rédigé d'une façon incomplète. Dans le cas où la France croirait devoir adhérer au projet d'Arrangement, elle ne pourrait le faire qu'à la condition que les Etats adhérents reconnaîtraient, dans le Protocole de signature, que les dispositions dudit article 5 ne portent aucune atteinte à l'application du 1er alinéa de l'article 6 de la Convention du 20 mars 1883, et que la faculté de refus laissée aux administrations n'est autre que celle qui est indiquée dans le dernier alinéa.

Recevez.........

Le Ministre du Commerce et des Colonies,

JULES ROCHE.

NOTE

relative aux circulaires ministérielles adressées aux Chambres de commerce, le 22 janvier, par M. Tirard, et le 27 mai par M. Jules Roche, au sujet de la révision de la Convention internationale du 20 mars 1883, pour la Conférence qui s'est tenue à Madrid en 1890.

MONSIEUR LE PRÉSIDENT,

J'ai l'honneur d'appeler l'attention de la Chambre de commerce, que vous présidez, sur une des conséquences de la formation d'une Union restreinte plus perfectionnée, dans l'Union existant entre seize nations pour la propriété industrielle, conséquence à laquelle il n'est fait aucune allusion dans les circulaires du 22 janvier et du 27 mai qui ont saisi les Chambres de commerce de la question.

Les pays contractants, liés par le pacte du 20 mai 1883, qui refuseront d'adhérer aux nouveaux arrangements votés à Madrid, pour reviser la Convention primitive, s'en tiendront au texte littéral de 1883. L'article 10 de 1883, pour ne citer que cet exemple, article tant critiqué par les Chambres de commerce, restera en vigueur à l'égard de cette catégorie de pays dont la liste ne peut être connue d'avance. L'attitude de l'Italie et des Etats-Unis à la Conférence n'a-t-elle pas déjà mis en relief, sans aucune équivoque possible, l'intention bien arrêtée de ces deux nations, de se livrer à la fraude sur les produits étrangers, en appliquant

l'article 10 à la lettre, c'est-à-dire en s'abstenant de recourir à l'artifice
— devenu inutile d'ailleurs, — d'un nom fictif ou d'un nom emprunté
dans une intention frauduleuse ?

Si la dénonciation de la Convention de 1883 précédait préalablement
la ratification des nouvelles dispositions, votées à Madrid en avril 1890,
cette ratification pourrait avoir lieu sous la forme d'une seconde union
restreinte, limitée aux pays qui voudraient bien adhérer à ces nouvelles
dispositions, parmi lesquelles il y aurait encore, si l'on fait table rase,
un choix judicieux à faire.

Sans cette précaution, les nouveaux articles votés à Madrid resteront
les rameaux dont le tronc est la Convention de 1883. Il y aura entre les
deux textes une solidarité qui n'existera d'ailleurs, que pour les nations
de l'Union restreinte, les pays dissidents restant sous le régime de
l'Union primitive. De sorte que, pour jouir des avantages de la Conférence de Madrid, vis-à-vis de l'Union restreinte, il faudra subir les
inconvénients de la Convention primitive vis-à-vis des pays dissidents.
Car on ne peut dénoncer la Convention avec un seul des pays contractants, sans la détruire avec tous.

Telle sera la conséquence inévitable de cette dernière Conférence, si,
au lieu de faire table rase, pendant que les traités de commerce le
permettent encore, pour fonder une nouvelle Union, — nous préfére-
rions de beaucoup, quant à nous, ce régime des conventions signées
séparément sans aucune solidarité — on se contente de greffer l'Union
de 1890 sur celle de 1883, en les amalgamant toutes deux, au point de
ne pouvoir les disjoindre, et les appliquer l'une sans l'autre.

Cependant la continuation du régime de la Convention de 1883, vis-
à-vis des nations dissidentes, dont l'importance relative n'est pas
encore connue, serait, d'après le système recommandé discrètement par
la circulaire du 22 janvier, la condition, sine qua non de l'amélioration
de l'Union, au regard des Etats qui voudront bien entrer dans la voie
de la Conférence de 1890.

L'avis que le ministère du Commerce demande à votre Compagnie
de formuler, peut-elle donc le donner en connaissance de cause, sans
que l'on ait fait imprimer, pour les Chambres de commerce, le texte
des projets qui vous ont été déjà soumis par la circulaire du 22 janvier
1890, avec le texte des propositions votées par la Conférence de Madrid,
placées en regard? Car les deux textes diffèrent sensiblement, en
raison de l'adjonction des dispositions nouvelles qui ne sont pas sans
importance. Comment les représentants autorisés de l'industrie française pourraient-ils accepter l'union restreinte, basée sur le maintien,
pour les états dissidents, du texte littéral de 1883, avant de connaître
le nombre et surtout l'importance de ces Etats dissidents?

La circulaire ministérielle du 27 mai 1890 suppose donc, à tort, que
votre Compagnie peut se rendre un compte exact des avantages que la
France pourrait retirer des nouveaux arrangements votés à Madrid; et
apprécier l'étendue des concessions, au prix desquelles elle achéterait
ces avantages, par le maintien de la Convention de 1883 non révisée
à l'égard des nations qui imiteront l'Italie et les Etats-Unis.

Il aurait fallu que les Chambres de commerce eussent des éléments
d'appréciation suffisants pour prendre une délibération favorable ou
contraire à l'établissement de l'Union restreinte proposée par la circulaire du 22 janvier.

Cette dernière question, pour avoir fait l'objet d'une circulaire antérieure, et peut être d'une délibération précédente, n'en reste pas moins pendante, jusqu'à ce qu'elle ait été tranchée officiellement par la ratification et l'approbation du Parlement. Est-il nécessaire de rappeler que vous avez été consultés par une circulaire datée du 22 janvier, qui ne vous est parvenue que le 28, et dans laquelle on sollicitait une réponse pour les premiers jours de février *au plus tard?*

Cette circulaire n'avait trait qu'aux dispositions arrêtées, de concert avec l'Administration Espagnole, et le Bureau international de Berne, et à la formation projetée de l'Union restreinte.

Celle du 27 mai n'est relative qu'au projet d'enregistrement international des marques.

L'une comme l'autre, laisse donc de côté la question fondamentale, de savoir si l'amélioration, résultant de nouveaux articles votés à Madrid, compensera le maintien du *statu quo* antérieur vis-à-vis de l'Italie et des Etats-Unis et des autres nations déjà décidées à ne pas entrer dans l'Union restreinte.

La circulaire du 27 mai ne fait aucune allusion aux articles nouveaux ajoutés par la Conférence de Madrid, ni aux dispositions arrêtées d'avance par l'Administration Espagnole d'accord avec le Bureau international de Berne.

Cependant l'article 5 nouveau du *Protocole concernant l'interprétation et l'application de la Convention de 1883,* inséré par la Conférence de Madrid, à la suite de l'article 4 du projet qui vous a été soumis par M. Tirard, soulève, à lui seul, deux graves questions :

1° **La question des marques collectives.** — Ces marques, non reconnues par les législations particulières, donneront un moyen de plus aux étrangers pour contrefaire nos produits, avec une apparence plus sérieuse de loyauté commerciale, puisqu'ils pourront exploiter impunément les marques collectives de nos cités industrielles les plus réputées.

Pour que la plainte contre les contrefacteurs de ces sortes de marques, ait plus de poids, elle ne sera mise en mouvement que par la voie diplomatique dans la plupart des cas.

Ou l'on se heurtera à un refus de la chancellerie française, qui pourra soutenir, avec raison, que le temps n'est pas propice aux réclamations diplomatiques.

Ou notre ministère des Affaires étrangères agira, et la sphère des incidents internationaux se trouvera singulièrement élargie.

La marque individuelle n'est-elle donc pas suffisante avec le droit de poursuite conformément aux traités?

La Commission des pétitions vient de prendre en considération, et de renvoyer à M. le Ministre du Commerce une pétition tendant à empêcher que le timbre-marque officiel, créé par la loi du 26 Novembre 1873 pour certifier la provenance française des produits, ne soit apposé par l'Etat, à la demande de fabricants français peu scrupuleux, sur leurs marques de fabrique apposées elles-mêmes sur des produits importés de l'étranger sans marques.

Cette pétition demande en même temps qu'on interdise de créer et de mettre en vente des simili-timbres particuliers, destinés à attester l'origine française des produits qui en sont revêtus, à cause de l'abus qui peut-être fait de ces étiquettes dans un but de fraude, en apposant ces marques collectives, devenues mobiles, sur des produits étrangers.

L'article 5 § 1 ajouté à Madrid, à l'instigation d'un délégué étranger, conse l de l'*Union des Fabricants*, a pour but de consolider, par un vote de la Conférence, la pratique de ces marques municipales ou collectives, qui présentent, au point de vue international, de très graves inconvénients, sans offrir d'avantages bien sérieux. Le timbre dont cette agence fait le commerce, étant présenté comme une marque collective, si le paragraphe en question était ratifié, la signature de la France, apposée au bas d'une Convention internationale, comprenant l'article 5 nouveau, pourrait suggérer à M. le ministre du Commerce, au sujet de la suite à donner à cette pétition, des scrupules d'ordre international. Le timbre de l'agence, qui est le plus étrange certificat de loyauté commerciale qu'on puisse imaginer, parce qu'il est, en somme, équivalant à un certificat *en blanc et au porteur*, étant apposé par la partie intéressée elle-même, on invoquerait, devant le Parlement, son assimilation à une de ces marques collectives reconnues par l'article 5 nouveau, et on se réclamerait du droit acquis, — on ne manquerait pas d'ajouter : *au point de vue du consommateur*, — par les Etats de l'Union, de jouir de cette soi-disant garantie d'une marque collective internationale.

Ce serait la concurrence faite au timbre officiel établi dans un intérêt fiscal ([1]), imposée par un article de la Convention internationale. Les membres du gouvernement qui ne pourraient admettre cette théorie, au nom du droit de police, qu'aucun état ne peut aliéner, éprouveraient sans doute certains scrupules d'ordre international dont profiterait le *statu quo* que l'on a laissé s'établir.

Le § 1 de l'article 5 nouveau, qui ne figurait pas dans le projet soumis aux chambres de commerce par la circulaire de M. Tirard, semble donc avoir eu pour but de mettre le timbre de l'*Union des fabricants*, considéré comme l'équivalent d'une marque collective, à l'abri de la critique du ministère des Finances ou des Chambres de commerce saisies de la question.

2° — La question des droits du domaine public. — Le § 2 de l'article 5 obligera à se déjuger les Tribunaux qui ont rejeté la demande en contrefaçon dirigée contre des Français par des étrangers. Combinée avec l'article 3 de la Convention de 1883, il donnerait à de grandes maisons Allemandes, déboutées dans plusieurs de ces procès, le droit de les recommencer, cette fois avec succès certain. La retentissante affaire Beissel, pour ne citer que cet exemple, pourrait surgir à nouveau devant les tribunaux français qui lui ont fait perdre son procès, parce que sa marque allemande était tombée, depuis des années dans le domaine public, en France, bien qu'elle fut efficacement protégée en Allemagne.

Le § 2 de l'article 5 nouveau ne permettrait plus à la Cour de Cassation d'éluder, comme elle l'a fait en 1880, les réclamations de l'ambassadeur d'Allemagne, contre les décisions de la Cour d'appel de Paris, puisqu'il réclamerait le bénéfice de cet article 5 voté à Madrid, en le combinant avec l'article 11 du traité de Francfort que la jurisprudence française étend à toutes les matières commerciales. Nous avions donc raison de dire que les innovations de la Conférence de Madrid ne sont pas sans importance.

En 1885, les Chambres de commerce ont eu à se plaindre, avec raison de n'avoir pas été consultées avant la ratification de la Convention de 1883.

([1]) Voir les travaux préparatoires.

En 1890 la circulaire de M. Tirard demande aux représentants autorisés de l'industrie et du commerce une réponse avant qu'ils aient pu seulement apprécier l'importance et la difficulté de la question.

Celle du 27 mai, qui limite l'avis demandé exclusivement à la question de l'enregistrement international des marques ne vous fournit aucun élément d'appréciation sur l'ensemble de la question notifiée par la Conférence de Madrid, et qui aurait dû vous être soumise à nouveau.

L'accueil qu'ont reçu dans les Chambres de commerce nos précédentes communications, relatives à cette question de la propriété industrielle nous encourage à appeler une dernière fois votre attention sur son importance et sa gravité au point de vue économique.

Nous persistons à penser qu'il faut dénoncer la Convention de 1883, sauf à aviser, pour l'avenir, pendant que les traités de commerce et les conventions spéciales antérieures, non abrogées, permettent encore de le faire, sans que la protection internationale des marques soit, pour cela, interrompue un seul jour.

Cela fait, on pourra conclure une nouvelle Union avec les pays adhérant au principe de l'Union restreinte, de façon à dégager la France, vis-à-vis des nations qui refusent à modifier le pacte de 1883.

Le mieux serait, à notre avis, de substituer au régime de l'Union, même restreinte, celui de conventions distinctes signées séparément et sans solidarité avec chacune des nations disposées à adopter le pacte de 1883 perfectionné par les clauses votées en 1890.

N'est-ce pas le cas d'insister à nouveau, comme nous l'avions fait en 1887, sur ce qu'un congrès de délégués des Chambres de commerce réunis à Paris aurait seul compétence pour donner un avis éclairé sur la question, après une discussion contradictoire ?

On n'a pas oublié à ce sujet, qu'une interpellation de M. Bozérian a seule empêché la réunion de celui qui était convoqué, à la demande d'un certain nombre de Chambres de Commerce, pour le 9 Novembre 1887.

La Chambre de commerce que vous présidez estimera peut être, que le moment est venu de réunir ce congrès, en demandant au Parlement le vote immédiat, d'un projet de loi autorisant spécialement la convocation de cette assemblée, au sujet de laquelle M. Bozérian, qui redoutait cette convocation, a réussi à faire naître, en 1887, dans l'esprit du ministre du Commerce, des scrupules d'ordre juridique qui ont fait ajourner le congrès.

J'ai l'honneur,

LOUIS DONZEL.

EMPIRE D'ALLEMAGNE
Loi du 7 Avril 1891, sur les brevets d'invention
Exécutoire à partir du 1ᵉʳ octobre 1891
EXTRAIT

§ 1. — Des brevets sont délivrés pour les inventions nouvelles qui sont susceptibles d'une utilisation industrielle.

Sont exceptées :

1° Les inventions dont l'utilisation serait contraire aux lois et aux bonnes mœurs ;

2°Les inventions d'aliments, d'objets de consommation (*Genussmittel*) et de médicaments, ainsi que de matières qui sont obtenues par des moyens chimiques, en tant que ces inventions ne portent pas sur un procédé déterminé pour la production desdits objets.

§ 2. — N'est pas réputée nouvelle l'invention qui, au moment du dépôt de la demande faite en vertu de la présente loi, a déjà été décrite dans les imprimés rendus publics, datant de moins d'un siècle ou qui a déjà été utilisée dans le pays, d'une manière assez publique pour que l'usage en paraisse par là possible pour des tiers experts en la matière.

Les descriptions d'inventions brevetées, publiées officiellement à l'étranger, ne sont assimilées aux imprimés rendus publics, qu'après l'expiration de trois mois à partir du jour de la publication, si la demande de brevet émane de celui qui a déclaré l'invention à l'étranger ou de son ayant cause. Cette faveur ne s'applique, toutefois, qu'aux descriptions d'inventions brevetées qui ont été publiées officiellement dans les Etats, où, d'après une publication faite dans le *Bulletin des lots*, la réciprocité est garantie.

. . . .

§ 11. — Le brevet peut-être révoqué d'après l'expiration d'un délai de trois ans, à partir de la date de la publication concernant la délivrance du brevet (§ 27, alinéa 1) :

1° Quand le breveté néglige d'exploiter l'invention dans le pays dans une mesure convenable, ou du moins de faire tout ce qui est nécessaire pour assurer cette exploitation ;

2° Quand l'intérêt public paraît exiger qu'une licence d'exploiter l'invention soit accordée à des tiers, et que le breveté se refuse néanmoins à accorder cette licence moyennant une rémunération convenable et une garantie suffisante.

§ 12. — Une personne n'habitant pas l'Allemagne ne peut faire valoir son droit à la délivrance d'un brevet et exercer les droits qui découlent du brevet, que si elle a constitué un représentant dans le pays. Celui-ci a le pouvoir de la représenter dans la procédure établie par la présente loi, et dans les procès civils relatifs au brevet, ainsi que d'intenter des actions pénales. Le lieu de domicile du représentant ou, en l'absence d'un représentant, celui où le bureau des brevets a son siège, est considéré dans le sens du paragraphe 24 du Code de procédure civile, comme le lieu où se trouve le siège de la propriété.

Le Chancelier de l'empire pourra décider, avec l'assentiment du Conseil fédéral, qu'il y a lieu d'exercer un droit de rétorsion (*Gegenrecht*) contre les ressortissants d'un Etat étranger.

ANNÉES	BREVETS	MARQUES
1879		Loi du Canada (15 mai). Loi de la Belgique (1er avril). Loi de la Roumanie (14 avril). Loi de la Suisse (19 décembre).
1880	Loi de la Turquie (1er mars). Loi du Luxembourg (30 juin).	Loi des Pays-Bas (25 mai). Loi du Danémarck (2 juillet).
1881		Loi des Etats-Unis (3 mars).
1882	Loi de Venézuéla (25 mai). Loi du Brésil (14 octobre).	
1883	Loi anglaise sur les brevets, dessins et marques (25 août). Loi du Luxembourg (22 mars). Loi du Portugal (4 juin). Loi d'Autriche portant modification de l'ordonnance sur l'industrie (15 mars).	
1884	Loi de la Suède (16 mai). Loi du Canada pour prévenir les fraudes dans la vente des brevets.	Loi de la Norwège (26 mai). Loi de la Suède (5 juillet). Loi de la Serbie (30 mai).
1885	Loi de la Norwège (16 juin). Loi du Japon (1er juillet). Loi de l Uruguay (11 novembre).	Ordonnance suédoise du 24 juin, étendant à tous les pays de l'Union l'effet de la loi sur les marques. Loi de la Californie (12 mars).
1886	Loi anglaise précisant celle du 25 août 1883 (25 juin).	Loi de la Californie pour prévenir les fraudes sur timbres et étiquettes (4 mars).
1887	Décret brésilien interprétant la loi du 14 octobre 1882 (5 novembre).	Loi de la Grande Bretagne sur les marques frauduleuses (23 août). Loi du Brésil sur l'enregistrement des marques (14 octobre).
1888	Loi de l'Inde anglaise (16 mai). Loi fédérale suisse (29 juin). Loi tunisienne (26 décembre). Loi anglaise amendant celle du 25 avril 1888 (24 décembre).	Loi des Pays-Bas, Décret de l'Etat libre du Congo (26 avril).

Dessins de Fabrique

Il faut ajouter à cette nomenclature, pour compléter la liste des lois sur la propriété industrielle, les lois suivantes concernant les dessins de fabrique :

1° La loi serbe du 30 mai 1884 ;

2° La loi des Etats-Unis du 6 février 1887 ;

3° La loi suisse du 21 décembre 1888.

Liste des Etats faisant partie de l'Union pour la protection de la propriété industrielle au 1er janvier 1891.

BELGIQUE. — BRÉSIL. — DOMINICAINE (RÉPUBLIQUE). — ESPAGNE, (avec Cuba, Puerto-Rico et les Philipines.) — ETATS-UNIS de l'Amérique du Nord. — FRANCE, (avec la Martinique, la Guadeloupe et dépendances, la Réunion et dépendance (Sainte-Marie de Madagascar), la Cochinchine, Saint-Pierre et Miquelon, la Guyanne, le Sénégal et dépendances (Rivières-du-Sud, Assinie, Porto-Novo et Kotonou), le Congo et le Gabon, Mayotte, Nossi-Bé, les Etablissements français de l'Inde (Pondichéry, Chandernagor, Karikal, Mahé, Yanaon), la Nouvelle-Calédonie, les Etablissements français de l'Océanie (Tahiti et dépendances), Obock et Diégo-Suarez.— GRANDE-BRETAGNE.— GUATÉMALA.— ITALIE.—NORWÈGE. — PAYS-BAS, (avec les Indes néerlandaises, Surinam et Curaçao). — PORTUGAL avec les Açores et Madère. — SERBIE. — SUÈDE. — SUISSE. —TUNISIE.

Dépôt des dessins et modèles de fabrique en Allemagne

Une loi promulguée à la date du 11 janvier 1876, et exécutoire depuis le 1er avril, règle la propriété des dessins et modèles de fabrique en Allemagne.

Un règlement, adopté le 29 février 1876, détermine les mesures d'exécution de cette loi.

Les Français sont admis, en vertu des traités, à bénéficier de la nouvelle législation, alors même qu'ils ne posséderaient pas d'établissements industriels en Allemagne.

Ils doivent effectuer le dépôt de leurs dessins et modèles, comme celui des marques de fabrique, au greffe du tribunal de commerce de Leipzig.

Quant aux Français qui ont leur domicile professionnel en Allemagne, ils doivent, comme les régnicoles, faire le dépôt légal auprès de l'autorité judiciaire de leur domicile chargée de la tenue des registres de commerce et de marques de fabrique.

La garantie légale s'applique indistinctement aux œuvres artistiques et aux dessins et modèles industriels, pourvu que les uns et les autres aient un cachet d'invention ou de nouveauté.

Les demandes d'enregistrement peuvent être présentées soit par écrit, soit de vive voix. Dans le premier cas, la signature du requérant doit être légalisée par l'autorité compétente ; dans le second cas, l'identité du requérant, lorsqu'il n'est point connu du tribunal, doit être certifiée par un témoin digne de foi.

La déclaration doit énoncer, d'une manière précise, si le modèle à enregistrer est destiné à être appliqué à des *surfaces planes* ou à des *produits plastiques*. Si cette indication fait défaut dans la déclaration, le requérant est invité à la fournir ultérieurement. L'enregistrement ne peut être effectué avant l'accomplissement de cette formalité.

Il est interdit de comprendre dans une seule et même déclaration des modèles pour figures *planes* et pour produits *plastiques*.

L'enregistrement et le dépôt d'un dessin ou modèle doivent être effectués avant la mise en exploitation du produit fabriqué; tout enregistrement postérieur serait nul et non avenu.

Les dessins et modèles peuvent être déposés, soit ouverts, soit sous enveloppe cachetée, un à un, ou en paquets contenant cinquante pièces au plus, et ne pesant pas au delà de 10 kilogrammes.

Les modèles déposés sous cachet sont ouverts à l'expiration de la durée assignée à l'exploitation, ou plus tôt, s'il y a lieu.

Les modèles déposés ainsi que les dessins des modèles sont conservés pendant quatre années après l'expiration du délai de garantie. Le propriétaire des modèles ou ses héritiers sont invités ensuite à les reprendre, et il en est disposé suivant les instructions du bureau de la chancellerie, s'ils ne répondent pas à cette invitation.

La propriété des dessins et modèles peut être garantie pour une durée minimum de un à trois ans, et pour une durée maximum de dix à quinze ans.

Le droit dû pour l'enregistrement et le dépôt d'un dessin ou modèle seul ou d'un paquet de dessins et modèles est de 1 mark (1 fr. 25 c.) pour la durée de trois ans et au-dessous.

Pour chaque année en sus, jusqu'à concurrence de dix années inclusivement, le déposant doit payer, pour chaque dessin ou modèle, une taxe de 2 marks (2 fr. 50 c.); la taxe est de 3 marks (3 fr. 75 c.) pour chaque année entre onze et quinze ans.

La délivrance du certificat de dépôt ou d'un extrait du registre des modèles acquitte un droit de 1 mark (1 fr. 25 c).

En dehors des taxes d'enregistrement indiquées ci-dessus, le déclarant doit acquitter les frais d'insertion au *Moniteur de l'Empire*, à raison de 1 mark 50 pfennings (1 fr. 875), pour la publication de chaque enregistrement.

Le déposant est, jusqu'à preuve du contraire, réputé auteur [du dessin ou modèle enregistré.

La procédure à suivre pour la répression des contrefaçons est empruntée à la loi du 11 juin 1870 sur la propriété littéraire.

La garantie légale ne s'applique qu'aux dessins et modèles exécutés postérieurement à la mise en vigueur de la loi, c'est-à-dire postérieurement au 1er avril 1876 [1].

---

[1] Il convient de rapprocher de ces renseignements, publiés par le ministère du Commerce, la jurisprudence du tribunal de Leipzig rendant l'exploitation, en Allemagne, obligatoire sous peine de déchéance. (Journ. des *Proc. en Contref.*, t. II, page 137 et la note).

CONVENTIONS ACTUELLEMENT EXÉCUTOIRES

Convention internationale signée entre la France et la Roumanie, le 12 Avril 1889, pour la protection réciproque des marques de fabrique.

Le Président de la République française,

Sur la proposition du ministre des Affaires étrangères,

Décrète :

ARTICLE PREMIER. — Le Sénat et la Chambre des députés ayant approuvé la Convention, pour la protection des marques de fabrique et de commerce, signée à Bucharest, le 12 avril 1889, entre la France et la Roumanie, et les ratifications de cet acte ayant été échangées à Bucharest, le 20 juillet 1889, ladite Convention, dont la teneur suit, recevra sa pleine et entière exécution.

Convention

« Le Président de la République française et Sa Majesté le roi de Roumanie, également animés du désir d'assurer une protection efficace à la propriété des marques de fabrique ou de commerce des nationaux respectifs, ont résolu de conclure à cet effet une convention spéciale, et ont nommé pour leurs plénipotentiaires, savoir :

« Le Président de la République française :

« M. Gustave-Louis de Coutouly, envoyé extraordinaire et ministre plénipotentiaire de la République française à Bucharest, officier de l'ordre national de la Légion d'honneur, etc.;

« Et sa Majesté le roi de Roumanie :

« M. Alexandre Lahovari, grand officier de l'ordre de l'Etoile-de-Roumanie, etc., ministre secrétaire d'Etat au département des affaires étrangères ;

« Lesquels, après s'être communiqué leurs pleins pouvoirs, trouvés en bonne et due forme, sont convenus des dispositions suivantes:

« Art. 1er. — Les Français en Roumanie, et les sujets roumains en France, jouiront de la même protection que les nationaux en ce qui concerne les marques de fabrique ou de commerce, à savoir les divers signes qui servent à distinguer les produits d'une industrie ou d'un commerce, tels que le nom sous une forme spéciale, les noms commerciaux (*denumirile*), les empreintes, timbres, cachets, reliefs, vignettes, chiffres, enveloppes et autres semblables.

« Art. 2. — Pour assurer à leurs marques la protection garantie par l'article précédent, les ressortissants de l'un et l'autre Etat devront remplir les conditions et formalités prescrites par les lois et réglements de l'autre.

« Art. 3. — Les marques de fabrique ou de commerce, auxquelles s'applique la présente Convention sont celles qui, dans les deux pays, sont légitimement acquises aux industriels ou négociants qui en usent, c'est-à-dire, que le caractère d'une marque française doit être apprécié en Roumanie d'après la loi française, de même que le caractère d'une marque roumaine doit être jugé en France d'après la loi roumaine.

« Il est toutefois entendu que chacun des deux Etats se réserve le droit de refuser le dépôt et d'interdire l'usage de toute marque qui serait, par sa nature, contraire à l'ordre public ou aux bonnes mœurs, dans l'Etat où le dépôt en aurait été demandé ou effectué.

Art. 4. — En ce qui concerne les raisons sociales ou de commerce (*firmes*), les ressortissants de chacun des deux Etats jouiront également dans l'autre de la même protection que les nationaux, à condition d'en faire le dépôt prévu par leurs lois respectives. En France, le dépôt des raisons sociales roumaines sera, s'il est nécessaire, fait au greffe du tribunal de commerce de la Seine, et réciproquement. en Roumanie, le dépôt des raisons sociales ou de commerce françaises sera effectué au greffe du tribunal de commerce de Bucharest.

« Art. 5. — Le dépôt étant déclaratif, et non attributif de propriété, la contrefaçon ou l'usurpation qui serait faite d'une marque de fabrique, de commerce ou d'une raison sociale, avant que le dépôt en eût été opéré conformément aux dispositions des articles 2 et 4, n'infirme pas les droits du propriétaire desdites marques contre les auteurs de cette contrefaçon ou de cette usurpation.

« Toutefois ces droits n'impliquent pas pour lui la faculté de requérir des dommages-intérêts, en raison de l'usage fait des contrefaçons ou usurpations antérieurement au dépôt.

« Art. 6. — Aussitôt que la protection des modèles et des dessins industriels sera réglée en Roumanie par une loi. les hautes parties contractantes s'entendront pour garantir cette protection aux ressortissants de chacun des deux Etats sur le territoire de l'autre.

« Art. 7. — La présente Convention sera ratifiée, et les ratifications seront échangées à Bucharest aussitôt que possible. Elle entrera en vigueur trois semaines après l'échange des ratifications, et demeurera exécutoire jusqu'à l'expiration des douze mois qui suivront la dénonciation faite par l'une ou l'autre des parties contractantes.

« En foi de quoi les plénipotentiaires respectifs ont signé la présente Convention et l'on revêtue de leurs cachets.

« Fait en double expédition à Bucharest, le 12 avril 31 mars 1889.

« (*L. S.*) *Signé* : DE COUTOULY.

« (*S. L.*) — LAHOVARI. »

Convention internationale du 20 mars 1883 pour la protection de la propriété industrielle

ARTICLE PREMIER. — Les Gouvernements de la Belgique, du Brésil, de l'Espagne, de la France, du Guatemala, de l'Italie, des Bays-Bas, du Portugal, du Salvador, de la Serbie et de la Suisse sont constitués à l'état d'Union pour la protection de la propriété industrielle '.

ART. 2 — Les sujets ou citoyens de chacun des Etats contractants jouiront, dans tous les autres Etats de l'Union, en ce qui concerne les brevets d'invention, les dessins ou modèles industriels, les marques de fabrique ou de commerce et le nom commercial, des avantages que les lois respectives accordent actuellement ou accorderont par la suite aux nationaux, En conséquence, ils auront la protection que ceux-ci et le même recours légal contre toute atteinte portée à leurs droits, sous réserve de l'accomplissement des farmalités et pes conditions imposées aux nationaux par la législation intérieure de chaque Etat.

ART. 3. — Sont assimilés aux sujets, ou citoyens des Etats contractants, les sujets ou citoyens des Etats ne faisant pas partie de l'Union qui sont domiciliés ou ont des établissements industriels ou commerciaux sur le territoire de l'un des Etats de l'Union.

ART. 4. — Celui qui aura régulièrement fait le dépôt d'une demande de brevet d'invention, d'un dessin ou modèle industriel, d'une marque de fabrique ou de commerce, dans l'un des Etats contractants, jouira, pour effectuer le dépôt dans les autres Etats, et sous réserve des droits des tiers, d'un droit de priorité pendant les délais déterminés ci-après.

En conséquence, le dépôt ultérieurement opéré dans l'un des autres Etats de l'Union, avant l'expiration de ces délais, ne pourra être invalidé par des faits accomplis dans l'intervalle, soit notamment par un autre dépôt, par la publication de l'invention, ou son exploitation par un tiers, par la mise en vente d'exemplaires du dessin ou du modèle, par l'emploi de la marque.

Les délais de priorité, mentionnés ci-dessous, seront de six mois pour les brevets d'invention, et de trois mois pour les dessins ou modèles industriels, ainsi que pour les marques de fabrique ou de commerce. Ils seront augmentés d'un mois pour les pays d'outre-mer.

ART. 5.— L'introduction, par le breveté, dans le pays où le brevet a été délivré, d'objets fabriqués dans l'un ou l'autre des Etats de l'Union, n'entraînera pas la déchéance.

Toutefois, le breveté restera soumis à l'obligation d'exploiter son brevet, conformément aux lois du pays où il introduit les objets brevetés.

ART. 6.— Toute marque de fabrique ou de commerce régulièrement déposée dans le pays d'origine sera admise au dépôt, et protégée telle quelle dans tous les autres pays de l'Union.

Sera considéré comme pays d'origine le pays où le déposant a son principal établissement.

Si ce principal établissement n'est point situé dans un des pays de l'Union, sera considéré, comme pays d'origine, celui auquel appartient le déposant.

' L'Angleterre, la Suède, la Norwège, les Etats-Unis et la République dominicaine ont adhéré postérieurement à la signature du Protocole.

Le dépôt pourra être refusé, si l'objet pour lequel il est demandé est considéré comme contraire à la morale ou à l'ordre public.

ART. 7.— La nature du produit, sur lequel la marque de fabrique ou de commerce doit être apposée, ne peut, dans aucun cas, faire obstacle au dépôt de la marque.

ART. 8. — Le nom commercial sera protégé, dans tous les pays de l'Union, sans obligation de dépôt, qu'il fasse ou non partie d'une marque de fabrique ou de commerce.

ART. 9. — Tout produit, portant illicitement une marque de fabrique ou de commerce, ou un nom commercial, pourra être saisi à l'importation dans ceux des États de l'Union, dans lesquels cette marque ou ce nom commercial ont droit à la protection légale.

La saisie aura lieu à la requête soit du ministère public, soit de la partie intéressée, conformément à la législation intérieure de chaque État.

ART. 10. — Les dispositions de l'article précédent seront applicables à tout produit portant faussement, comme indication de provenance, le nom d'une localité déterminée, lorsque cette indication sera jointe à un nom commercial fictif ou emprunté dans une intention frauduleuse.

Est réputé partie intéressée tout fabricant ou commerçant engagé dans la fabrication ou le commerce de ce produit, et établi dans la localité faussement indiquée comme provenance.

ART. 11. — Les Hautes-Parties contractantes s'engagent à accorder une protection temporaire aux inventions brevetables, aux dessins ou modèles industriels, ainsi qu'aux marques de fabrique ou de commerce, pour les produits qui figureront aux expositions internationales officielles ou officiellement reconnues.

ART. 12. — Chacune des Hautes-Parties contractantes s'engage à établir un service spécial de la propriété industrielle et un dépôt central, pour la communication au public des brevets d'invention, des dessins ou modèles industriels et des marques de fabrique ou de commerce.

ART. 13. — Un office international sera organisé sous le titre de « Bureau international de l'Union pour la protection de la propriété industrielle ».

Ce bureau, dont les frais seront supportés par les administrations de tous les États contractants, sera placé sous la haute autorité de l'administration supérieure de la Confédération suisse, et fonctionnera sous sa surveillance. Les attributions en seront déterminées d'un commun accord entre les États de l'Union.

ART. 14. — La présente Convention sera soumise à des révisions périodiques en vue d'y introduire les améliorations de nature à perfectionner le système de l'Union.

A cet effet, des conférences auront lieu successivement dans l'un des États contractants, entre les délégués desdits États.

La prochaine réunion aura lieu en 1885, à Rome.

ART. 15. — Il est entendu que les Hautes-Parties contractantes se réservent respectivement le droit de prendre séparément, entre elles, des arrangements particuliers pour la protection de la propriété industrielle, en tant que ces arrangements ne contreviendraient point aux dispositions de la présente Convention.

ART. 16. — Les États qui n'ont point pris part à la présente Convention seront admis à y adhérer, sur leur demande.

Cette adhésion sera notifiée par la voie diplomatique au Gouvernement de la Confédération suisse, et par celui-ci à tous les autres.

Elle emportera, de plein droit, accession à toutes les clauses et admission à tous les avantages stipulés par la présente Convention.

ART. 17. — L'exécution des engagements réciproques contenus dans la présente Convention est subordonnée, en tant que de besoin, à l'accomplissement des formalités et règles établies par les lois constitutionnelles de celles des Hautes-Parties contractantes qui sont tenues d'en provoquer l'application, ce qu'elles s'obligent à faire dans le plus bref délai possible.

ART. 18. — La présente Convention sera mise à exécution dans le délai d'un mois à partir de l'échange des ratifications et demeurera en vigueur pendant un temps indéterminé, jusqu'à l'expiration d'une année à partir du jour où la dénonciation en sera faite.

Cette dénonciation sera adressée au Gouvernement chargé de recevoir les adhésions. Elle ne produira son effet qu'à l'égard de l'Etat qui l'aura faite, la Convention restant exécutoire pour les autres parties contractantes.

ART. 19. — La présente Convention sera ratifiée, et les ratifications en seront échangées à Paris, dans le délai d'un an au plus tard.

En foi de quoi, les plénipotentiaires respectifs l'ont signée et y ont apposé leurs cachets.

Fait à Paris, le 20 mars 1883.

Signé : CHALLEMEL-LACOUR, Ch. HÉRISSON, Ch. JAGERSCHMITT, BEYENS, VILLENEUVE, Duc de FERNAN-NUNEZ, CRISANTO-MEDINA, RESSMANN, Baron de ZUYLEN DE NYEVELT, JOSE DA SILVA MENDÈS LEAL, D'AZEVEDO, J.-M. TORRÈS-CAÏCEDO, SINIA M. MARINOVITCH, LARDY. WEIBEL.

PROTOCOLE DE CLOTURE

ARTICLE PREMIER. — Les mots « propriété industrielle » doivent être entendus dans leur acception la plus large, en ce sens qu'ils s'appliquent non-seulement aux produits de l'industrie proprement dite, mais également aux produits de l'agriculture (vins, grains, fruits, bestiaux, etc.) et aux produits minéraux livrés au commerce (eaux minérales, etc.)

ART. 2. — Sous le nom de « brevets d'invention » sont comprises les diverses espèces de brevets industriels admises par les législations des Etats contractants, telles que brevets d'importation, brevets de perfectionnement. etc.

ART. 3. — Il est entendu que la disposition finale de l'article 2 de la Convention ne porte aucune atteinte à la législation de chacun des Etats contractants, en ce qui concerne la procédure suivie devant les tribunaux et la compétence de ces tribunaux.

ART. 4.— Le paragraphe 1er de l'article 6 doit être entendu en ce sens qu'aucune marque de fabrique ou de commerce ne pourra être exclue de la protection dans l'un des États de l'Union par le fait seul qu'elle ne satisferait pas, au point de vue des signes qui la composent, aux conditions de la législation de cet État, pourvu qu'elle satisfasse, sur ce point, à la législation du pays d'origine et qu'elle ait été, dans ce dernier pays, l'objet d'un dépôt régulier. Sauf cette exception, qui ne concerne que la forme de la marque, et sous réserve des dispositions des autres articles de la Convention, la législation intérieure de chacun des États recevra son application.

Pour éviter toute fausse interprétation, il est entendu que l'usage des armoiries publiques et des décorations peut être considéré comme contraires à l'ordre public dans le sens du paragraphe final de l'article 6.

ART. 5. - L'organisation du service spécial de la propriété industrielle mentionné à l'article 12 comprendra, autant que possible, la publication, dans chaque État, d'une feuille périodique.

ART. 6. — Les frais communs du bureau international institué par l'article 13 ne pourront, en aucun cas, dépasser par année une somme totale représentant une moyenne de deux mille francs par chaque État contractant.

Pour déterminer la part contributive de chacun des États dans cette somme totale des frais, les États contractants et ceux qui adhéreraient ultérieurement à l'Union seront divisés en six classes contribuant chacune dans la proportion d'un certain nombre d'unités, savoir :

Première classe....................	25 unités.
Deuxième classe....................	20 —
Troisième classe....................	15 —
Quatrième classe....................	10 —
Cinquième classe....................	5 —
Sixième classe....................	3 —

Ces coefficients seront multipliés par le nombre des États de chaque classe, et la somme des produits ainsi obtenus fournira le nombre d'unités par lequel la dépense totale doit être divisée. Le quotient donnera le montant de l'unité de dépense.

Les États contractants sont classés ainsi qu'il suit, en vue de la répartition des frais :

Première classe	France, Italie.
Deuxième classe...............	Espagne.
Troisième classe ....{	Belgique, Brésil. Portugal, Suisse.
Quatrième classe.............. ..	Pays-Bas
Cinquième classe	Serbie.
Sixième classe..................	Guatemala, Salvador.

L'administration suisse surveillera les dépenses du bureau international, fera les avances nécessaires et établira le compte annuel, qui sera communiqué à toutes les autres administrations.

Le bureau international centralisera les renseignements de toute nature relatifs à la protection de la propriété industrielle et les réunira en une statistique générale qui sera distribuée à toutes les administrations. Il procédera aux études d'utilité commune intéressant l'Union et rédigera, à l'aide des documents qui seront mis à sa disposition par les diverses administrations, une feuille périodique, en langue française, sur les questions concernant l'objet de l'Union.

Les numéros de cette feuille, de même que tous les documents publiés par le bureau international, seront répartis entre les administrations des États de l'Union, dans la proportion du nombre des unités contributives ci-dessus mentionnées. Les exemplaires et documents supplémentaires qui seraient réclamés, soit par lesdites administrations, soit par des sociétés ou des particuliers, seront payés à part.

Le bureau international devra se tenir en tout temps à la disposition des membres de l'Union, pour leur fournir sur les questions relatives au service international de la propriété industrielle, les renseignements spéciaux dont ils pourraient avoir besoin.

L'administration du pays où doit siéger la prochaine conférence préparera, avec le concours du bureau international, les travaux de cette conférence.

Le directeur du bureau international assistera aux séances des conférences et prendra part aux discussions sans voix délibérative. Il fera, sur sa gestion, un rapport annuel qui sera communiqué à tous les membres de l'Union.

La langue officielle du bureau international sera la langue française.

ART. 7. — Le présent protocole de clôture, qui sera ratifié en même temps que la Convention conclue à la date de ce jour, sera considéré comme faisant partie intégrante de cette Convention, et aura mêmes force, valeur et durée.

(L. S.) CHALLEMEL-LACOUR.
(L. S.) Ch. HÉRISSON.
(L. S.) Ch. JAGERSCHMITT.
(L. S.) BEYENS.
(L. S.) VILLENEUVE.
(L. S.) Duc de FERNAN-NUNEZ.
(L. S.) CRISANTO-MEDINA.
(L. S.) RESSMANN.
(L. S.) Baron de ZUYLEN DE NYE-VELT.

(L. S.) JOSE DA SILVA MENDÈS LEAL.
(L. S.) D'AZEVEDO.
(L. S.) TORRÈS-CAÏCEDO.
(L. S.) SINIA M. MARINOWITCH.
(L. S.) LARDY.
(L. S.) WEIBEL.

RÉPERTOIRE ANALYTIQUE

DES MATIÈRES

A

Abréviations. *V. Combinaisons de lettres. Initiales.*

Accession de nouveaux États à l'Union. (Date de l' — d'après le Protocole voté par la conférence de Madrid, 406 et 435 (¹). — des États-Unis à l'Union le 18 mars 1887, comme devant produire effet à partir du 30 mai suivant, 363. — de la République de l'Equateur, le 21 déc. 1883. — de la Grande-Bretagne, le 17 mars 1884. — de la Tunisie, le 20 mars 1884. — de la Suède et de la Norwège, le 1ᵉʳ juillet 1885, 150.

Acheteur d'un produit étranger, acheté comme produit français, ne peut invoquer, s'il est lésé, la loi du 23 juin 1857, mais bien celle du 24 juillet 1824, même si le nom commercial est encarté dans la marque. 53.

Açores. (U.) (¹) *V. Liste des États* (*Portugal*).

Allemagne. *V. Empire d'Allemagne.*

Angleterre (U). *V. Grande-Bretagne.*

Appréciation (Pouvoir d') laissé aux tribunaux, quant aux noms de localités spécialement réputées, qui sont devenues des désignations génériques et nécessaires; d'après la lettre de Mᵉ Donzel au président du Groupe Industriel de la Chambre, c'est le seul moyen de défendre d'une manière générale, sans tomber dans l'arbitraire, l'usage de noms de villes donnés à des produits qui n'en proviennent pas, en tenant compte, toutefois, des usages du commerce et de la signification donnée à des noms qui indiquaient autrefois, mais ont cessé d'indiquer la provenance et ne désignent plus que le produit, 275. Ce pouvoir d' — reconnu par l'art. addit. à l'art. 10, § 1 voté par la conférence de Rome (et non ratifié) se trouve confirmé par l'art. 4 de l'Arrangement concernant les fausses indications de provenance, voté en 1890 par la conférence de Madrid et ratifié le 14 avril 1891, 434.

Annulation de brevets par l'administration. *V. Belgique, Dujeux.*

Argentine (**Confédération**). Représentée à la conférence internationale de 1880, 135, non à celle de 1883, 144. Facilités accordées, dans ce pays, aux étrangers pour le dépôt de leurs marques. — Loi du 14 août 1876 sur les marques de fabrique (art.

(¹) La République de l'Equateur et le Salvador ne font plus partie de l'Union.

(¹) La lettre U qui suit certains noms de pays, indique qu'ils font partie de l'Union pour la protection de la propriété industrielle.

E

Jurisprudence. — Un arrêt de cassation, du 9 avril 1864, n'admet pas l'intention frauduleuse, en dehors du cas de contrefaçon de marque, et déclare l'ordre ou le consentement de la partie intéressée, exclusif de tout délit, et incompatible avec l'idée d'—, 68. Cet arrêt donna lieu à une circulaire adressée, dans ce sens, aux agents de la Douane, par le ministre du Commerce, le 8 juin 1864, 70. Vingt ans après, la question est de nouveau soumise aux tribunaux, à l'instigation de la Chambre de commerce de Paris (Aff. l'otié), 65. — La Cour de cassation, revenant sur sa jurisprudence de 1864, déclare, dans son arrêt du 23 février 1884, que l'art. 1 de la loi du 28 juillet 1824, confirmé par l'art. 19 de celle du 23 juin 1857, protège l'industrie nationale et l'acheteur, et qu'en conséquence la complicité du destinataire ne saurait effacer l'—, 82. Cet arrêt est signalé le 26 février 1880, aux agents de la Douane, par une circulaire rapportant celle du 8 juin 1864, et ordonnant de saisir à la frontière les produits revêtus de noms français, *même si l'on justifie du consentement ou de l'ordre de celui à qui le nom appartient.* Le ministre d'alors, M. LOCKROY, ne fait aucune distinction entre les marques de fabrique et les m. de commerce, ou adresses des vendeurs, 84. — Législation. — Un projet de loi, déposé au Sénat, dès l'année 1881, par M. BOZÉRIAN, repris depuis, et augmenté par M. DIETZ-MONNIN, dort dans les cartons parlementaires, 79. — Etats-Unis. — L' — devant entraîner la saisie, la confiscation, l'amende et même l'emprisonnement, peut résulter d'une fausse description écrite ou verbale, ou de toute autre pratique, telle qu'omission volontaire tendant à frustrer la Douane de tout ou partie de ses droits, 387. V. *Bill Mac-Kinley, section 9.* — Grande-Bretagne. — Toute importation de produits portant, soit un nom ou une marque tendant à faire croire qu'ils proviennent d'une localité du Royaume-Uni, soit une locution anglaise non accompagnée de l'inscription: *made abroad,* ou de l'indication précise, et suffisamment apparente, du pays d'origine, au cas de mention ou désignation rédigée dans une langue non parlée dans ce pays d'origine, est réputée avoir lieu dans une —, 88 et 398. — Portugal. — La seule apposition, sur des produits étrangers importés dans ce pays, d'une marque portugaise, d'un nom d'une raison sociale appartenant à un regnicole, constitue la preuve de l' — impliquant, pour le directeur de la Douane, l'obligation d'ordonner la saisie, 88. — UNION POUR LA PROTECTION DE LA PROPRIÉTÉ INDUSTRIELLE. — (Articles 9 et 10 de la Convention internationale de 1883). Pour que l'intention frauduleuse soit opérante, au point de vue du délit considéré dans le droit international spécial de l'Union, il faut que cette intention frauduleuse ait déterminé, chez l'étranger exportateur, l'usage du nom du regnicole, emprunté et apposé sur le produit importé. A cette condition seulement, cette manœuvre (estimée en droit français frauduleuse, même considérée isolément) prête ou emprunte, dans l'Union (selon qu'elle est la fraude accessoire ou principale), à une seconde fraude consistant dans une fausse indication de provenance, l'appoint (exigé par l'article 10) pour la légalité de la saisie. V. *Nom commercial (Droit international de l'Union).* — Réformes tentées. — Discussion à la Conférence de Rome

tout, 214. Le brevet délivré à l'étranger suscite un antagonisme entre l'inventeur étranger et la liberté du travail des regnicoles. 215. Il peut devenir aux mains d'un étranger une arme redoutable pour la concurrence internationale, 216 ; il en résulte que le droit de priorité, qui est la pierre angulaire de l'*Union pour la propriété industrielle*, aggrave encore les inconvénients des brevets d'invention, en élargissant le cadre de la brevetabilité au profit des étrangers, 217. V. *Huard, Donzel*, (*lettre à la Chambre de commerce de Paris*, 1° et 2°.), 375.

Italie (U.) représentée à la conférence de 1880, 135, id. à celle de 1883, 113. Son délégué signe l'acte diplomatique du 20 mars 1883, 154. Brevetabilité des inventions en ---. 14. Caractère de la marque, 32. — Annulation des brevets pour exploitation insuffisante, 25.

J

Jagerschmidt, conseiller d'État, extrait, en 1888, de l'avant-projet de convention, arrêté par la commission permanente de la propriété industrielle, nommée en 1878, par le Congrès du Trocadéro, un avant-projet officiel, en vue de le soumettre à la conférence de 1880, 134. Lit cet avant-projet à la seconde séance de la Conférence internationale de 1880, 136.

Japon. (*V. Progrès législatifs*).

K

Karikal. (U.) *V. Liste des États*).

Kern, délégué suisse à la conférence internationale de 1880, fait toutes réserves au sujet de la saisie en transit, 141.

Kotonou (U). V. *Liste des États*.

L

Législations étrangères. V. *Brevetabilité, Déchéance, Examen préalable, Libre introduction d'objets brevetés, Nom commercial.*

--- **intérieure.** Peut-elle tenir en échec la --- internationale ? V. *Donzel* (*lettre à M. Dietz-Monnin*).

--- **internationale sur les marques de fabrique** — FRANCO-ALLEMANDE. V. *Zollverein*. — FRANCO-ROUMAINE, 361. Divergence entre l'art. 28 (relatif aux marques et dessins de fabrique) du traité conclu le 2 août 1862 entre la France et le *Zollverein*, et l'art. 5 de la convention franco-roumaine sur les marques, au point de vue de l'imprescriptibilité des droits du domaine public. Rapprochement des deux textes, 362.

Ernest Lehr, professeur à l'Université de Lausanne, adhère à la lettre de M. Louis Donzel à M. Dietz-Monnin, concernant la question du *minimum*. V. *Donzel, lettre à M. Dietz-Monnin*.

Le Gavrian, député du Nord. V. *Dautresme*.

Libre introduction des objets brevetés organisée, dans l'Union, par l'art 5 de la Convention, avec le tempérament du deuxième paragraphe. 243. --- ; approuvée par MM. LYON-CAEN et ALBERT CAHEN, 245. — Comment le tempérament ci-dessus est illusoire, 246. --- non tolérée par les lois canadienne, française, mexicaine, turque, antérieures à la Convention, 24. --- ; ni par les lois de la Suisse et de la Tunisie (pays d'Union) postérieures à la Conv. malgré l'art. 5, 403 et 405 ; --- entravée discrétionnairement en Belgique, sous peine de radiation de brevet par l'administration, 24 --- ; de même en Italie par la jurisprudence,

venteur étranger, 226. Il met les fabricants dans l'impossibilité de connaître la délimitation du domaine public, qui peut toujours se trouver réduit par un brevet pris, dans les six mois d'un brevet déjà pris quelque part dans l'Union, et encore tenu secret, 378. V. *Ch. syndicale du Nord, Huard.*—MARQUES DE FABRIQUE. Difficultés que suscitera l'application du —- dans les pays où le dépôt de la m. de fab. est simplement déclaratif, et non attributif de propriété : ou le dépôt deviendra attributif pour les citoyens de l'Union et les assimilés, et il y aura, à ce point de vue, deux sortes de marques ; ou le —- ne peut avoir aucun sens pour les m. de fab. 240. Dans le premier système, conforme au principe d'interprétation qui veut qu'entre deux opinions, si une seule prête au législateur un sens raisonnable, ou lui donne la préférence, il peut arriver que le fabricant, qui s'est approprié la marque, en France par la priorité d'usage, soit poursuivi et condamné comme contrefacteur de sa propre marque, à la requête du vrai contrefacteur, citoyen d'un des Etats de l'Union, invoquant la priorité de dépôt, en vertu de l'art. 4, de la Convent. 238.— La réserve du droit des tiers, insérée dans l'art. 4, tiendra en échec le —- dans la plupart des cas, ce droit des tiers pouvant s'exercer, soit par une exploitation antérieure, soit même par un dépôt précédant celui effectué en vertu de l'art. 4, *ibid.*—DESSINS ET MODÈLES DE FABRIQUE. Même observation que pour les marques, sauf que le conflit, entre le créateur du dessin et un tiers, ne pourra se produire, que si le dépôt a été effectué avant la mise en vente, la mise en vente antérieure au dépôt le faisant tomber, comme l'invention breve-

vetée, dans le domaine public. 239.

Produits portant faussement comme indication de provenance le nom d'une localité déterminée. V. *Fausses indications de provenance, Produits étrangers.*

—- **étrangers** revêtus de noms de villes ou de localités françaises. Circulaire ministérielle du 26 février 1886, 84. — Violation, par cette circulaire due à M. LOCKROY, de l'article 10 de la Convention de 1883, 86.— Loi anglaise sur l'importation des —- revêtus de noms ou de mention de nature à faire croire qu'ils sont d'origine anglaise, 88. Loi du Portugal, 390. V. *Pays d'origine, Intention frauduleuse.*

—- **vinicoles.** Les appellations régionales de provenance des —- restent en dehors de l'appréciation des tribunaux, quant à la question de savoir si le nom de la région ou de la localité a été employé comme indication de provenance ou comme désignation générique (art. 4 de l'Arrangement voté par la conférence de Madrid) 434. V. *Appréciation.*

Promulgation de la Convention. — 7 juillet 1884, 146.

Propriété privée. Objets non neufs constituant une —- peuvent être importés en Angleterre. V. *Marques de marchandises.*

Protection temporaire aux expositions internationales art. 11, 340.

Prohibition d'importation remplacera, en vertu de l'art. 1 de l'Arrangement voté à Madrid en 1890, la saisie à l'importation dans les pays, dont la législation n'admet pas la saisie (art. 1, § 3), 434.

Progrès législatifs (tableau des) accomplis pour la protection de la propriété industrielle dans les deux mondes depuis l'année 1878, 444.

www.ingramcontent.com/pod-product-compliance
Lightning Source LLC
Chambersburg PA
CBHW031607210326
41599CB00021B/3089